"十二五"国家重点图书出版规划项目

中国社会科学院创新工程学术出版资助项目

总主编：金 碚

U0666986

经济管理学科前沿研究报告系列丛书

THE FRONTIER RESEARCH REPORT ON
DISCIPLINE OF
MARKETING MANAGEMENT

赵占波 张永军 李季 主 编

市场营销学学科前沿研究报告

经济管理出版社
ECONOMY & MANAGEMENT PUBLISHING HOUSE

图书在版编目（CIP）数据

市场营销学学科前沿研究报告. 2013/赵占波，张永军，李季主编. —北京：经济管理出版社，2016.12
ISBN 978-7-5096-4856-8

Ⅰ. ①市… Ⅱ. ①赵… ②张… ③李… Ⅲ. ①市场营销学—研究报告—2013 Ⅳ. ①F713.50

中国版本图书馆 CIP 数据核字（2016）第 315031 号

组稿编辑：张　艳
责任编辑：许　兵
责任印制：黄章平
责任校对：赵天宇

出版发行：经济管理出版社
　　　　　（北京市海淀区北蜂窝 8 号中雅大厦 A 座 11 层　100038）
网　　　址：www. E-mp. com. cn
电　　　话：(010) 51915602
印　　　刷：玉田县昊达印刷有限公司
经　　　销：新华书店
开　　　本：787mm×1092mm/16
印　　　张：22.25
字　　　数：499 千字
版　　　次：2017 年 4 月第 1 版　　2017 年 4 月第 1 次印刷
书　　　号：ISBN 978-7-5096-4856-8
定　　　价：79.00 元

《经济管理学科前沿研究报告》
专家委员会

《经济管理学科前沿研究报告》
编辑委员会

序　言

为了落实中国社会科学院哲学社会科学创新工程的实施，加快建设哲学社会科学创新体系，实现中国社会科学院成为马克思主义的坚强阵地、党中央国务院的思想库和智囊团、哲学社会科学的最高殿堂的定位要求，提升中国社会科学院在国际、国内哲学社会科学领域的话语权和影响力，加快中国社会科学院哲学社会科学学科建设，推进哲学社会科学的繁荣发展具有重大意义。

旨在准确把握经济和管理学科前沿发展状况，评估各学科发展近况，及时跟踪国内外学科发展的最新动态，准确把握学科前沿，引领学科发展方向，积极推进学科建设，特组织中国社会科学院和全国重点大学的专家学者研究撰写《经济管理学科前沿研究报告》。本系列报告的研究和出版得到了国家新闻出版广电总局的支持和肯定，特将本系列报告丛书列为"十二五"国家重点图书出版项目。

《经济管理学科前沿研究报告》包括经济学和管理学两大学科。经济学包括能源经济学、旅游经济学、服务经济学、农业经济学、国际经济合作、世界经济、资源与环境经济学、区域经济学、财政学、金融学、产业经济学、国际贸易学、劳动经济学、数量经济学、统计学。管理学包括工商管理学科、公共管理学科、管理科学与工程三个学科。工商管理学科包括管理学、创新管理、战略管理、技术管理与技术创新、公司治理、会计与审计、财务管理、市场营销、人力资源管理、组织行为学、企业信息管理、物流供应链管理、创业与中小企业管理等学科及研究方向；公共管理学科包括公共行政学、公共政策学、政府绩效管理学、公共部门战略管理学、城市管理学、危机管理学、公共部门经济学、电子政务学、社会保障学、政治学、公共政策与政府管理等学科及研究方向；管理科学与工程包括工程管理、电子商务、管理心理与行为、管理系统工程、信息系统与管理、数据科学、智能制造与运营等学科及研究方向。

《经济管理学科前沿研究报告》依托中国社会科学院独特的学术地位和超前的研究优势，撰写出具有一流水准的哲学社会科学前沿报告，致力于体现以下特点：

（1）前沿性。本系列报告能体现国内外学科发展的最新前沿动态，包括各学术领域内的最新理论观点和方法、热点问题及重大理论创新。

（2）系统性。本系列报告囊括学科发展的所有范畴和领域。一方面，学科覆盖具有全面性，包括本年度不同学科的科研成果、理论发展、科研队伍的建设，以及某学科发展过程中具有的优势和存在的问题；另一方面，就各学科而言，还将涉及该学科下的各个二级学科，既包括学科的传统范畴，也包括新兴领域。

（3）权威性。本系列报告由各个学科内长期从事理论研究的专家、学者主编和组织本领域内一流的专家、学者进行撰写，无疑将是各学科内的权威学术研究。

（4）文献性。本系列报告不仅系统总结和评价了每年各个学科的发展历程，还提炼了各学科学术发展进程中的重大问题、重大事件及重要学术成果，因此具有工具书式的资料性，为哲学社会科学研究的进一步发展奠定了新的基础。

《经济管理学科前沿研究报告》全面体现了经济、管理学科及研究方向本年度国内外的发展状况、最新动态、重要理论观点、前沿问题、热点问题等。该系列报告包括经济学、管理学一级学科和二级学科以及一些重要的研究方向，其中经济学科及研究方向 15 个，管理学科及研究方向 45 个。该系列丛书按年度撰写出版 60 部学科前沿报告，成为系统研究的年度连续出版物。这项工作虽然是学术研究的一项基础工作，但意义十分重大。要想做好这项工作，需要大量的组织、协调、研究工作，更需要专家学者付出大量的时间和艰苦的努力，在此，特向参与本研究的院内外专家、学者和参与出版工作的同仁表示由衷的敬意和感谢。相信在大家的齐心努力下，会进一步推动中国对经济学和管理学学科建设的研究，同时，也希望本系列报告的连续出版能提升我国经济和管理学科的研究水平。

金碚

2014 年 5 月

目　录

第一章　市场营销学学科 2013 年国内外文献综述

伴随着经济的发展和移动互联网的普及，营销学也在发生巨大变化。综观 2013 年，国内外的专家学者在营销学的理论和实践研究方面取得了丰硕的成果。回顾 2013 年度营销学的发展，无论是学术实力，还是实践领域，都取得了长足的进步。

在文献方面，我们统计了国内外顶级的管理和营销学期刊的全部论文。中文期刊来源于中国国家自然科学基金委员会管理学部评定的全部 A 类期刊，包括《管理世界》、《南开管理评论》、《营销科学学报》、《管理科学》、《管理评论》、《管理学报》、《中国管理科学》、《管理工程学报》、《运筹与管理》、《中国工业经济》等。英文期刊来源于欧美顶级营销期刊，包括"Journal of Consumer Research"、"Journal of Marketing"、"Journal of Marketing Research"、"Marketing Science"等。这些文章的作者大多是一流大学的著名专家学者，代表了营销研究的最高水平。经统计，市场营销方向相关论文共有中文论文 113 篇、英文论文 255 篇。

在 2013 年发表的论文中，传统营销领域的研究依然是关注的重点，涵盖的主题包括消费者心理和行为、营销战略、品牌、广告等。其中，与消费者心理和行为相关的论文最多，包括中文文献 37 篇和英文文献 84 篇，探讨了消费者关系的建立、决策的形成过程、影响消费者对商品的偏好、购买决策的形成以及对于产品的售后评价等主题。品牌研究也依然是关注的重点方向，包括中文文献 21 篇、英文文献 37 篇，覆盖品牌价值的传递、消费者的感知价值、品牌价值的影响因素等主题。广告的营销影响也是重点关注主题，包括中文文献 11 篇、英文文献 34 篇，覆盖广告的展示效果、消费者对广告的态度、广告传播理论等主题。同时，也有部分文献关注营销方法学、营销计量模型以及口碑传播等细分领域。

一个新的趋势是，在以社会化媒体营销为主的新媒体营销领域出现了阶段性研究成果，对于网购行为的关注增多。涉及的研究主题有，在网络营销、网购行为等新的购物方式下探讨消费者与企业关系的构建、网络营销与消费者态度、网购行为中的广告、品牌与消费者决策等。其中，与网购行为主题相关的包括中文文献 17 篇、英文文献 48 篇；与社交网络营销相关的包括中文文献 19 篇、英文文献 33 篇。

在 2013 年出版的营销图书中，我们精心挑选了 60 本典型图书，这些图书能够很好地代表 2013 年营销发展状况和市场关注点，其中，中文图书和英文图书各 30 本。中文图书主要集中在营销新概念、企业营销实践、新媒体营销三个领域。其中，新媒体营销占比最

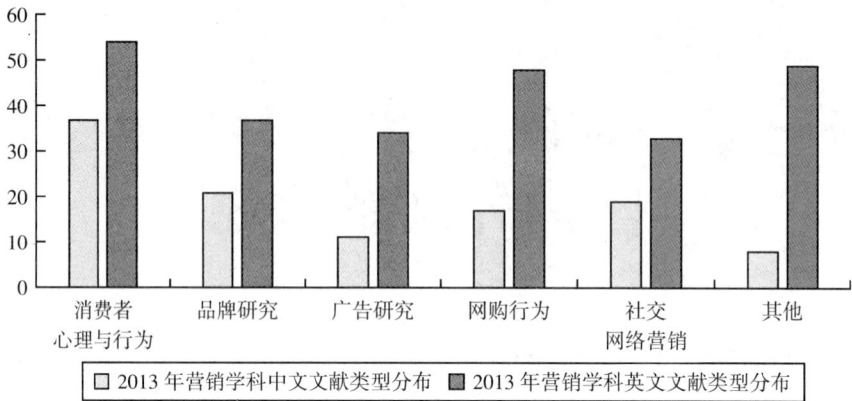

图1-1　2013年营销学科中英文文献类型分布

大，共16本书，反映在微博、微信等新媒体崛起的环境下，营销形式、营销内容等正发生深刻变革；营销新概念共8本书，描述营销最前沿的理念、理论以及概念；企业营销实践共6本书，为营销实践提供了很好的指导与借鉴。在外文图书方面，企业营销及实践占比最高，共12本书，充分显示出营销是一门实践性学科，其意义在于指导营销实践；产品、渠道、整合和传播方面的图书共8本，全面地论述了经典的营销理论以及最新的发展；关于新媒体的外文图书，共8本，不管是国内还是国外，新媒体的崛起都是营销不能回避的关注点；品牌方面的著作共2本，虽然占比很小，但是品牌的塑造依然是营销的核心之一。

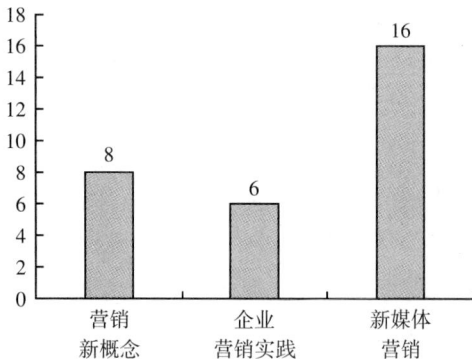

图1-2　2013年营销学科中文图书类型分布

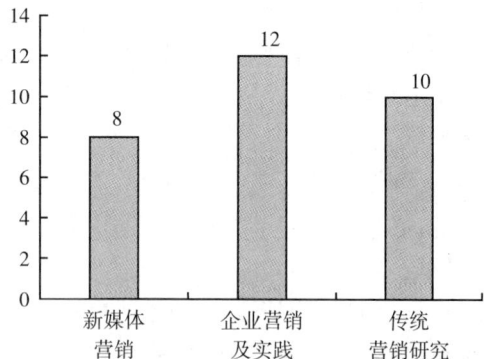

图1-3　2013年营销学科外文图书类型分布

　　在营销实践方面，越来越多的企业致力于将营销理论研究的最新进展运用到企业管理实践中。而众多由营销学者和企业家共同参与的国内国际会议为营销理念的落实提供了很好的交流平台，也为学者们的研究指明了方向。同时，国内外出版了一系列偏向于营销实践的专业书籍，对社会化媒体营销、网购、创业企业营销等方面的理论在企业营销和消费者生活中的运用进行了分析研究，对营销学的发展也至关重要。

总之，传统营销领域依然很重要，同时，社交媒体营销、网购行为正在成为新的研究热点。在传统营销领域内，还很少用到大数据营销的方法和理念，在企业营销实践过程中对于数据的使用仍然非常有限。我们认为，营销学科的未来发展趋势如下：

（1）消费者行为、品牌管理、服务营销、营销渠道等主题仍然是未来课题研究的重点，仍然会是未来几年营销界理论研究的重心所在。尤其是消费者行为和心理、广告传播、品牌管理三个主题取得的成果丰富，从方法论上看，也适合做实证研究。

（2）服务营销的研究越来越突出。服务营销将向内部营销和体验营销两个方向延伸。随着体验经济的来临和社会化媒体的发展，传统服务营销的研究会转向关注基于消费者参与、互动、体验的体验式营销，内部营销的研究和实践也会成为企业营销管理的内在需求。

（3）基于互联网的网络营销、网购行为和心理的研究值得期待。传统营销研究与移动互联网结合，通过建模对网购的消费者人群分类和量化，基于大数据的数据挖掘将对网络购物和营销模式深入探索，在网络购物心理、购物行为、个性化推荐和口碑方面都有很多未知领域值得研究。

我们从国内外期刊论文、国内外图书和国内外大事记三个方面选择了能代表营销领域最高水平的研究成果进行整理总结。具体地，国内期刊部分，选择了来自《管理世界》、《南开管理评论》、《营销科学学报》、《管理科学》、《管理评论》和《管理学报》等国内顶级的管理和营销学期刊的 16 篇营销学术论文。国外期刊部分，选择了来自 "Journal of Consumer Research"、"Journal of Marketing"、"Journal of Marketing Research"、"Marketing Science" 等世界顶级营销学期刊的 20 篇论文。国内外图书部分，选择了具有代表性的 15 本中文著作和 15 本英文著作。大事记部分，选择了 2013 年对于营销学学界具有重大影响的 10 个会议，其中 5 个为国内会议，5 个为国际会议。这些研究涵盖了营销学各个不同的领域，希望能对开阔读者眼界，了解国内外营销学术研究的方向，以及提升研究水平有所帮助。

第一节　精选国内期刊论文概述

本书涉及的学术论文均来自国内顶级的管理和营销学期刊，其中 5 篇来自《管理世界》，4 篇来自《南开管理评论》，5 篇来自《营销科学学报》，其他各篇来自《管理科学》、《管理评论》和《管理学报》。从研究主题上看，2013 年市场营销学科的学术论文涵盖了产品品牌、消费者行为、广告传播、网购行为、社交媒体营销以及营销基础理论。这些学术论文主要有以下特点：一是对消费者行为有了进一步深入的研究，讨论了顾客关系的建立、购买决策的形成、客户忠诚的影响等问题。二是网购行为作为兴起的焦点有了大量的实证和理论研究，包括浏览、消费、广告、退货、搜索等影响因素。三是品牌研究依然被关注，包括品牌价值作用及品牌价值感知。四是在营销理论方面有了更深的拓展和创新，在不同条件下理论框架进一步拓展。五是对于微博等社交媒体的兴起，更多的研究关注到基于社交媒体的营销现象。这些学术论文所关注的方向对于营销研究人员来说，具有指明未来研究方向的作用。对于管理人士以及普通作者来说，阅读这些文章可以更加深刻地了解消费者、理解新的营销方向，从而在实际工作中更有效地进行营销活动。

在所选文章中，有4篇文章研究了网购行为，包括浏览行为、消费行为、网络广告展示、退货、搜索指标等。赵占波、孙鲁平和苏萌使用泊松模型和零膨胀的泊松模型对网购行为中的浏览量和销量进行建模，指出影响浏览量和销量的因素有很大不同，产品价格、店铺规模、店铺信誉和店铺保障等对浏览量和销量的影响差异较大，对网络消费者分为浏览者和购买者提供了进一步的理论支持和印证。蒋玉石研究了网络广告切换速度及产品卷入度对消费者注意影响的眼动研究。计算了让消费者在较短的时间内认知加工更多的广告信息，建议的最佳动画切换速度。李东进、吴波和李研研究了远程购物环境下退货对购后后悔的影响，从产品不满意原因差异、消费者退货政策感知差异以及企业退货政策表述差异来分析退货对消费者购后后悔的和重购意愿的影响，丰富了后悔和退货的相关理论。冯明和刘淳通过互联网搜索量频率数据设计并构建中国汽车需求先导景气指数"GCAI"，并基于此对中国汽车消费者的购前调研行为进行研究。实证分析发现该先导指数有较强的预测力，不仅可以提高预测精度，还可以增强预测的时效性。

有5篇文章从消费者行为角度展开研究，包括顾客关系、购买决策、顾客忠诚、炫耀性消费、感知价值和顾客联想。王丽娟和高玉平探讨了儒家价值观对终端市场"买卖"双方关系的影响并建立概念模型，表明各儒家价值观影响"买卖关系"的逻辑也会有差异，在分析原因的基础上建立顾客关系模型。苏淞、孙川和陈荣基于中国城市化差异，比较研究了文化价值观、消费者感知价值和购买决策风格。城市化程度不同的地区消费者在文化价值观、感知价值和购买决策风格上存在显著差异，可为企业营销策略的制定提供有益参考。徐茵、王高和赵平从时间视角出发探讨了顾客满意与顾客忠诚的概念区别，通过产品或服务质量属性的变化，从静态的属性易变性到动态的属性变化幅度，深入剖析了质量属性的变化对满意与忠诚关系的影响。袁少锋、郑毓煌和李宝库研究揭示了女性的独特炫耀性消费心理机制：配偶吸引目标越强的女性，越相信炫耀性消费有助于提升美丽与吸引力，从而表现出更强的炫耀性消费倾向。汪兴东、景奉杰和涂铭研究了在产品伤害外部归因情境下，不同忠诚度顾客的情绪反应和行为意向，忠诚顾客会基于"我信任的企业伤我最深"的情感认知而表现出更强的愤怒情绪，并通过报复或负向口碑宣传惩罚企业，非忠诚顾客会基于自己错误选择的认知而表现出更强的后悔情绪，并通过转换或沉默的应因措施以降低其负面情绪。谢毅和彭泗清揭示了公司顾客联想作为一种重要公司联想类型的理论价值和现实意义，在此基础上探索了影响一家公司顾客联想状态的关键因素、公司顾客联想对消费者行为的影响以及相关调节变量，构建了一个包括公司顾客联想前因后果的综合模型。

有2篇文章研究了品牌。张婧和邓卉研究了品牌价值共创的关键维度及其对顾客认知与品牌绩效的影响，基于服务主导逻辑的视角对产业品牌价值的形成机理进行的实证探索，启发产业服务企业关注多重利益相关者构建的社会网络中的互动性价值共创活动，以此来提升品牌管理绩效。李东进、李研和吴波研究了脱销诱因与品牌概念对产品感知与购买的影响。指出产品脱销诱因与品牌概念类型具有匹配效应，对于功能性品牌，高需求脱销比低供给脱销更积极地影响消费者对脱销产品的未来购买意向，而对于象征性品牌，高需求脱销比低供给脱销更消极地影响消费者对脱销产品的未来购买意向。

有 2 篇文章对商品定价、广告等传统营销领域进行了创新性研究。在商品定价方面，牛志勇、高维和和江若尘通过博弈实验方法研究渠道成员的价格决策并做进一步的动态检验，说明公平偏好确实在渠道交易中起正面效用；激烈的竞争导致公平偏好下降，实验者经济目标和公平偏好随时间变动有互动关系。在广告方面，罗勇、周庭锐、唐春勇和鲁平俊基于调节定向理论，指出消费者的情境性调节定向会因新产品类型的不同而有所差别，并通过实证研究得出了相应的广告信息框架策略以提高新产品沟通的效果。张红霞、丁瑛、Angela Y. Lee 和徐菁研究了中国消费者自我构念的地域和年龄差异及其对广告诉求偏好的影响，表明自我构念存在地域差异和年龄差异。

有 2 篇文章研究营销基础理论。张闯、庄贵军和周南结合本土心理学和管理学本土化研究文献对什么是营销学本土研究、如何进行营销学的本土研究，以及营销学本土研究面临的挑战及其解决等几个基本的理论问题进行了探讨，提出了几个本土营销理论未来研究的方向。盛峰和徐菁回顾了近年来神经科学关于人类情绪和认知系统的突破性发现，继而梳理了神经营销学潜在的研究路径及其所面临的研究困境。龙卫洋和尤家香按照投保人和保险人供需双方各自的投资回报预期目标，分别建立了动态的寿险定价数学模型，并运用不同的数学方法分别对模型求解，得出了相应的从供需双方角度考虑投资回报的定价公式。

有 1 篇文章研究社交媒体营销行为。闫幸和常亚平探讨了社交网站环境下虚拟礼品的购物价值对购买意愿的直接影响，以及购物价值通过兴趣对购买意愿的间接影响，为社交网站设计和利用虚拟礼品提供决策支持。闫幸和常亚平研究了企业微博互动策略对消费者品牌关系的影响，企业的微博互动策略会影响消费者的品牌情感和品牌认知并最终影响消费者品牌关系。

第二节　精选国外期刊论文概述

本书选择的 20 篇英文学术论文均来自欧美顶级营销学期刊，其中 5 篇来自 "Journal of Consumer Research"、7 篇来自 "Journal of Marketing"、4 篇来自 "Journal of Marketing Research"、4 篇来自 "Marketing Science"。这些文章的作者大多是一流大学的著名专家学者，代表了营销研究的最高水平，这些文章主题大多十分新颖，涵盖了营销战略、营销计量、消费者行为、社交网络、品牌和口碑传播等众多的前沿和热点问题。

其中有 5 篇文章研究消费者心理和行为，这一领域一直是营销学者关注的热点。Arsel 和 Bean 研究了品位和消费的联系，指出品位制度决定了偏好，如何审美是与实用知识相联系，并通过日常的消费变得物化。Lan Jiang 等研究了消费者对于不劳而获的优惠待遇的反应，表明虽然接受不劳而获的优惠待遇并产生积极的反应，但它并不总是完全愉快的经历，不劳而获的优惠待遇对满意度的负面影响取决于观察者的特征和反应。Hamerman 和 Johar 研究产品大小和形状扭曲对消费者回收行为的影响，探讨什么条件下消费者处置垃圾里的可回收产品，初步洞悉了影响回收行为的心理过程。L. Regó 等重新考察市场份额与消费者满意的关系，发现当基准是其最接近的竞争对手和客户的转换成本较低时，企业的客户满意度可以预测其未来的市场份额时，较大的品牌组合提供了更高的市场占有率，满意的折中策略的解决方案。Ittersum 等研究了小型购物车的使用，实时反馈对消费的影响，实时消费反馈对支出影响取决于一个人是 "预算" 购物者还是无预算购物者，实时反馈支出预算刺激消费者花费更多，这种反馈导致无预算消费者花费更少。

有 6 篇文章研究营销战略，包括客户定位、促销、广告、分销网络等。Scaraboto 和 Fischer 研究了消费者选择和市场多样化的关系，指出想要从主流时尚市场获得更多选择的消费者、三个触发点是发展集体认同、鼓舞人心的企业家身份以及获得来自相邻领域的动力。Bezawada 和 Pauwels 研究了有机产品种类价格和促销如何影响零售表现，发现持久的行动，如分类和定期的价格变化，对有机物比传统产品更高的弹性，得到的建议是，对于更多品种和更低价格，相对更多更深的促销活动更加有效。Anderson 和 Simster 研究了竞争激烈市场的广告——产品标准、客户学习和转移成本的作用，并考察了跨产品类别如何变化，说明产品标准、客户学习、转换成本的重要性，这项研究有助于加深对成熟市场竞争的理解。Danny 等观测了处罚机制对分销网络的效果，指出制造商的监控能力降低了信息不对称，增强了观测效果，通过惩罚来实现从众多渠道成员的网络合作的理论和管理上的意义。Dmitri 等研究了整合营销传播中对目标定位和媒介策划的运用，提出了一个结合了传统媒体和新媒体的预测模型，指出了它们的相互依存关系以及消费者的异质性介质复用的行为。Kuksov 等研究了广告与消费者沟通方式，指出公司和消费者可以传达自己想要的品牌标识，但实际的品牌标识是由购买它的消费者的构成所内生决定的，有时候企业可以通过广告克制加强其品牌身份。

有 3 篇文章研究社交网络中消费者现象。Wolcox 等研究了社交网络和自尊心以及自控力的关系，证明社交网络对于那些专注于社交网络的使用过程中牢固的关系，主要是增强自尊心。该研究对政策制定者有重要意义，因为自我控制是维护社会秩序和福祉的重要机制。Oestreicher-Singer 等提出一种估计产品网络价值的系统的方法，表明销量低的书价值可能被低估，而畅销书的价值可能被高估。作者考察了这种差异的来源并且讨论了管理产品在不断增长的产品网络环境的影响。Xinlei Chen 等衡量了消费者之间的社会交互关系在社交网络中的影响因素，指出消费者的社会交互关系估计显著受采用的抽样方法社交网络的拓扑结构影响。

有 2 篇文章研究品牌和口碑。J. Lovett 等研究了消费者口碑传播对品牌的社会、情感和功能驱动的影响。社会和功能驱动程序在网上的口碑是最重要的，情感的驱动程序在离线的口碑中是最重要的。这些结果提供了有关口碑有见地的观点和对品牌的管理和投资口碑宣传活动有意义的管理问题。Yuxin Chen 等研究了均衡价格政策对品牌变化的好处，表明一个统一的价格对品牌的变化可能出现平衡，诱导消费者统一定价实际上可以帮助缓解价格竞争，从而增加企业的利润，个别公司可能不会有动力单方面降低价格公平的消费者的关注。

有 4 篇研究营销计量与模型。Lukas 等研究了组织文化如何影响产品质量决策，演示了供应商企业的组织文化是如何造成超调的情况，以及这些影响如何衰减到聚焦公司的基本价值，同时也反映了客户导向。Kalaignanam 等研究了产品召回对未来产品信任和未来事故的影响，表明回收的幅度和未来产品可靠性之间的正关系：①拥有更多产品市场份额的公司更强；②拥有更高品牌质量的公司更弱。Haenlein 和 Libai 研究了高客户生命价值的目标客户，又称"利润领袖"，对比了"利润领袖"与"意见领袖"相互影响的有效性的因素，指出抓住"利润领袖"可以通过加速在客户中的采用，创造高价值。Rooderkerk 等研究了最优零售商品分类，开发了一个可实现的和可扩展的分类优化方法，它允许以理论为基础的替代模式，现实生活中预计会有效提高零售商的利润。

第三节　精选国内外图书综述概述

本书从 2013 年出版的专业图书中精选出具有代表性的 15 本中文著作和 15 本英文著作，并且从书名、作者、出版社、出版时间、内容简介等方面对图书进行了全面介绍，方便读者通过本书快速了解 2013 年营销学科的发展状况，跟踪营销领域最前沿的发展动态。

在 2013 年出版的专业图书中最具代表性的 15 本中文著作包括：

1. 有关最新营销概念的著作

《O2O 移动互联网时代的商业革命》。本书作为首部 O2O 方面的著作，在探索和践行 O2O 模式有着极富创新性的见解，从宏观和微观上描述了 O2O 模式的应用情况、未来发展趋势，分析了 O2O 在营销、支付和消费体验几个方面的作用，而且总结了大量成功的案例，具有较强的可操作性。

《跟随大数据旅行》。本书用通俗的语言描述大数据的定义以及未来大数据对各个各业带来的影响与作用。着重描述了大数据将推动管理变革、IT 科技变革与业务变革、生态链变革以及分析变革。

《App 营销解密：移动互联网时代的营销革命》。本书讲解了在互联网上推广和销售产品、服务、树立和传播品牌以及建立优势等内容。本书系统性地总结了 App 营销的常见原则、方法和技巧，深度揭秘了家具、日用品、服装、餐饮、美妆、汽车、玩具、公益等近

20 个行业的 28 个国际知名品牌的 App 营销的成功经验，极具实战指导意义。

《二维码营销》。本书引用了丰富的案例，从商务营销到企业管理应用，给读者详细讲述了二维码营销的具体实操方法，并从中挖掘了二维码技术的真正潜能。

2. 企业营销实践的著作

《数据库营销》。本书详细讨论了企业在导入数据库营销时，在基础环境、组织架构、业务流程和人员配备等各个方面会遇到的主要障碍，并提供了相应的对策建议。同时，就不同产业、不同商业模式和不同产品的企业运用数据库营销的水平划分为三个阶段，并刻画了每个阶段的特点。而且为了帮助读者正确看待数据库营销的效果和绩效，专门针对数据库营销宣传中常见的一些误区进行了深入分析。

《传统企业电商之道》。本书在基于作者自身实践的基础上，描述了一条清晰的电商发展思路。全书从传统企业启动电子商务，到战略规划、市场定位、建立电商管理体系、营销和分销等内容进行详细描述。

《安利：全方位揭秘直销帝国》。本书从通过重现安利五十余年的发展历程与管理特点，揭晓安利管理、组织、发展等一系列具有独特性的企业视角，展示多层次直销、价值为本、人性激活的价值理念。本书对企业管理者和营销人员具有借鉴意义。

3. 新媒体营销著作

《大时代的融媒体营销》。本书捕捉了中国居民消费形态的变迁特征，提出了观察、重聚消费者需求的营销方法，重点分析了企业和媒体的融合在这个过程中的关键作用，探讨了电视广告、社会责任对新媒体营销的实际指导意义。

《网站说服力：营销型网站策划》。本书主要论述企业网站由展示型转向营销型的过程，系统地讨论了营销型网站策划的理论知识，并深入分析了优秀的营销型网站案例。

《品牌传播战略：数字时代的整合传播计划》。本书站在新媒体和营销行业剧变的角度上，分析了互联网对人们购物和购买决策的影响，重点指出了新兴技术的可测量和可说明性。本书还进一步为读者展现如何面对这种新的传播方式以及帮助决策者进行战略思考。

《点击为王：怎样让你的网络营销更有效》。本书针对互联网为企业带来的新机遇和挑战，分析了网络营销的应用领域和策划思路。本书内容涉及并讲解了网络新闻、危机公关、微博影响、博客营销、论坛营销、视频营销、软文营销等具体营销手段，对于广大的市场营销人员和高校学术是一本很好的参考书。

《微博营销：技巧、策略、案例》。全书分别从微博营销的技巧、策略与案例着手，全面、细致、详细地剖析了微博营销的密码。本书介绍并分析最具代表性的 200 个营销案例，细致详尽地剖析了营销本质，并从中教导读者认识、理解并实际操作营销策略。

《百度推广：搜索营销新规划》。全书以实用为设计目标，包含了百度推广中主流的操作方式和优化分析方法，对每一个知识点都进行了深入详细的讲解，以大量的实战案例，系统地介绍了百度推广体系及其在实践中的应用。全书的撰写以实践经验为基础，联系实际，紧跟企业全新需求，从整体策略到细节执行，帮助读者快速解百度推广的核心内容。

《微信营销解密：移动互联网时代的营销革命》。本书根据机构、企业和个人做微信营销的需求，从理论层面对微信营销的本质、要义、核心价值进行了深入的探讨，系统地总结了微信营销的原则、方法、步骤、技巧，以及营销效果的量化与评估方法；从实操层面对 10 余个行业的微信营销前景进行了全面的解读并给出了解决方案，对 13 个成功的经典微信营销案例的实施过程进行了深度剖析，还对微信营销与其他营销媒介的整合进行了阐述，极具启发意义和可操作性。

《阿里巴巴电子商务系列：网络整合营销》。本书阐述了网络营销方法的不同分类，具体分为网络广告营销、搜索引擎营销、博客营销、微博营销、论坛营销、电子邮件营销、IM 营销、第三方平台营销。本书适合高校学生以及电商从业者，所有的章节遵循两个原则，第一个原则为概念的阐述从浅入深，让读者了解必须知道的基础内容；第二个原则为书中介绍的营销方法技巧都是结合目前实战中的各种经验总结而来的。

在 2013 年出版的专业图书中，最具影响的 15 本外文著作包括：

1. 关于企业营销理论及实践著作

"Principles of Marketing（15th Edition）"。在第 15 版的营销原理内容方面进行了彻底的修订。修订后的营销原理更好地反映了在这个时代背景下，客户价值与高科技客户的关系，影响营销的主要趋势与力量，并强调了技术在当代营销中的重要作用。书中引入了最新的案例用于说明公司如何利用技术来获得竞争优势，对于处于新时代下的企业营销具有很好的理论指导意义。

"Your Brand，The Next Media Company：How a Social Business Strategy Enables Better Content，Smarter Marketing，and Deeper Customer Relationships"。本书汇集了关于媒体公司战略见解以及其业务框架，同时就如何构建一个成功的媒体公司进行展开。具体步骤包括：了解顾客行为，部署社会商业战略，为转型设置阶段创建实时的指挥中心，创建集中的编辑团队，构建内容供应链（内容构思、创建、审批、发行和整合），让客户和员工（品牌记者）来主导内容引擎等。同时本书大量的案例研究将有助于读者更好地将理论应用于实践。

"The Curve：How Smart Companies Find High-Value Customers"。本书要阐述解决的问题是如何从数目庞大的潜在客户中甄选出愿意为你产品买单的高价值客户。书中阐述了这样一个事实，在如今公司完全可以通过大量免费使用者来传播扩散公司的产品，并通过少量的愿意为产品支付的客户盈利，作者通过大量研究各个行业中成功解决该问题的公司，为营销人员提供了大量可供参考的案例以及问题解决思路，帮助寻找曲线中的高价值客户。

"Big Data Marketing：Engage Your Customers More Effectively and Drive Value"。现在许多公司因混乱的内部数据而陷入瘫痪，并且经常执行已经过时的营销方案。本书介绍的大数据营销能为公司高层呈现出一幅清晰的战略路线图，公司高层可以通过它驾驭公司的竞争优势以及帮助公司高速发展。书中列举了大量现实的大数据使用案例、数据正确使用方法、营销关联性以及投资回报战略，驾驭数据营销的具体措施用于帮助企业了解客户的行为模式，寻找提升用户体验的方法。

"Revenue and the CMO：How Marketing Will Impact Revenue Through Big Data & Social

Selling"。在当今商业环境下，首席营销官对公司盈利有着巨大的影响同时也面临着新的挑战。本书通过建立首席营销官与公司收入联系的模型，深入阐述了首席营销官通过收集、加工以及使用市场信息，在市场与销售之间搭建起通道，进而促进销售的获得，公司收入的增长的作用机制；同时通过分步蓝图的方式，帮助 CMO 将该模型运用到公司企业实际中去，对亟须制定正确的营销策略、促进公司企业的收入的 CMO 以及企业营销人员有着很高的参考价值。

"Loyalty 3.0: How to Revolutionize Customer and Employee Engagement with Big Data and Gamification"。本书阐述了如何更好地利用行为经济学、大数据、社交媒体以及游戏化理念来创造一个由客户、公司、员工持续参与的系统，并且通过这个系统为公司带来显著的竞争优势。本书首先介绍了激励、大数据、游戏理念等如何用于培育客户以及员工持久的忠诚度；其次书中引入许多关于利用忠诚 3.0 方法实现客户参与、员工激励的案例供读者学习；最后是关于如何计划、设计、构建、优化合适程序具体指南。

2. 关于品牌著作

"Insanely Simple: The Obsession That Drives Apple's Success"。简捷不只是一个苹果的设计原理，它是一个渗透到组织每一个层次的价值。这理念在 1997 年帮助苹果恢复濒死状况成为 2012 年世界上最有价值的公司。作为广告公司的创意总监，Ken Segall 在苹果的复活中起关键作用，帮助建立的关键的营销活动即"不同凡想"命名的 iMac。这本书让你明白他如何痴迷简捷以帮助苹果做得更快更好，有时节省数以百万计的流程。西格尔带来的说故事将说明苹果追求简捷生活。

3. 关于产品、渠道、整合及传播的著作

"Contagious: Why Things Catch On"。本书要探究的是为什么有些事物能流行起来，为什么人们更倾向于谈论这些产品或者观点等问题。本书在作者几十年对"传染性"进行的研究基础之上，揭开了隐藏于口碑以及社会传播之后的科学奥秘。本书包含大量具有较强说服力的案例帮助理解如何让制造那些传染性的内容；书中还提供一组具体的、可操作技术，用于消息和广告的设计、信息的传播以及分享。

"FREE GOOGLE: Free SEO, Social Media, and AdWords Resources from Google for Small Business Marketing"。谷歌是世界上最大的搜索引擎，一个可以找到你的客户和潜在客户的重要地方，针对小企业，谷歌公司提供了大量的免费资源。本书就小企业如何利用谷歌网站管理员工具进行搜索引擎优化、社交媒体营销以及更高效率广告资源投放等进行了介绍，对于小企业营销人员是极为难得的指南。

"Content Marketing: Insider's Secret to Online Sales & Lead Generation"。本书针对互联网时代的消费者更加主动做研究，并最终做出购买决策背景下，就内容营销进行展开论述，构建了一个简捷的引导营销人员进行品牌创建和利用内容增加导致产生销售的流程（思考、生成、分发、测量），对如何吸引新客户、保持内容与产品品牌的关联度方面进行具有操作性指导。

"Hooked: A Guide to Building Habit-Forming Products"。本书要解决的问题是为什么

有的产品能够吸引我们注意，并且让我们处于惯性的购买使用该产品。本书建立了包含4个步骤流程的关于"上瘾"模型，帮助公司更好地培养用户的习惯，实现客户的反复购买。本书包含关于创造客户习惯的实用见解、构建受人喜爱的产品可行方法以及Twitter、Instagram、Pinterest等习惯塑造工具实用技术。本书将有助于公司更好地培养客户的习惯。

4. 新媒体营销的著作

"Go Pro：7 Steps to Becoming a Network Marketing Professional"。本书是网络营销方面的指导手册。书中从挖掘潜在客户、根据客户需求构建产品、产品的展示、产品的促销等多个方面详细阐述了网络营销的具体步骤，在网络营销方面具有极强的指导意义。

"The New Rules of Marketing & PR：How to Use Social Media，Online Video，Mobile Applications，Blogs，News Releases，and Viral Marketing to Reach Buyers Directly 4 edition"。本书是一本关于在网络时代的营销公关指南，书中围绕如何利用互联网获得客户，提高网店知名度，进而提高销售等问题展开，采用案例的方式，对营销和公关的近期变化、移动营销的新篇章、实时营销与公关如何测度活动成功、营销新工具（社交媒体、博客等）进行了介绍论述，极具参考价值。

"Audience：Marketing in the Age of Subscribers，Fans and Followers 1 edition"。每家公司只有不断吸纳观众，才能更好地生存发展。本书试图寻找对于观众至关重要的东西，进而改变观众的旁观的状态。这项艰巨的任务要求公司在利用收费、自有、免费等媒体时不仅仅着眼于短期销售，而且还应该扩大它们长期客户的价值、规模以及能动性；同时本书还阐述要想在竞争中获取优势，就应该摆脱落后营销观念，从现在开始使用更广泛的社交化工具帮助营销，吸引更多观众粉丝，才有可能在未来转化得到更多的客户。

"Influence Marketing：How to Create，Manage，and Measure Brand Influencers in Social Media Marketing"。在当前社交媒体流行的背景下，人们购物决策越来越多的受到周围人影响背景下，本书阐述了如何管理各种影响通道来引导消费者来购买你的产品。书中在影响力营销领域开拓者们的经验基础上，将新方法以及技术融合为一套有效、严密、完整的方法论，并且介绍如何通过这个方法论对产品的品牌认知、销售的获得，以及客户寿命进行价值测度。本书有助于帮助企业在社交媒体时代更好更快地获得客户，已经实现产品销售。

第四节　精选国内外大事记概述

本部分收录了2013年对于营销学界具有重大影响的12个会议，其中包括6个国内会议，6个国际会议。在收录的12个高水平会议中，国内的会议包括：2013年JMS中国营销科学学术年会、2013年国际营销科学与信息技术大会、2013年中国创新营销峰会、

2013 年中国营销领袖年会、2013 年中国网络营销大会、2013 年中国高等院校市场学研究年会。国际会议包括 MSI（营销科学研究所）主办的 MSI 2013：Social Media and Social Networks：What Are They Good For、AMA（美国营销学会）主办的 AMA's Winter Marketing Educators Conference、MRA（市场研究学会）主办的 2013 Corporate Researchers Conference、EMAC（欧洲市场营销学会）举办的 The 42h EMAC Conference 以及 ACR（消费者研究协会）举办的 2013 European Conference of the Association for Consumer Research、Informs（运筹学和管理学研究协会）2013 年会 INFORMS Annual Meeting 2013 Minneapolis。

本部分所选择的会议是营销学界十分具有影响力的大型年会，这些年会所具有的共同的特点是由世界知名的学术研究机构主办，会议吸引了营销界众多知名学者到会，收到了数量众多的高质量论文。与会者经过精彩的发言和讨论，得出了引领营销学界新动态的宝贵会议成果。通过对这些大型会议的总结，我们可以得出如下要点：

与会专家是来自营销学各个领域的重量级人物，纷纷奉献出宝贵的观点。2013 年 JMS 中国营销科学学术年会作为《营销科学学报》（Journal of Marketing Science，JMS）编委会主办、理事会成员单位承办的纯学术会议，倡导营销学术研究的科学精神与方法，倡导营销教育、研究的交流与合作，年会旨在通过高水平的学术交流促进中国营销学科的发展。MRA's 2013 Corporate Researchers Conference 会议上，各个领域的营销专家和企业人士齐聚一堂，讲出自己在细分模块中的经验总结，并倾听来自其他领域专家的报告。

各类年会展现出鲜明的时代特点，表现出理论界和商业界对于时代发展的准确把握。2013 年国际营销科学与信息技术大会让与会各界人士了解到营销科学和信息技术的结合进展，围绕峰会主题发表演讲、展示最新的研究成果、探讨学科最新发展，就一些理论及现实问题同演讲嘉宾进行互动交流；2013 年中国营销领袖年会致力于推动中国企业与全球营销智慧融合，致敬了 30 年来中国营销界最有影响力的元勋盛典，发布"100 位中国营销总裁的生活方式和消费品牌访谈白皮书"，4 场业内最负盛名的专家演讲，3 场代表中国营销界最高水准的对话，并对年度营销标志人物、标杆企业和营销创新案例颁奖；2013 年中国营销领袖年会分析本年度最成功企业的营销策略及下一年企业营销的趋势和方向，同时评选出该年度各行业的最佳创新营销案例、产品、平台和公司。"内容营销"、"跨屏互动"、"大数据"等都成为今年峰会大家讨论热烈的话题。中国创新营销峰会还发布了《2013 年度创新 100 营销案例手册》，完整收录了 2013 年最具创新营销精神的 100 个案例、数十个公司、平台和产品，评估超过 1000 个报送案例，涵盖了快消、电子、服装、医药健康、汽车等十多个行业。

同时，在营销盛会上也涌现出不少适应时代潮流的新观点和新思想。2013 年中国网络营销大会打造媒体、营销传播服务机构、广告主的三方交流和商务平台，探索最新的营销传播手段和理念。The 42h EMAC Conference 以 Lost in Translaotion：Marketing in An Intercor 为主题探讨当前市场营销中的热点问题，分享最新对非营利组织的品牌效应的研究成果。2013 European Conference of the Association for Consumer Research 主题为动荡时期消费者研究：管理平衡角色。指出在新的全球经济震荡条件下，作为消费者、研究者，讨论如何做变革的消费者研究，作为行业角色，作为消费者角色，如何平衡不同角色的利益。

另外，各大营销年会对于理论的研究方法和观点提出了很多值得借鉴的宝贵经验。MSI 2013：Social Media and Social Networks：What Are They Good For? 讨论了如何评价社交媒体的效果。如果社会影响不是持续的与我们在社交媒体上的投资关联，那我们怎么知道在社交媒体上的投入是对谁有利的？来自加州大学伯克利分校、IBM 公司、尼尔森公司、Dell 公司、微软公司、通用磨坊食品公司、宾夕法尼亚大学、马里兰大学、乔治华盛顿大学、哈佛商学院的十余位学者和企业家围绕会议主题进行演讲和交流。2013 AMA Winter Marketing Educators Conference 讨论了社交媒介对于营销的影响，新兴数据收集和分析技术，创新，品牌形象的树立，新产品进入市场的策略，倡议企业社会责任和可持续发展管理，探讨了现代服务理论、营销专业知识和市场营销高等教育。

第二章 2013 年市场营销学学科期刊论文精选

第一节

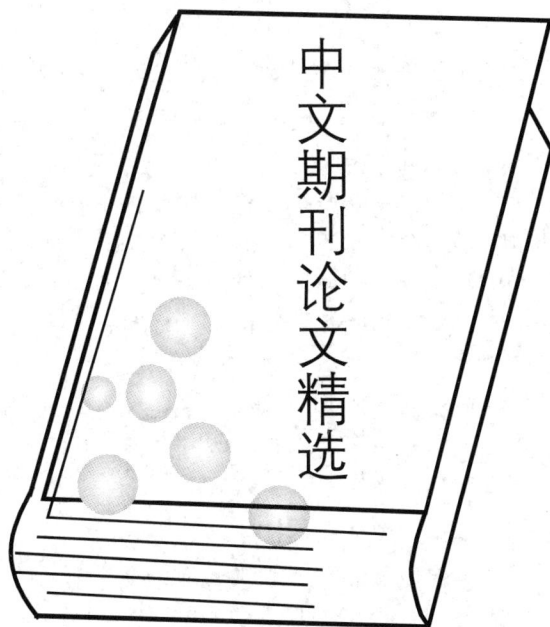

中文期刊论文精选

C2C 中产品浏览量和销量影响因素的对比研究 *

赵占波　孙鲁平　苏　萌

【摘　要】 产品浏览量和销量决定了网上店铺能否在竞争中取胜。基于中国某大型 C2C 交易平台，选择化妆品品类中销量最高的 10 个产品为研究对象；对于每个产品，随机选取交易平台上销售该产品的一部分店铺为样本，并记录产品在每个店铺中的浏览量和销量以及店铺和产品的特征；分别用泊松模型和零膨胀的泊松模型对浏览量和销量进行建模，为了保证参数的可比性，在两个模型中采用相同的自变量，通过贝叶斯方法估计模型的参数。研究结果表明，影响浏览量和销量的因素有很大不同，产品价格、店铺规模（即店铺产品数）、店铺信誉和店铺保障等对浏览量和销量的影响差异较大，为已有研究将网络消费者分为浏览者和购买者提供进一步的理论支持和印证。

【关键词】 浏览量；销量；电子商务；零膨胀的泊松模型；贝叶斯方法

1　引言

CNNIC 的数据显示，截至 2011 年底中国有 1.94 亿网购用户，占全体网民的 1/3，比 2010 年增长 3350 万人。根据易观智库的数据，2007 年以来中国网购交易规模保持 100% 以上的增长率。2010 年上半年，中国网络零售交易额为 2118 亿元，同比增长 105.400%；2010 年第三季度和第四季度这一数据分别达到 1342 亿元和 1728 亿元。随着网络经济的发展，网上店铺迅速增加，截至 2010 年 6 月，中国网上店铺的数量达到 7700 万家，其

* 《管理科学》，第 26 卷第 1 期，2013 年 2 月。

基金项目：国家自然科学基金（70802004）。

作者简介：赵占波（1976—），男，河北宁晋人，毕业于北京大学，获营销学博士学位，现为北京大学软件与微电子学院副教授，研究方向：网络营销、服务营销和客户满意等。

中，个人店铺 6500 万家，企业店铺 1200 万家。店铺间的竞争也愈演愈烈，而欧美市场的经验表明，只有少数店铺能在竞争中存活。在这种背景下，研究网上店铺如何吸引消费者，进而对提升竞争力有重要的现实意义。

浏览量是销量的基础，没有浏览量就不可能有销量，而销量是浏览量价值的最终体现。网上店铺不仅要通过各种营销手段吸引潜在消费者浏览产品，还要促使其进一步采取购买行为，将浏览量转化为销量，实现利润的提升。目前，网店的经营困境分为两类：一类是浏览量少，导致销量低；另一类是浏览量大，但成交转化率低。大型网店一般拥有忠诚顾客，而且有足够的资金投放广告，因此，浏览量不是经营的难点，但成交转化率低可能造成销量过低。中小型网店还处于吸引新顾客、培养忠诚顾客的阶段，而且没有充裕的资金投广告，此时浏览量就成了经营的"瓶颈"。因此，网上店铺要在激烈竞争中生存并求得发展，不仅要提高浏览量，还要提高成交转化率，进而提高销量，二者缺一不可。然而，目前尚无研究对影响浏览量和销量的因素进行深入探讨，因此，网上店铺并不清楚应采取何种营销策略来有效提升浏览量和销量。本研究采用泊松模型对比分析影响浏览量和销量的因素，不仅有助于网上店铺有效地进行经营策略调整，而且对理论研究也有重要贡献。

2　相关研究评述

消费者网上浏览和购买行为是营销中的重要研究课题，国外的相关研究大多采用消费者的浏览数据并以 B2C 为研究背景。Bucklin 等[1] 和 Sismeiro 等[2] 采用网上浏览数据研究消费者浏览某汽车网站的可能性和浏览时间；Montgomery 等[3] 同样使用网上浏览数据对消费者在某个购物网站内的浏览路径进行建模；Moe 等[4-5] 研究消费者在网购中从浏览到购买的转化行为。这些研究对预测消费者的网上浏览和购买行为做出了重要贡献。Danaher[6] 进一步拓展前人的研究，分析消费者跨网站的浏览行为，对预测消费者的全网行为具有重要意义。然而，为了最大化利润并在竞争中取胜，企业更关心的是产品的市场表现（即浏览量和销量），而非每个消费者的行为过程。目前，国外相关研究很少涉及产品层面，尤其是针对 C2C 市场的相关研究。Shi 等[7] 的研究发现，在中国这样一个特殊的市场中，B2B、B2C 和 C2C 这 3 种商业模式必须区别对待，在一种商业模式下的研究结论可能在其他商业模式中并不适用。在 C2C 市场中，目前还没有学者分析和对比影响产品浏览量和销量的因素，尤其是对于质量不确定性较大的信任型产品。

在中国国内相关研究中，有些综述和研究了网上消费者的行为倾向[8-10]，有些采用博弈论模型等工具分析 C2C 市场中的信任问题[11-14]，而关于影响 C2C 市场中产品浏览量和销量的研究却较少，目前的相关研究主要集中在店铺声誉、产品价格等对产品销量的影响。Li 等[15] 采用淘宝网 skype 充值卡、金士顿 U 盘、SanDiskU 盘、德芙巧克力和越南坚果 5 个产品的数据，发现产品的历史销量和消费者正面评价对销量有正向影响，而负面评价和价格对销量有负面影响。Zhang 等[16]同样采用淘宝网的数据，研究店铺信誉和销量的关系，发现二者呈"U"形曲线关系，在店铺信誉低于一定水平时，销量随着信誉的增长而降低，而当店铺信誉高于一定水平时，销量随着店铺信誉的增长而提高，而且还发现产品的历史销量显著地正向影响之后 7 天内的销量，价格、正（负）面评价的影响均不显著。李维安等[17]用游戏点卡的销售数据研究店铺声誉对销量的影响，研究结果表明，店铺声誉对销量有正向影响，但这种影响是非线性的。崔香梅等[18]收集金士顿 SD 卡的数据，发现价格对产品销量有显著的负影响，好中差评数均有显著的正影响，虽然参加商盟无显著影响，但消费者保障正向影响销量。

基于对已有研究的回顾和梳理发现，学者们或者研究 B2C 中消费者的网上浏览和购买行为，或者研究 C2C 中店铺声誉、产品价格以及历史销量与销量的关系，目前尚没有研究探讨店铺和产品特征如何不同地影响浏览量和销量。在 C2C 中，一个产品在很多店铺中同时出售，不同店铺的定价、产品质量和消费者评价各不相同，在这种情况下，吸引消费者浏览产品已属不易，更别说产生购买行为了，浏览量偏低的困境对于实力薄弱的 C2C 卖家来说尤为严重。深入对比和分析影响浏览量和销量的不同因素，可以使店铺针对自身的经营困境制定更有效的营销策略。

相关研究表明，浏览量和销量可能来自不同类型的消费者，因此其影响因素也截然不同。根据浏览目的不同，学者们一般将网购者分为目标导向型和探索型两大类。Moe[19]将网购者细分为 4 种类型，①购买驱动型，一般拥有明确的购买目标；②产品搜寻型，明确知道要购买的产品类别，但还没决定购买哪个产品；③享乐浏览型，浏览产品纯粹是为了娱乐或打发时间，但也不排除产生冲动购买的可能；④知识获取型，浏览产品是为了获取信息，以增加对产品类别的认识和理解，而并没有购买的打算。与 Moe[19]类似，Janiszewski[20]将前两类归为目标导向型的消费者，将后两类归为探索型的消费者。Montgomery 等[3]在动态模型中也允许同一个消费者在浏览和购买两种状态之间进行转换。在浏览状态下，消费者没有具体的购买任务，一般以娱乐或获取知识为目的，因此购买的可能性较小；在购买状态下，消费者有明确的购买任务，因此浏览产品的针对性较强，直到产生购买行为为止。在浏览和购买两种状态下（或对于不同类型的消费者），由于浏览目的的不同，因而消费者关注的信息也可能截然不同，反映到店铺和产品层面，即影响产品浏览量和销量的因素可能是不同的。

产品价格是决定消费者浏览和购买的重要因素。在浏览产品时，探索型的消费者并没有真正地考虑购买，其价格敏感性可能比目标导向型的消费者小。由于探索型的消费者是浏览量的主要来源，而目标导向型的消费者是销量的主要来源，因而预期价格对浏览量和销量有不同的影响。Bellman 等[21]发现可靠性是消费者选择网上店铺时考虑的重要因素，因此预期消费者更可能浏览和购买信誉度较高的店铺的产品。而且，店铺的经营时间越久，店铺信誉的可靠性和稳定性就越高，因此信誉对浏览量和销量的正向影响就越大。Doney 等[22]研究发现，网站规模代表着企业满足消费者需求的能力。类似地，在售产品数也反映了网上店铺的实力，因此预期店铺产品数正向影响产品销量。对于浏览量，店铺产品数越多，反而越可能会分散消费者的注意力，减少产品的浏览量。在 C2C 交易平台上，投放广告是提升浏览量和销量最直接、最有效的方式。消费者输入产品关键词会检索到大量店铺，广告使店铺在消费者最容易注意到的位置展现产品，从而提升产品的浏览量和销量。产品的历史销量是另一个重要的影响因素，历史销量越高，意味着产品在功能、外观以及符合市场需求等方面更有优势，可以有效地降低消费者的感知风险，因此产品的浏览量和销量也越大。售后保障是降低消费者风险、弥补消费者损失的最后一道门槛，在浏览和购买产品时，消费者往往选择提供售后保障的店铺，以降低感知风险，因此店铺保障（如七天退换和假一赔三）对产品浏览量和销量均有正向影响。与广告相比，C2C 中的消费者评价（即对服务态度、产品与描述相符程度及发货速度的评分）被认为更真实、可信[23-24]，对促使其他消费者的购买也更有效。并且，随着历史销量的增大，消费者的评价将更加真实、可靠，因此可以预期消费者评价对浏览量和销量的影响也逐渐增大。

本研究通过对 C2C 平台中的产品浏览量和销量建模，对比分析产品价格、店铺信誉、店铺规模、店铺广告投入、历史销量、店铺保障以及消费者评价等对浏览量和销量的影响。研究结论不仅能帮助 C2C 的店铺更有针对性地制定营销策略，还能为之前的研究将消费者分为目标导向型和探索型提供新的依据。

3 研究模型

分别对浏览量和销量进行建模，研究店铺和产品特征等因素对浏览量和销量的不同影响。

3.1 浏览量模型

在本研究中，浏览量指在收集数据当天（0~24 时）产品被浏览的次数，是一个非负整数变量，而且其中 0 的比重很少（仅为 1.76%），因此采用泊松模型进行建模。假设店铺 i 中所选产品的浏览量 W_i 服从均值为 ξ_i 的泊松分布，沿用已有研究中的 Log-normal 模型[25]，将 $\ln(\xi_i)$ 定义为自变量的线性函数。自变量的选择由数据和要对比的影响因素确定，包括截距、产品价格、店铺信誉、店铺信誉与经营时间的交互项、店铺产品数、店铺广告投入、是否提供保障（七天退换和假一赔三）、历史销量、消费者评价（服务态度、产品与描述相符程度和发货速度），各变量的符号和描述如表 1 所示。同时，为了研究历史销量对消费者评价的调节作用，模型还加入历史销量与 3 类消费者评价的交互项，最后，浏览量模型还控制了店铺的经营时间。因此，本研究的浏览量模型为：

$$W_i \sim \text{Poisson}(\xi_i)$$

$$
\begin{aligned}
\ln(\xi_i) = \gamma X_i = &\; \gamma_0 + \gamma_1 \text{Price}_i + \gamma_2 \text{Reputaion}_i + \gamma_3 \text{Reputation}_i \cdot \text{Time}_i + \gamma_4 \text{Scale}_i + \gamma_5 \text{Ad}_i + \\
&\; \gamma_6 \text{Return}_i + \gamma_7 \text{Guarantee}_i + \gamma_8 \text{Comsale}_i + \gamma_9 \text{Service}_i + \gamma_{10} \text{Service}_i \cdot \text{Comsale}_i +
\end{aligned}
$$

$$\gamma_{11} \text{Deliver}_i + \gamma_{12} \text{Deliver}_i \cdot \text{Comsale}_i + \gamma_{13} \text{Description}_i + \gamma_{14} \text{Description}_i \cdot \text{Comsale}_i +$$
$$\gamma_{15} \text{Time}_i \tag{1}$$

其中，γ 为包含 $\gamma_0 \sim \gamma_{15}$ 的列向量，γ_0 为截距项，$\gamma_1 \sim \gamma_{15}$ 为变量对应的参数。

表 1　变量含义

变量性质	符号	中文名称	变量含义
被解释变量	W	浏览量	收集数据当天 0~24 时，该产品在某店铺被浏览的次数
	Y	销量	收集数据当天 0~24 时，该产品在某店铺的销量
解释变量	产品相关变量		
	Price	产品价格	收集数据当天该产品在某店铺的售价
	Comsale	历史销量	截至收集数据当天，该产品在某店铺的销售总量
	店铺相关变量		
	Reputation	店铺信誉	截至收集数据当天，该产品所在店铺的信用等级
	Time	经营时间（月）	截至收集数据当天，该产品所在店铺营业了多长时间（以月计）
	Scale	店铺产品数	收集数据当天，该产品所在店铺的总产品数
	Ad	店铺广告投入	收集数据当天，该产品所在店铺的广告总花费
	Service	服务态度	收集数据当天，该产品所在店铺的服务态度评分（1~5）
	Description	产品与描述相符	收集数据当天，该产品所在店铺的产品评分（1~5）
	Delivery	发货速度	收集数据当天，该产品所在店铺的发货速度评分（1~5）
	Return	七天退换	0~1 变量，店铺承诺七天退换取值为 1，否则取值为 0
	Guarantee	假一赔三	0~1 变量，店铺提供正品保障取值为 1，否则取值为 0

注：所有变量均由 C2C 交易平台直接提供。

3.2　销量模型

销量指在收集数据当天（0~24 时）产品被购买的数量。由于很多店铺在抽样当天没有销量（近 60% 的店铺销量为 0），此时采用普通的泊松回归模型可能导致错误的结论，因而，本研究采用零膨胀的泊松模型，该模型专门用于处理因变量为非负整数且 0 占很大比重的情况[25-26]。该模型认为店铺 i 的销量 Y_i 可能有两种情况，即 Y_i 恒为 0，其概率为 p_i；Y_i 服从均值为 λ_i 的泊松分布，其概率为（$1 - p_i$），则 Y_i 的分布为：

$$Y_i \sim \begin{cases} 0 & \text{概率为 } p_i \\ \text{Poisson}(\lambda_i) & \text{概率为 }（1 - p_i） \end{cases} \tag{2}$$

即：

$$p(Y_i = 0) = p_i + (1 - p_i)e^{-\lambda_i}$$

$$p(Y_i = k) = \frac{(1 - p_i)e^{-\lambda_i}\lambda_i^k}{k!}$$

其中，k 为店铺，k = 1，2，…，N，N 为店铺总数。

将 Y_i 的第二个成分（即泊松分布）的均值 λ_i 定义为自变量的线性函数，为了使影响浏览量和销量的因素具有可比性，在销量模型中使用与浏览量模型相同的自变量。因此，将 λ_i 的自然对数定义为：

$$\ln(\lambda_i) = \beta X_i = \beta_0 + \beta_1 \text{Price}_i + \beta_2 \text{Reputaion}_i + \beta_3 \text{Reputation}_i \cdot \text{Time}_i + \beta_4 \text{Scale}_i + \beta_5 \text{Ad}_i +$$
$$\beta_6 \text{Return}_i + \beta_7 \text{Guarantee}_i + \beta_8 \text{Comsale}_i + \beta_9 \text{Service}_i + \beta_{10} \text{Service}_i \cdot \text{Comsale}_i +$$
$$\beta_{11} \text{Delivery}_i + \beta_{12} \text{Delivery}_i \cdot \text{Comsale}_i + \beta_{13} \text{Description}_i + \beta_{14} \text{Description}_i \cdot \text{Comsale}_i +$$
$$\beta_{15} \text{Time}_i \tag{3}$$

其中，β 为包含 $\beta_0 \sim \beta_{15}$ 的列向量，β_0 为截距项，$\beta_1 \sim \beta_{15}$ 为变量对应的参数。

销量模型与浏览量模型的唯一区别在于，销量模型中增加了零膨胀因子。零膨胀因子的可能性被进一步定义为一个逻辑回归模型的因变量，所选的自变量与均值模型［式（3）］完全相同，即：

$$\ln\left(\frac{p_i}{1-p_i}\right) = \alpha X_i = \alpha_0 + \alpha_1 \text{Price}_i + \alpha_2 \text{Reputaion}_i + \alpha_3 \text{Reputation}_i \cdot \text{Time}_i + \alpha_4 \text{Scale}_i + \alpha_5 \text{Ad}_i +$$
$$\alpha_6 \text{Return}_i + \alpha_7 \text{Guarantee}_i + \alpha_8 \text{Comsale}_i + \alpha_9 \text{Service}_i + \alpha_{10} \text{Service}_i \cdot \text{Comsale}_i +$$
$$\alpha_{11} \text{Delivery}_i + \alpha_{12} \text{Delivery}_i \cdot \text{Comsale}_i + \alpha_{13} \text{Description}_i + \alpha_{14} \text{Description}_i \cdot$$
$$\text{Comsale}_i + \alpha_{15} \text{Time}_i \tag{4}$$

其中，α 为包含 $\alpha_0 \sim \alpha_{15}$ 的列向量，α_0 为截距项，$\alpha_1 \sim \alpha_{15}$ 为变量对应的参数。

本研究主要关注影响 λ_i 的因素而不是零膨胀因子，因此对零膨胀因子的参数估计不做过多讨论，但是，在销量模型中加入零膨胀因子可以很好地控制过多 0 对估计销量模型造成的偏差，并且剥离了销量恒为 0 的成分后，影响浏览量和销量的因素将更加可比。

3.3　估计方法

对于浏览量模型（泊松模型）和销量模型（零膨胀的泊松模型），本研究均采用基于 SAS 9.2 的贝叶斯方法进行参数估计。贝叶斯方法的优点在于不仅可以得到参数的点估计，还可以估计出其分布，而极大似然估计只能得到点估计。并且，只有在大样本下，极大似然估计才能用正态逼近得到一致性的参数估计，而贝叶斯方法即使在小样本下也可以通过 MCMC 抽样对参数进行估计[26]。

对于浏览量模型，本研究采用独立的无信息先验，$\gamma_j \sim \text{Normal}（0，1000）$，$j = 0，1，\cdots，15$，即第 j 个参数的先验分布密度为 $\prod(\gamma_j)$，$\prod(\gamma_j)$ 为 Normal（0，1000）的密度函数。为简化公式，用 prior 表示参数先验分布的表达式，用 Data 表示所有可观测变量的集合。似然函数为：

$$L(\text{Data}|\gamma) = \prod_{i=1}^{N} \frac{\exp(-\xi_i)\xi_i^{W_i}}{W_i!} \tag{5}$$

$$\xi_i = \exp(\gamma X_i)$$

由先验分布和似然函数可以得到以下后验分布，即：

$$P(\gamma|\text{Data}) \propto \text{prior} \cdot L(\text{Data}|\gamma) = \prod_{j=1}^{15} \prod(\gamma_i) \cdot L(\text{Data}|\gamma) \tag{6}$$

对于销量模型，同样对参数采用独立的无信息先验，即：

$\alpha_j \sim$ Normal（0，1000）

$\beta_j \sim$ Normal（0，1000）

令 $\prod(\alpha_j)$ 和 $\prod(\beta_j)$ 均为 Normal（0，1000）的密度函数，即为 α_j 和 β_j 的先验分布密度。销量模型的似然函数为：

$$L(\text{Data}|\alpha,\ \beta) = \prod_{i=1}^{N} p(Y_i) = \prod_{i=1}^{N}\left[p_i \cdot I(Y_i=0) + (1-p_i) \cdot \frac{\exp(-\lambda_i)\lambda_i^{Y_i}}{Y_i!} \right] \tag{7}$$

其中，$I(Y_i=0) = \begin{cases} 1 & Y_i=0 \\ 0 & Y_i>0 \end{cases}$，$p_i = \dfrac{\exp(\alpha X_i)}{1+\exp(\alpha X_i)}$，$\lambda_i = \exp(\beta X_i)$。

因此，销量模型的后验分布为：

$$P(\alpha,\ \beta|\text{Data}) \propto \text{prior} \cdot L(\text{Data}|\alpha,\ \beta) = \prod_{j=1}^{15}\prod(\alpha_j)\prod(\beta_j) \cdot L(\text{Data}|\alpha,\ \beta) \tag{8}$$

对于浏览量模型和销量模型，本研究均采用 MCMC 方法进行抽样，分别构造稳定分布为模型的后验分布的马尔科夫链，当抽样分布趋于稳定时，可以得到比较好的参数估计，此时每个参数都服从一个分布。

4 数据来源和描述

本研究采用的数据由中国某 C2C 交易平台直接提供，选取 2011 年 1 月某天销量最高的 10 个化妆品为研究对象，这些产品的价格从 3.35~136.55 元不等，产品价格在不同店铺中的平均值和离散度也有高有低，并且既有国产品牌又有国外品牌，在一定程度上代表了该交易平台上的化妆品品类，产品的名称和特征如表 2 所示。选取当天销量最高的产品，一方面是因为这些产品有足够的浏览量和销量，可以在很大程度上简化参数估计；另一方面，随着店铺的定价、广告等策略的变化，销量最高的产品可能每天都在变化，因此选择当天销量最高（而非历史销量最高）的产品是具有一定的代表性的。为了进一步增强样本的代表性，对于每个产品，随机抽取一定数量的店铺（不管抽样当天该店铺是否有浏览量和销量），并记录产品和店铺的特征，最终数据共有 10 个产品的 909 个观测值。

4.1 产品相关变量

产品相关变量主要包括产品的市场表现及特征，产品的市场表现包括抽样当天产品在每个店铺中的浏览量和销量，产品特征包括产品价格以及截至抽样前一天该产品在店铺中的历史销量。变量的描述性统计如表 3 所示。

表 2 产品特征

序号	产品名称	样本量	来源	均价	价格标准差
1	芳草集格兰斯玫瑰水凝优白霜	85	国产	53.544	7.573
2	芳草集玫瑰水凝保湿霜 50ml	61	国产	61.239	7.680
3	相宜本草八倍凝水霜 50g	98	国产	28.420	5.408
4	相宜本草红景天幼白面霜	23	国产	68.186	13.959
5	雅顿 21 天显效霜 75ml	210	国外	136.548	32.063
6	卡尼尔水润凝护保湿精华凝露 50ml	52	国外	37.111	6.646
7	春娟黄芪霜 30g	77	国产	3.346	1.567
8	欧莱雅全日保湿面霜 50ml	61	国外	70.407	15.880
9	百雀羚保湿润肤霜 120g	49	国产	4.724	2.351
10	Olay 玉兰油多效修护霜 50g	193	国外	64.570	23.745

注：均价和价格标准差均以人民币（RMB）计。

表 3 变量的描述性统计

变量名称	均值	标准差	最小值	最大值
浏览量	25.816	129.142	0.000	2290.000
销量	2.116	8.200	0.000	125.000
产品相关变量				
产品价格	66.547	47.927	1.300	415.000
历史销量	392.410	1544.270	0.000	24801.000
店铺相关变量				
店铺信誉	10.560	2.703	2.000	18.000
经营时间（月）	35.266	20.632	0.000	88.000
店铺产品数	827.872	859.569	0.000	6488.000
店铺广告投入	12977.840	55989.800	0.000	802584.000
服务态度	4.784	0.085	4.367	5.000
产品与描述相符	4.682	0.112	3.667	5.000
发货速度	4.822	0.071	4.464	5.000

注：样本量为 909。

4.2 店铺相关变量

对于销售某个产品的店铺，记录以下相关变量。店铺信誉，即所有成功完成交易的消费者对产品的累计信用评价，评价共有 20 个信用级别，级别越高代表信誉越好；经营时间，即截至抽样当天该店铺已经成立的月数；店铺产品数，即抽样当天该店铺正在出售的产品数；店铺广告投入，即抽样当天店铺的广告花费，主要指在该交易平台上的广告，而非一般的旗帜广告或搜索引擎广告；店铺的消费者评价，包括消费者用 5 分量表（1 分为非常不满意，5 分为非常满意）对店铺的服务态度、产品与描述相符的程度及店铺发货速度的平均评分；店铺的消费者保障，即店铺是否允许消费者七天退换产品以及是否提供假一赔三的承诺。连续型变量的描述性统计如表 3 所示，对于离散型变量，21.035% 的店铺允许顾客在七天内退换产品，57.048% 的店铺承诺假一赔三。

5　数据分析结果

在估计参数之前，对所有自变量进行标准化处理。标准化是研究中普遍采用的数据转换方法之一，它不仅使数量级不同的自变量变得更加可比，在本研究中还使用贝叶斯估计中的 MCMC 方法使抽样收敛得更好。此外，本研究发现店铺提供的两项消费者保障（七天退换和假一赔三）可能存在多重共线性，即当浏览量模型中同时包含这两个变量时，七天退换正向影响浏览量（$\hat{\gamma}_6 = 0.178$），假一赔三的影响是负的（$\hat{\gamma}_7 = -0.057$）；将七天退换从模型中删除后，假一赔三的影响却变成了正的（$\hat{\gamma}_7 = 0.031$）。对于销量模型，本研究也发现了类似的现象，因此，根据后验似然均值改进最大的原则，将原模型中的假一赔三变量删除。

对修正后的浏览量模型和销量模型分别进行估计，浏览量模型的对数似然均值为 −6.811，平均绝对误差为 27.960，与浏览量的标准差 129.140 相比较小，浏览量模型的预测效果较好。销量模型的对数似然均值为 −0.258，接近 0，平均绝对误差为 2.187，相对于销量的标准差 8.200 较小，销量模型的预测效果也较好。

通过对比分析两个模型的参数发现，产品和店铺特征对浏览量和销量的影响不同，如表 4 和表 5 所示。

表 4　影响浏览量的因素：贝叶斯泊松回归模型

解释变量	后验均值	标准误	下四分位数	中位数	上四分位数
截距	2.394***	0.012	2.386	2.394	2.402
价格	0.136***	0.008	0.130	0.136	0.147
店铺信誉	0.429***	0.012	0.420	0.428	0.437
店铺信誉×成立时间（月）	0.354***	0.006	0.350	0.354	0.358
店铺产品数	−0.213***	0.013	−0.222	−0.214	−0.205
店铺广告投入	0.171***	0.002	0.170	0.171	0.173
是否七天退换	0.119***	0.006	0.115	0.119	0.124
历史销量	0.342***	0.003	0.340	0.342	0.344
服务态度	−0.606***	0.013	−0.614	−0.606	−0.596
服务态度×历史销量	0.003*	0.005	0.000	0.004	0.007
发货速度	0.156***	0.017	0.145	0.156	0.168
发货速度×历史销量	0.010	0.006	0.006	0.010	0.014
产品与描述相符	0.239***	0.013	0.230	0.239	0.248

解释变量	后验均值	标准误	下四分位数	中位数	上四分位数
产品与描述相符×历史销量	0.085***	0.006	0.081	0.085	0.089
成立时间	−0.573***	0.013	−0.582	−0.573	−0.564
对数似然均值			−6.811		
平均绝对误差（MAE）			27.960		
观测值			909		

注：被解释变量为浏览量；* 为 $p < 0.100$，*** 为 $p < 0.010$，下同。

表 5　影响销量的因素：零膨胀的贝叶斯泊松回归模型

解释变量	后验均值	标准误	下四分位数	中位数	上四分位数
截距	0.984***	0.045	0.954	0.984	1.015
价格	−0.126***	0.038	−0.153	−0.127	−0.100
店铺信誉	−0.052	0.045	−0.083	−0.052	−0.021
店铺信誉×成立时间（月）	0.175***	0.025	0.158	0.175	0.191
店铺产品数	0.046	0.041	0.019	0.047	0.074
店铺广告投入	0.120***	0.008	0.114	0.120	0.125
是否七天退换	0.158***	0.023	0.142	0.158	0.173
历史销量	0.207***	0.016	0.196	0.207	0.217
服务态度	−0.453***	0.054	−0.491	−0.454	−0.417
服务态度×历史销量	0.128***	0.021	0.114	0.128	0.143
发货速度	0.309***	0.061	0.267	0.309	0.350
发货速度×历史销量	−0.359***	0.041	−0.387	−0.360	−0.332
产品与描述相符	−0.113***	0.031	−0.134	−0.114	−0.093
产品与描述相符×历史销量	0.174***	0.020	0.161	0.175	0.188
成立时间	−0.156***	0.043	−0.186	−0.156	−0.126
对数似然均值			−0.258		
平均绝对误差（MAE）			2.187		
观测值			909		

注：被解释变量为销量。

　　具体来说，产品价格显著地正向影响浏览量，而负向影响销量，即价格越高产品被浏览的次数越多，但销量越少。这个发现可能是由两个原因造成的。①探索型消费者在浏览产品时没有真正地考虑购买和支付，因此价格敏感性比目标导向型的消费者小。②以享乐和获取知识为目的的探索型消费者往往更加偏爱高质量的产品，而在 C2C 中，信息不对称使消费者在购买并收到产品前不能确定产品的质量[27]。在这种情况下，消费者一般通过价格推断产品质量[28-29]，即认为价格越高，产品的质量越高。因此，相对于目标导向型的消费者，探索型的消费者更倾向于浏览高价格的产品。反映到店铺层面上，在其他条件不变的情况下，价格高的产品的浏览量更高，但当消费者真正考虑购买时，价格的影响将更加重要，因此价格高的产品的销量更低。这个研究发现为前人将消费者分为目标导向型和探索型提供了一定的理论支持和印证。

店铺产品数对销量有正向影响（尽管在统计上不显著）而对浏览量有显著的负向影响。在其他条件相同的情况下，消费者倾向于从规模大的店铺（即在售产品数多的店铺）购买产品，然而在 C2C 中，产品质量的不确定性使消费者更多地依赖产品价格、产品的历史销量以及店铺保障等做出购买决策。由于本研究模型引入了这些重要的影响因素，因而店铺产品数对销量的影响不够显著。对于浏览量，很多消费者并非以购买为目的，而只是出于娱乐或获取知识的需要浏览产品，在这种情况下，店铺产品数越多，反而越可能分散消费者的注意力，导致消费者在店铺中浏览某个特定产品的机会变小，进而使该产品的浏览量降低。

通过浏览量模型还发现，店铺信誉显著地正向影响产品的浏览量，而且这种正向影响随着店铺经营时间的增长而逐渐增大；店铺信誉对销量的主效应不显著，但是它与经营时间的正向交互效应显著，即随着店铺成立时间的增长，店铺信誉对销量有逐渐增大的正向影响。此外，与前人的研究类似，本研究发现产品的历史销量对浏览量和销量都有显著的正向影响。同时，店铺广告投入是网上店铺吸引消费者的一个有效策略，它对浏览量和销量都有显著的正向影响。

本研究发现店铺允许消费者七天退换产品对浏览量和销量均有显著的正向影响。Wang 等[30] 和 Grazioli 等[31] 的研究发现，第三方认证、退货政策等保障可以增进消费者对网站的信任，显著地减少消费者的感知风险。七天退换给予消费者更大的自由度，消费者对收到的产品不满意时仍有权利向店铺退货，这个承诺在一定程度上揭示了店铺对其产品质量的信心，可以在很大程度上减少消费者的感知风险，因此七天退换不管是对浏览量还是对销量都是非常重要的影响因素。同时，本研究还估计了将七天退换这个变量删除而只保留假一赔三的浏览量模型和销量模型，同样发现店铺假一赔三对浏览量和销量有显著的正向影响。

服务态度、产品与描述的相符程度和发货速度对浏览量和销量的影响不一致。本研究发现，店铺的服务态度越好，其产品的浏览量和销量反而越低，这个看似不合理的发现可能是由店铺对服务水平的自我选择造成的。在模型中，将店铺的服务态度视为外生变量，即认为每个店铺提供的服务水平与其产品的市场表现无关。然而，在现实的 C2C 市场中，在资源有限的情况下，店铺往往会根据产品的浏览量和销量来调整其提供的服务水平，因为，店铺往往将更多的资源分配给浏览量和销量较小的产品（如新上架的产品）上。即使店铺不减少对浏览量和销量较高的产品的投入，服务水平也可能随着浏览量和销量的增大而降低，因为产品的浏览量和销量越大，平均每个客服人员服务的消费者就越多，所以服务质量和态度就可能会降低。换句话说，可能是浏览量和销量影响了店铺的服务水平，而不是服务水平影响了浏览量和销量。然而，这只是我们的猜测，为了更深入地研究服务水平的内生性问题，将来要用面板数据建立动态模型。此外，本研究发现服务态度与浏览量和销量的负相关受历史销量的调节，随着历史销量的增加，服务态度与浏览量和销量的负相关显著降低。

发货速度正向影响浏览量和销量，发货速度越快，浏览量和销量就越高。但是，对于浏览量，本研究发现历史销量对发货速度的调节作用并不显著，这可能是因为消费者在浏览时卷入度比较低，所以对历史销量和发货速度的相对作用没有做认真的权衡。对于销量而言，历史销量对发货速度有负向调节作用，即随着历史销量的增加，发货速度对消费者变得越来越不重要。这说明历史销量在消费者购买决策中起着非常重要的作用，一种可能的解释是，店铺的某个产品的历史销量越高，消费者认为这个产品（相对于其他店铺提供的相同产品）性价比更高，因此消费者可以接受更慢的发货速度。

产品与描述的相符程度正向影响浏览量，负向影响销量，消费者浏览产品时更喜欢与描述相符的产品，因为这些产品对于以娱乐和知识获取为目的的消费者才有意义，但对于真正考虑购买的消费者，产品价格和历史销量等将变得更加重要。根据该 C2C 平台的交易数据发现，畅销产品往往价格较低，与描述的相符程度也较低，这说明产品与描述的相符程度和销量的负相关可能是由消费者的过度价格敏感所造成的。同时还发现，历史销量对产品与描述的相符程度（浏览量和销量）的影响具有正向的调节作用，这说明随着历史销量的增加，产品与描述的相符程度的可靠性更高（即评价人数增多了），因此产品与描述的相符程度与销量的负相关显著降低，而对浏览量的正向影响显著增大。

6　结　论

本研究采用泊松模型和零膨胀的泊松模型研究网上 C2C 市场中影响产品浏览量和销量的因素，研究结果表明，一些重要变量对浏览量和销量的影响截然不同。产品价格正向影响浏览量而负向影响销量；店铺产品数负向影响浏览量而对销量没有显著影响；与已有的研究结论类似，店铺信誉正向影响产品的浏览量，并且这种正向影响随着店铺经营时间的增长而增大，但店铺信誉对销量的主效应并不显著，然而它与经营时间有正向交互效应，即店铺成立得越久店铺信誉对销量的正向影响越大。除此之外，服务态度、产品与描述的相符程度和发货速度对浏览量和销量的影响也有差异，尤其是产品与描述的相符程度对浏览量有正向影响，而对销量的影响却是负的。由于 C2C 市场中的信息不对称，因而，店铺的服务态度越好，产品的浏览量和销量反而可能越低，但发货速度显著地正向影响浏览量和销量，关于服务态度看似不合理的发现需要建立动态模型做进一步分析。此外，历史销量、广告、七天退换保障等对浏览量和销量均有显著的正向影响。

本研究探讨 C2C 市场中影响浏览量和销量的因素，为前人将消费者分为浏览者和购买者提供了理论支持和印证。一些因素对浏览量和销量有不同影响，价格正向影响浏览量却负向影响销量，店铺产品数对浏览量有负向影响，而对销量没有影响，这启示店铺要根据经营状况适时地调整价格策略甚至店铺的品类设置。本研究为网上店铺提升产品浏览量和销量提供了建议，店铺广告投入和七天退换承诺对浏览量和销量均有正向影响，因此网上店铺应在资金允许的情况下增加广告并提供消费者保障，获得浏览量和销量的双丰收。

本研究只探讨了一个信任型的产品品类（化妆品），得出一些因素对浏览量和销量有不同影响的结论，将来可以将该研究扩展到搜寻型的产品品类（如手机充值卡等），对于这种产品，消费者将不再从价格推断产品质量，因此价格等因素对浏览量和销量的影响可能是一致的。而且，本研究的变量受数据可获取性的限制，将来可以采用面板数据更细致地研究消费者评价和消费者保障对产品浏览量和销量的影响。

参考文献

［1］Bucklin R. E., Sismeiro C. A Model of Web Site Browsing Behavior Estimated on Clickstream Data［J］. Journal of Marketing Research，2003，40（3）：249-267.

［2］Sismeiro C., Bucklin R. E. Modeling Purchase Behavior at An e-commerce Web Site: A Task-completion Approach［J］. Journal of Marketing Research，2004，41（3）：306-323.

［3］Montgomery A. L., Li S., Srinivasan K, Liechty J. C. Modeling Online Browsing and Path Analysis Using Clickstream Data［J］. Marketing Science，2004，23（4）：579-595.

［4］Moe W. W., Fader P. S. Dynamic Conversion Behavior at E-commerce sites［J］. Management Science，2004，50（3）：326-335.

［5］Moe W. W., Fader P. S . Capturing Evolving Visit Behavior in Clickstream Data［J］. Journal of Interactive Marketing，2004，18（1）：5-19.

［6］Danaher P. J. Modeling Page Views Across Multiple Websites with An Application to Internet Reach and Frequency Prediction［J］. Marketing Science，2007，26（3）：422-437.

［7］Shi J., Wu Y. B2B, B2C and C2C: Should they be Treated Equally in China［C］//Electrical and Computer Engineering, Canadian, 2006：498-501.

［8］陈娅. C2C网上商店形象对消费者购买意愿的影响研究［D］. 重庆：重庆大学，2008：1-59.

［9］杨毅，董大海. 互联网环境下消费者行为倾向前因研究述评［J］. 预测，2007，26（4）：1-9.

［10］唐佳阳. 基于扩展的计划行为理论的C2C网上购物行为意向研究［D］. 成都：西南财经大学，2010：1-76.

［11］汤清，付阳. C2C电子商务中的博弈论分析［J］. 特区经济，2006（6）：233-234.

［12］田婕. C2C交易中诚信问题研究：基于博弈论模型［J］. 电子商务，2007（3）：62-66.

［13］洪琼，何刚. C2C电子商务网站信用评价模型的分析与研究［J］. 中国管理信息化，2008，11（11）：96-98.

［14］龙冬，颜文佳，骆雯. 基于C2C电子商务卖方视角的客户信任影响因素实证研究［J］. 情报杂志，2009，28（5）：199-203.

［15］Li H., Ye Q., Sharma G. Herding Behavior in C2C Ecommerce: Empirical Investigation in China［C］//2010 International Conference on Management Science & Engineering（17th），Melbourne, November 24-26, 2010：33-39.

［16］Zhang L., Zhang F. Does E-commerce Reputation Mechanism Matter?［J］. Procedia Engineering，2011，15：4885-4889.

［17］李维安，吴德胜，徐皓. 网上交易中的声誉机制：来自淘宝网的证据［J］. 南开管理评论，

2007, 10 (5): 36-46.

[18] 崔香梅, 黄京华. 信用评价体系以及相关因素对一口价网上交易影响的实证研究 [J]. 管理学报, 2010, 7 (1): 50-56, 63.

[19] Moe W. W. Buying, Searching, or Browsing: Differentiating between Online Shoppers Using in-store Navigational Clickstream [J]. Journal of Consumer Psychology, 2003, 13 (1/2): 29-39.

[20] Janiszewski C. The Influence of Display Characteristics on Visual Exploratory Search Behavior [J]. Journal of Consumer Research, 1998, 25 (3): 290-301.

[21] Bellman S., Lohse G. L., Johnson E. J. Predictors of Online Buying Behavior [J]. Communications of the ACM, 1999, 42 (12): 32-38.

[22] Doney P. M., Cannon J. P. An Examination of the Nature of Trust in Buyer-seller Relationships [J]. Journal of Marketing, 1997, 61 (2): 35-51.

[23] Brooks R. C., Jr. "Word-of-mouth" Advertising in Selling New Products [J]. Journal of Marketing, 1957, 22 (2): 154-161.

[24] East R., Hammond K., Lomax W. Measuring the Impact of Positive and Negative Word of Mouth on Brand Purchase Probability [J]. International Journal of Research in Marketing, 2008, 25 (3): 215-224.

[25] Ghosh S. K., Mukhopadhyay P., Lu J. C. Bayesian Analysis of Zero-inflated Regression Models [J]. Journal of Statistical Planning and Inference, 2006, 136 (4): 1360-1375.

[26] Angers J. F., Biswas A. A Bayesian Analysis of Zeroinflated Generalized Poisson Model [J]. Computational Statistics & Data Analysis, 2003, 42 (1/2): 37-46.

[27] Adjei M. T., Noble S. M., Noble C. H. The Influence of C2C Communications in Online Brand Communities on Customer Purchase Behavior [J]. Journal of the Academy Marketing Science, 2010, 38 (5): 634-653.

[28] Zeithaml V. A. Consumer Perceptions of Price, Quality, and Value: A Means-end Model and Synthesis of Evidence [J]. Journal of Marketing, 1988, 52 (3): 2-22.

[29] Zeithaml V. A., Parasuraman A., Malhotra A. Service Quality Delivery through Web Sites: A Critical Review of Extant Knowledge [J]. Journal of the Academy of Marketing Science, 2002, 30 (4): 362-275.

[30] Wang S., Beatty S. E., Foxx W. Signalling the Trustworthiness of Small Online Retailers [J]. Journal of Interactive Marketing, 2004, 18 (1): 53-69.

[31] Grazioli S., Jarvenpaa S. L. Perils of Internet Fraud: An Empirical Investigation of Deception and Trust With Experienced Internet Consumers [J]. IEEE Transactions on Systems, Man, and Cybernetics, Part A: Systems and Humans, 2000, 30 (4): 395-410.

公平偏好下的渠道成员价格决策及其动态检验 *

牛志勇　高维和　江若尘

【摘　要】 公平偏好行为成为渠道成员决策的重要考虑因素，利用实验的方法研究公平偏好下渠道成员的价格决策。通过博弈实验方法研究渠道成员的价格决策并做进一步的动态检验，分别设定控制条件、公平关系和权势关系3个条件研究不同环境下的价格决策，并对价格决策的动态性进行检验，最后通过 Logit 模型估计偏好参数。研究结果表明，实验中决策者制定的价格低于传统理论分析的结果，接近公平偏好理论下的结果，证明存在公平偏好；权势关系下渠道的整体收益最低，公平关系下的收益最高，说明公平偏好确实在渠道交易中起正面效用；激烈的竞争导致公平偏好下降，实验者经济目标和公平偏好随时间变动有互动关系。研究结果可对渠道价格契约的设计提出指导性建议，相关的数值计算为进一步研究提供理论支持。

【关键词】 公平偏好；渠道；价格决策；实验

1　引言

市场竞争环境越来越复杂，厂商本身的行为因素对策略决定产生影响，这在过去的研究中考虑并不多[1]。如对于包含一个供货商和一个零售商的分散决策渠道系统，学者们多在假定自利、理性的基础上探讨系统成员的决策行为。来自行为经济学的证据表明，人们在决策时会考虑互惠和公平等社会偏好因素[2]，并且现实中人们的行为背离了传统假

---

* 《管理科学》，第26卷第1期，2013年2月。

基金项目：国家自然科学基金（71202005，71002031）；上海教委创新基金重点项目（12ZS073）。

作者简介：牛志勇（1983—），男，河南鹤壁人，毕业于上海交通大学，获博士学位，现为上海财经大学500强企业研究中心讲师，研究方向：市场营销和管理科学等。

设，有理由怀疑，在传统渠道研究中企业实际决策与理论分析的结果是否一致，公平因素是否在其中扮演角色。

公平偏好不属于传统的效用理论，因为其违背了理性和自利的假设，供货商与零售商之间往往通过契约形式确定利润分配，制定价格决策。自利假设认为，两者均以利润最大化为目标设定价格，简单的价格契约此时会带来"双重边际"问题，造成渠道效率低下。Cui 等[3] 发现，渠道成员具有公平偏好时，简单的价格契约是可以协调契约的，并且认为现实中这样的契约比比皆是。本研究利用实验的方法研究渠道厂商的价格决策，利用传统的渠道决策理论和 Fehr 等[2] 提出的公平偏好理论，探讨渠道成员在进行价格决策时是否有公平的考虑，也即传统理论和公平理论哪个可以更好地描述决策行为，并比较不同条件下对渠道成员环境的控制；在重复博弈下价格决策动态变化，渠道成员的偏好行为是否会随着博弈轮次发生变化；如果渠道成员具有公平偏好，那么对相关参数进行估计检验。

2 相关研究评述

与本研究相关的文献主要包括渠道价格契约模型研究和针对公平的实验研究两类。

针对渠道价格契约模型的理论研究主要集中于两方面。一方面是建立在传统自利假设下的价格决策模型，多数研究关注双重边际问题，希望通过价格契约的设计提高渠道的绩效，如 Raju 等[4] 和 Lariviere 等[5] 的研究。另一方面随着行为经济学理论的深入，学者放松了自利或者完全理性的假设，利用理论模型研究渠道成员自身公平行为对价格决策以及价格契约制定的影响。Camerer 等[6] 利用 Fehr 等[2] 的公平偏好理论研究供应商和零售商的最后通牒价格决策行为。Cui 等[3] 在渠道协调契约制定的研究中，通过比较渠道成员（供应商和零售商）的利润而引入公平偏好，从理论上证明线性价格契约的效率不会低于其他非线性契约，该结论与传统研究相反。Wang 等[7] 发现，具有损失规避行为特征的最优订购量随批发价的增加而增加，随零售价的增加而降低。

刘春林[8] 认为适当的奖罚因子结合限制最低销售规模可以协调渠道；杜少甫等[9] 假设零售商具有公平偏好，探讨零售商的行为对批发价契约等协调的影响；张岳平等[10] 研究零售商具有公平偏好的回购契约和收益共享契约的渠道协调问题。这些研究基本上是在假设渠道成员具有公平偏好的前提下研究公平偏好如何影响渠道成员的决策。

针对公平的实验研究也是近年来的热点，学者们通过实验发现了与传统理论相违背的现象，同时建立新的理论进行解释。Bolton 等[11] 对公平偏好进行描述，认为效益的正差异和负差异都会带来损失。De Bruyn 等[12] 在此基础上预测公平对讨价还价行为的影响。Ho 等[13] 用通牒博弈对渠道协调契约中加价的实施效果进行检验，发现二部税和数量折扣这两个以加价为类型的协调机制并没有使渠道效率有明显的提升，他们用一个最优反应均衡的模型进行假设检验，认为渠道成员在交易中是有限理性的，并在最后对渠道成员的公平偏好进行说明。Lim 等[14] 采用一个类似的通牒博弈，对不同的数量折扣契约形式进行实验，发现随着契约形式变得复杂，渠道的效率提高，但是供应商的利润却在降低。Loch 等[15] 用实验证明公平偏好影响渠道交易中成员的决策，不仅证实了成员行为对自利模型结论的偏离，同时也发现公平偏好促进了合作，提高了个体的绩效水平以及整个渠道的效率，他们的实验考虑到地位偏好的影响。Katok 等[16] 利用实验的方法验证供应链中价格契约的制定，并且比较了回购契约与收益共享契约。Özer 等[17] 利用实验的方法研究信任在供应商和零售商之间信息共享中的作用。

刘作仪等[18] 认为对渠道成员行为的描述和理论分析成为未来的主要研究方向之一，并且他们对渠道供应链中显示的行为以及相关理论进行总结，认为抓住这些影响运营管理的重要因素和问题，可以更深入地研究生产和销售系统。基于此，本研究对包含供应商和零售商的渠道系统进行价格契约的实验研究，一方面对上述理论进行验证，另一方面对相关参数进行假设计算，为企业界提出政策建议。

3 模型和假设

3.1 经典理论下的结果

为了研究价格契约，考虑包含一个供应商和一个零售商的渠道。供应商给下游的零售商提供产品，边际成本为 c，供应商用采取或者放弃的策略给零售商提供价格契约 w，零售商以价格 p 销售该产品到市场。首先供应商（用字母 A 表示）决定自己的批发价格 w，然后零售商（用字母 B 表示）根据这一价格确定自己的零售价格 p。假定市场上需求是线性的，需求量为 Q，其函数形式为 $Q = D - p$，D 为 $p = 0$ 时的市场需求，此时供应商的利润函数为 $\prod_A$，$\prod_A = (w - c)Q$，零售商的利润函数为 $\prod_B$，$\prod_B = (p - w)Q$。

根据自利模型下的分析，博弈双方均是理性的博弈者，以自己的利润最大化为目的，对于后动者而言，依据先动者的出价最大化自己的利润。假定 $D = 10$，$c = 2$，求解 A 和 B 的最优利润，即分别对 $\prod_A$ 和 $\prod_B$ 阶导数，联立方程可以得到供应商的最优定价为 $\bar{w} = 6$，零售商的最优定价为 $\bar{p} = 8$，渠道的整体利润为 12。此时从传统理论上看，将发生双边际问题，并且此时渠道的效率只有 75%。上述推导是利用子博弈均衡的倒退法，并且双方只是博弈而并无后续的结果。意味着当博弈者知道最后结果时再去推导前一轮的结果，这样博弈均衡则为一次性博弈，即在传统理论下，渠道成员的价格最优契约为 $(\bar{w}, \bar{p})$。

3.2 公平偏好下的结果

根据 Fehr 等[2] 和 Cui 等[3] 的理论模型，具有公平偏好的博弈者的目标函数为效用函数。在一次性博弈中 A 的效用函数为 u_A，其表达式为：

$$u_A = \begin{cases} \Pi_A - \alpha_A(\Pi_B - \Pi_A) & \text{如果 } \Pi_A < \Pi_B \\ \Pi_A - \beta_A(\Pi_A - \Pi_B) & \text{如果 } \Pi_A > \Pi_B \end{cases} \tag{1}$$

其中，α_A 为 A 的劣势不公平偏好参数，β_A 为 A 的优势不公平偏好参数。式（1）与 Fehr 等[2] 对公平偏好的描述核心是一样的，本研究为数值计算方便而写成简易形式。对于 B 也有类似的表达式为：

$$u_B = \begin{cases} \Pi_B - \alpha_B(\Pi_A - \Pi_B) & \text{如果 } \Pi_B < \Pi_A \\ \Pi_B - \beta_B(\Pi_B - \Pi_A) & \text{如果 } \Pi_B > \Pi_A \end{cases} \tag{2}$$

其中，u_B 为 B 的效用函数，α_B 为 B 的劣势不公平偏好参数，β_B 为 B 的优势不公平偏好参数。

根据效用最大化的分析理论，将 $D = 10$ 和 $c = 2$ 代入式（1）和式（2）中 Π_A 和 Π_B 的表达式进行计算，得到双方的最优结果分别是 $w_A^{**} = 4$，$p_B^{**} = 6$。

在博弈类型中，如果是 A 方占有优势，那么理论上双方的效用变为：

$$\begin{aligned} u_A &= \Pi_A - \beta_A(\Pi_A - \Pi_B) \\ u_B &= \Pi_B - \alpha_B(\Pi_A - \Pi_B) \end{aligned} \tag{3}$$

并且满足条件 $w > \frac{1}{2}p + 1$。

当然，这只是理论上的结果，在实验中是否可以达到需要进一步论证。本研究也会通过实验数据对相应参数进行假设检验，得出估计值。

通过上述两种情况的比较，从理论上看，公平偏好下 A 和 B 的定价都要低于经典理论下的定价，所以依据有限次博弈的均衡路径理论，本研究提出以下假设。

H₁ 公平偏好下供应商和零售商的定价都低于传统理论下的结果，即 $\overline{w}_A > w_A^{**}$ 和 $\overline{p}_B > p_B^{**}$。

该假设基于完美信息下的有限博弈均衡分析，如果公平偏好因素没有起作用，每次博弈的定价应该无差别，那么在所有实验轮次都应该是理论上的 $\overline{w}_A = 6$，$\overline{p}_B = 8$。

另外，根据现实的经验，也许人的公平偏好会随着自己的经验发生一定变化。换句话说，公平偏好不是"前瞻性"的，而是"观望性"的，如果交易者的动机发生改变，那么昨天的交易会影响到今天的定价水平[19]。本次实验每一对实验对象将会重复进行 10 轮实验，通过重复来验证他们是否会有"学习效应"，也即他们的相关参数是否会随着时间的变化而产生变化。那么在公平偏好下，假定不同的轮次用 t 来表示（$t = 1, 2, \cdots, 10$），A 的系数满足下面的变化形式，即：

$$\begin{aligned} \alpha_{A,t+1} &= \alpha_{A,t} + \alpha_{A,t}(\Pi_{B,t} - \Pi_{A,t}) & \text{如果 } \Pi_{B,t} > \Pi_{A,t} \\ \beta_{A,t+1} &= \beta_{A,t} + \beta_{A,t}(\Pi_{B,t} - \Pi_{A,t}) & \text{如果 } \Pi_{B,t} < \Pi_{A,t} \end{aligned} \tag{4}$$

其中，$\Pi_{A,t}$ 为 t 轮次 A 的利润，$\Pi_{B,t}$ 为 t 轮次 B 的利润。式（4）表明当上一轮次遭遇劣势不公平时，实验者的嫉妒心理会加强；遭遇优势不公平时，实验者的歉意心理会加强。根据上述公式，本研究提出以下假设。

H₂ 实验者 A 的定价会随着上一轮实验者 B 的定价增加而递增，并且会随着自己在实验中的优势感知而增加；实验者 B 有类似的行为。

4 实 验 设 计

4.1 实验设计

为了更好地理解公平偏好是否起作用，将实验对象分为三大类。在每一类的实验中，两个随机匹配的实验对象进行 10 轮的博弈实验。在 Ho 等[13] 和 Lim 等[14] 的研究中，博弈者均为陌生者，即在进行博弈时并不清楚对方是谁，他们认为在这样的情境下人们的公平偏好效果是比较低的。为了与他们的研究区别，本研究将所有的实验对象分为三大类。

第一类称为控制条件小组，所有的博弈者皆为陌生者，个体在做决策时不清楚对方是谁，并且双方不能交流，实验对象的一些行为均由主持人操纵。

第二类称为公平关系小组，在进行实验之前所有实验对象会做一个简单的交流，如互相介绍姓名、握手致意等，双方不再是陌生人，并且在实验时告知双方博弈对象并不是陌生人；实验之前告知双方如果最终所得利润相同则是公平的，虽然并不要求大家一定要按照这样来划分，即使得到所谓的不公平结果也不会影响最终的现金奖励。从这个角度来控制大家对公平的感知。

第三类称为权势关系小组，过程如第二类，但是会告知双方其中一方具有权势，即其中一方在前面的博弈中获取了更高的利润，然后双方重新进行博弈。

第一类基本上是传统的研究范式，后两类适合本研究相关概念的研究。公平关系类型的实验考察一般意义下的公平偏好对契约制定的影响；第三类考察如果存在强弱关系时，那么是否还有公平偏好的存在。然后比较三类情况下进行的价格契约，估计相应的公平偏好系数。

4.2 实验过程

实验的每一小组包含 11 个实验对象，每个对象进行 10 轮博弈，本研究实验对象选择某大学管理学院在读研究生（包括 MBA）。Ball 等[20] 比较了工作人员（包含经理）和学生的实验结果，发现相对于学生来讲，经理们更愿意相信他人，并且也更值得信任，所以用学生做实验对象可以反映出公平偏好的部分问题。每一小组，实验持续 60 分钟左右，在实验的开始由主持人向每位参与者讲解具体的实验规则，并且确信参与者都清楚整个实验过程以及在做选择时最后的结果保证实验对象尽可能的理性。为了处理方便，让参与者选择的价格均为 0~10 的整数。

为了更加合理地模拟现实情况，实验者 A 和实验者 B 分别处于不同房间进行实验，使他们在实验时无法看到对方。在每一轮中，均由实验者 A 首先行动，向实验者 B 提出自己的价格契约，随后实验者 B 依据结果（主持人会把各种可能的数值结果告知实验者 B）进行判断，从而决定是否接受对方的契约以及自己所选择的价格。当所有实验结束后，主持人依据实验者最终得分给予一定的现金奖励（以人民币结算）。

表 1 给出实验者特征的描述性统计。

表 1　描述性统计

年龄	均值	标准差	中位数	样本容量
控制条件	23.791	1.810	23	33
公平关系	23.428	2.100	23	33
权势关系	23.674	2.001	23	33
加总	23.632	1.883	23	99
性别	男性占的比例（%）			样本容量
控制条件	55.360			33
公平关系	41.081			33
权势关系	42.862			33
加总	46.431			99

实验者的年龄在各个小组里没有统计差别，但是，在对各个小组性别进行统计时发现，公平关系下和权势关系下女性占的比重略大（这与 Campbell[21] 的观点类似）；为保证性别对最终结果没有影响，只在每种条件下集中统计数据；本实验对象为中国籍学生，这样就降低了性别、年龄以及国别对结果的影响。由于实验对象较少，因而并没有进行数据间的比较研究，但是这并不影响本研究结果[6]。

5　实验结果

首先检验公平偏好对渠道契约的影响（H_1），然后验证随着时间的变动在众多轮次里价格决策的变动（H_2）。所有数据均为成对（实验者 A 和实验者 B）收集，由于每一个参与者进行了多轮实验，因而在进行计算时求出该小组成员每一轮决策结果的平均值作为最终统计结果，可以对每一轮不同条件下的数据进行比较。表 2 给出每个条件下价格、利润、价格契约接受率等数据统计结果。

利用 MANOVA 检验方法得到 3 种条件下 10 轮实验数据的结果显著不同，Wilks 检验，显著水平小于 0.0005。利用 Hotelling 成组的 T-Square 检验发现权势关系下（w，p）的值明显高于控制条件和公平关系两组（显著水平小于 0.025），公平关系下（w，p）的值明显低于控制条件和权势关系两组（显著水平小于 0.005），这些结果证实本研究实验的操控还

表 2　决策结果的统计描述

	均值	标准差	中位数
控制条件			
实验者 A 的定价 w	4.941	0.323	5.000
实验者 B 的定价 p	6.956	0.303	6.950
实验者 A 的利润 Π_A	6.892	0.361	7.000
实验者 B 的利润 Π_B	6.463	0.390	6.500
契约接受率	82.381%	0.154	84.170%
公平关系			
实验者 A 的定价 w	4.238	0.360	4.200
实验者 B 的定价 p	6.122	0.410	6.200
实验者 A 的利润 Π_A	7.332	0.281	7.300
实验者 B 的利润 Π_B	7.088	0.281	7.151
契约接受率	91.380%	0.174	93.633%
权势关系			
实验者 A 的定价 w	5.458	0.359	5.300
实验者 B 的定价 p	7.380	0.240	7.350
实验者 A 的利润 Π_A	6.541	0.386	6.450
实验者 B 的利润 Π_B	5.100	0.700	4.900
契约接受率	71.000%	0.170	73.160%

是比较有效的。同时，3 种条件下的利润也互不相同，MANOVA 检验和 Wilks 检验，显著水平小于 0.0005；利用 Hotelling 成组的 T-Square 检验发现公平关系下的利润值（Π_A，Π_B）最高（显著水平小于 0.005），权势关系下的利润值最低（显著水平小于 0.040）；公平关系下的契约接受率最高，Wilcox 检验，显著水平小于 0.020，权势关系下该值最低，Wilcox 检验，显著水平小于 0.020。

5.1　价格决策

用图形表示实验者的决策结果。图 1 给出实验者 A 每一轮实验的平均价格决策，图 2 给出实验者 B 的平均价格决策。

对于理性或者自利的实验者，每一轮实验的结果应该是一样的，最优结果为 $\overline{w}_A = 6$ 和 $\overline{p}_B = 8$，但是实验中每一种条件下均没有看到类似结果。在 3 种条件下都没有达到理性的结果，即使在控制条件下也没有达到，说明他的劣势不公平起到了一定作用。因为在 3 种条件下都得到了类似的实验结果，所以不会影响几种条件下的结果之间的对比。

根据表 2 和图 1，实验者 A 在 3 种条件下的平均定价是不同的，价格在公平关系下最低，控制条件下次之，权势关系下最高。

从图 2 可以看出，实验者 B 在 3 种条件下的定价都要比完全理性、自利条件下的低，说明实验者在操控过程中社会性偏好或者公平偏好所起的作用。但同时也发现，在 3 种条件下，公平关系下的定价明显偏低。

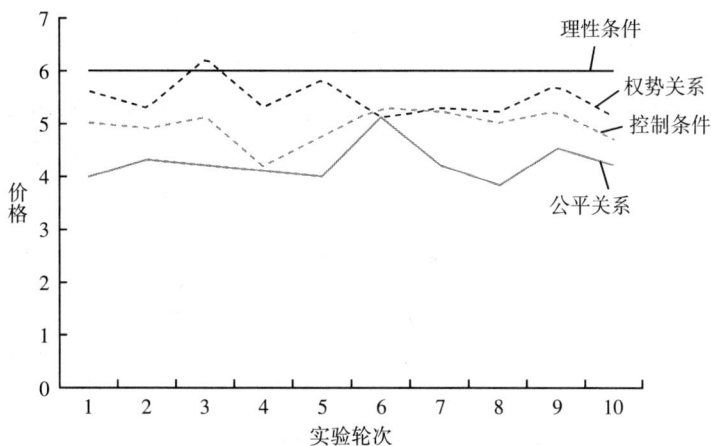

图1 不同条件下 A 的价格决策

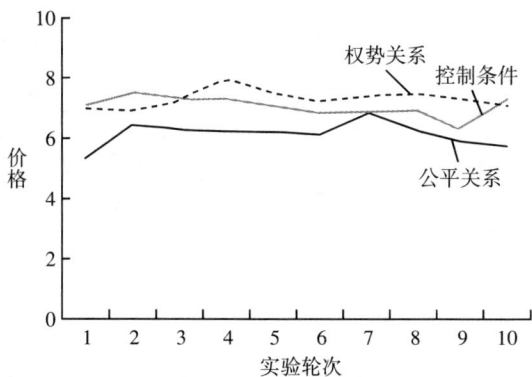

（a）实验者 B 的定价

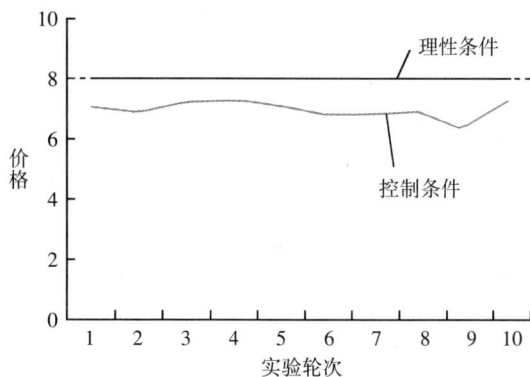

（b）理性条件 vs. 控制条件

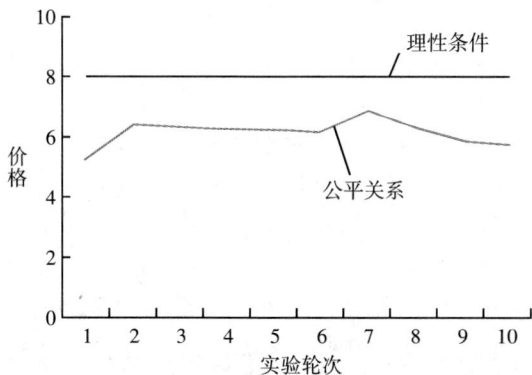

（c）理性条件 vs. 公平关系

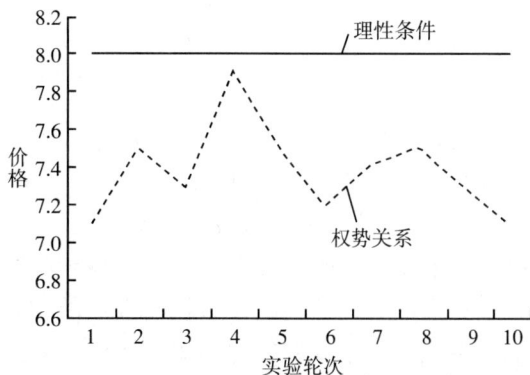

（d）理性条件 vs. 权势关系

图2 不同条件下 B 的价格决策

综上所述，通过表 2 和相关的实验结果可以证实 H$_1$ 成立。通过实验发现，实验者在决策时会偏离自利、理性的假设，说明他们不仅考虑到经济的因素，也考虑到公平等因素，虽然供应商（实验者 A）提供的是简单契约，但公平偏好的零售商（实验者 B）的定价有向协调定价方向的偏好；当告知渠道中存在强势的情况时，本研究发现供应商和零售商的定价都会偏高，对渠道协调产生不利影响，从公平角度分析，这是由于弱势者对强势者的反抗，即对"劣势不公平"的"报复"，虽然强势者的"优势不公平"有助于缓解这一问题，但是如果没有合适的策略，也会造成渠道整体利润的下降。下面分析双方的利润对比。

5.2 利润对比

图 3 给出 10 轮实验的利润，通过实验发现，实验者 A 和实验者 B 均在公平关系下的利润最高，控制条件下次之，权势关系下最低。在公平关系下，实验者 A 的定价较低，实验者 B 给予回报降低自己的定价，提高了产品销量进而从整体上提高了双方的利润。当实验者 A 定低价时，实验者 B 并没有对其进行"剥削"，没有按照自利条件进行定价。在权势关系下，实验者 A 的过高定价受到实验者 B 的报复，使产品销量降低，从而双方利润都降低了。

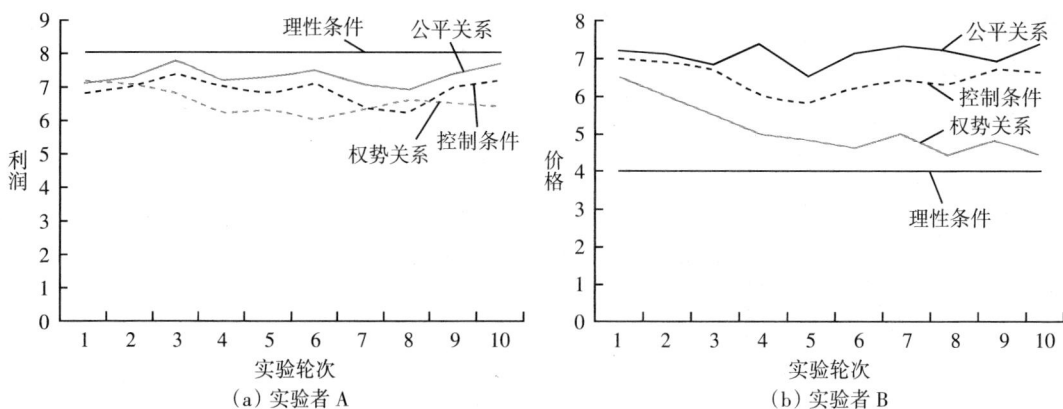

图 3 不同条件下实验者的利润

从对利润的分析可以看出，实验者所做的决策并不都建立在完美预见的假设之上，实验者在追求经济目标的同时，也会兼顾"社会目标"，即公平关系下渠道的长期整体利润得到提高，权势关系下渠道的利润遭受到破坏。换句话说，当社会性受到压迫时，即使可以得到比较高的利润，受压迫者也会奋起反抗。

实验中双方的利润收入均与经典的纳什均衡（实验者 A 的利润是实验者 B 的两倍）下的结果不同，双方的利润比较接近，并且如果双方的利润相差较大，劣势一方的"报复"心理会比较强。这反映了即使在控制条件下也存在着竞争以及对公平的考虑，尤其对于实验中的后行者（实验者 B），他在观测到先行者的决策之后，这种思想会更加强烈。由表 2 可知，3 种条件下实验者 A 提出价格契约后，被实验者 B 接受的概率也显著不同，这必然会影响到实验整体（渠道）的绩效，并且契约接受率与双方利润的大小同向变化，即契约接受率高的渠道，其整体利润（$\prod_A + \prod_B$）也高，此时的渠道也最为协调。综合上面所有结果，本研究给出如下定理。

定理 1 在不同控制条件下，公平关系背景下的渠道整体利润最高，双方的利润也最高，此时渠道协调绩效较好，而在权势关系背景下的渠道协调绩效偏低。

5.3 价格动态的检验

上文的结果支持 H_1，即公平偏好下供应商和零售商的定价都低于传统理论下的结果。下面将验证 H_2，实验者 A 的定价会随着上一轮实验者 B 的定价增加而递增，并且会随着自己在实验中的优势感知而增加。上文关注的是双方对比，下面将关注个体随着时间变化的策略变化情况。公平偏好不是"前瞻性"的，而是"倒推性"的，实验者在当前的交易决策会依赖于以往的结果。本研究利用线性回归对 H_2 进行检验，以实验者 A 为例，函数为实验者 A 的当前价格决策，自变量为实验者 B 的上一轮的价格决策，回归参数则为公平偏好的系数。

最小二乘估计（OLS）要求变量是连续的，或者较为接近。在本实验中，价格决策集中在 4~8，这与该方法的假设有一定的偏离。因此，本研究用 Logit 分析方法处理原始数据。由于价格大于 8、小于 4 的数据较少，因而将 3 以下和 9 以上的数值分别进行合并统一，用 j 表示这些价格的整数值。本研究采用一般 Logit 模型为：

$$\text{Logit}[\Pr(w_t > j)] = a^j + b_1^j p_{t-1} + b_2^j (\prod_{A,t-1} - \prod_{B,t-1}) + b_3^j F + b_4^j P$$

$$j = 4, 5, 6, 7 \tag{5}$$

其中，w_t 为当轮实验者 A 的定价；p_{t-1} 为实验者 B 上一轮的定价；F 为实验者对公平感知的虚拟变量（取 0 或 1），P 为实验者对权势感知的虚拟变量（取 0 或 1），前文分析它们是统计显著的；a^j 为回归方程的截距常数；b_1^j 为实验者 B 上一轮定价的影响系数，b_2^j 为实验者 A 和实验者 B 上一轮相对利润对实验者 A 本轮定价大于 j 的概率 $\Pr(w_t > j)$ 的影响系数，也即该 Logit 模型允许不同的定价有不同的系数；b_3^j 为公平感知的系数，b_4^j 为权势感知的系数。

类似地，实验者 B 价格决策的 Logit 模型为：

$$\text{Logit}[\Pr(p_t > j)] = a^j + b_0^j w_t + b_1^j w_{t-1} + b_2^j (\prod_{B,t-1} - \prod_{A,t-1}) + b_3^j F + b_4^j P$$

$$j = 4, 5, 6, 7 \tag{6}$$

其中，p_t 为当轮实验者 B 的定价，实验者 B 的定价是建立在实验者 A 的基础之上的；b_0^j 为实验者 A 当轮价格的影响系数；b_1^j 为前轮价格对实验者 B 定价的影响系数；b_2^j 为实验者 A 和实验者 B 上轮相对利润对实验者 B 本轮定价大于 j 的概率 $\Pr(p_t > j)$ 的影响系数。

对实验数据采用 OLS 回归进行分析，具体统计分析结果如表 3 所示。

通过分析回归参数可知，实验者 A 在公平关系下降低自己的价格，在权势关系下提高自己的价格，回归结果显示这两个虚拟变量分别为正和负。

表3 价格动态的Logit分析参数估计

变量	实验者A的价格	变量	实验者B的价格
		j = 4	
B的上轮价格系数 b_1^j	0.170*** (0.030)	A的当前价格系数 b_0^j	−0.350*** (0.040)
A的相对支付系数 b_2^j	0.010 (0.010)	B的上轮价格系数 b_1^j	0.160*** (0.030)
公平关系系数 b_3^j	−0.830*** (0.120)	A的相对支付系数 b_2^j	0.040*** (0.010)
权势关系系数 b_4^j	−0.190 (0.200)	公平关系系数 b_3^j	−0.700*** (0.200)
常数 a^j	2.000*** (0.220)	权势关系系数 b_4^j	0.290 (0.200)
		常数 a^j	3.000*** (0.310)
		j = 5	
B的上轮价格系数 b_1^j	0.190*** (0.030)	A的当前价格系数 b_0^j	−0.200*** (0.030)
A的相对支付系数 b_2^j	0.020*** (0.010)	B的上轮价格系数 b_1^j	0.180*** (0.030)
公平关系系数 b_3^j	−0.830*** (0.120)	A的相对支付系数 b_2^j	0.040*** (0.000)
权势关系系数 b_4^j	0.320 (0.200)	公平关系系数 b_3^j	−0.800*** (0.200)
常数 a^j	0.400 (0.220)	权势关系系数 b_4^j	0.180 (0.160)
		常数 a^j	1.000*** (0.270)
		j = 6	
B的上轮价格系数 b_1^j	0.190*** (0.030)	A的当前价格系数 b_0^j	−0.030 (0.030)
A的相对支付系数 b_2^j	0.390*** (0.000)	B的上轮价格系数 b_1^j	0.180*** (0.030)
公平关系系数 b_3^j	−0.830*** (0.120)	A的相对支付系数 b_2^j	0.040*** (0.000)
权势关系系数 b_4^j	0.420** (0.150)	公平关系系数 b_3^j	−0.220 (0.150)
常数 a^j	−0.620** (0.210)	权势关系系数 b_4^j	0.400** (0.150)
		常数 a^j	−1.240*** (0.260)
		j = 7	
B的上轮价格系数 b_1^j	0.190*** (0.030)	A的当前价格系数 b_0^j	0.090* (0.030)

变量	实验者 A 的价格	变量	实验者 B 的价格
		$j = 7$	
A 的相对支付系数 b_2^j	0.040*** (0.000)	B 的上轮价格系数 b_1^j	0.190*** (0.030)
公平关系系数 b_3^j	−0.830*** (0.120)	A 的相对支付系数 b_2^j	0.040*** (0.000)
权势关系系数 b_4^j	0.460*** (0.150)	公平关系系数 b_3^j	0.010 (0.150)
常数 a^j	−1.420*** (0.220)	权势关系系数 b_4^j	0.621*** (0.150)
		常数 a^j	−2.940*** (0.260)

注：括号里数据为估计参数的标准误差，* 为显著水平小于 0.050，** 显著水平小于 0.010，*** 为显著水平小于 0.001。

由于 p_{t-1} 的系数 b_1^j 为正（见表 3），因而实验者 A 依据前一轮较高的实验者 B 的定价提高自己本轮的价格，这也印证了公平偏好下互惠的概念。并且实验者 A 同样也会依据相对利润的差额提高自己的价格，这是由于 $(\prod_{A,t-1} - \prod_{B,t-1})$ 的系数 b_2^j 为正，说明当上一轮实验者 A 获取优势时，在本轮没有降低价格的侵略性反而会更强烈，这也反映了权势获得者会去捍卫自己的强势，并为自己已经获得的高利润进行激烈的防守。但是当实验者 A 选择比较低的价格时（$j = 4$），上述结论并不显著，这可能需要对其他因素进行解释，只是从公平角度解释还不够明显。

实验者 B 的价格动态受其他因素的影响，即本轮实验者 A 的定价对实验者 B 的定价也会产生影响，因为实验者 B 是后行动者。权势关系、实验者 A 上一轮的价格和上一轮的相对利润都增加实验者 B 的价格，这与实验者 A 的结果相一致。如果在交易中具有强势的实验者 B 也会更加维护自己的强势权力，并且双方都会对相互的决策做出互惠的反应，序列价格正线性相关，而不是像经典理论预测的那样是负相关。

实验者 B 只有在低价时才会反映出对公平关系的反馈（如 $j = 4, 5$）。当实验者 B 已制定了较高的价格时，其没有反映出对公平关系的回报（虚拟变量 F 的系数并不显著）。换句话说，激烈的行动会减弱对公平的考虑。最后，讨论同一轮实验者 B 对实验者 A 的价格反应。由表 3 可以看出，实验者 B 的价格较低时，当实验者 A 的价格较高，实验者 B 会降低自己的价格（当 $j < 6$，$b_0^j < 0$）；实验者 B 的价格较高时，当实验者 A 的价格选择较高时，实验者 B 会对实验者 A 当下的价格和上一轮的价格进行报复。这个结果证实了公平偏好与经济目标的交互性，H_2 得到验证，即实验者的定价随上一轮对手的定价增加而递增，或随之减少而降低。当实验者 B 是比较"胆小怕事"时，他害怕如果自己的定价过高会造成自己经济利润的损失；但是当实验者 B 具有野心时，经济理性和权力就成为主宰他决策的关键。这意味着他们的行为已经背离了经典的经济理性假设，并不代表他们是有限理性或是不能理解博弈的实质，而是由于社会偏好影响着他们的行为。

6 公平参数的假设检验

6.1 参数估计方程

上文通过实验具体探讨了公平偏好对实验者（供应商、零售商）价格决策的影响，利用这些数据以及式（1）和式（2）可以对两个公平偏好参数 α（劣势不公平感知参数）和 β（优势不公平感知参数）进行假设检验。利用实验者的价格决策（w，p）构建似然方程，假设实验对象的每一轮价格决策满足以下联合正态分布，即：

$$\begin{pmatrix} w_{i,t} \\ p_{i,t} \end{pmatrix} \sim N \left(\begin{pmatrix} w^* \\ p^* \end{pmatrix}, \begin{pmatrix} \sigma_w^2 & \rho_{wp}\sigma_w\sigma_p \\ \rho_{wp}\sigma_w\sigma_p & \sigma_p^2 \end{pmatrix} \right) \tag{7}$$

其中，i 为实验对象的配对编号；t 为实验决策轮次；w^* 和 p^* 为公平偏好下实验对象的预测值（理论值），假设双方的决策偏差分别服从（0，σ_w）和（0，σ_p）的正态分布，σ 为相应参数的标准差，假设分布是独立同分布的，前文也验证了 w 与 p 相关；ρ_{wp} 为 w 与 p 的相关系数。依据假设和数据分别对实验者 A 和实验者 B 的公平偏好系数进行假设检验，为简单起见，此处以实验者 A 为例进行过程说明，后面直接给出实验者 B 的结果。

对实验者 A 来讲，其联合似然方程为：

$$LL(\alpha_A, \beta_A, \sigma_w, \sigma_p, \rho_{wp}) = \sum_{i=1}^{I} \sum_{t=1}^{T} \left\{ -\ln(2\pi) - \frac{1}{2}\ln|\Sigma| - \frac{1}{2}\begin{pmatrix} w_{i,t} - w^* \\ p_{i,t} - p^* \end{pmatrix}' \right.$$

$$\left. \Sigma^{-1}\begin{pmatrix} w_{i,t} - w^* \\ p_{i,t} - p^* \end{pmatrix} + \ln u_A^* \right\} \tag{8}$$

其中，$\Sigma = \begin{pmatrix} \sigma_w^2 & \rho_{wp}\sigma_w\sigma_p \\ \rho_{wp}\sigma_w\sigma_p & \sigma_p^2 \end{pmatrix}$，$u_A^*$ 为公平偏好下实验者 A 的理论效用，由式（1）确定。实验者 B 有类似的似然方程，效用是关于实验者 B 的。

6.2 参数估计结果

表 4 给出参数估计结果，具体为双方公平偏好指数的估计值、标准误差和 w 与 p 的标准差（σ_{pw}）以及似然函数（LL）值、χ^2 检验值。

表 4　公平系数的估计结果

系数	实验者 A	实验者 B
劣势不公平偏好系数	1.061 (0.070)	0.970 (0.050)
优势不公平偏好系数	0.030 (0.010)	0.040 (0.090)

续表

系数	实验者 A	实验者 B
决策误差		
σ_w	1.220 (0.030)	1.240 (0.030)
σ_p	3.370 (0.060)	3.390 (0.050)
σ_{pw}	−0.700 (0.020)	−0.710 (0.010)
LL	−3080.501	
χ^2	12.380	

注：括号里的数据是估计参数的标准误差，显著水平为 0.010。

对于实验者 A 来说，劣势不公平偏好系数和优势不公平偏好系数分别为 1.061 和 0.030，劣势对实验者的公平感知影响更大，并且优势不公平偏好系数较小，有时将其忽略也是可以接受的。实验者 B 的两个系数分别是 0.970 和 0.040，实验者 B 的劣势影响会小一些，本研究认为，因为他是后动者，具有后动劣势的本身导致了他可以承受更多的损失，而优势不公平偏好与实验者 A 类似。

关于这两个参数的数值在经济学中已验证过多次，并且很多结果得到 β = 0 没有被拒绝。但本研究也发现了与经济学实验的不同之处，即经济学的实验博弈双方分配固定的收益，而在渠道中需要双方合作将"蛋糕"做大，才能真正获得更高利润，这也是我们在实验中体会较深的地方。

7 结 论

本研究通过行为博弈的方法进行实验设计，验证渠道交易中成员的公平偏好的存在性，并对渠道成员的价格决策进行分析，检验决策的动态性，通过实验数据对模型中参数进行假设检验，得到以下结论。

（1）实验者在决策时不仅仅以经济作为唯一的目标，对公平等社会因素也会有所考虑；通过比较公平关系和权势关系下的结果发现，公平关系下的整体利润最高，从此可以发现公平偏好的积极作用。

（2）随着实验轮次的递进，实验者对公平的偏好会发生变化。实验者对开始的低价做出公平的回报，这种关系随时间的变化逐渐加强；实验者不会对高价做出相应的公平回报，这说明激烈的行动会减弱渠道成员对公平的考虑。

（3）通过 Logit 模型估计公平偏好系数的大小，从实验者 A（供应商）和实验者 B（零售商）的劣势不公平偏好系数和优势不公平偏好系数可以看出，具有后动优势者的劣势不公平的影响相对小一些。

这些结论为更加合理地描述渠道成员的行为和协调价格契约的制定提供理论依据，渠道成员在决策时不会将经济作为唯一的目标，对公平等社会因素也会考虑，并且随着时间的推移这种考虑会不断发生变化。公平偏好对行为决策有重要的影响，在复杂的市场竞争环境中，公平偏好可能是很好的"润滑剂"，将交易双方协调因素牵制在一起。

在现实中，供应商和零售商公平地去对待对方的案例也一再显现。一个很典型的例子是，英国最大的零售商 Marks & Spencer，他以公平地对待自己的供应商而与之建立起长期平稳的合作关系而闻名。

Marks & Spencer 相信他的供应商，只要自己没有任何损失，通常都会接受供应商的简单报价。并且当出现渠道利润分配不公平时，他会让出自己的一些利润给供应商。2001年，一个厨具产品的供应商，由于自己的失误，将一批产品的价格定得偏低，导致该供应商的利润损失。当 Marks & Spencer 主管经理获知后，主动将供应商所亏的利润给予补偿，并且提供专业服务，对该产品进行降低成本的设计，这种做法不仅维持了双方长久的交易关系，而且从实践结果看，并没有对 Marks & Spencer 造成多少伤害，其利润保持稳定的增长。

公平策略的案例对中国众多企业也有启示。近年来，中国零售行业发展迅速，连锁超市、家电大卖场层出不穷，渠道的发展使渠道经营者对渠道的协调有了渴求，也强烈呼吁建设公平的渠道环境。2008年8月由中国连锁经营协会发起《零售商供应商公平合作促销倡议书》，该倡议得到70家大型零售企业以及近200家供应商的响应和支持，众多供应商和大型零售商在促销和价格方面达成合作的一致性意见，共同面对危机。所以，从公平角度协调整个渠道也是市场所呼吁的。

探索公平偏好在不同的环境中对营销行为的影响是今后应用公平偏好解决实际问题的重要内容。本研究也存在着不足。①由于实验室设置条件的有限性，必然会造成普遍的系统偏差；②所有的实验对象是学生（虽然有部分的 MBA 学生），由于学生缺乏实践经验，也会造成偏差；③本研究主要针对一个供应商和一个零售商的情况进行分析，对渠道结构的复杂化研究也是未来的方向。

参考文献

[1] Ho T. H., Lim N., Camerer C. F. Modeling the Psychoogy of Consumer and Firm Behavior with Behavioral Economics [J]. Journal of Marketing Research, 2006, 43 (3): 307-331.

[2] Fehr E., Schmidt K. M. A Theory of Fairness, Competition, and Cooperation [J]. The Quarterly Journal of Economics, 1999, 114 (3): 817-868.

[3] Cui T. H., Raju J. S., Zhang Z. J. Fairness and Channel Coordination [J]. Management Science, 2007, 53 (8): 1303-1314.

[4] Raju J. S., Srinivasan V. Quota-based Compensation Plans for Multiterritory Heterogeneous Salesforce [J]. Management Science, 1996, 42 (10): 1454-1462.

[5] Lariviere M. A., Porteus E. L. Selling to the Newsvendor: An Analysis of Price-only Contract [J].

Manufacturing & Service Operations Management, 2001, 3（4）: 293-305.

[6] Camerer C., George L., Drazen P. Neuroeconomics: How Neuroscience Can inform Economics[J]. Journal of Economic Literature, 2005, 43（1）: 9-64.

[7] Wang C. X., Webster S . The Loss-averse Newsvendor Problem [J]. Omega, 2009, 37（1）: 93-105.

[8] 刘春林.多零售商供应链系统的契约协调问题研究 [J]. 管理科学学报, 2007, 10（2）: 1-6.

[9] 杜少甫，杜婵，梁樑，刘天卓.考虑公平关切的供应链契约与协调 [J]. 管理科学学报, 2010, 13（11）: 41-48.

[10] 张岳平，石岿然.考虑损失规避与公平关切的供应链协调问题 [J].南京工业大学学报: 社会科学版, 2011, 10（4）: 69-73.

[11] Bolton G. E., Ockenfels A. ERC: A Theory of Equity, Reciprocity, and Competition [J]. The American Economic Review, 2000, 90（1）: 166-193.

[12] De Bruyn A., Bolton G. E. Estimating the Influence of Fairness on Bargaining Behaviotr [J]. Management Science, 2008, 54（10）: 1774-1791.

[13] Ho T. H., Zhang J . Does the Format of Pricing Contract Matter[J]. Management Science, 2008, 54（4）: 686-700.

[14] Lim N., Ho T. H. Designing Price Contracts for Boundedly Rational Customers: Dose the Number of Blocks Matter? [J]. Marketing Science, 2007, 26（3）: 312-326.

[15] Loch C. H., Wu Y. Social Preferences and Supply Chain Performance: An Experimental Study [J]. Management Science, 2008, 54（11）: 1835-1849.

[16] Katok E., Wu D. Y. Contracting in Supply Chains: A Laboratory Investigation [J]. Management Science, 2009, 55（12）: 1953-1968.

[17] Özer Ö., Zheng Y., Chen K. Y. Trust in Forecast Information Sharing [J]. Management Science, 2011, 57（6）: 1111-1137.

[18] 刘作仪，查勇. 行为运作管理: 一个正在显现的研究领域 [J].管理科学学报, 2009, 12（4）: 64-74.

[19] Cosmides L., Tooby J. Evolutionary Psychology and the Generation of Culture, Part Ⅱ. Case study: A Computational Theory of Social Exchange [J]. Ethology and Sociobiology, 1989, 10（1/3）: 51-97.

[20] Ball S. B., Cech P. A. Subject Pool Choice and Treatment Effects in Economic Laboratory Research [J]. Research in Experimental Economics, 1996, 6（3）: 239-292.

[21] Campbell M. C. Perceptions of Price unfairness: Antecedents and Consequences [J]. Journal of Marketing Research, 1999, 36（2）: 187-199.

脱销诱因与品牌概念对产品感知与购买的影响 *

李东进　李　研　吴　波

【摘　要】已有研究大多关注脱销现象对企业和店铺产生的消极影响，而缺乏对脱销信息积极价值的探讨。产品产生脱销的诱因主要包括高需求和低供给，两种脱销诱因会传递不同的产品价值信号而对产品感知和未来购买产生重要影响。在不同脱销诱因的影响效应和品牌概念一致性理论的基础上，以学生和普通消费者为被试收集实验数据，采用方差分析方法进行实证检验。研究结果表明，产品脱销诱因显著影响产品的感知质量和感知独特性。由高需求（vs.低供给）造成的脱销更积极地影响感知质量，但仅针对功能性品牌；由低供给（vs.高需求）造成的脱销更积极地影响感知独特性。产品脱销诱因与品牌概念类型具有匹配效应，对于功能性品牌，高需求脱销比低供给脱销更积极地影响消费者对脱销产品的未来购买意向，而对于象征性品牌，高需求脱销比低供给脱销更消极地影响消费者的未来购买意向。

【关键词】脱销诱因；品牌概念；感知质量；感知独特性

1　引　言

脱销是零售和服务市场上难以避免的市场现象，虽然脱销产品当时无法购买，但却可以情境性或跨时期影响消费者对相关产品的评价和态度[1]。在日常生活中，产品脱销现象随处可见，如餐馆菜单上热卖的菜品图片被标注已售完、在线销售商在网页上保留售罄产品的图片和信息等。产品全线脱销导致涨价，这是由于消费者在脱销情境下提高了对产

---

* 基金项目：国家自然科学基金（71072101，71372099，71202009）。

作者简介：李东进（1957—），男，吉林和龙人，毕业于韩国国立庆北大学，获博士学位，现为南开大学商学院教授、博士生导师，研究方向：市场营销、消费者行为学和广告学等。

品的价值感知和购买意向。除了电子产品外，汽车销售和房地产销售都曾使用脱销信息影响人们对产品供求关系的判断和对产品吸引力的感知，从而达到提升企业品牌形象、提高产品或服务售价和获得更高利润的目的。

产品脱销对消费者心理和行为的影响可以分为情境性影响和跨时期影响两类[1]。消费者对产品的偏好会受同类产品脱销信息的影响，这属于脱销的情境性影响。当曾经脱销的产品再次可以购买时，脱销信息会影响人们对该产品的购买，这属于脱销的跨时期影响。大部分有关脱销的研究，探讨脱销信息存在对其他可得产品（或服务）的情境性影响[2-5]，较少有研究，探讨不可得属性对脱销产品本身的影响，特别是脱销形成的诱因与品牌概念类型间的匹配关系。中国国内的研究多从缺货会降低销售的视角关注脱销的消极影响[6-8]和如何优化供应链管理以减少脱销[9-11]。然而，零售和服务市场很难避免暂时性的产品或服务脱销，因此有效管理脱销现象并发挥其利用价值对这些企业来说非常重要。本研究深入探讨脱销诱因和品牌概念类型对消费者产品感知和购买的影响，在理论上为经济学和营销学中的虚位理论以及营销交流中有关品牌概念一致性理论做出贡献，在实践上为正在和将要使用虚位营销策略的企业提供战略借鉴。

2 相关研究评述和研究假设

2.1 产品脱销的影响效应

脱销又称缺货，是指产品暂时不可得的现象[12]，产品出现脱销意味着消费者在一段时间内无法获得某一产品，而且这种无法获得是未预期的[13]。脱销选项的存在会对其他可得产品产生情境性诱导效应，如脱销信息的存在有时会积极影响消费者对其他可得产品的购买，呈现脱销信息（相较于无脱销信息）会使消费者认为可得的相似选项的感知吸引力更高，并对相似品的购买产生紧迫感，从而降低消费者对相似品的购买延迟[4]。如果消费者对脱销产品的承诺程度较低，那么，呈现脱销选项可以降低消费者进行选择的困难程度，从而引发积极的消费者反应[14]。Conlon等[3]研究发现，产品不可得可以增加可得替代品的销售，产品可得性下降会使其他可得产品比实际看起来更具有可替代性。

脱销选项的不可得属性还可能积极影响人们对脱销选项本身的评价和欲望，如当脱销的产品再次可得时，与从未出现过脱销相比，人们会增加对它的购买意向。错过的有吸引力的促销可以通过增加消费者的不行动后悔来提高店铺未来相似促销的吸引力[15]。产品脱销会向消费者传递稀缺的信号，增加人们对产品的欲望[16]，让产品看起来更有吸引力[17]。为了满足对稀缺产品的欲望，消费者愿意为它们花费更多[18]。根据Lynn[19]的稀缺—昂贵—欲望模型（Scarcity-Expensiveness-Desirability，SED），稀缺性可以增加人们对产品的占有欲，人们认为稀缺的产品需要花费更多，它的高价格意味着高质量和地位。产品稀缺的信号可能会对消费者反应产生两种积极影响，①拥有稀缺的产品会激发被嫉妒和被尊重的感觉，拥有该属性的产品可以被视为炫耀性消费；②消费者可能会使用稀缺信号作为启发式线索，以简化对产品质量的评价[17]。

2.2 品牌概念一致性理论

品牌概念被分为功能概念和象征概念（或声望概念）两大类[20-21]。功能性品牌概念强调产品在满足消费者功能或功利需求上的表现。具有功能概念的品牌被消费者用于满足外部引发的消费需求，具有解决问题的能力[22]。象征性品牌概念强调产品的社会性和享乐性，可以帮助消费者进行自我概念或自我形象的表达[20]。具有象征概念的品牌可以用于将消费者与渴望的群体、角色或自我形象相联系，通过消费者与参照群体的联系提高自我意识[22]。不同的品牌概念类型（象征或功能）能给消费者带来不同的利益，因而不同企业在广告或产品体验中应向消费者传递不同的信息[23]。对某一企业来说，其品牌表达应传递一致的信息[24]。功能性品牌概念传递了产品的质量、经济性等功能性信息，企业营销交流信息应与功能性信息相一致；象征性品牌概念传递了产品的独特性、身份地位等象征性信息，企业营销交流信息应与象征性信息相一致。如果企业向目标顾客传递的信息与品牌概念相一致，那就会增加品牌评价和购买，但如果传递的信息与品牌概念相悖，则不利于品牌评价和购买。

虽然市场上存在功能概念和象征概念混合的品牌，但具有多重概念的品牌相对来说难以管理，因为它需要与更多的品牌进行竞争，如那些仅具有功能概念或象征概念的品牌[25]。市场上的品牌大多具有清晰的单一品牌概念，如手表品牌 Rulsar 和 Timex 属于功能性品牌概念，而 Rolex 和 Omega 属于象征性品牌概念。Park 等[25] 认为，具有多重概念的品牌在树立形象或定位上的有效性较低，对消费者来说更难以确认它的基本内涵。这会使消费者产生混淆和困惑感，不利于消费者对品牌的积极评价。一些研究证实了品牌概念一致性对于消费者反应的积极影响，如消费者对品牌延伸的评价依赖于原有产品与品牌延伸后的新产品之间的匹配性。Torelli 等[26] 认为，当功能性品牌的延伸产品反映功能性概念时（与象征性概念相比）对消费者反应的影响更积极，当象征性品牌的延伸产品反映象征性概念时（与功能性概念相比）对消费者反应的影响更积极。类似地，企业常通过赞助活动的方式提高品牌形象，Chien 等[24] 发现，赞助商与活动性质的匹配性会影响品牌评价，当赞助活动在类别上与赞助商相关（与不相关相比）时会提高赞助商的品牌内涵一致性和清晰度，并显示出更一致的品牌个性。因此，当品牌传递的信息在类别上保持一致时，人们对品牌的期待与实际感知更一致，对品牌信息的处理更流畅，从而积极影响品牌感知和评价。

2.3 脱销诱因与消费者产品感知

根据经济学理论的观点，产品稀缺会由于供不应求而造成产品价格的上升。脱销产品的不可得属性会由于传递了稀缺信号而对产品本身产生积极影响，包括提高了人们对产品的欲望和愿意支付的最高价格。稀缺性可能由两种因素引发，即有限供给或高需求[27]。已有研究探讨低供给或高需求引发的产品稀缺性对消费者心理和行为的影响，如对于独特性需求较高的个体，低供给比高需求更容易引发他们对产品的感知稀缺性[28]。Gierl 等[17]发现，产品稀缺的原因与供给相关时，比与需求相关时更积极地影响炫耀性消费。本研究将稀缺性的分类（高需求和低供给）延伸至脱销形成原因的分类。

脱销诱因是指引发产品或服务脱销的原因，包括供给方引发和需求方引发。零售中的脱销既可能来源于需求链，又可能来源于供给链，消费者的高需求或企业对需求的失败预期都可能引发脱销[29]。Kramer 等[30]将脱销选项的不可得分为由需求引发和非需求引发。Aastrup 等[31]对脱销研究进行文献回顾，发现脱销研究主要分为两大流派，一是从需求视角出发，二是从供给视角出发。显然，高供给或低需求不容易引发产品脱销，脱销现象的出现主要源于产品的低供给或高需求任何一方出现或两者同时出现。虽然这两种原因都可能造成供求关系的不平衡，以至于产品脱销，但高需求和低供给造成的脱销会对消费者的产品感知产生不同影响。产品脱销传递的积极信息包括对质量的启发式线索和稀缺独特的信号，在高需求情境下会加强对前者的推断，认为曾被很多消费者购买的产品是高质量的；在低供给情境下会加强对后者的推断，认为不可得的稀缺产品是独特的。

稀缺性作为一种启发式的线索，可以被消费者用于推断产品的整体质量，从而积极影响消费者对产品的态度[32]。消费者在社会化过程中通过购买经验发现稀缺的产品往往比不稀缺的产品质量更好，高需求造成的产品不可得意味着有很多其他消费者购买了该产品，从而发生从众效应，使消费者跟随其他人的购买行为。消费者常将高需求的产品与高质量相联系，如人们喜欢从畅销排行榜上选择图书进行购买，因为畅销品向消费者传递了产品高质量的信号[33]。然而，产品不可得传递的稀缺信号对高产品质量的启发式的成立条件依赖于脱销的诱因。当产品脱销是由于供给有限造成时，消费者不太可能使用启发式提高对产品质量的评价；当产品脱销是由于需求较大造成时，消费者对产品质量更易产生积极推断。

独特性理论认为，人们具有保持独特感的社会欲望，该欲望是消费的一种动机力量[34]。随着产品可得程度的下降，产品变得更有价值，有时是由于人们的独特性需求，为了满足独特身份的需求并提升自尊，人们有动机采取与他人相区别的行为[35]。人们可以通过拥有物质产品来满足独特性需求，为了追求自我独特性，消费者会选择在小型的、出入不频繁的商店购物，或者购买稀少的和定制化的产品[36]。产品感知稀缺性会影响产品感知独特性，从而影响消费者购买意向[18]。不可得属性之所以可以增加产品的吸引力，主要是因为不可得意味着能够获得该资源的人比较少，人们拥有别人不能拥有的资源可以增加自我独特感，从而对想要拥有者产生控制感或与没有拥有者进行下行社会比较（即与不如自己的人进行比较，以此来获得自尊）；不可得意味着该资源更昂贵，需要花费更多的时间、精力或金钱才能获得，而昂贵的资源是地位的象征，更有价值，人们更想拥有它[37]。

由上述分析可知，脱销产品的不可得属性既可能提高它的感知独特性和象征性价值，又可能由于从众效应而提高消费者对脱销产品的质量感知。由于低供给造成了更少的人拥有产品，产品不可得传递的稀缺信号更容易满足人们的独特性需求，因而低供给造成的脱销产品看起来更独特。而对于高需求造成的产品脱销，产品不可得更多地使消费者对脱销产品质量产生启发式推断，认为热销的产品是优质的。高需求造成的产品脱销无法传递产品独特性的信号，反而暗示已有大量的消费者拥有该产品，减弱了消费者对产品的独特性感知。据此，本研究提出以下假设。

H₁：与低供给造成的产品脱销相比，高需求造成的产品脱销正向影响消费者对产品的感知质量；

H₂：与高需求造成的产品脱销相比，低供给造成的产品脱销正向影响消费者对产品的感知独特性。

2.4 脱销诱因与品牌概念的匹配效应

象征性品牌的吸引力在于它的独特性和排他性。消费者购买这类象征性品牌产品的动机包括区别自己与其他人或者感觉自己属于某一渴望群体[17]。象征性品牌可以有效满足人们的独特性需求，因为这些品牌会影响人们的自我形象[38]。对于象征性品牌，独特性需求是购买这类产品的重要动机[20]，产品脱销的低供给诱因比高需求诱因意味着更少的人可以拥有它，而使产品更具独特性和吸引力。对于功能性品牌，消费者更在意产品是否能够满足消费需求，是否能够解决实际问题[22]，产品质量是购买这类产品的重要因素，高需求引发消费者对产品高质量的推断，可以增加产品对消费者的吸引力。

根据品牌概念一致性理论，高需求脱销反映了产品大众化和高性价比，该交流信息与功能性信息相一致，从而提高了消费者对功能性品牌的评价和购买；低供给脱销突出了产品独特性和显示身份地位，该交流信息与象征性信息相一致，从而提高了消费者对象征性品牌的评价和购买。与功能性品牌概念相比，象征性品牌概念对消费者的吸引力更依赖于产品的感知独特性，而低供给比高需求造成的产品脱销更易增加产品的感知独特性，从而提高了脱销产品的未来购买意向。相对地，与象征性品牌概念相比，功能性品牌概念对消费者的吸引力更依赖于产品的感知质量，高需求造成的脱销表明有很多其他消费者曾经购买过该产品，优质与畅销的简化启发式使消费者提高了对脱销产品的评价，从而提高了未来购买意向。据此，本研究提出以下假设。

H₃：品牌概念类型（功能性或象征性）与脱销诱因的交互作用会影响消费者对脱销产品的未来购买意向。

H₃ₐ：对于功能性品牌，与低供给造成的产品脱销相比，高需求造成的产品脱销正向影响消费者对脱销产品的未来购买意向。

H₃ᵦ：对于象征性品牌，与高需求造成的产品脱销相比，低供给造成的产品脱销正向影响消费者对脱销产品的未来购买意向。

3 研 究 方 法

3.1 实验一

3.1.1 实验设计和变量测量

实验一是为了验证 H_1 和 H_2。2012 年 12 月某综合性高校 95 名本科生参加此次实验，共回收有效问卷 90 份，男性占 48.889%，平均年龄为 21.570 岁（SD = 1.281）。实验刺激物为手表，因为，被试对这类产品比较熟悉，他们既关注这类产品的功能属性（如质量），也关注它的象征属性（如独特性）。被试根据产品脱销情境进行购买决策，被试被随机分为两组，一组脱销诱因为高需求（47 人），另一组脱销诱因为低供给（43 人）。高需求组中，刺激物脱销的原因被描述为"由于该产品十分畅销，目前已经脱销"；低供给组中，脱销的原因被描述为"由于该产品属于限量版，厂家供货量较少，目前已经脱销"。在预测试中，共有 25 名被试（与主实验同质）对实验封面故事（详见下一段文字）中的两种描述判断"该产品脱销的原因是什么？A. 该产品需求量大；B. 该产品供给量小"。92.000%的被试认为 A 描述中产品脱销的原因在于高需求，96.000%的被试认为 B 描述中产品脱销的原因在于低供给，可见主实验中对自变量脱销诱因的操作有效。

在主实验中，被试阅读一段包含脱销原因的脱销购物情境，实验封面故事的内容如下："大学毕业后你顺利进入一家喜欢的企业工作，并且已经工作了 3 个月。在过去的几个月中你想要购买一块手表，现在你认为自己有资金能力购买一块手表。你在某购物网站发现了一款喜欢的手表（名为 ALPHA），遗憾的是该款手表目前已售罄，但是网站打出公告说：由于 ALPHA 手表十分畅销，目前已经脱销，我们将尽快补货（或者为，由于ALPHA 手表属于限量版，厂家供货量较少，目前已经脱销，我们将尽快补货）"。然后，让被试根据上述情境回答一个开放式问题，即"造成 ALPHA 手表脱销的原因是什么？"设置该问题的目的在于排除没有正确理解情境中脱销原因的问卷，在高需求组应回答产品畅销或与高需求相关的内容，在低供给组应回答产品限量或与低供给相关的内容。如果被试没有正确回答该问题，那么其问卷会被视为无效问卷；共删去无效问卷 5 份，包括没有回答或答错该题。最后，被试将对该产品的感知质量、感知独特性和未来购买意向进行评价，并填写性别和年龄等人口统计学变量。

借鉴 Dodds 等[39]的研究测量感知质量，题项包括"我感到该产品是质量可靠的"、"我感到该产品是高质量的"、"我感到该产品的质量是可信赖的"。借鉴 Franke 等[36]的研究测量感知独特性，题项包括"我感到该产品是非常独特的"、"拥有该产品让我感觉自己与众不同"。借鉴 Aggarwal 等[20]和 Dodds 等[39]的研究测量未来购买意向，题项包括"该产品补货后，在价格可接受范围内，我会考虑购买它"、"该产品补货后，我很有可能会购买它"、"该产品补货后,我很愿意购买它"。采用 Likert 7 级量表测量,1 为非常不同意,7 为非常同意。

3.1.2 实验结果和分析

首先,对量表的信度进行分析,采用 Cronbach's α 系数衡量。产品的感知质量 α 系数值为 0.887,感知独特性为 0.752,未来购买意向为 0.916,由于各测量变量的 α 系数值均大于 0.700 的标准,表明问卷具有良好的信度。

其次,单因素方差分析表明,高需求脱销组中被试对产品的感知质量(M = 5.262,SD = 0.988)显著高于低供给脱销组(M = 4.744,SD = 1.023),$F(1, 88) = 5.974$,$p = 0.017 < 0.050$,H_1 得到验证;低供给脱销组中被试对产品的感知独特性(M = 5.372,SD = 1.030)显著高于高需求脱销组(M = 4.798,SD = 1.030),$F(1, 88) = 6.978$,$p = 0.010$,H_2 得到验证。

最后,单因素方差分析还表明,高需求脱销组的产品未来购买意向(M = 5.638,SD = 1.056)与低供给脱销组(M = 5.380,SD = 1.240)没有显著差异,$F(1, 88) = 1.139$,$p = 0.289 > 0.100$,说明脱销诱因的差别不会影响消费者对产品的未来购买意向。消费者对产品的感知独特性对未来购买意向的积极影响显著 $[F(1, 88) = 58.294, p < 0.001]$,产品的感知质量对未来购买意向的影响也显著 $[F(1, 88) = 78.377, p < 0.001]$,可见不同脱销诱因虽然会影响产品感知的不同维度,但这些产品感知维度都可以积极影响产品的未来购买意向,从而使不同脱销诱因对未来购买意向的影响没有差异。

3.1.3 讨论

根据实验结果可知,高需求脱销比低供给脱销增加了消费者对产品的感知质量,而低供给脱销比高需求脱销增加了消费者对产品的感知独特性,但两种脱销诱因对未来购买意向的影响没有差异。说明不同脱销诱因侧重于影响产品感知的不同维度(质量或独特性),如果对某类品牌的评价和购买主要依赖于人们对它的质量评价,那么高需求脱销诱因对未来购买的积极影响更有效;如果对某类品牌的评价和购买主要依赖于人们对它的独特性评价,那么低供给脱销诱因对未来购买的积极影响更有效。为了验证上述推断,将在实验二中探讨不同品牌概念与脱销诱因是否会产生匹配效应。

实验一可能存在一个疑问,即高需求脱销与低供给脱销相比为什么提高了消费者对产品的感知质量,而不是感知性价比。消费者在购买产品时(包括遭遇产品脱销)可以清晰地看到产品的标价,如果消费者提高了对产品的感知质量,就意味着提高了产品的感知性价比。当产品是由于需求量较大而造成脱销时,消费者会意识到产品是受很多其他消费者认可和购买的,就会感到该产品的感知性价比增加,在价格是客观存在的情况下,也就提高了对产品的感知质量。另外,本实验还存在两个问题:①无法确定脱销诱因造成产品感知质量的差别是由于低供给对产品感知质量的积极影响程度低于高需求情况,还是由于低供给没有积极影响感知质量;②无法确定脱销诱因造成产品感知独特性的差别是由于高需求对产品感知独特性的积极影响程度低于低供给情况,还是由于高需求没有积极影响感知独特性,甚至是消极影响感知独特性。因此,在实验二中将增加无脱销信息的控制组,以解决这两方面的问题。

3.2 实验二

3.2.1 实验设计和变量测量

实验二是为了验证 H₃。实验二为 2×3 组间实验设计，即品牌概念（功能性/象征性）×脱销诱因（高需求/低供给/无脱销）。实验刺激物为年轻人经常购买的牛仔裤，因为，被试对该类产品比较熟悉，这类产品在市场上既存在专注于高性价比的品牌（如班尼路），也存在专注于独特个性的品牌（如 DIESEL）。实验二在 2013 年 1 月进行，共回收有效问卷 169 份，男性占 43.195%；样本年龄分布为：15~20 岁占 4.142%，21~25 岁占 36.095%，26~30 岁占 41.420%，31~35 岁占 18.343%；学历分布为：初中占 0.592%，高中占 2.959%，中专占 3.550%，大专占 20.118%，大学本科占 59.172%，硕士占 11.834%，博士占 1.775%。

实验二通过某专业调查网站发放问卷并回收，使用该网站主要有以下原因。①实验二模拟的购物情境是网络购物，在网络购物中更容易出现产品脱销而又保留产品信息的情况，在电脑情境下参与该实验比纸质实验问卷更贴近实际的网购情境，而且通过电脑屏幕可以使用图片信息作为实验情境，问卷的信息表达能力强于传统的纸质问卷。②通过专业调查网站发放问卷可以增加样本在全国范围的覆盖面，跨越了以往只在单一地区抽样的地域限制，还可以吸引各个层面不同背景的人群参与调查，弥补了传统调查中被试背景过于相似和集中的缺点。③通过网站可以有效控制被试答题的顺序和时间，从而保证问卷填写质量。④通过网站提供的技术支持可以将被试随机分入不同组，让他们填写不同的问卷。实验二对问卷设置了以下筛选规则：①开放式问题一和问题二没有回答或回答不准确的问卷会被剔除；②由于实验二情境品牌描述的目标顾客为年轻人，因而剔除年龄小于 15 岁和大于 35 岁被试的问卷，因为很多牛仔裤品牌将目标顾客群定位在 35 岁以下的年轻人，中国人口统计中视 15~29 岁为青年，所以选择 15~35 岁这一年龄段的被试作为样本。

但是，该抽样过程可能存在以下问题：①参与调查的被试仅限于该网站的访问者。具有较强专业性的网络论坛并不适用于调查问卷，会产生代表性不足的问题。但是，本研究使用的调查网站覆盖各类调查样本，该网站拥有 260 万样本库成员，本研究的被试从调查当天登录网站的 10 万名样本库成员中随机抽选，从而确保样本的代表性。②被试多为上网经历丰富的人群。鉴于本实验模拟的情境是网络购物，使用上网经历丰富的样本比普通样本更合适。而且随着网络用户在整个社会人群中的比重越来越大，样本的代表性问题已经降低。③网站调查容易出现被试重复参与调查的问题。如果被试重复或多次参与调查，那将影响调查的准确性。该网站的技术支持保证了同一电脑或 IP 地址只能回答一次，以防止重复填写。④参与调查的被试都是自愿参加的人群，属于自选择参与的调查，这一问题同样存在于非网络环境下的抽样。

已有的关于品牌概念研究的实验中，功能品牌概念或象征品牌概念的操纵方式大多使用生活中实际存在的品牌，如天美时手表为功能性品牌，劳力士手表为象征性品牌，丰田汽车为功能性品牌，奔驰汽车为象征性品牌[21]。但是，考虑到消费者对实际存在品牌的感知质量和感知独特性往往受固有态度的影响，会降低实验中脱销刺激的情境性影响，因而本实验采用虚拟品牌，使用不同品牌描述突出品牌概念的差异。根据 Orth 等[23] 的研究，功能性品牌概念应突出产品质量和经济性等因素，象征性品牌概念应突出产品独特性和时尚性等因素。理论上，任何产品（如牙膏）都可以以功能或象征来定位[25]。在本实验中，品牌概念通过对同种产品采用不同广告图片和不同品牌描述的方式来实现。功能性品牌组的刺激物描述为"ALPHA 牛仔裤系列，专注于生产优质的大众牛仔裤，价格经济实惠，舒适度和耐穿性极佳，是追求高性价比服饰的年轻人的最佳选择。"象征性品牌组的刺激物描述为"ALPHA 牛仔裤系列，专注于富含设计美学的个性牛仔裤，充分展现年轻人活力四射、朝气蓬勃的形象，是追求时尚个性服饰的年轻人的最佳选择。"在预测试中，向被试展示主实验中使用的包含品牌简介的广告图片，让被试对品牌描述中强调产品的功能属性和象征属性的程度进行评价，即"请问上述品牌描述中强调产品功能属性的程度有多大？强调产品象征属性的程度有多大？"采用 Likert 7 级量表测量，1 为根本没有，7 为在很大程度上。28 名被试参加预测试，配对样本 t 检验显示，被试认为功能性品牌组的刺激物描述强调产品功能性属性的程度显著高于象征性品牌组的刺激物描述（4.786 > 3.036，t = 5.867，p < 0.001），而且功能性品牌组的刺激物描述强调产品象征性属性的程度显著低于象征品性牌组的刺激物描述（3.107 < 5.536，t = –9.016，p < 0.001）。

主实验中，①将被试随机分为 6 组，请被试想象自己计划要购买一条牛仔裤，假设被试在某网站看到牛仔裤品牌 ALPHA 的广告图片和品牌描述。让被试回答开放式问题一，即"请您根据对 ALPHA 牛仔裤的介绍，从文中找出 3~4 个形容词概括该品牌的特点"，该实验操纵的目的在于加强被试对品牌的功能性或象征性内涵的理解。②在包含脱销的两组中，告知被试该品牌牛仔裤已经售罄，网站贴出公告"由于 ALPHA 牛仔裤系列十分畅销，目前已经脱销，我们将尽快补货"或者"由于 ALPHA 牛仔裤系列属于限量版，厂家供货量较少，目前已经脱销，我们将尽快补货。"看完公告后，让被试根据公告中的信息回答开放式问题二，即"造成 ALPHA 牛仔裤脱销的原因是什么？"实验操纵方式和目的与实验一相同。在控制组无该公告信息。③让被试评价对 ALPHA 牛仔裤的感知质量、感知独特性和未来购买意向（控制组测量购买意向）。④测量被试的人口统计学变量。感知质量、感知独特性和未来购买意向的测量方法与实验一相同，购买意向的测量题项在未来购买意向的基础上删去"该产品补货后"。主实验之所以没有进行自变量的实验操纵检验，是为了防止被试猜测实验目的。为了弥补这一缺陷，在实验二的预测试中对主实验的刺激材料进行了差异性检验。

3.2.2　实验结果和分析

（1）对量表的信度进行分析，采用 Cronbach's α 系数衡量。产品的感知质量 α 系数值为 0.872，产品的感知独特性 α 系数值为 0.822，未来购买意向 α 系数值为 0.885，由于各测量变量的 α 系数值均大于 0.700 的标准，说明问卷具有良好的信度。

（2）根据 3×2 方差分析，即脱销诱因（高需求/低供给/控制组）×品牌概念类型（功能/象征），脱销诱因对未来购买意向的影响不显著 [$F_{(2, 163)}$ = 1.365，p > 0.100]，脱销诱因与品牌概念类型的交互作用对未来购买意向的影响显著 [F (2，163) = 9.165，p < 0.001]，H_3 得到验证。对于功能性品牌，高需求脱销组的未来购买意向（M = 5.704，SD = 0.823）显著高于低供给脱销组的未来购买意向（M = 4.964，SD = 1.344），F（1，53）= 6.001，p = 0.018 < 0.050；对于象征性品牌，低供给脱销组的未来购买意向（M = 5.975，SD = 0.745）显著高于高需求脱销组的未来购买意向（M = 5.022，SD = 0.986），F（1，55）= 16.652，p < 0.001，如图 1 所示。

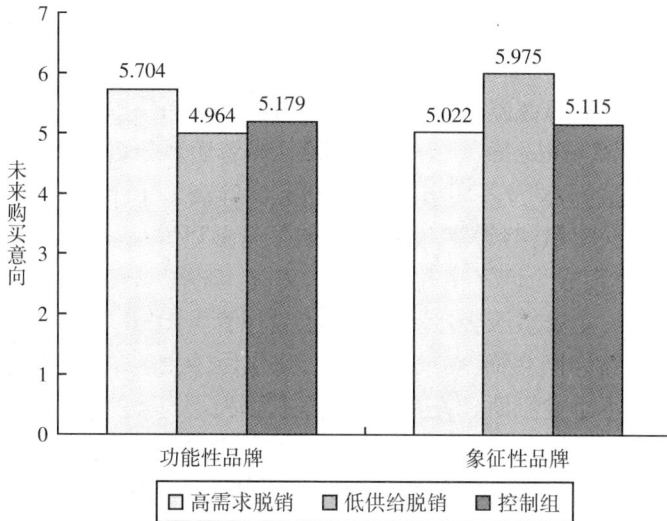

图1　脱销诱因与品牌概念类型的交互作用

（3）将脱销组与控制组进行比较。对于功能性品牌，高需求脱销组的未来购买意向（M = 5.704，SD = 0.823）显著大于控制组的未来购买意向（M = 5.179，SD = 0.914），F（1，53）= 5.000，p = 0.030 < 0.050；低供给脱销组的未来购买意向（M = 4.964，SD = 1.344）与控制组的未来购买意向（M = 5.179，SD = 0.914）无显著差异，F（1，54）= 0.488，p = 0.488 > 0.100。这说明高需求脱销信息的出现明显增加了消费者对功能性品牌产品的未来购买意向，而低供给脱销信息的出现对该类品牌产品的未来购买意向没有显著影响。对于象征性品牌，低供给脱销组的未来购买意向（M = 5.975，SD = 0.745）显著大于控制组的未来购买意向（M = 5.115，SD = 1.340），F（1，54）= 8.637，p = 0.005 < 0.010；高需求脱销组的未来购买意向（M = 5.022，SD = 0.986）与控制组的未来购买意向（M = 5.115，SD = 1.340）无显著差异，F（1，57）= 0.092，p = 0.763 > 0.100。这说明低供给脱销信息的出现明显增加了消费者对象征性品牌产品的未来购买意向，而高需求脱销信息的出现对该类品牌产品的未来购买意向没有显著影响。

（4）为了解决实验一中遗留的两个问题，分别检验产品的感知质量和产品的感知独特性在不同脱销诱因组中的差别。脱销诱因对产品的感知质量的影响不显著，F（1，110）= 0.935，p = 0.336 > 0.100，这与 H_1 相悖。但是，仅针对功能性品牌时，脱销诱因对产品的感知质量的影响显著，$M_{功能性品牌-高需求} = 5.556 > M_{功能性品牌-低供给} = 5.024$，$F (1, 53) = 4.139$，$p = 0.047 < 0.050$。这说明 H_1 成立是有条件的，只有在功能性品牌中脱销诱因才会影响消费者对产品的感知质量。在象征性品牌中脱销诱因对产品的感知质量的影响不显著，$M_{象征性品牌-高需求} = 5.056$，$M_{象征性品牌-低供给} = 5.198$，$F (1, 55) = 0.277$，$p = 0.601 > 0.100$。在功能性品牌中，脱销诱因造成产品的感知质量产生差别是因为高需求积极影响了产品的感知质量，$M_{高需求} = 5.556 > M_{控制} = 5.191$，$F (1, 53) = 3.025$，$p = 0.088 < 0.100$；低供给没有影响产品的感知质量，$M_{低供给} = 5.024$，$M_{控制} = 5.191$，$F (1, 54) = 0.393$，$p = 0.533 > 0.100$。脱销诱因对产品的感知独特性的影响显著，$F (1, 110) = 10.591$，$p = 0.002 < 0.010$，再次验证了 H_2。无论是功能性品牌还是象征性品牌，低供给都比高需求更积极地影响着产品的感知独特性。以上数据具体如表 1 所示。脱销诱因造成产品的感知独特性的差别是由于低供给积极地影响了产品的感知独特性，$M_{低供给} = 5.491 > M_{控制} = 4.772$，$F (1, 110) = 8.409$，$p = 0.005 < 0.010$；高需求对产品的感知独特性没有产生影响，$M_{高需求} = 4.772$，$M_{控制} = 4.772$，$F (1, 112) = 0.000$，$p = 1.000 > 0.100$。

表 1　产品的感知质量、产品的感知独特性的平均数和标准差

品牌概念类型	脱销诱因	感知质量		感知独特性	
		平均数	标准差	平均数	标准差
功能性品牌	高需求脱销	5.556	0.740	4.463	0.898
	低供给脱销	5.024	1.147	4.839	1.428
	控制组	5.191	0.814	4.286	1.166
象征性品牌	高需求脱销	5.056	1.054	5.050	0.994
	低供给脱销	5.198	0.975	6.167	0.797
	控制组	4.920	1.104	5.241	1.251

3.2.3　讨论

实验二可能存在一个疑问，即品牌概念与脱销诱因是否会产生互补效应，而非匹配效应。对于功能性品牌，品牌概念反映了产品的经济性和实用性，而通过低供给脱销反映其独特性的象征价值，这样，品牌是否能在功能和象征两个方面都表现得更好，从而受到更多消费者的青睐。品牌概念一致性理论可以解决该疑问，具有多重概念的品牌在树立形象或定位上的有效性较低，对消费者来说，更难以确认它的基本内涵，这会使消费者产生混淆和困惑感，不利于消费者对品牌的积极评价[25]。实验二的结论再一次支持了品牌概念一致性理论，形成清晰且单纯的品牌概念对企业来说，非常重要，品牌具有多重概念将不利于企业的品牌形象和定位。此外，实验二对 H_1 的成立条件进行了补充。总体上，脱销诱因对产品的感知质量的影响不显著，但单独针对功能性品牌时，脱销诱因对产品的感知质量的影响是显著的。可见，产品不可得传递的稀缺信号对高产品质量的启发式的成立条件不仅依赖于脱销的诱因，还依赖于品牌概念类型。只有当品牌概念为功能性时，高需求脱销诱因才可以增加消费者对产品质量的积极推断，提高对产品的感知质量和未来购买意向。

4 结 论

本研究探讨脱销诱因和品牌概念对消费者产品感知和购买的影响。研究结果表明，产品脱销诱因（高需求与低供给）显著影响消费者对产品的感知质量和对产品的感知独特性，高需求造成的产品脱销比低供给更积极地影响产品的感知质量，但该效应仅对功能性品牌成立，对象征性品牌不成立，由低供给造成的产品脱销比高需求更积极地影响产品的感知独特性。品牌概念类型与脱销诱因的交互作用会影响消费者对脱销产品的未来购买意向，对于功能性品牌，由高需求（与低供给相比）造成的产品脱销更积极地影响消费者对脱销产品的未来购买意向；对于象征性品牌，由低供给（与高需求相比）造成的产品脱销更积极地影响消费者对脱销产品的未来购买意向。本研究结论为虚位理论中有关产品不可得对消费者影响的研究以及品牌概念一致性理论的研究做出贡献。已有的研究，重点探讨脱销出现后对消费者不同行为反应的影响[40-41]，而本研究首次探讨脱销形成的原因，证实不同脱销诱因对不同产品感知维度的影响、脱销诱因与品牌概念类型的匹配关系，从不同角度再次验证在企业与顾客进行营销信息交流的过程中保持品牌概念一致的重要性。

脱销现象虽然不是中国市场所特有的，但是在中国情境下却更为常见，这与中国消费市场的特点有一定的关系。①中国消费者对与稀缺相关的市场信号十分敏感，这种过度敏感有时来源于消费者对相关产品或市场知识的匮乏。②中国城市人口密集，与一些地广人稀的国家（如加拿大、澳大利亚）相比，更容易出现产品短期内因供不应求而脱销的现象。在以往的生活经历中，中国消费者比西方国家的消费者更多地接触到产品或服务脱销的情境，如节假日旅游景点人满为患，这种生活经历使他们对稀缺信号更敏感。③中国属于集体主义文化价值观的国家，中国消费者从众消费倾向严重，极容易出现跟风扎堆购买的现象。④低供给式营销策略在中国商业法律中没有被禁止，而是允许使用，因而在很多行业中脱销策略都曾被频繁使用，如汽车、房地产和智能手机等。鉴于此，探讨中国消费者对脱销现象的反应具有重要的理论意义和现实意义。

已有的研究，证实脱销对其他产品的情境性影响，如脱销信息可以降低消费者对相似品的购买延迟[4]、当享乐品脱销时人们选择替代品的可能性更小并倾向于选择延迟购买[42]。但是，脱销还会对脱销产品本身产生跨时期影响，挖掘脱销信息对脱销产品本身的积极影响，对主动或被动出现产品脱销的企业具有重要的实践价值。产品脱销可能源于产品的高需求或低供给，企业可以通过呈现给消费者不同的产品脱销原因而引导他们对脱销产品产生不同的积极产品感知。高需求造成的产品脱销可以引发消费者对产品高质量的推断，消费者往往认为，被很多消费者认可和购买的产品是高质量或高性价比的，因而会增加对高需求脱销产品的感知质量。需要注意的是，高需求脱销的积极影响仅在功能性品牌上成立，对于象征性品牌，高需求脱销无法积极影响消费者对产品质量的感知。低供给造成的产品脱销可以增加产品的感知独特性，帮助消费者树立个人形象和显示身份地位，提高产品吸引力并加强品牌形象，对象征性品牌尤为有效。

由于不同脱销诱因影响消费者产品感知的不同维度，因而使脱销诱因与品牌概念类型产生匹配效应。具有不同品牌概念的企业应侧重于不同的产品感知维度，功能性概念对应产品的实用性和经济性，象征性概念对应产品的独特性和象征性。对于功能性概念的品牌，企业在产品被动或主动出现脱销时，尽量向消费者暗示，产品脱销是由于高需求造成，如产品十分畅销、产品被抢购完；对于象征性概念的品牌，企业应向消费者传递产品供给量较少而造成脱销的信息，如产品为限量定制、产品原材料稀少产量低。企业在进行任何营销活动时都应注重营销交流信息与自身品牌概念保持一致性，不一致的营销信息交流将不利于品牌形象，反而有可能使消费者产生困惑感而降低品牌评价和减少购买。

本研究着重考察不同诱因下脱销效应的差异以及与品牌概念间的匹配关系，主要涉及脱销现象对消费者心理和行为产生的积极影响（如增加产品的感知质量或产品的感知独特性、提高未来购买意向），而忽视了脱销现象可能存在的消极影响（如使消费者发生品牌转换、对店铺或企业产生不满情绪），这是本研究的一个重要局限。资源稀缺会引发消费者对产品的积极评价（如质量好、更独特），但同时也可能引发消极的思考（如营销者故意而为）[43]。如果消费者怀疑产品脱销是由于企业故意而为，那么脱销信息反而会对产品评价产生消极影响。因而，在未来研究中应进一步考察脱销积极效应产生的重要条件，如果脱销造成消费者对产品不可得产生心理抗拒，则无法使脱销现象对脱销产品本身的感知、评价和未来购买产生积极影响，反而会消极影响消费者。影响积极脱销效应的边界条件和影响因素，可以是与情境相关的（如脱销产品的未来可得性、脱销的通告时间位于决策前/决策后），或是与消费者心理变量相关的（如认知闭合需求、控制欲），未来研究可以从这些方面进行深入探索。

参考文献

[1] Che H., Chen X., Chen Y.. Investigating Effects of Out-of-stock on Consumer Stockkeeping Unit Choice[J]. Journal of Marketing Research, 2012, 49 (4): 502-513.

[2] Boland W. A., Brucks M., Nielsen J. H. The Attribute Carryover Effect: What the "runner-up" Option Tells Us about Consumer Choice Processes [J]. Journal of Consumer Research, 2012, 38 (5): 872-885.

[3] Conlon C. T., Mortimer J. H. Demand Estimation under Incomplete Product Availability [R]. Cambridge, MA: National Bureau of Economic Research, 2008: 2.

[4] Ge X., Messinger P. R., Li J. Influence of Soldout Products on Consumer Choice [J]. Journal of Retailing, 2009, 85 (3): 274-287.

[5] Woratschek H., Roth S., Horbel C. "Sorry, We Are Fully Booked!": An Experimental Study of Preference Formation Through Unavailable Services [J]. Australasian Marketing Journal, 2009, 17 (1): 27-35.

[6] 龚国华, 胡佳粒, 张峰. 从商品缺货现象看零售业的供应链管理 [J]. 物流科技, 2004, 27 (5): 49-52.

[7] 王智芬. 零售业商品缺货与企业信誉关系的实证研究 [D]. 大连: 大连理工大学, 2011: 4.

［8］董丁丁．企业缺货问题的探讨［J］．中小企业管理与科技，2009（12）：27-28．

［9］任文君，孙利辉，李霞．基于缺货损失的配送中心调度在线策略［J］．系统工程，2010，28（10）：114-117．

［10］陈菊红，郭福利，史成东．受资源限制且带有缺货惩罚的季节性产品供应链协调［J］．中国管理科学，2010，18（5）：76-81．

［11］曹宗宏，周永务．缺货量影响需求的变质品的供应链协调模型［J］．系统工程学报，2011，26（1）：50-59．

［12］Verbeke W., Farris P., Thurik R. Consumer Response to the Preferred Brand out-of-stock Situation ［J］. European Journal of Marketing, 1998, 32（11/12）：1008-1028.

［13］李宏，喻葵，董蔚丽．消费者对鞋类产品的缺货反应研究［J］．管理评论，2012，24（7）：63-69．

［14］Fitzsimons G. J. Consumer Response to Stockouts ［J］. Journal of Consumer Research, 2000, 27（2）：249-266.

［15］Li D., Ma Y., Li Y. Calling Back Consumers Who Missed a Purchase: Making Use of Regret ［J］. International Journal of Consumer Research, 2012, 1（1）：28-46.

［16］Jung J. M., Kellaris J. J. Cross-national Differences in Proneness to Scarcity Effects: The Moderating roles of Familiarity, Uncertainty Avoidance, and Need for Cognitive Closure ［J］. Psychology & Marketing, 2004, 21（9）：739-753.

［17］Gierl H., Huettl V. Are Scarce Products Always More Attractive? The Interaction of Different Types of Scarcity Signals with Products' Suitability for Conspicuous Consumption ［J］. International Journal of Research in Marketing, 2010, 27（3）：225-235.

［18］Wu W. Y., Lu H. Y., Wu Y. Y., Fu C. S. The Effects of Product Scarcity and Consumers' Need for Uniqueness on Purchase Intention ［J］. International Journal of Consumer Studies, 2012, 36（3）：263-274.

［19］Lynn M. Scarcity Effects on Value: A Quantitative Review of the Commodity Theory Literature ［J］. Psychology & Marketing, 1991, 8（1）：43-57.

［20］Aggarwal P., Jun S. Y., Huh J. H. Scarcity Messages: A Consumer Competition Perspective ［J］. Journal of Advertising, 2011, 40（3）：19-30.

［21］Monga A. B., John D. R. What Makes Brands Elastic? The Influence of Brand Concept and Styles of Thinking on Brand Extension Evaluation ［J］. Journal of Marketing, 2010, 74（3）：80-92.

［22］Ramaseshan B., Tsao H. Y. Moderating Effects of the Brand Concept on the Relationship between Brand Personality and Perceived Quality ［J］. Journal of Brand Management, 2007, 14（6）：458-466.

［23］Orth U. R., De Marchi R. Understanding the Relationships between Functional, Symbolic, and Experiential Brand Beliefs, Product Experiential Attributes, and Product Schema: Advertising-trial Interactions revisite ［J］. Journal of Marketing Theory and Practice, 2007, 15（3）：219-233.

［24］Chien P. M., Cornwell T. B., Pappu R. Sponsorship Portfolio as a Brand-image Creation Strategy ［J］. Journal of Business Research, 2011, 64（2）：142-149.

［25］Park C. W., Jaworski B. J., MacInnis D. J. Strategic Brand Concept-image Management ［J］. Journal of Marketing, 1986, 50（4）：135-145.

［26］Torelli C. J., Ahluwalia R. Extending Culturally Symbolic Brands: A Blessing or A Curse? ［J］. Journal of Consumer Research, 2012, 38（5）：933-947.

［27］Verhallen T. M. M., Robben H. S. J. Scarcity and Preference: An Experiment on Unavailability and product evaluation [J]. Journal of Economic Psychology, 1994, 15 (2): 315-331.

[28] Eisend M. Explaining the Impact of Scarcity Appeals in Advertising: The Mediating Role of Perceptions of Susceptibility [J]. Journal of Advertising, 2008, 37 (3): 33-40.

[29] Grant D. B., Fernie J. Research Note: Exploring out-of-stock and on-shelf Availability in Non-grocery, High Street Retailing [J]. International Journal of Retail & Distribution Management, 2008, 36 (8): 661-672.

[30] Kramer T., Carroll R. The Effect of Incidental out-of-stock Options on Preferences [J]. Marketing Letters, 2009, 20 (2): 197-208.

[31] Aastrup J., Kotzab H. Forty Years of out-of-stock Research: And Shelves are Still Empty [J]. The International Review of Retail, Distribution and Consumer Research, 2010, 20 (1): 147-164.

[32] Griskevicius V., Goldstein N. J., Mortensen C. R., Sundie J. M., Cialdini R. B., Kenrick D. T. Fear and Loving in Las Vegas: Evolution, Emotion, and Persuasion [J]. Journal of Marketing Research, 2009, 46 (3): 384-395.

[33] Bikhchandani S., Hirshleifer D., Welch I. Learning from the Behavior of Others: Conformity, Fads, and Informational Cascades [J]. The Journal of Economic Perspectives, 1998, 12 (3): 151-170.

[34] Belk R. W., Ger G., Askegaard S. The Fire of Desire: A Multisited Inquiry into Consumer Passion [J]. Journal of Consumer Research, 2003, 30 (3): 326-351.

[35] Gupta S. The Psychological Effects of Perceived Scarcity in a Retailing Setting and Its Impact on Consumer Buyer Behavior [C]//21st Annual Robert Mittelstaedt Doctoral Symposium Proceedings. Lincoln, NE: University of Nebraska-Lincoln, 2012: 1-23.

[36] Franke N., Schreier M. Product Uniqueness as a Driver of Customer Utility in Mass Customization [J]. Marketing Letters, 2007, 19 (2): 93-107.

[37] Lynn M. The Psychology of Unavailability: Explaining Scarcity and Cost Effects on Value [J]. Basic and Applied Social Psychology, 1992, 13 (1): 3-7.

[38] Ruvio A. Unique Like Everybody Else? The Dual Role of Consumers' Need for Uniqueness [J]. Psychology & Marketing, 2008, 25 (5): 444-464.

[39] Dodds W. B., Monroe K. B., Grewal D. Effects of Price, Brand, and Store Information on Buyers' Product Evaluations [J]. Journal of Marketing Research, 1991, 28 (3): 307-319.

[40] 李宏, 孙明贵. 基于消费者行为反应的缺货管理研究 [J]. 海南大学学报: 人文社会科学版, 2009, 27 (5): 527-531.

[41] 王华清, 钱琴, 薛延延. 零售业顾客缺货反应研究评述 [J]. 商业研究, 2009 (5): 134-138.

[42] Kim M., Lennon S. J. Consumer Response to Online Apparel Stockouts [J]. Psychology & Marketing, 2011, 28 (2): 115-144.

[43] Yeo J., Park J. Effects of a Scarcity Message on Product Judgments: Role of Cognitive Load and Mediating Processes [J]. Advances in Consumer Research, 2009, 36: 718-719.

情境性调节定向对新产品沟通效果的
影响研究 *

罗　勇　　周庭锐　　唐春勇　　鲁平俊

【摘　要】动机心理学理论认为，产品购买决策是消费者在自我调节系统指导下进行的目标达成过程。基于调节定向理论，本研究指出消费者的情境性调节定向会因新产品类型的不同而有所差别，并通过实证研究得出了相应的广告信息框架策略以提高新产品沟通的效果。

【关键词】调节定向；新产品；广告效果

1　引言

当今世界上大多数公司都将新产品研发作为战略重点。根据产品生命周期理论预测，如果没有成功的新产品引入，那么公司的市场份额将最终急剧下降。然而，新产品研发业界也面临不可避免的"噩梦"。Cierpicki 等（2000）指出，根据产品类别的不同，公司新产品的失败率平均高达 40%~90%。为新产品设计真正有效的营销沟通策略，以帮助消费者更好地理解并接受新产品，成为新产品研究学术界及业界的重大挑战。作为自我调节文献研究中最重要的理论之一的调节定向理论，在现有产品的广告沟通研究中被普遍应用，然而，将调节定向理论应用到新产品研究中的文献却非常罕见。不同于成熟的现有产品，新产品具有创新性、风险性等因素，相较于传统产品，消费者对新产品的学习和认知过程不尽相同。调节定向系统如何影响消费者对新产品的接受程度，新产品购买决策本身会不会反过来影响调节定向系统；基于调节定向理论，采用什么样的广告框架策略能更好地促

* 基金项目：本文系国家自然科学基金项目（No：70972134，No：71090402，No：71072169）的研究成果。
　作者简介：罗勇、唐春勇，西南交通大学经济管理学院；周庭锐，中国人民大学商学院；鲁平俊，西南财经大学工商管理学院。

进新产品沟通以辅助新产品取得成功，这些极具理论和现实指导意义的问题都亟待解决。

2 文献综述与研究假设

（1）调节定向理论。根据调节定向理论，获得凸显的情境会激活促进定向，促进定向的个体对正面结果更敏感并追求与理想状态的匹配；损失凸显的情境会激活防御定向，防御定向的个体对负面结果更敏感并避免与不理想状态的匹配。促进定向的信息框架强调个体所能获得的正面结果，防御定向的信息框架突出所能避免的负面结果。

（2）新产品及其风险因素。创新研究中存在各种不同的新产品分类法，一种普遍采用的二分法是将新产品划分为革新式新产品与渐进式新产品。创新研究学界普遍认为，感知风险是影响消费者对新产品采纳的一个重要因素。Ram 和 Sheth（1989）指出，高新产品给消费者带来的主要风险因素，包括物理风险、经济风险和社会风险等。

（3）新产品研究与调节定向理论的联结。虽然消费者的产品采纳决策属于自我调节机制激励下的目标达成过程，然而很少能有新产品研究将消费者的调节定向考虑进来。Herzenstein 等（2007）的研究指出，与防御定向的消费者相比，促进定向的消费者更有可能购买新产品。Fransen 等（2010）的研究证明了当信息框架和消费者的调节定向相匹配时，消费者对转基因食品（新产品的一种）的态度和购买意向更加积极。这些文章从自我调节系统角度出发，帮助研究者更好地理解消费者对新产品采纳的认知决策过程。

尽管上述为数不多的文章将新产品研究与调节定向理论进行了联结，然而它们都只考虑了作为特质变量的调节定向对新产品采纳的影响，却没有解答新产品决策是否会影响作为情境变量的调节定向的问题。渐进式新产品是对现有产品所做的改进，消费者有足够的产品相关知识作为参考。因此，消费者更关注这类新产品带来的正面结果，而这种利益凸显的情境会激活促进定向。相反地，消费者对革新式新产品的决策伴随更高的不确定性（Hoeffler，2003）、更大的学习成本及消费行为的改变。一旦采纳这类新产品的结果令人沮丧，消费者不得不承担因决策错误带来的意外损失，而这种损失凸显的情景则会激活防御定向。

H₁：在考虑新产品购买时，渐进式新产品广告会激活消费者的促进定向，而革新式新产品广告会激活防御定向。

（4）调节匹配理论。Higgins（2000）提出了"调节匹配"的概念，当用于追求目标的策略手段与个体的调节定向一致时即出现调节匹配，这种"感觉良好"的心理体验可以转化并影响对其他对象的评价。在信息框架研究中，研究者已经证明，当信息框架与个体的调节定向一致时，该信息更有说服力。在消费者接触到新产品广告刺激时，如果广告信息的调节框架与广告产品诱发的情境性调节定向匹配一致，则消费者会体验到"调节匹配"。由于"调节匹配"会影响产品评价，因而，当被要求对产品做出评价时，体验到"调节匹配"的消费者因为"感觉良好",比起那些体验到"调节不匹配"的消费者,可能具有更积极的态度和更高的购买意向,从而提高了新产品广告的有效性(唐小飞等,2011)。

H₂: 当新产品激活的调节定向和产品广告采用的信息框架一致时,产品广告会更有效。具体来说,对于渐进式新产品广告,促进定向的信息框架比防御定向的信息框架引发消费者:(a)更积极的产品态度;(b)更高的购买意向。而对于革新式新产品广告则恰好相反。

3 研究方法

(1)广告刺激的选择。笔者首先搜索了大量新产品信息来源,并从中选出 10 个新产品,然后为每个新产品设计了一则模拟广告,并对以下因素进行了控制:广告布局、广告尺寸及产品图片尺寸均相同,所有产品都采用虚拟的品牌名称。

40 名 MBA 学员参加了前测,以选出用于后续主实验的广告刺激。所有广告按随机顺序排列。读完每则广告后,每位受访者被要求在 7 点量表上打分。结果表明,所有广告在信息量(Mean = 4.91)、图片吸引性(Mean = 4.92)和生动性(Mean = 5.00)上没有显著差异 $[F_{信息量}(9,390) = 1.27, F_{吸引性}(9,390) = 1.77, F_{生动性}(9,390) = 1.53,$ 所有 $p > 0.05]$,说明各广告包含均等的信息,且广告图片的风格没有影响,而在新颖性得分上差异显著,$[F(9,390) = 5.12, p < 0.001]$。由此,新颖性得分低的两个产品,环保纸板电脑(Mean = 3.81)和双触屏笔记本电脑(Mean = 4.43)被选出作为渐进式新产品的广告刺激;而新颖性得分高的两个产品,隐形眼镜鼠标(Mean = 5.84)和无叶电风扇(Mean = 5.66)被选出作为革新式新产品的广告刺激。为每个新产品类别选择两个产品,是为避免采用单一产品时可能带来的混同效应。

(2)实验样本,设计和程序。笔者通过专业商业调查问卷机构随机抽取了 164 名普通消费者(女性占 57%,平均年龄 27 岁)参加实验。实验由两部分构成。首先,受访者完成了通用调节定向问卷,以测量其特质性调节定向,并留下手机号码以配对两部分实验结果。两周后,受访者返回参加了第二部分实验,实验采用 2(新产品类型:渐进式新产品、革新式新产品)×2(调节框架:促进定向、防御定向)的组间设计。每名受访者被随机分配到 4 个实验条件之一,并被要求按照自己的阅读习惯和速度阅读两则新产品广告,随后完成用于操作检验、假设检验,以及协变量检验的测量题项。其次,受访者完成了通用调节定向问卷,以测量由新产品广告刺激诱发的情境性调节定向、人口统计信息,并留下手机号码。

(3)实验操作。为了对广告的调节框架进行操作,每则广告中都添加了一条标语、两个产品功能及这些功能会带来的好处。调节框架的操作是通过改变广告标语和对产品好处的描述来实现的。促进定向框架组的广告信息强调使用该产品带来的正面结果,防御定向框架组的广告信息突出使用该产品可避免的负面结果。值得注意的是，广告信息所表达的内容实质上相同，只是对信息框架进行了操作。

4 数据分析结果

（1）操作检验。在情境性调节定向问卷得分上，促进定向框架组受访者的得分显著高于防御定向框架组受访者的得分（Mean $_{促进定向}$ = 1.41，Mean $_{防御定向}$ = 0.65），[F (1, 162) = 8.48，p < 0.01]，说明对广告刺激的调节框架的操作是成功的。产品新颖性得分的结果表明，革新式新产品组的受访者感知到的产品新颖性水平显著高于渐进式新产品组的受访者 Mean $_{革新式}$ = 7.40，Mean $_{渐进式}$ = 5.31，[F (1, 326) = 102.084，p < 0.001]，从而确保了对新产品类型变量的有效操作。

（2）假设检验。为检验假设 1，对受访者的特质性和情境性调节定向得分进行了配对 t 检验。结果表明，被分配到渐进式新产品广告组的受访者的情境性调节定向得分，较其特质性调节定向得分有显著提高（Mean $_{特质性}$ = 0.98，Mean $_{情境性}$ = 1.43，t_{81} = 2.31，p < 0.05），说明该组受访者的促进定向被激活，而被分配到革新式新产品广告组的受访者的情境性调节定向得分，较其特质性调节定向得分呈现显著下降（Mean $_{特质性}$ = 0.94，Mean $_{情境性}$ = 0.37，t_{79} = 2.72，p < 0.01），说明该组受访者的防御定向被激活。由此，实验结果支持假设 1。

为检验假设 2，以新产品类型和调节框架作为自变量，以产品态度和购买意向作为因变量进行了 MANOVA 分析。对于产品态度，新产品类型的主效应 [F (1, 326) = 0.81，p > 0.05]，以及调节框架的主效应均不显著 [F (1, 326) = 0.00，p > 0.05]，而新产品类型与调节框架之间的交互效应显著 [F (1, 326) = 24.57，p < 0.001]。进一步，独立样本 t 检验结果表明，对渐进式新产品（即环保纸板电脑和双触屏笔记本电脑），促进定向框架组的产品态度得分高于防御定向框架组；而对革新式新产品（即隐形眼镜鼠标和无叶电风扇）则恰好相反（见表 1），支持假设 H2a。

类似地，对于购买意向，新产品类型的主效应 [F (1, 326) = 0.38，p > 0.05]，以及调节框架的主效应均不显著 [F (1, 326) = 0.17，p > 0.05]，而新产品类型与调节框架之间的交互效应显著 [F (1, 326) = 20.27，p < 0.001]。独立样本 t 检验结果表明，对渐进式新产品，促进定向框架组的购买意向得分高于防御定向框架组；而对革新式新产品则恰好相反（见表 1），支持假设 H2b。

研究者接下来进行了 MANCOVA 分析，以检验产品知识和消费者创新能力的潜在影响。结果表明，当产品知识作为协变量进入模型时，其对产品态度和购买意向均无显著主效应 [F $_{产品态度}$ (1, 326) = 0.53，F $_{购买意向}$ (1, 326) = 1.02，所有 p > 0.05]，而新产品类型和调节定向框架之间的交互效应依然显著 [F $_{产品态度}$ (1, 326) = 24.10，F $_{购买意向}$ (1, 326) = 19.76，所有 p < 0.001]。当消费者创新能力作为协变量进入模型时得到的结果相似。由此

表 1　新产品类型和调节框架对广告效果的影响

因变量	渐进式新产品						革新式新产品					
	环保纸板电脑			双触屏笔记本电脑			隐形眼镜鼠标			无叶电风扇		
	促进定向框架	防御定向框架	t 值	促进定向框架	防御定向框架	t 值	促进定向框架	防御定向框架	t 值	促进定向框架	防御定向框架	t 值
产品态度	6.52 (1.75)	5.41 (1.98)	2.63*	6.92 (1.35)	6.11 (1.71)	2.34*	5.18 (1.66)	6.27 (1.50)	3.06**	6.72 (1.64)	7.5 (1.55)	2.20*
购买意向	5.83 (2.20)	4.59 (2.43)	2.38*	6.47 (1.70)	5.43 (1.76)	2.70**	4.01 (1.82)	5.13 (1.80)	2.73**	6.46 (1.94)	7.26 (1.63)	2.01*

注：括号内为标准差。*$p < 0.05$，**$p < 0.01$。

表明，产品知识和消费者创新能力不会影响到"调节匹配"对新产品广告效果的作用。

5　研究结论和启示

本研究扩展了有限文献，强调了不同类型的新产品在激活消费者情境性调节定向中所起的作用，以及调节定向和沟通策略（即广告框架）的交互效应对新产品广告效果的影响。本研究表明，新产品广告刺激会激活不同的情境性调节定向。借助"调节匹配"理论，本研究还验证了与广告受试者的情境性调节定向相匹配的信息框架，在广告沟通中所起的效果更好。在管理启示方面，新产品营销者为渐进式新产品设计广告信息时，应强调产品带来的正面结果，从而与渐进式新产品激活的消费者的促进定向相匹配。相反，在为革新式新产品设计广告信息时，应突出使用该产品所能避免的负面结果，以便与革新式新产品激活的防御定向相匹配。以此来有效提高消费者对新产品的态度以及购买意向，帮助公司的新产品取得成功。

参考文献

［1］Cierpicki S., Malcolm W. & Byron S. Managers' Knowledge of Marketing Principles：The Case of New Product Development［J］. Journal of Empirical Generalizations in Marketing Science，2000（5）：771-790.

［2］Fransen M. L.，Reinders M. J.，Bartels J. & Maassen R. L. The Influence of Regulatory Fit on Evaluation and Intentions to Buy Cenetically Modifled Foods：The Mediating Role of Social Identification［J］. Journal of Marlketing Communications，2010，16（1/2）：5-20.

［3］Herzenstein M. Posavac S. S. & Brakus J. J. Adoption of New and Reallv New Products：The Effects of Self-Regulation Syslems and Risk Salience［J］. Journal of Marketing Research，2007，44（2）：251-260.

［4］Higgins E. T. Making a Good Decision：Value from Fit［J］. American Psychologist，2000，11（1）：1217-1230.

［5］Hoeffler S. Measuring Preferences for Really New Products［J］. Journal of Marketing Research，2003，

40 (4): 406-420.

[6] Ram S. & Sheth J. N. Consumer Resistance to Innovations: The Marketing Problem and Its Solutions [J]. Journal of Consumer Marketing, 1989, 6 (2): 5-14.

[7] 唐小飞，钟帅，郑杰. 补救时机和人格特质对补救绩效影响研究 [J]. 管理世界，2011 (4).

基于儒家价值观的顾客关系模型 *

王丽娟　高玉平

【摘　要】本研究探讨儒家价值观对终端市场"买卖"双方关系的影响并建立概念模型。六个重要的儒家价值观是"仁、义、礼、忠、孝、信",这六个儒家价值观和"中庸"思想一起影响着"买卖"双方建立商业关系。由于"买卖"双方利益角度差异,因而指导交易的核心儒家价值观不完全相同,一般来说,消费者更多地认为"仁"是儒家文化核心价值观,而零售商则认为"信"是交易中传统的价值观,各儒家价值观影响"买卖关系"的逻辑也会有差异,我们将在分析这些原因的基础上建立顾客关系模型。

【关键词】儒家价值观;顾客关系;模型

一　导言

儒家价值观深深影响着中国和其他东亚国家(Romar,2012),其主旨思想是"和谐",这强调了人与人之间的和谐关系。在营销中,如果"买卖"双方的关系是和谐的,那么商家将很容易开展营销战略,这也使得很容易开展客户关系的维护与发展。国内探讨儒家价值观与关系和谐的研究集中在管理伦理、企业文化、社会学、人类学等领域,较少的研究,讨论了对营销的影响。儒家价值观在营销管理中的重要研究领域为消费者行为研究,包括儒家价值观的量表及验证、儒家价值观对于消费者决策的影响(张梦霞等,2010)。

在价值观量表研究领域中西方主要有几种测量方式:①从社会学、心理学角度对人的价值观状态测量(Robinson,Shaver & Wrghtsman,1990);②以五维价值观理论(Hofstede,G.,1994),为基础的测量针;对这些测量方式,国内学者认为皆不能完全适合中国人的特性和中国社会现状。基于此,张梦霞在2005年设计了到目前为止应用较为广泛的三维

* 本文是国家自然科学基金资助项目"儒家价值观对农村市场'买卖关系'影响的模型研究"(批准号:71202117);国家自然科学基金资助项目"农村市场渠道管理效率研究——基于三方博弈的角度"(批准号:71172218)阶段性研究成果。

度儒家价值观测量方式：①行为和地位相符合，其中包括：人的消费行为应该与其社会地位相符，人的所作所为应该与其社会地位相符，人的着装应该与其社会地位相符。②家庭声誉，其中包括：与比我有钱的朋友逛商店时我选择高档商店，我注意避免在单位同事面前购买降价商品，女人化妆的目的通常是取悦丈夫。③倾听他人，其中包括：虚心使人进步，骄傲使人落后，老师的话对我是很重要的，我为自己是一个自律的人而感到很高兴。然而，我们不难看出这个测量方式存在一些不足：①这三个因子是儒家传统思想在中国人行为中的体现，并没有直接来源于儒家哲学经典内容，而其中很重要的"中庸"哲学在这三个因子中体现不足（倾听他人仅仅是中庸的行为方式的表现之一，而更重要的中庸价值观来源于内心思想，消费者会按照中庸思想进行自我约束）。②作者没有考虑到儒家价值观因子之间的逻辑关系和在不同环境下的权重。③这种静态的测量方式并不完全适合类似于"儒家价值观如何影响交易双方的关系建立"的研究课题。

我们认为，在商业交易中，消费者和商家往往会倾向于某一个儒家价值观因子，而这个价值观往往是对自己观点或利益有利的论据。因此，从价值观角度来研究"买卖关系"的建立时，我们认为和谐关系的建立将是双方价值观的博弈结果。儒家思想是基于思想和行为的和谐的，我们将基于儒家价值体系最为经典的"三纲五常"理论建立研究模型，（《论语·为政》"殷因于夏礼，所损益可知也"何晏集解"马融曰：'所因，谓三纲五常也'。""三纲"即"君为臣纲"、"父为子纲"、"夫为妻纲"；"五常"是指"仁、义、礼、智、信"）。"智"：智慧是一种在合适的时间和合适的地点做合适的事情的方法，是正确的世界观和方法论。智慧是正确客观的决策力、思考力和实践力、行动力的统一，是孔子认知论和论理学的基本范畴，因为这涉及消费者和零售商个体能力情况，所以我们认为"智"对于"买卖关系"的影响可以从人口统计变量方面体现（学历、年龄、职业、收入等）；因此，我们在儒家价值观模型构建中去掉了"五常"中的"智"，并且，交易关系中不涉及家庭内部关系，因此我们把"夫为妻纲"从"三纲"中去掉，只保留"忠、孝"的概念。另外，作为传统文化，"中庸精神"就是适度把握，按照适中方式做事，并力求保持在一个合情合理的范围之内，"中庸之为德，其至矣乎！民鲜久矣。"《论语·雍也》"'中'是适合，'庸'是按照适宜的方式做事，中庸是儒家思想的精华（张辛等，2006）。因此，本研究将用"仁、义、礼、信、忠、孝、中庸"来构建儒家价值观对于关系影响的模型。

二　模型构建

消费者在面对市场产品做出选择时，他们主动激活搜索信息，积极对产品或服务的成本与效益进行评价比较。如果客户对产品的感知是积极的，那将会通过购买行为与卖方形成"买卖关系"。另外，我们不能否认，获取利润是进行商品买卖的动机，孔子也承认，"富与贵，人之所欲也。"但是他也提出警告，"不以其道得之，不处也。"儒家思想认为，商业的目的不仅仅是为了金钱，而应该把社会的公平、正义作为更重要的商业目标。尽管客户价值和公司利益是相互对立的，但是如果将二者恰当地融合起来，那将会带来更大的共赢。

儒家文化源远流长，博大精深，儒家价值观的影响不仅仅是在行为上，还包括思想、评价，以及对待他人和对待自己的双重标准等，基于这些原因，我们应该回归到儒家价值观基础理论来测量，根据之前的论述，我们总结出商家与顾客的儒家价值观在应用中包括："仁、信、礼、义、忠、孝、中庸"。其中，"仁"和"信"是核心思想，"礼"和"义"是交易秩序（在核心思想下建立的），"忠"和"孝"是行为及态度（在交易秩序下建立）其中，"中庸"作为调节变量调节着整个逻辑过程。"仁"是传统儒家哲学的思想核心["仁以处人，'有序和谐'是孔子思想的原发点，是儒家思想核心之核心。"（陈志岁《载敬堂集》）；《大学》：大学之道，在明明德，在亲民，在止于至善]，而"信"则是传统商业文化的核心，长久以来，商业界已经形成了"诚信为本"的核心商业文化（孔子说过"民不信不立"、"诚者，天之道也《中庸》"）。"礼"是正式组织的秩序规范，"义"更多的是非正式组织的秩序道德，"忠"更多的是对于理性、正式组织中关系维系的行为及态度（体现在组织关系上），"孝"是对于亲情、非正式关系维系的行为及态度（体现在个人关系上）。我们对其的测量方式是，按照特定的交易环境下，主体的"价值观因子的认同感"（例如，对"仁"的认同接受程度）、"自己的行为倾向"（例如，自己在市场中是否按照"仁"进行交易）、"对他人行为的评价"（例如，对他人在市场中"仁"的行为如何评价）3个维度进行测量。

价值观因子的测量：f_i（x_i，y_i，z_i）。i：（仁、信、礼、义、忠、孝、中庸）；x：文化因素的认同感；y：自己的行为倾向；z：对他人行为的评价。

1. 以消费者角度构建儒家价值观对于关系和谐的影响模型（见图1）

在利益导向下，消费者常常把交易的公平和安全性寄希望于零售商的"仁"（仁1），他们希望零售商是"善意、充满爱心的"，从而更多考虑消费者的利益，当遇见一个"仁"的零售商时，消费者认为交易的秩序"礼、义"应该是符合公平交易的标准的，因此会约束自己的行为，对零售商产生"忠、孝"感，进而对交易和零售商本人产生信任（信1）；在

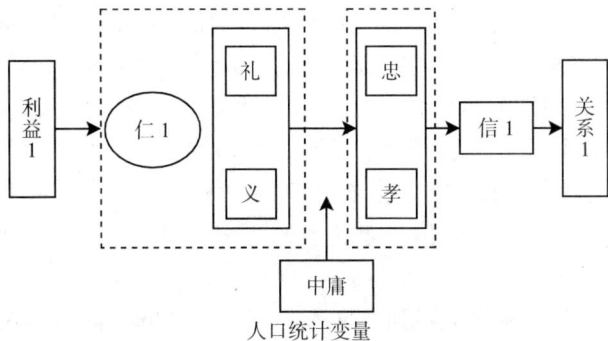

图1 以消费者角度构建的关系模型

这整个过程中"中庸"会调节每个阶段（礼、义、忠、孝、信）的形成，最后，影响消费者对零售商的"买卖关系"（关系1，消费者认为，他跟零售商具有怎样的"买卖关系"）。

2. 以零售商角度构建儒家价值观对于关系和谐的影响模型（见图2）

传统的商业道德对卖家的首要要求是"信"，这更多的是信誉的意思，也可以表示为"承诺和兑现"，然而，因处于"买卖"双方关系中的强势方，很多零售商在利益的驱动下，对于"信"（信2）的概念的理解，往往为"契约精神"，把"信"理解为合同、市场规律等，较少考虑社会责任感和人文道德感。尤其是在农村市场环境下，零售商在买卖时更少考虑对农民消费者的仁爱，由于市场缺乏竞争，信息闭塞，消费人群知识水平低下等因素，因而，零售商能够遵循的交易道德，仅仅为"不欺诈消费者或者质量相对保证"这种低等级的"诚实守信"的原则。这是在零售商最大利益驱使下建立的核心价值观"信誉"。零售商依据"信"（信2）建立了与消费者的买卖秩序"礼、义"，而零售商同时希望消费者能够理解遵循"礼、义"，并成为自己的忠诚客户（"忠、孝"），按照这个逻辑体系，最后，零售商会决定给予消费者什么样的"仁"（仁2），然后影响零售商对消费者的"买卖关系"（关系2，零售商认为，他跟消费者具有怎样的"买卖关系"），同样，整个过程受到零售商中庸思想的调节。

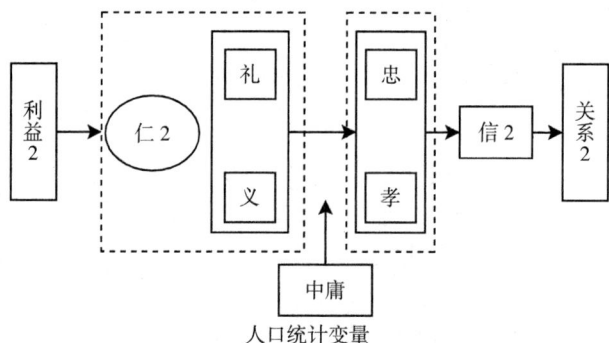

图2　以零售商角度构建的关系模型

3. 终端买卖环境中关系和谐的儒家价值观体系构建及条件分析

基于以上对于"仁"的理解研究，我们通过前部分的研究总结出，消费者认为，零售商应该是最大限度地关注顾客的福利；这些是顾客的需要，即仁1。从商家思想的角度来看，这就要求一家公司遵守承诺，履行其义务，才能建立起长期的"买卖"关系；这是从公司角度来看的信，我们称为（信2），卖方首要考虑的应该是对买方的承诺和信誉。《论语》将社会作为一个必须坚守社会道德、公正、和谐的相互关联的整体，如果要展示一个和谐的"买卖"双方关系，那么在"买卖"双方的关系中，消费者希望公司能够实践仁1、义和礼，并且能够对公司产生信、忠、孝的心理，最后，对于企业的信誉（信2）认同并产生信任感（信1）。

然而，"买卖"双方的利益1和利益2不是完全一致的，而短期利益很可能是相互冲突的，关系1和关系2也不会是完全一致的，如果关系1和关系2差异过大，那么交易很可能不成功或者没有重复交易。企业的利润来源于重复交易的结果，因此，为了实现"买卖双方关系和谐"，就要求"儒家价值观融合"，各变量要实现以下逻辑关系。

（1）价值观定义。

礼：$f(1)$；义：$f(y_i)$；忠：$f(z)$；孝：$f(xiao)$；中庸：$f(zy)$；人口统计变量：(rk)。

信1定义为$f(x_1)$，信2定义为$f(x_2)$；仁1定义为$f(r_1)$，仁2定义$f(r_2)$。

（2）关系定义。

$$gx_i(y_1, y_2, y_3) = F_i(f(1), f(yi), f(z)), f(xiao), f(zy), rk)$$

关系1定义为gx_1；关系2定义为gx_2。

y_1关系强弱；y_2关系稳定性；y_3关系满意度。

（3）求解。

$$Max\left(\sum_{n=1,2} f(gx_n)\right) （关系和谐）$$

PS：$f(r_1) = f(r_2)$（在买卖中，消费者认可零售商表现出来的善意）；$f(x_1) = f(x_2)$（在买卖中，消费者认可零售商的信誉，信任零售商）。

三　结　论

我们建立顾客关系模型，来说明商业是如何从传统文化学习和发展过来的，尤其是儒学的理论思想，儒家价值观认为：仁、义、礼、忠、孝、信、中庸是密切结合在一起的。现代关系营销有类似的观点，学者们的看法是，"信"和"仁"是关系营销的核心概念。

我们已经在不同的模型中讨论了卖方买方和买方卖方关系，分别基于由买方和卖方侧重不一样的儒家价值观逻辑，我们的模型表明在儒家价值观的影响下，消费者和卖方如何实现最优的关系，如果消费者所期待的"仁"（仁1）与卖方传递给消费者的"仁"（仁2）是相互匹配的话，那么消费者就会遵循交易秩序"礼"和"义"，最后，消费者会成为"忠诚"（忠）和"孝"（孝）的客户，并且"信任"（信1）卖家的"信誉"（信2），买方和卖方之间的关系将达到和谐，即关系最优。

参考文献

［1］H. ofstede G. Management Scientists are Human［J］. Management Science，1994，40（1）：4–13.

［2］Robinson J. P., Shaver P. R. & Wrightsman L. S. Measures of Personality and Social Psychological Attitudes［M］. Academic Press，1990.

［3］Romar，E. J. Globalization，Ethics and Opportunism：a Confucian View of Business Relationships［J］. Business Ethics Quarterly，2012，14（4）：663–678.

［4］张梦霞. 中国消费者购买行为的文化价值观动因研究［M］. 科学出版社，2010.

［5］张辛，宋守山. 品位决定影响力［J］. 青年记者，2006（1）.

基于投资回报的寿险供需定价决策模型的建立 *

龙卫洋　　尤家香

【摘　要】本文依据现代金融理论，运用逆向随机微分方程数学方法，按照投保人和保险人供需双方各自的投资回报预期目标，分别建立了动态的寿险定价数学模型，并运用不同的数学方法分别对模型求解，得出了相应的从供需双方角度考虑投资回报的定价公式。

【关键词】寿险产品；投资回报；定价决策模型

一　引　言

20 世纪 70 年代以来，寿险产品开始融合其他金融产品的特点，具有投资价值的寿险产品陆续涌现。实践中寿险投资组合要受寿险负债的特点、资本市场的发展程度和政府对寿险投资的限制等因素的制约（冉戎，2011）。为突出定价的理论，本文中并不去研究与强调具体的投资形式及投资内容。所涉及的"投资"皆既定为按照理性人的假设经过投资组合后的效益最大化的投资结果（以下不再给予重复说明），这一点从现代金融理论上来讲，是可以做到的。

＊作者简介：龙卫洋，东莞理工学院经贸系、东莞理工学院城市学院、珠三角保险研究所；尤家香，东莞理工学院国际学院。

二 考虑投资回报的寿险供需定价决策一般化模型

寿险定价理论经过多年的发展，已取得了丰硕的成果，但传统寿险定价方法并不能很好地反映和处理新出现的问题。而我们的寿险定价思维方式具有典型的逆向随机微分方程思想，这意味着可以方便地利用逆向随机微分方程的理论与方法来为投保人和保险人双方进行投资目标的设计与管理。以下就是本文依据现代金融理论，运用逆向随机微分方程现代数学结构，所建立的具有投资收益目标的动态人身保险供需定价决策一般化模型。

1. 从需方角度建立的投保人动态决策定价一般化模型

投保行为可以看作投保人对所投保费的套期保值（Hedging）。为建立保险定价需求模型，首先要进行以下具体的模型假设。

（1）设 $t = 0$ 表示 x 岁的人投保的时刻，$t = T$ 为投保期间。

（2）设 r_1 为银行或国债当期的无风险利率，$P_{01}(t)$ 为相应价格，则投保人预期的无风险投资价格的增长形式为：

$$dP_{01}(t) = r_1 P_{01}(t)dt \tag{1}$$

（3）设投资市场是完全的，即不存在套利机会（Arbitrage Opportunity），且 μ_1 为投保人所在群体期望的有随机波动风险投资的回报率，σ_1 为其相应的风险（$\sigma_1 \neq 0$，否则就是无风险的了），则相应价格 $P_1(t)$ 的变化为：

$$dP_1(t) = \mu_1 P_1(t) + \sigma_1 P_1(t)dB(t) \tag{2}$$

$B(t)$ 是一维标准 Brown 运动（维纳过程）。

（4）假设投保人在 t 时刻的收入和消费都不在本过程中考虑，并且不考虑投资的交易成本。

（5）设投保人在 t 时刻所投保费总值为 $G(t)$，$I(t)$ 为所交保费中用于有随机波动风险投资的金额，且 $G(t)$ 与 $I(t)$ 皆为 F_t–适应的平方可积的随机过程。

（6）设 A 为投保人要求的固定保额，同时还有一部分随机保额，则假设投保人的决策目标为：

$$G(T) = A + \beta\xi \tag{3}$$

其中 ξ 为 F_t–可测的平方可积的随机过程，β 为风险决策调整系数。

在以上的假设条件下，显然，$G(t)$ 的增长量 $dG(t)$ 可视为所投入的保费总值 $G(t)$ 带来的投资收益。该投资收益包括两部分，其中一部分为有随机波动风险的投资 $I(t)$ 带来的，则该部分的收益即 $I(t)[\mu_1 dt + \sigma_1 dB(t)]$；另一部分是去掉 $I(t)$ 以后所剩资金用来进行无风险投资所得的回报，即 $r_1[G(t) - I(t)]dt$。则有：

$$dG(t) = r_1[G(t) - I(t)]dt + I(t)[\mu_1 dt + \sigma_1 dB(t)]$$

对此式进行整理，并与假设条件（6）给出的 $G(T) = A + \beta\zeta$ 一起，共同构成具有随机投资收益的投保人动态决策定价理论模型，即：

$$\begin{cases} dG(t) = [r_1 G(t) + (\mu_1 - r_1)I(t)]dt + \sigma_1 I(t)dB(t), \ t \in [0, \ T] \\ G(T) = A + \beta\xi \end{cases} \tag{4}$$

其中 $G(t)$ 和 $I(t)$ 是未知量。

模型（4）表明，投保人预计在未来时刻 T 使投保的保障达到 $A + \beta\zeta$，不仅要投入保费 $G(t)$，而且还要将投资总值中的，$I(t)$ 购买有市场随机波动风险的资产，才能达到预定的决策目标。

2. 从供方角度建立的保险人动态决策定价一般化模型

对于保险人来讲，未来时刻的投资回报不仅要满足给付投保人的保险金额，而且还要满足一定的费用需要和达到预先设定的利润目标。通过分析，以下对保险人的实际情况进行合理的假设。

（1）设 $t = 0$ 表示 x 岁的人投保的时刻，$t = T$ 表示投保期间。

（2）保险人面对的是真实的投资市场。假定保险基金的投资组合是由一种有固定回报的无风险的投资和一种带有市场随机波动风险的投资构成，并且投资市场是完全的，即不存在套利机会。

设 r_2 为保险人面对的无风险投资回报率，$P_{02}(t)$ 为相应价格，则保险人面对的无风险投资的定价过程 $P_{02}(t)$ 满足：

$$dP_{02}(t) = r_2 P_{02}(t)dt \tag{5}$$

而保险人面对的有市场随机波动风险投资的定价过程 $P_{02}(t)$ 满足：

$$dP_2(t) = \mu_2 P_2(t) + \sigma_2 P_2(t)dB(t) \tag{6}$$

其中，μ_2 为有市场随机波动风险投资的回报率，σ_2 为市场随机波动系数（$\sigma_2 \neq 0$），$B(t)$ 是一维标准 Brown 运动（维纳过程）。

（3）假设不考虑投资的交易成本。

（4）设保险人在 t 时刻所需收取的保费总值为 $H(t)$，$J(t)$ 为所收取的保费中用于有市场随机波动风险投资的金额，且 $H(t)$ 与 $J(t)$ 皆为 F_t–适应的平方可积的随机过程。

（5）q_1 为 x 岁的人到时间 $x + t$ 才出险的概率，相当于 x 岁的人在 $0 \sim t$ 每一时刻出险率的累积。则 q_t 的含义为：x 岁的人到 $x + t$ 岁出险，保额给付的概率。

（6）考虑到保险人的决策目标一方面要满足投保人的给付要求，另一方面还要留出适当的营业费用以及达到公司的利润目标，所以笔者假设保险人的决策目标：

$$H(T) = q_T A + \beta\xi + \theta + \beta_0\xi_0 \tag{7}$$

其中，A、β、ξ 的假设同前，而 θ 为预期营业费用，ξ_0 为保险人的随机利润目标，且 ξ_0 亦为 F_t–可测的平方可积的随机过程，β_0 为保险人的风险决策调整系数。

为方便起见，令 $B = q_T A + \theta$，如 $\zeta = \beta\xi + \beta_0\xi_0$，则 B 为保险公司必须完成的总固定目标，而为期望达到的总随机目标，则：$H(T) = \beta + \zeta$ （8）

对于 $H(t)$ 的增长量 $dH(t)$ 可视为保险人所收取的保费总值 $H(t)$ 带来的投资市场的投资所得。则：

$$dH(t) = r_2[H(t) - J(t)]dt + J(t)[\mu_2 dt + \sigma_2 dB(t)]$$

整理此式，并与假设条件（6）给出的 $H(T) = B + Z$ 共同构成具有随机投资收益的保险人动态定价决策理论模型，即：

$$\begin{cases} dH(t) = [r_2 H(t) + (\mu_2 - r_2)J(t)]dB(t), & t \in [0, T] \\ H(T) = \beta + \zeta \end{cases} \tag{9}$$

此式表示，保险人不仅需要收取保费 $H(t)$，而且还要明确决定在有市场随机波动风险的资产上的投资 $J(t)$，以达到既定的投资目标：$H(T) = q_T A + \beta\xi + \theta + \beta_0\xi_0 = \beta + \zeta$

三　模型的求解

以上从投保人与保险人各自的角度分别建立了动态寿险定价逆向随机微分方程模型，而这两个模型的求解过程是类似的。首先求解投保人的模型（4）。

方程（4）的积分形式为：

$$G(t) = A + \beta\xi - \int_0^T [r_1 G(t) + (\mu_1 - r_1)I(t)]dt - \int_0^T \sigma_1 I(t)dB(t), \quad t \in [0, T] \tag{10}$$

显然，方程（10）有唯一解。

求解模型（4），先要求解与模型（4）有关的 Itô 方程：

$$\begin{cases} dz(s) = z(s)(a_s ds + b_s dB(s)), & s \in [t, T] \\ z(t) = 1 \end{cases}$$

其中如 $a_s = -r_1$，$b_s = -\dfrac{\mu_1 - r_1}{\sigma_1}$ 由（4）获得。则 Itô 方程可具体表达为：

$$\begin{cases} dz(s) = z(s)(-r_1 ds - \dfrac{\mu_1 - r_1}{\sigma_1} dB(s)), & s \in [t, T] \\ z(t) = 1 \end{cases} \tag{11}$$

设 $f(s, z(s)) = \ln z(s)$，则 $f_s = 0$，

则由 Itô 微分公式有：

$f_z = 1/z(s)$，$f_{zz} = -1/z^2(s)$

$$dlnz(s) = \left[\frac{1}{z(s)}(-z(s)r_1) - \frac{1}{2z^2(s)}\left(-z(s)\frac{\mu_1 - r_1}{\sigma_1}\right)^2 \right]ds + \frac{1}{z(s)}\left(-z(s)\frac{\mu_1 - r_1}{\sigma_1}\right)dB(s) =$$

$$\left[-r_1 - \frac{1}{2\sigma_1^2}(\mu_1 - r_1)^2 \right]ds - \frac{\mu_1 - r_1}{\sigma_1}dB(s)$$

从而 $\begin{cases} \ln z(s) = \displaystyle\int_t^s \left[-r_1 - \frac{1}{2\sigma_1^2}(\mu_1 - r_1)^2 \right]d\tau - \int_t^s \frac{\mu_1 - r_1}{\sigma_1}dB(\tau), \\ z(t) = 1 \end{cases}$

解之，有：

$$z(s) = \exp\left\{ \int_t^s \left[-r_1 - \frac{1}{2\sigma_1^2}(\mu_1 - r_1)^2 \right] d\tau - \int_t^s \frac{\mu_1 - r_1}{\sigma_1} dB(\tau) \right\} \tag{12}$$

为求 $G(t)$，要对 $G(s)Z(s)$ 运用 Itô 微分公式。设 $F(s, G(s), z(s)) = G(s)z(s)$，则：
$Fs = 0$，$Fu = Z(S)$，$Fz = G(s)$，$Fuu = Fzz = 0$，$Fuz = Fzu = 1$，则：

$$dG(s)z(s) = \left\{ F_u[r_1 G(s) + (\mu_1 - r_1)I(s)] - F_z rz(s) - F_{uz}\sigma_1 I(s)z(s)\frac{\mu_1 - r_1}{\sigma_1} \right\} ds +$$

$$\left(F_u \sigma_1 I(s) - F_z z(s)\frac{\mu_1 - r_1}{\sigma_1} \right) dB(t) = \left\{ z(s)[r_1 G(s) + (\mu_1 - r_1)I(s)] - \right.$$

$$G(s)r_1 z(s) - I(s)z(s)(\mu_1 - r_1) \} ds + \left(z(s)\sigma_1 I(s) - G(s)z(s)\frac{\mu_1 - r_1}{\sigma_1} \right) dB(s) = z(s)$$

$$\left[\sigma_1 I(s) - \frac{\mu_1 - r_1}{\sigma_1} G(s) \right] dB(S)$$

则积分形式为：$G(T)z(T) - G(t)z(t) = \int_t^T \left[\sigma_1 I(s) - \frac{\mu_1 - r_1}{\sigma_1} G(s) \right] z(s)dB(s)$ 而 $z(t) = 1$，$G(T) = A + \beta\xi$，代入上式，并关于 F_t 对其条件数学期望，有：

$$G(t) = E\left[(A + \beta\xi)z(T) - \int_t^T \left(\sigma_1 I(s) - \frac{\mu_1 - r_1}{\sigma_1} G(s) \right) z(s)dB(s) \Big| F_t \right] \tag{13}$$

由于 $I(s)$、$G(s)$ 和 $z(s)$ 都是适应的，则 $[\sigma_1 I(s) - (\mu_1 - r_1)/\sigma_1])G(s)z(s)$，是 F_t-适应的。又由实际意义，$[\sigma_1 I(s) - (\mu_1 - r_1)/\sigma_1])G(s)z(s)$ 为有界函数，则：

$$\int_t^T E\left[\left(\sigma_1 I(s) - \frac{\mu_1 - r_1}{\sigma_1} G(s) \right)^2 z^2(s) \right] ds < \infty$$

则 $\int_t^T \left(\sigma_1 I(s) - \frac{\mu_1 - r_1}{\sigma_1} G(s) \right) z(s)dB(s)$ 为零期望鞅（刘嘉妮，2000），即：

$$E\left[\int_t^T \left(\sigma_1 I(s) - \frac{\mu_1 - r_1}{\sigma_1} G(s) \right) dB(s) \Big| F_t \right] = 0, 则有：$$

$$G(t) = E[(A = \beta\xi)z(T) | F_t] \tag{14}$$

即时刻 t 考虑投资的人身保险需求定价理论公式。

同时，由于投资市场是完全的，即不存在套利机会，则还可以解出其中价格为 $P_1(t)$ 的有随机波动风险投资部分的投资为：

$$I(t) = P_1(t)[\partial G(t)/\partial P_1] \tag{15}$$

其中 $P_1(t)$ 为 $dP_1(t) = \mu_1 P_1(t) + \sigma_1 P_1(t)dB(t)$ 的解。

当 $t = 0$ 时，即可得到 $G(t)$ 的初始解：

$$G(0) = E[(A + \beta\xi)z(T) | F_0] \tag{16}$$

式（16）所表达的含义是，为达到 T 时刻的投资目标 $G(T) = A + \beta\xi$，投保人在初始时刻 $t = 0$ 需要缴纳的保费即为：$E[(A + \beta\xi)z(T) | F_0]$。类似地可求解保险人的定价模型，得到在 t 时刻，考虑投资的人身保险供给定价理论公式，即：

$$H(t) = E[(B + \xi)z_2(T)|F_0] = E[(q_T A + \beta\xi + \theta + \beta_0\xi_0)z_2(T)|F_0] \qquad (17)$$

其中 $z_2(T)$ 为：

$$z_2(s) = \exp\left\{\int_t^s \left[-r_2 - \frac{1}{2\sigma_2^2}(\mu_2 - r_2)^2\right]d\tau - \int_t^s \frac{\mu_2 - r_2}{\sigma_2}dB(\tau)\right\}, \ S \in [t, \ T] \qquad (18)$$

在 $s = T$ 时的值。并且，可以解出其中用于价格为 $P_2(t)$ 的有市场随机波动风险投资部分的投资为：

$$J(t) = P_2(t)(\partial G(t)/\partial P_2) \qquad (19)$$

其中 $P_2(t)$ 为 $dP_2(t) = \mu_2 P_2(t) + \sigma_2 P_2(t)dB(t)$ 的解。

当 $t = 0$ 时，同样可得到 $G(t)$ 的初始解：

$$H(0) = E[(q_T A + \beta\xi + \theta + \beta_0\xi_0)z_2(T)|F_0] \qquad (20)$$

式 (20) 所表达的含义是，为达到 T 时刻的投资目标 $H(T) = B + \zeta = q_T A + \beta\xi + \theta + \beta_0 \xi_0$，保险人在初始时刻 $t = 0$ 需要收取的保费为 $E[(q_T A + \beta\xi + \theta + \beta_0\xi_0)z_2(T)|F_0]$。

四 模型特别说明

需要进一步具体说明的是，通过变动各自的决策目标中固定的预期收益部分 A 和 θ，变动随机收益部分的调整系数 β 和 β_0，以及改变投资的方式等，根据供需双方意愿和利益建立的人身保险供需定价理论模型，就可以用来表达多种类型的保险产品。比如，保险市场与投资市场相分离的方式，所定保单类型即是"分红型"，即供方定价中有风险的投资的方式、类型与投资量等，不需要按照投保人的意愿和倾向进行，只是形式上达到需方的要求即可。而相反，保险市场与投资市场不相分离的方式，所定保单类型即是所谓"投资联结型"，即供方定价中有风险的投资的方式、类型与投资量等，必须要按照需方意愿和倾向进行。另外，特别典型的情况是，$\beta = \beta_0 = 0$ 时，$G(T) = A$ 和 $H(T) = B = q_T A + \theta$ 均为确定的值。此时的模型决定的产品是固定保额的保单，也就是所谓"传统的保障型"保单。

参考文献

[1] 刘嘉妮. 应用随机过程 [M]. 科学出版社, 2000.

[2] 冉戎. 我国寿险需求影响因素的 GMDH 模型 [J]. 求索, 2011 (6).

网络广告切换速度及产品卷入度对消费者注意影响的眼动研究 *

蒋玉石

【摘　要】本文结果表明：产品卷入度高时，切换速度为 4s 时是一个分水岭，因为 1s、2s、3s 和 4s 获得消费者的注意要显著优于 5s 和 7s；产品卷入度低时，动画切换速度对消费者注意无显著影响，此时其对广告的注意出现了"视觉盲区"现象。为让消费者在较短的时间内认知加工更多的广告信息，建议最佳动画切换速度为 2s。

【关键词】网络广告；切换速度；产品卷入度；视觉注意；眼动实验

1　引言

与传统平面广告相比，动画的运用是网络广告得以快速增长的重要原因之一。很多学者认为网络广告的动画对消费者注意有着积极的促进作用。如 Yoo 和 Kim（2003）的研究表明动画有利于更好地吸引消费者的注意；Sicilia 等（2005）证实网络广告的交互性能够帮助消费者提升体验兴趣，促使人们积极、主动地参与到互动广告中来；Kuism 等（2010）也认为采用动画的表现方式的确有利于提高消费者对网络广告的注意。但 Burke 等（2005）认为，相对于静止的旗帜网络广告而言，人们对于动画形式的旗帜网络广告的记忆效果更差，原因在于动画增加了广告的复杂性，从而导致了人们的认知负荷过载。

网络广告效果的发挥主要取决于两个方面：外源性因素（Exogenous Factors）和内源性因素（Endogenous Factors）。系列研究表明：广告外在特征能够被消费者迅速捕捉到，

* 本研究是国家自然科学基金（71102113）、教育部人文社会科学基金（09YJCZH103）、中央高校基本科研业务费专项资金（2682013CX072）、四川省哲学社会科学规划项目（SC12C009）和四川大学系统科学与企业发展研究中心项目阶段性成果。

作者简介：蒋玉石，西南交通大学经济管理学院。

对消费者的视觉注意产生最为直接的影响；广告的内源性因素则会影响消费者观看广告的态度、情感和认知。正是由于学者们在各自研究中，所采用的网络广告刺激材料、实验过程、实验方法等并不完全一致，因而得出的结论难免会有差异，甚至截然相反。

基于上述原因，本文采用双因素被试内重复实验设计，在控制网页结构、广告版式、颜色、大小等的前提下，主要考察广告的外源性因素（6种动画切换速度：1s、2s、3s、4s、5s、7s）和内源性因素（两种产品卷入程度：高，低）如何影响消费者的视觉注意。

2 实验研究目的

通过眼动实验方法，本文主要回答三个问题：第一，在控制网络广告动画切换速度的前提下，探讨消费者对网络广告总体注意程度是否会有差异，进而找寻最佳动画切换速度；第二，在控制不同产品卷入度的前提下，消费者在网页浏览过程中对网络广告注意程度是否会有差异；第三，探讨动画切换速度与产品卷入度对消费者注意的交互影响。

通过对网络广告界面特性进行一定的美学、功能和技术设计后，将会给消费者留下特定的印象（Zviran，2006）。因此，本文研究成果能够为广告业主在有限网页版面中，对广告的不同特征要素做出最佳组合，最大限度地发挥网络广告动画优势，使消费者对网络广告的认知效果达到最大化等提供客观依据。

3 实验样本的选取

在西南交通大学校园BBS上发布"眼动被试招募"广告，要求被试没有做过眼动实验，经过反复筛选之后最终实验被试为17名，所有被试年龄均在20~28岁，平均年龄24.3岁，视力或矫正视力均在1.0以上，无色盲色弱等眼疾患者，听力正常，均为右利手。

4 实验刺激材料的制作

通过前期对大学生进行产品卷入程度的调查问卷，结果发现：被试对手机产品广告的卷入程度（M = 4.51）要显著高于对空调产品广告的卷入程度（M = 3.05）。在此基础上，第一，在网络上分别收集手机和空调两种类型的网络广告各50幅；第二，邀请30名被试对这 100 幅广告的卷入程度进行再次打分，从中挑选出消费者对手机卷入程度高的前 18 幅网络广告（M = 4.80），对空调卷入程度低的后 18 幅广告（M = 2.82）；第三，在控制广告版式设计、复杂度、广告主题、颜色等因素的前提下，应用 Photoshop 对这 36 幅广告进行精心制作，使得每幅广告尺寸大小都是 468 像素 × 60 像素；第四，利用 Imageready 将其制作成 Gif 动画，控制每幅 Gif 动画为 3 帧，切换速度按照 1s、2s、3s、4s、5s、7s 六种情形分别进行设计；第五，在对网页主体内容进行选择的时候，通过事先调研，最终采用多数大学生比较喜欢的旅游为主题内容，包含图片和文字，每段文字字数为 75 字左右，字体为宋体，字号为 14pt，行距为 1.5 倍；图片尺寸为 400 像素 × 450 像素；第六，用 Dreamweaver 将网页主题内容和网络广告制作成最终实验用的网页。此外，为控制网页版式对被试的影响，同时为减少被试对网页形成预判效应，特意制作 12 幅 filler 网页，每幅 filler 网页与正式网页的版式设计并不完全一致。

5 实验具体步骤

实验采用加拿大 SR Research 公司开发的 Eyelink 2000 桌面式眼动仪一套，具有采样频率高（1000 次/秒）、空间分辨率高、精确度高、数据反馈迅速等特点。实验程序由 Eyelink 2000 自带程序 EB（experiment-builder）编制。整个实验在西南交通大学人因认知工程实验室进行，隔音及抗干扰条件较好。

实验具体步骤如下：①被试进入实验室熟悉环境，然后将下颚放在固定好的托架上准备实验。②进行预实验。向被试说明实验要求：接下来您将看到带有图片文字和广告的网页，浏览过程中头部尽量保持不动，也不需要您进行任何操作，网页会自行跳转，您只需要进行浏览就可以了。为控制被试对产品的卷入程度，还先让被试阅读一段实验指导语：在浏览过程中将您有一个任务，即假设您最近刚发了奖金，准备给自己换一个手机并外出旅游一次，在网页浏览完毕后需要您选择出网页中出现的手机中您最想购买的手机和打算旅游的目的地。预实验中被试只需要浏览 6 幅网页，主要是熟悉实验流程和要求。③开始正式实验，进行九点校准后，被试需要浏览包括 filler 网页在内的共计 36 幅网页。之后，让被试到另一台计算机上完成记忆测验。每名被试用时大概 40 分钟。

6 实验数据处理及结果分析

实验数据使用 Eyelink 2000 提供的数据分析软件将数据导出，使用 SPSS 19.0 for Windows 对数据进行处理。以网页广告放置的区域为兴趣区，导出正式实验材料的注视时间和注视次数等指标。进行整理后得到相关眼动数据如表 1 所示。对数据采用重复测量方差分析进行统计分析，结果表明：①在产品卷入度高的情况下，动画切换速度对消费者注视时间的主效应显著，$F_{(5, 96)} = 2.650$，$p = 0.027 < 0.05$。经 LSD 进一步检验发现，切换速度为 1s、2s 和 3s 的广告获得消费者的注视时间三者之间并没有显著性差异（$p > 0.05$）；切换速度为 5s、7s 的广告两者之间也没有显著性差异（$p > 0.05$）。并且，切换速度为 1s、2s 和 3s 的广告获得消费者的注视时间要显著高于切换速度为 5s 和 7s 的广告（$p < 0.01$）。②在产品卷入度低的情况下，动画切换速度对消费者注视时间的主效应并不显著，$F_{(5, 96)} = 0.326$，$p = 0.896 > 0.05$，也就是说，此时无论动画切换速度如何改变，消费者对网络广告整体注视时间差异并不明显。具体情况如图 1 所示。③同理，在产品卷入度高的情况下，动画切换速度对消费者注视次数的主效应显著，$F_{(5, 96)} = 2.972$，$p = 0.015 < 0.05$。经 LSD 进一步检验发现，动画切换速度 1s、2s、3s 和 4s 的广告获得消费者的注视次数之间没有显著性差异（$p > 0.05$）；动画速度 5s、7s 的广告获得消费者的注视次数之间也没有显著性差异（$p > 0.05$）；并且切换速度为 1s、2s 和 3s 的广告获得消费者的注视次数要显著高于 5s 和 7s 的广告（$p < 0.01$）。④在产品卷入度低时，动画切换速度对消

表 1　被试对不同切换速度和产品卷入度的网络广告注视时间和注视次数的均值

切换速度（单位：秒）		1	2	3	4	5	7
注视时间 （单位：毫秒）	卷入度高	7593	8216.47	6705.82	6619.71	5137.35	5664.35
	卷入度低	4207.06	3159.12	3631.94	3653.65	3345.35	3675.24
	总体均值	5900.03	5687.8	5168.88	5136.68	4241.35	4669.8
注视次数 （单位：次）	卷入度高	31.13	30.06	30.62	30.81	26.13	25.63
	卷入度低	16.69	13.31	15.44	14.94	13.56	15.94
	总体均值	23.91	21.685	23.03	22.875	19.845	20.785

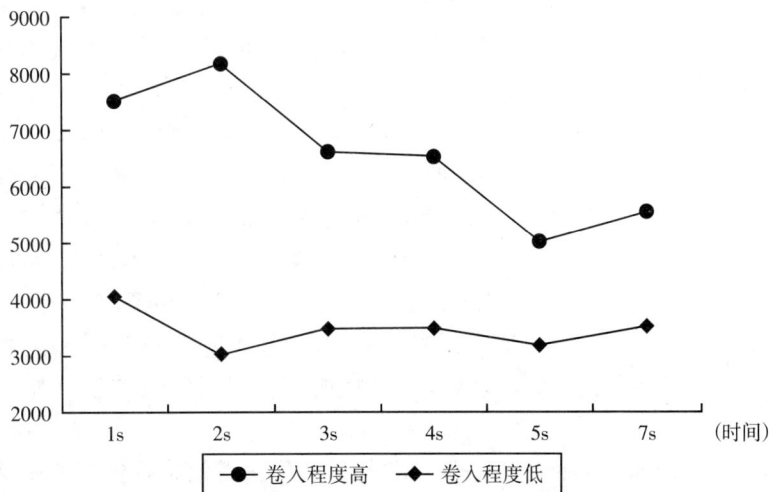

图 1　不同网络广告切换速度与产品卷入度下消费者对广告的注意时间均值

费者注视次数的主效应同样也不显著，$F_{(5, 96)} = 0.311$，$p = 0.905 > 0.05$。具体情况如图 2 所示。

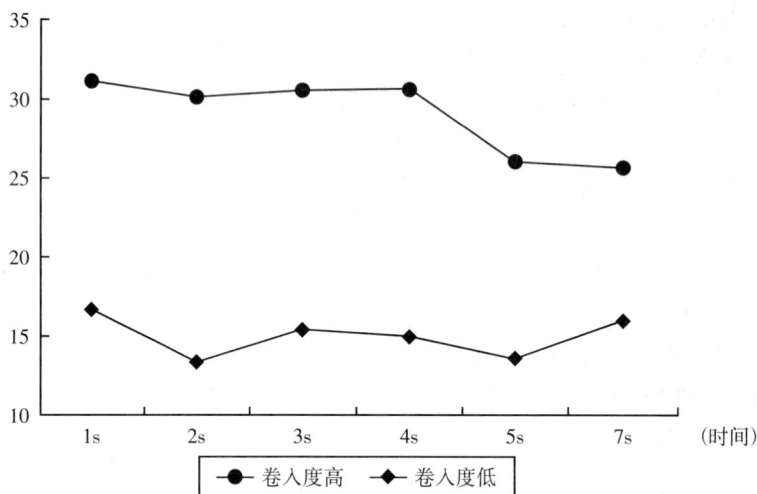

图 2　不同网络广告切换速度与产品卷入度下消费者对广告的注意次数均值

7　结论与网络营销启示

本研究采用神经营销学（Neuromarketing）中的眼动分析方法，就网络广告的外源性因素（动画切换速度）以及内源性因素（产品卷入度）对吸引消费者注意有哪些内在规律进行了探讨，相关结论能够为日常网络广告动画切换速度的选取提供直接的理论依据和重要的实践指导。具体而言，本研究发现：

（1）动画切换速度和产品卷入度两个因素对于广告获得消费者注意的程度有着交互影响作用。事实上，如果单纯从动画切换速度这一变量而言，动画切换速度的快慢对广告获得的注意无显著影响，这与程利等（2007）的研究结果相同，说明在不控制产品卷入度的情况下，动画切换速度对广告注意效果的影响并不显著。然而一旦加入产品卷入度之后，情况则会有所不同：当产品卷入度高时，动画速度为 1s、2s、3s 和 4s 的广告获得的注意显著高于动画速度为 5s 和 7s 的广告；而当产品卷入度低时，无论哪种动画切换速度，消费者对于广告的注意都不会有所显著改变，即此时消费者对广告的注意出现了"视觉盲区"现象。

（2）4s 为动画切换速度的一个分水岭。要想让广告赢得消费者更多的注意，那么建议广告业主或者广告设计人员将动画切换速度控制在 4s 以内。究其原因，我们认为在信息爆炸的时代，消费者每天都要接受无数的海量信息，如果一直让消费者等待 7s 之后，网络广告才切换到下一帧，那么消费者完全有可能离开这一网页，以后帧上的网络广告根本就没有机会让消费者注意到。并且，为了让消费者能够在较短的时间内获取更多的广告信息，建议最佳动画切换速度为 2s。

（3）产品卷入度的高低对于消费者注意网络广告也有着显著影响。当产品卷入度高时，广告获得消费者的注意要显著多于产品卷入度低时。因此，为提高网络广告的有效性，广告业主选择在合适的电子商务网站中投放目标广告就显得十分重要了。例如，在 poco 这类专门的摄影网站中投放相机广告，虽然平均成本要比在新浪等大型门户网站中低，但是获得的效果却有可能比之前更好。原因在于对那些经常浏览摄影网站的消费者而言，其本身对于相机产品的卷入程度较高，因此更有可能会注意到相机广告，进而产生后续购买行为。需要特别指出的是，网络广告动画切换效果还受到其他因素的影响（蒋玉石等，2009），因此，在未来需要对此展开更为深入的研究。

尽管本研究在进行实验设计时，对各种干扰变量做了认真控制，但仍然存在着某些局限。一方面，本文提出的六种动画切换速度是比较简单和基础的。在现实生活中，随着富媒体的出现，广告动画设计要更加复杂、灵活多变，因此需要对更加复杂的富媒体网络广告的最佳视觉搜索效应进行更为深入地研究。另一方面，本研究的被试均为在校大学生，而实际生活中受众范围更为广泛，因此在未来需要加大被试量，就不同阶层的消费者群体对动画切换速度最佳视觉搜索效应进行研究。

参考文献

［1］Burke, Moira, Anthony Hornof, Erik Nilsen, and Nicholas Gorman. High-cost Banner Blindness: Ads Increase Perceived Workload, Hinder Visual Search, and are Forgotten ［J］. Transactions on Computer-Human Interaction, 2005：423-45.

［2］Kim K., Yoo C. Y., Stout P. A. Has Animation Been Overused in Online Adveltising? Effects of Animation and the Role of Affective Responses in Viewers' Perception of Banner Ads ［J］. American Academy of Advertising, 2003：100-111.

［3］Kuisma J., Simola J., Uusitalo L., et al., The Effects of Animation and Format on the Pemeption and Memory of Online Adveltising ［J］. Journal of Interactive Mariceting, 2010：269-282.

［4］Sicilia, Maria, Ruiz S., Munera. Effects of Interactivity in Website ［J］. Journal of Advertising, 2005：31-45.

［5］Zvirana Moshe, Chanan Glezerb, Itay Avnia. User Satisfaction from Commercial Web Sites：The Effect of Design and Use ［J］. Information & Management, 2006：157-178.

［6］程利，杨治良，王新法. 不同呈现方式的网页广告的眼动研究 ［J］. 心理科学，2007.

［7］蒋玉石，李水建，何丹，朱坤，宋喆明. 网页广告靶屏位置的顾客视觉识别应实验研究 ［J］. 管理评论，2009（11）.

文化价值观、消费者感知价值和购买决策风格：基于中国城市化差异的比较研究 *

苏　凇　孙　川　陈　荣

【摘　要】过去的一些研究通常认为，同一个国家的消费者具有相同的文化价值观。对于中国这样一个幅员辽阔的国家来说，将其整体视为一个文化单位与消费者行为之间建立联系，不能有效揭示市场中各区域消费者的行为差异。本研究从城市化程度角度出发，比较了四类区域消费者在文化价值观、消费者感知价值和购买决策风格方面的差异。结果显示，城市化程度不同的地区消费者在文化价值观、感知价值和购买决策风格上存在显著差异。高城市化区域消费者的开放价值观显著高于低城市化程度地区，这使得消费者感知价值中社会价值和功能价值的重要性显著较高，并导致消费者购买决策风格偏离价格导向，倾向于品牌导向和质量导向。该结果为企业营销策略的制定提供了有益参考。

【关键词】文化价值观；感知价值；购买决策风格；城市化差异

由于具有最大的消费者群体和快速增长的购买力，因而，中国已经成为世界上最重要的新兴市场之一。进入该市场的企业，对中国消费者的深入了解是获得市场机会的关键。[1,2] 而了解消费者的一个重要途径就是把握消费者的购买决策风格，即消费者进行购买决策时的认知和情感导向。[3] 尽管目前有一些研究对中国部分消费者群体的购买决策风格进行了测量，[4,5] 但是，现有研究大多是将中国整体视为一个文化单位，在基于中国消费者文化价值观背景同质性这一假设前提下进行。因此，这些研究所选择的消费者样本几乎全部来自中国的一线城市（直辖市及省会城市），[6] 而对其他类型区域的消费者决策风格却关注不足。因而，这些研究成果并不能充分反映中国消费者购买决策风格的区域差异，从而也不能为企业进入不同区域类型的市场提供有效的策略指导。

　　* 本文受北京师范大学 985 项目（中国管理文化地图）、国家自然科学基金项目（71272044）资助。

　　作者简介：苏凇，北京师范大学经济管理学院市场营销系讲师、博士，研究方向为消费者行为、新媒体营销、金融营销；孙川，北京师范大学经济管理学院副教授、博士，研究方向为营销策略、企业管理比较；陈荣，清华大学经济管理学院市场营销系副教授、博士，研究方向为消费者决策、消费者满意度和后悔、服务营销。

中国是一个地域广袤、区域发展不平衡并有着典型的城乡差异的国家。根据文化唯物主义的观点，[7] 显著不同物质基础结构会导致显著不同的文化价值观形成。[6,8] 因此，在中国，物质基础结构的不同区域会形成文化价值观的差异。而文化价值观被认为是人们行为的基本前因，其通过影响规范、形成态度等影响人们的行为选择。[9,10] 不同的文化价值观将导致感知价值（Consumption Value）的差异[11-13] 和购买决策风格上的差异。[6,14]

在中国，最突出的区域差异就是城乡差异。城市化程度不同的地区在基础设施、经济发展水平和居民收入等各方面均呈现显著差异。[15,16] 为此，本研究从城市化程度出发，通过比较根据城市化程度不同而区分的四类地区（大都市、中小城市、县城和农村），[17,18] 揭示中国消费者购买决策风格在区域间的具体差异，并通过比较不同地区间文化价值观和消费者感知价值的异同，探索影响购买决策风格的前因，从而为管理者根据中国不同类型的市场制定营销策略提供有益的帮助。

一、理论背景和假设

1. 文化价值观

文化价值观是文化的核心，是为社会大多数成员所信奉的和普遍倡导的信念，并通过形成行为规范来影响社会成员的态度和行为。[9,19] 关于文化价值观的测量，研究者从不同角度对价值观的内容分类进行过许多探索。[20-22] 在个体层面上，Schwartz 的价值观分类体系被广泛接受。[22] 根据该理论体系，个人价值观可以分为十种基本的普适类型，它们包括权力、成就、享乐主义、刺激、自我导向、普适主义、仁慈、传统、遵从和安全。[23]

这十种不同的个人价值观并非孤立存在，而是相互影响的。追求一种价值的行动所产生的心理、实践和社会后果可能会与追求其他价值形成冲突或一致。根据这些冲突和一致的情况，十种价值观可以按两个正交维度构成一个整体的价值观体系。[24] 其中一个维度是自我提高 vs. 自我超越。权力和成就价值观归为自我提高型价值，强调对自身利益的追求；普适主义和仁慈价值观则归为自我超越型价值观，强调对他人福利和利益的关注。另一个维度是开放 vs. 保守。自我导向和刺激价值观归为开放型价值观，强调独立行动、思考、感觉，并乐于接受新的体验；而安全、遵从和传统价值观归为保守型价值观，强调自我限制、秩序和抵制变革。享乐主义价值观则兼具开放型和自我提高型价值观的要素。这样，这十种基本的价值观就可以归纳成四种更高阶的价值观类型，它们分别是保守价值观、开放价值观、自我提高价值观和自我超越价值观。[24]

过去的研究通常认为，同一个国家的消费者具有相同的文化价值观。[25,26] 然而，对于像中国这样的幅员较大、地域差异明显的国家，从国家层面上进行文化价值观的分析，不能有效揭示中国文化价值观的多元性和差异性。[27] 中国存在典型的二元结构特征，城乡之间的物质基础结构差异较大。劳动力向一线城市迁移的趋势更进一步加重了城乡之间的差异。[28, 29] 随着中国经济的发展和城市化进程加快，中国的城镇体系又可按城市化程度的不同进一步划分为大都市（包括直辖市和省会城市）、中小城市、县城和农村四类地区，[17, 18] 这四类地区在经济发展水平和物质基础结构方面均存在显著差异。根据文化唯物主义的观点，[7] 由于物质基础结构的不同，因而，会导致地区间存在显著的文化价值观差异。[6, 8] 由此，我们可以得出以下假设：

假设 1： 中国城市化程度不同地区的消费者在文化价值观方面存在显著差异。

2. 感知价值

感知价值是顾客进行购买决策时对感知收益和感知付出进行整体评价的综合价值体现。[13] 对于感知价值的概念，学者们从不同角度进行了构建。其中影响较大并得到较为普遍认可的是 Sheth 等[30] 提出的消费价值论（Consumption-value Theory）的观点。[31, 32] 根据该观点，消费者选择时所考虑的各方面因素可归类为五方面价值：社会价值、情感价值、功能价值、认知价值和条件价值。在此基础上，Sweeney 和 Soutar[31] 将价格从功能价值中分离出来，并去掉了认知价值和条件价值，因为这两项价值比较短暂，不适用于耐用品的购买。这样就形成了四个价值维度：情感价值、社会价值、质量/表现和价格。Wang 等[32] 在针对中国消费者的研究中，进一步将此价值维度调整为情感价值、社会价值、功能价值和成本。

过去的研究显示，尽管感知价值与文化价值观是两个不同概念，但二者密切相关。[33-35] 文化价值观针对的是特定群体或社会阶层所认为重要的行为规范和目标，而感知价值针对的是对特定产品、服务或卖家的个体评价，是基于具体的购买情境产生的。[11] 根据方式—目的理论（Means-end Theory），文化价值观如同人们感知世界的"透镜"，[36-38] 直接影响着消费情境中感知价值的含义、内容和结构成分的相对重要性。[11, 12] 因此，由于不同类型区域会产生文化价值观的差异，这样的差异会影响到感知价值的构成。从而我们可以得到如下假设：

假设 2： 中国城市化程度不同地区的消费者在感知价值方面存在显著差异。

3. 购买决策风格

消费者在购买商品和服务时如何在不同选项之间做出选择，一直是营销研究学者和企业界重点关注的问题。Sproles 和 Kendall[3] 提出了消费者购物决策风格（Consumer Decision-making Styles）的概念。该概念从消费者视角出发，区分了消费者在进行购物决策时最基本的心智导向和特征。它具有认知和情感特征，是对消费者做出决策的出发点和优先考虑因素的一种表征。购物决策风格说明，尽管会受到许多方面因素的影响，消费者在进行购买决策时有一些基本的模式或风格，并且这种模式或风格在较长时间内相对稳定。[3] 因此，对消费者购物决策风格的识别有助于加深对消费者需求的理解和把握，使营销者能够制定有效的营销策略。

购买决策风格的概念得到了众多学者们的认可。对消费者购买决策风格的识别和验证也成为消费者行为研究的一个重要领域。[39] 之后，学者运用 Sproles 和 Kendall[3] 提出的消费者购物风格量表（CSI）验证了购买决策风格在不同文化背景下的存在。但具体的分类在不同国家不尽相同，总体上少于 Sproles 和 Kendall [3] 提出的八类。特别是发展中国家，由于经济发展水平或政府政策限制的原因，消费者的选择相对较为有限。[14]

关于中国消费者的购物决策风格，不同研究尽管都基于 CSI，但结果并不一致。例如，Fan 和 Xiao [4] 采用 CSI 对广州部分高校学生进行了调查，得出了五类主要的决策风格，即品牌意识、价格意识、质量意识、时间意识和信息利用，并认为是消费者购买力和市场成熟度的不同造成了结果的差异。Hiu 等 [5] 在广州将样本范围扩大到学生以外的消费者，也得出了五类主要决策风格，即完美意识、新颖时尚意识、娱乐意识、价格意识和眼花缭乱型。该结果与 Fan 和 Xiao [4] 相比具有一定相似性，[5] 但比较一致的是价格意识和质量意识。此外，由于测量条目较少的原因，品牌意识类型并未凸显，[5] 但后续的相关研究都显示品牌意识是中国消费者的主要决策风格之一。[40-45] Dickson [46] 等通过在北京、上海、广州三地的大规模抽样研究也显示，中国消费者的购买决策更容易受到品牌因素、价格和质量因素的影响。

总体上，根据过去针对中国消费者购买决策风格的研究，鉴于中国经济的发展基础、近年来社会财富的快速增加，以及中国文化的独特特征，价格意识、质量意识和品牌意识成为中国消费者购买决策风格较为凸显的三种类型。[44-48] 但由于现有研究所选取的样本几乎全部来源于中国一线城市，并没有考虑地区之间的差异。这些研究成果对于企业进入更多的中国市场，如二线城市、县城和农村地区等，缺乏显著的指导意义。

过去的一些研究显示，消费者购买决策风格的形成受到文化价值观的影响。[6] Zhou 等 [6] 认为，由于中国沿海地区和内陆地区物质基础和工业化水平的不同，沿海地区和内陆地区的消费者形成了文化价值观的差异，沿海地区消费者的文化价值观更具有开放和个人主义特征。而该差异导致了消费者购买决策风格的差异。通过将消费者购买决策风格归为功利主义（Utilitarian）和享乐主义（Hedonic）两类后，Zhou 等 [6] 发现，相对于内陆地区消费者沿海地区消费者具有突出的享乐主义购买决策风格，具有更强的品牌意识。此外，尽管过去没有研究直接揭示感知价值和消费者决策风格之间的关系，但二者均针对具体的消费情境产生。由于感知价值连接了抽象的文化价值观和具体的消费行为属性，[11] 并且感知价值的各维度均反映在具体的消费者购买决策风格中。[3] 因此可以说，购买决策风格是感知价值的微观体现。从而感知价值在不同类型区域间的差异也会导致消费者购买决策风格的差异。由此我们得到如下假设：

假设 3：中国城市化程度不同地区的消费者在购买决策风格方面存在显著差异。

二、研究方法

1. 抽样方法和样本

抽样调查包括两个阶段。2010 年 10~12 月，我们对全国多个高等学校新入学的大一学生进行了首次大规模的问卷调查。调查范围包括"985 工程"院校、"211 工程"院校，以及普通地方性院校。2011 年 10~12 月，针对第一次调查所获得的样本中比较少的省市的生源（如上海、海南、青海、云南、贵州等）我们再次进行有针对性的问卷调查。两次调查总计获得有效问卷 2305 份，有效问卷率为 75%。调查涉及除了港澳台以外的全国所有省市的 56 个高等院校。在每一个省市中，子样本量从最小的 52 份（黑龙江）到最多的 159 份（河北），其中 211 高校占 55.8%。男生占 46%。平均年龄 18.89 岁（SD=1.01）。来自大城市的学生占 20.1%，来自中小城市的学生占 22.7%，来自县城的学生 22.4%，而来自农村的学生占 34.8%。汉族占 83.3%，少数民族占 16.7%。

2. 测量

（1）文化价值观：采用 Schwartz 开发的 40 个题目的"个人价值观问卷"测量被试的文化价值观。该问卷在超过 60 个国家 15 万以上的被试中进行过广泛测试，信度和效度良好。问卷分男生问卷和女生问卷，唯一的区别在于人称代词"他/她"的不同。被试首先阅读一些关于他人的简要描述，然后评价被描述者和自己在多大程度上相似（1=完全不像我；6=完全像我）。例如，"想出新点子，发挥创意对他来说很重要。他喜欢以与众不同的方式做事"（测量自我导向价值观），"她认为丰富多彩的人生经历很重要。她总是寻求新鲜事物"（测量刺激价值观）。

（2）感知价值：改编自 Wang 等[32] 的量表，并参考了 Sweeney 和 Soutar[31] 的 PERVAL 量表，我们设计了 15 个条目来测量被试感知价值的四个维度。对于功能价值，我们的条目是"该品牌产品质量很好"，"该品牌产品性能稳定"，"该品牌产品易于使用"和"该品牌产品的功能能够满足我的需求"；对于情感价值，测量条目是"我喜欢该产品的款式"，"使用该品牌让我感觉很愉悦"，"该品牌产品给我带来了很多快乐"，"该品牌产品能引发我情感方面的联想"；对于社会价值，测量条目是"使用该品牌产品可以给别人好印象"，"该品牌产品和我个性很相配"，"使用该品牌产品让我显得很时尚"，"在一定的场合使用该品牌产品，会让我更容易被大家接受"；对于成本，测量条目是"该品牌的价格对我来说可以接受"，"我没有费多少时间和精力就买到了该产品"，"该品牌产品价值相符，物有所值"。以上各条目均要求被试在一个 7 点量表上各题目做出判断（1=完全不同意；7=完全同意）。

（3）决策风格：由于本研究的主要关注点并非购买决策风格的分类，因而我们选择对于中国消费者比较有代表性的价格意识、质量意识和品牌意识作为消费者购买决策风格的测量维度。另外，针对过去研究中所反映的关于 CSI 问题项存在过于学术化和语义含糊的问题，本研究针对具体的产品，出于简单化和清晰化的目的对测量条目进行了简化。[49] 具体测量条目包括："我在购买手机时，价格优先"，"我在购买手机时，质量优先"和"我在购买手机时，品牌优先"。同样要求被试在一个 7 点量表上各题目做出判断（1=完全不同意；7=完全同意）。

三、研究结果和分析

1. 信度和效度分析

量表的信度主要采用 Cronbach's α 值作为判断标准；量表的效度主要包括两个方面，即内容效度与建构效度。在内容效度方面，本项研究运用的问卷源自过去研究所开发和使用的成熟量表，已被相关研究普遍使用。因此，本研究主要通过验证性因子分析来完成对建构效度的检验。同时，本研究也通过标准化因子载荷、组合信度和平均方差提取量（AVE）等指标来检验量表的收敛效度和区别效度。[50, 51]

由于文化价值观是普适的行为规范和目标，而感知价值和购买决策风格基于具体的购买情境产生，[11] 因而，我们首先将文化价值观的各维度进行验证性因子分析。[12] 基于 Schwartz 的个人价值观理论，我们对 40 个测量条目进行了二阶验证性因子分析，以检验测量条目是否体现了十种基本个人价值观，并进一步检验这十种基本个人价值观是否可以由四个高阶因子来代表，即保守（包含传统、遵从和安全）、开放（包含刺激、自我导向和享乐主义）、自我提高（包含成就和权力）和自我超越（包含仁慈和普适主义）。CFA 结果显示拟合程度尚佳（$\chi^2 = 754.47$，df = 29，RMSEA = 0.096，CFI = 0.96，TLI = 0.94，GFI = 0.95），由于本研究样本量较大，指标 χ^2/df（26.02）受影响而偏高。[51] 因而，我们随机抽取了两个子样本（N1 = 258，N2 = 272），再次运行 CFA，拟合结果进一步改善（样本 1：$\chi^2 = 87.39$，df = 29，RMSEA = 0.089，CFI = 0.96，TLI = 0.94，GFI = 0.094；样本 2：$\chi^2 = 95.90$，df = 29，RMSEA = 0.092，CFI = 0.95，TLI = 0.93，GFI = 0.093），χ^2/df（3.01，3.31）值也降到了可接受范围。由此，四种高阶价值观的模型得到了支持。此外，保守、开放、自我提高和自我超越的信度良好（Cronbach's α 值分别为 0.75、0.74、0.84、0.76）。

同时，我们对感知价值和购买决策风格进行了验证性因子分析。对于功能价值、情感价值、社会价值和成本这四个消费者感知价值维度和价格意识、质量意识和品牌意识这三个消费者购买决策风格维度，CFA 结果显示了较好的拟合度（$\chi^2 = 211.53$，df = 84，RMSEA = 0.077，CFI = 0.93，TLI = 0.90，GFI = 0.95，$\chi^2/df = 2.52$）。此外，测量结果表明，使用多条目量表的感知价值各维度测量量表的信度良好（Cronbach's α 值分别为 0.85、0.80、0.85、0.68）。

进一步看，因子分析结果显示各变量维度的标准化因子荷载值均大于 0.5，并达到显著性水平（T 值均大于 1.96）；组合信度均大于 0.7；平均方差提取量（AVE）大于 0.6，超过了 0.5 的标准，因此本研究所运用的量表具有很好的收敛效度。[51] 每一潜在变量的 AVE 的平方根值都大于该变量与其他变量之间的相关系数，从而显示出了各变量之间存在着较显著的区别效度。[50] 总体而言，通过以上检验，充分论证了本研究中测量量表具有较高的信度和效度。

2. 模型检验和假设验证

我们进一步对文化价值观、感知价值和决策风格的因果结构假设模型进行检验。图 1 为假设模型的标准化路径图，各项适配度指标分别为：$\chi^2 = 146.75$，$\chi^2/df = 3.86$，RMSEA = 0.078，CFI = 0.93，TLI = 0.90，GFI = 0.94。尽管卡方值较为显著，但考虑到样本量较大的原因，可认为数据与假设模型的拟合程度较佳。[50-52]

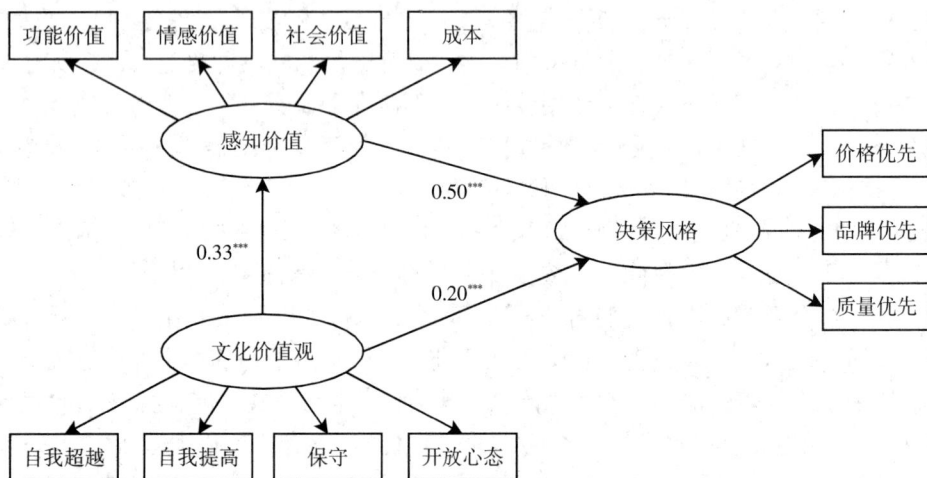

图 1　结构方程模型

注：* 表示 $p < 0.05$；** 表示 $p < 0.01$；*** 表示 $p < 0.001$。

为验证假设，即确定中国不同城市化程度地区之间包括大都市、中小城市、县城和农村四种分类）的消费者购买决策风格、感知价值和文化价值观是否存在显著差异，我们首先采用多群组结构方程来检验城市化程度变量是否具有调节作用，然后采用逐步选择判别法分别进行进一步分析。

多群组结构方程模型分析主要是为了检验理论模型是否适配不同样本的群体，如果模型是适配的，则说明样本属性变量（离散变量）具有调节作用。[53] 分析结果如表 1 所示，无限制模型与因素负荷量路经、因素的方差或协方差、结构回归路经等模型，除了卡方值外，其他指标均显示较好的拟合度，并且优于总体模型，由此可以认为，城市化程度变量具有调节作用。

表 1　不同地区（群组）结构方程模型检验

模型	χ^2	χ^2/df	RMSEA	CFI	TLI	GFI
Unconstrained	557.641	3.669	0.034	0.942	0.916	0.958
Measurement Weights	602.133	3.421	0.032	0.939	0.924	0.954
Structural Weights	613.467	3.316	0.032	0.939	0.927	0.954
Structural Covariances	623.798	3.318	0.032	0.938	0.927	0.953

我们进一步采用逐步选择判别法进行分析。对于文化价值观，表 2 显示在判别分析中文化价值观的开放心态、自我超越和自我提高得以保留。其中，大都市、中小城市、县城和农村之间消费者开放心态的差异明显。其标准化典型判别函数系数达到了 1.06；各类型地区间消费者的自我超越和自我提高方面也存在差异，其系数分别为-0.77 和 0.41。由此可得出中国的大都市、中小城市、县城和农村之间人们的文化价值观存在显著差异，假设 1 得到了验证。同时，我们也可得出，城市消费者更容易受到开放心态价值观的影响，企业在面对城市消费者时应建立开放的品牌形象。

表 2　不同地区消费者文化价值观的判别分析

因子	系数	大都市		中小城市		县城		农村	
		M	SD	M	SD	M	SD	M	SD
开放心态	1.06	4.61	0.78	4.55	0.74	4.42	0.75	4.32	0.74
自我超越	−0.77	4.61	0.67	4.62	0.63	4.54	0.62	4.60	0.57
自我提高	0.41	4.20	0.80	4.24	0.75	4.12	0.74	4.03	0.72
Eigenvalue	0.038								
Canonical Correlation	0.190								
Wilks' Lambda	0.961								
Chi-square	92.645***								

注：量表范围为 1~7；*** 表示 $p < 0.001$。

对于感知价值，其四方面维度在逐步判别分析中社会价值和功能价值得以保留。表 3 显示不同类型的地区在社会价值和功能价值维度方面存在差异。其中，社会价值的判别功效较大，其典型判别函数系数为 0.74；功能价值也有一定影响，其典型判别函数系数为 0.44。这说明城市消费者的感知价值更容易受到社会价值和功能价值的影响，假设 2 得到了支持。该结果也显示在消费者的感知价值中，情感价值和成本维度在各类型地区的差异并不明显。企业在针对城市消费者时，相对于农村市场，应更突出产品或服务的社会价值和功能价值。

表 3　不同地区消费者感知价值的判别分析

因子	系数	大都市		中小城市		县城		农村	
		M	SD	M	SD	M	SD	M	SD
社会价值	0.74	4.35	1.43	4.12	1.47	4.04	1.37	3.54	1.37
功能价值	0.44	5.43	1.33	5.22	1.37	5.02	1.45	4.77	1.39
Eigenvalue	0.056								
Canonical Correlation	0.229								
Wilks' Lambda	0.946								
Chi-square	128.694***								

注：量表范围为 1~7；*** 表示 $p < 0.001$。

对于消费者购买决策风格，如表 4 所示，三方面的维度均在逐步判别过程中得到保留。其中，品牌意识是功效最强的判别变量，其标准化典型判别函数系数为 0.74；价格意识也具有较强的判别功效，其标准化典型判别函数系数达到了 -0.56；而质量意识在不同地区间的判别功效相对较小，为 0.30。不同地区消费者在决策风格三方面维度上的差异支持了假设 3。这说明地区的经济发展水平越低，消费者进行决策时的价格意识越强，而随着经济发展水平和城市化程度的提高，消费者对品牌和质量会越来越重视。该结果同时也提示营销者，营销策略的采用应区分不同类型的地区，对于各大城市应侧重于品牌建设和质量提高，而对于农村市场采用低价策略是开拓市场的有效途径。

表 4 不同地区消费者购买决策风格的判别分析

因子	系数	大都市		中小城市		县城		农村	
		M	SD	M	SD	M	SD	M	SD
价格优先	-0.56	4.24	1.72	4.37	1.74	4.51	1.70	4.90	1.76
品牌优先	0.74	4.52	1.68	4.43	1.75	4.17	1.75	3.56	1.81
质量优先	0.30	5.72	1.42	5.62	1.42	5.50	1.42	5.26	1.51
Eigenvalue	0.083								
Canonical Correlation	0.276								
Wilks' Lambda	0.923								
Chi-square	183.339[***]								

注：量表范围为 1~7；*** 表示 $p < 0.001$。

四、研究结论与讨论

1. 研究结论

本研究针对中国市场探索了文化价值观、感知价值和消费者决策风格在区域层面的差异。主要发现有以下两个方面：

（1）消费者的决策风格受到文化价值观的直接影响和间接影响。文化价值观的差异将部分体现在感知价值的差异上，而感知价值的差异则进一步影响消费者购买决策时的价格意识、品牌意识和质量意识。过去关于消费者决策风格的研究中忽略了对其形成前因的探索，导致了对消费者决策风格的难以把握和不一致。[39,54] 本研究结果显示，对于消费者购买决策的把握可以从了解消费者的文化价值观入手。

（2）在文化价值观方面，大都市、中小城市、县城和农村地区的消费者在开放心态、自我超越和自我提高方面存在明显差异。大都市地区消费者更容易受到开放心态价值观影响，然后依次是中小城市、县城和农村地区。这使得在感知价值方面，各地区消费者在社会价值和功能价值维度差异明显，城市化程度越高的地区，消费者越重视产品和服务的社会价值和功能价值。而文化价值观和感知价值的这些差异又导致了农村地区消费者在购买决策时价格意识最强，然后依次是县城、中小城市和大都市地区。而大都市地区消费者在购买决策时的品牌意识和质量意识最强，然后依次是中小城市、县城和农村地区。

由以上方面发现我们得出一个综合结论：消费者购买决策风格形成的前因是文化价值观和感知价值，对消费者购买决策风格的准确把握应从了解消费者文化价值观和感知价值开始。而对于中国这样一个幅员广大、区域发展不平衡的市场，消费者的文化价值观在城市化程度不同的地区存在显著差异，这导致了感知价值和消费者购买决策风格上差异。营销者应重视这些差异，开放针对性的有效营销策略。

2. 研究意义

在理论方面，本研究首次构建了文化价值观、消费者感知价值和购买决策风格的关系模型，揭示了购买决策风格形成的前因和影响机制，这对于文化价值观影响消费者行为的理论研究是很好的补充和深入。[12, 55-57]

尽管消费者购买决策风格是消费者行为研究的一个重要内容[3, 39]但以往相关研究主要集中于各国消费者购买决策风格的分类和比较上。而对购买决策风格形成的前因和影响机制却关注不足，这也造成了即使针对同一国家或地区，对消费者购买决策风格调查结果的不一致和相互冲突。[3, 4, 45]本研究提出并验证了文化价值观和感知价值是形成消费者购买决策风格的重要前因变量，进一步丰富了消费者购买决策风格理论的研究，并有助于完善其理论体系。

过去有关文化价值观的研究，通常以国家为单位，而忽略地区差异。[25, 26]然而，这种以国家来区分文化价值观的方法并不能准确反映像中国这样幅员较大国家内区域间的文化价值观差异。[27, 58, 59]从而也不能有效建立与消费者行为之间的联系。[6]本研究针对中国市场的重要性和独特性，按照大都市、中小城市、县城和农村这四种城市化程度不同的区域类型，[17]对中国消费者的文化价值观进行了调查和测量，验证了中国不同区域特别是城乡之间，文化价值观存在显著差异的观点，进而提出并验证了这样的差异导致了消费者感知价值和购买决策风格的不同。

在实践层面，本研究的发现对营销者具有突出的指导意义。中国市场对于企业来说是一个十分重要的市场，而对中国消费者购买决策风格的把握是企业赢得市场竞争的关键。本研究的结果显示，要实现对目标市场消费者购买决策风格的准确把握，营销者应深入了解该地区消费者的文化价值观和感知价值。具体来说，对于城市化程度较高的地区，消费者的开放心态更突出，感知价值中对社会价值和功能价值更注重，从而也对品牌和质量更敏感。为此，企业的营销策略应注重建立开放的品牌形象，突出产品或服务的社会价值和功能价值，通过创建强有力的品牌和提供高质量的产品和服务赢得市场。同时，相对于城市化程度较低地区，价格对消费者购买决策的影响在降低。这也提示管理者，随着中国经济的不断发展和城市化程度的逐步提高，过去能够获得成功的一些价格竞争策略如价格战等，其作用会逐步降低。

3. 未来研究方向

首先，本研究在探索消费者购买决策风格时，只提出和验证了文化价值观和感知价值这两个前因变量。是否存在其他的影响因素，仍需在今后的研究中做进一步的探讨。其次，为突出研究重点，本研究在测量消费者购买决策风格时，只选取了中国消费者比较突出的三种风格（价格意识、品牌意识和质量意识），[46,47] 今后研究应将其他可能存在的决策风格（如时尚意识、娱乐意识等）纳入研究内容，提高研究的理论贡献。再次，本研究根据城市化程度的不同，发现了消费者文化价值观、感知价值和决策风格的差异，今后研究应探索其他市场区分维度，如沿海和内陆地区、[6] 历史文化及方言类型等。最后，本研究采用了大学生样本，为提高研究的外部效度，今后研究应扩展和延伸至其他的消费群体和不同的产品及服务。

参考文献

［1］Cui G., Liu Q.. Regional Market Segments of China: Opportunities and Barriers in a Bigemerging Market［J］. Journal of Consumer Marketing, 2000, 17（1）: 55–72.

［2］Cui G., Liu Q.. Emerging Market Segments in a Transitional Economy: A Study of Urban Consumers in China［J］. Journal of International Marketing, 2001, 9（1）: 84–106.

［3］Sproles G. B., Kendall E. L.. A Methodology for Profiling Consumers' Decision–Making Styles［J］. Journal Consumer Affairs, 1986, 20（2）: 267–278.

［4］Fan J. X., Xiao J. J.. Consumer Decision–making Styles of Young–Adult Chinese［J］. Journal of Consumer Affairs, 1998, 32（2）: 275–294.

［5］Hiu A. S. Y., Siu N. Y. M., Wang, C. C. L., Chang, L. M. K.. An Investigation of Decision–making Styles of Consumers in China［J］. Journal of Consumer Affairs, 2001, 35（2）: 326–345.

［6］Zhou J. X., Arnold M. J., Pereira A., Yu J.. Chinese Consumer Decision–Making Styles: A Comparison between the Coastal and Inland Regions［J］. Journal of Business Research, 2010（63）: 45–51.

［7］Harris M.. Cultural Materialism: The Struggle for a Science of Culture［J］. New York: Random House, 1979.

［8］Ralston D. A., Yu K. C., Wang X., Terpstra R. H., He W.. The Cosmopolitan Chinese Manager: Findings of a Study on Managerial Values Across the Six Regions of China［J］. Journal of Internationl Management, 1996, 2（1）: 79–109.

［9］Hawkins D. I., Mothersbaugh D.L.. Consumer Behavior: Building Marketing Strategy, 11th edition. New York: Mc–Graw–Hill, 2011: 201.

［10］Yahyagil M. Y., Ötken A. B.. Cultural Values from Managers' and Academicians' Perspectives: The Case of Turkey［J］. Management Research Review, 2011, 34（9）: 1018–1041.

［11］Overby J. W., Woodruff R. B., Gardial, S. F.. The Influence of Culture Upon Consumers' Desired Value Perceptions: A Research Agenda［J］. Marketing Theory, 2005, 5（2）: 139–163.

［12］Park H. J., Rabolt N. J.. Cultural Value, Consumption Value, and Global Brand Image: A Cross–National Study［J］. Psychology and Marketing, 2009, 26（8）: 714–735.

［13］Sánchez–Fernández, R., Iniesta–Bonillo, M. Á.. The Concept of Perceived Value: A Systematic Review of the Research［J］. Marketing Theory, 2007, 7（4）: 427–451.

[14] Lysonski S., Durvasula S., Zotos Y.. Consumer Decision –Making Styles: A Multi –Country Investigation [J]. European Journal of Marketing, 1996, 30 (12): 10–21.

[15] Knight J., Song L.. The Urban–Rural Divide: Economic Disparities and Interactions in China [M]. Oxford: Oxford University Press, 1999.

[16] 李实, 罗楚亮. 中国城乡居民收入差距的重新估计 [J]. 北京大学学报 (哲学社会科学版), 2007, 44 (2): 111–120.

[17] 顾朝林. 中国城镇体系 [M]. 北京: 商务印书馆, 1992.

[18] 阎小培. 近年来我国城市地理学主要研究领域的新进展 [J]. 地理学报, 1994, 49 (6): 533–542.

[19] Kluckhohn C.. The Study of Culture, in Lerner, D., Lasswell, H. D. (Eds), The Policy Sciences, Stanford [M]. CA: Stanford University Press, 1951: 86–101.

[20] Allport G. W., Vernon P. E., Lindzey G.. Study of Values. Oxford [M]. England: Houghton Mifflin, 1960.

[21] Rokeach M.. The Nature of Human Values [M]. New York: Free Press, 1973.

[22] Schwartz S. H., Bilsky W.. Toward a Theory of the Universal Content and Structure of Values: Extensions and Cross Cultural Replications [J]. Journal of Personality and Social Psychology, 1990 (58): 878–891.

[23] Schwartz S. H., Bardi A.. Value Hierarchies across Cultures: Taking a Similarities Perspective [J]. Journal of Cross–Cultural Psychology, 2001, 32 (3): 268–290.

[24] Schwartz S. H.. Basic Human Values: Theory, Measurement, and Applications [J]. Revue Française de Sociologie, 2006 (42): 249–288.

[25] Hofstede G.. Culture's Consequences: International Differences in Work–related Values. [M].Beverly Hills, CA: Sage, 1980.

[26] House R. J., Hanges P. J., Javidan M., Dorfman P. W., Gupta V.. Culture, Leadership and Organization: The GLOBE Study of 62 Societies [M]. Thousand Oaks, CA: Sage, 2004.

[27] Tung R. L.. The Cross–Cultural Research Imperative: The Need to Balance Cross–national and Intra–National Diversity [J]. Journal of International Business Studies, 2008 (39): 41–46.

[28] Tung R.L., Verbeke A.. Beyond Hofstede and GLOBE: Improving the Quality of Cross –Cultural Research [J]. Journal of International Business Studies, 2010 (41): 1259–1274.

[29] 张利庠. 二元结构下的城乡消费差异分析及对策 [J]. 中国软科学, 2007 (2): 11–16.

[30] Sheth J. N., Newman B. I., Gross B. L.. Why We Buy what We Buy: A Theory of Consumption Values [J]. Journal of Business Research, 1991 (22): 159–170.

[31] Sweeney J. C., Soutar G. N.. Consumer Perceived Value: The Development of a Multiple Item Scale [J]. Journal of Retailing, 2001 (77): 203–220.

[32] Wang Y., Lo, H.P., Chi R., Yang Y.. An Integrated Framework for Customer Value and Customer–relationship –management Performance: A Customer –Based Perspective from China [J]. Managing Service Quality, 2004, 14 (2): 169–182.

[33] Henry W. A.. Cultural Values Do Correlate with Consumer Behavior [J]. Journal of Marketing Research, 1976, 13 (2): 121–127.

[34] Huang C., Tai A.. Different Cultural Values Reflected in Customer Value Perceptions of Products: A Comparative Study of Chinese and American [J]. Journal of International Marketing & Marketing Research,

2003（28）：37-56.

[35] McGregor S.. Using Social and Consumer Values to Predict Market-place Behaviour: Questions of Congruency [J]. Journal of Consumer Studies & Home Economics, 2000（24）：94-103.

[36] McCracken G.. Culture and Consumption: A Theoretical Account of the Structure and Movement of the Cultural Meaning of Consumer Goods [J]. Journal of Consumer Research, 1986, 13（6）：71-84.

[37] McCracken G.. Culture and Consumer Behavior: An Anthropological Perspective [J]. Journal of the Market Research Society, 1990, 32（1）：3-11.

[38] Veroff J. B., Goldberger N. R.. What's in a Name? The Case for "Intercultural" psychology, in N. R. Goldberger & J. B. Veroff（eds）The Culture and Psychology Reader [M]. New York: New York University Press, 1995：3-21.

[39] 薛海波. 消费者购物决策风格量表研究述评与展望 [J]. 消费经济, 2007, 23（5）：92-96.

[40] Durvasula S., Lysonski S., Andrews J. C.. Cross-cultural Generalizability of a Scale for Profiling Consumers' Decision-Making Styles [J]. Journal of Consumer Affairs, 1993, 27（1）：55-65.

[41] Hafstrom J. L., Chae J. S., Chung Y. S.. Consumer Decision-Making Styles: Comparison between United States and Korean Young Consumers [J]. Journal of Consumer Affairs, 1992, 26（1）：146-158.

[42] Siu N. Y. M., Wang C. C. L., Chang L. M. K., Hui A. S. Y.. Adapting Consumer Style Inventory to Chinese Consumers: A Confirmatory Factor Analysis Approach [J]. Journal of Interna-tional Consumer Marketing, 2001, 13（2）：29-47.

[43] Smith J., Wylie, J.. China's Youth Define Cool [J]. China Business Review, 2004, 4（31）：30-34.

[44] Sun T., Wu G.. Consumption Patterns of Chinese Urban and Rural Consumers [J]. The Journal of Consumer Marketing, 2004, 21（4/5）：245-253.

[45] Wang C. C. L., Siu N. Y. M., Hui A. S. Y.. Consumer Decision-Making Styles on Domestic and Imported Brand Clothing [J]. European Journal of Marketing, 2004, 38（1）：239-252.

[46] Dickson M. A., Lennon S. J., Montalto C. P., Shen D., Zhang L.. Chinese Consumer Market Segments for Foreign Apparel Products [J]. Journal of Consumer Marketing, 2004, 21（5）：301-317.

[47] Bao Y., Zhou K.Z., Su C.. Face Consciousness and Risk Aversion: Do They Affect Consumer Decision-Making? [J]. Psychology and Marketing, 2003, 20（8）：733-755.

[48] Lowe A. C. T., Corkindale D. R.. Differences in "Cultural Values" and Their Effects on Responses to Marketing Stimuli: A Cross-Cultural Study between Australians and Chinese from the People's Republic of China [J]. European Journal of Marketing, 1998, 32（9）：843-867.

[49] Mitchell V. W., Walsh G.. Gender Differences in German Consumer Decision-making Styles [J]. Journal of Consumer Behavior, 2004, 3（4）：331-346.

[50] Fornell C., Larcker D.. Evaluating Structural Equation Models with Unobservable Variables and Measurement Error [J]. Journal of Marketing Research, 1981, 18（1）：39-50.

[51] Hair J. F., Black W. C., Babin B. J., Anderson R. E., Tatham R. L.. Multivariate Data Analysis (7th ed.), Upper Saddle River, NJ: Prentice Hall, 2010.

[52] Rigdon E. E.. A Necessary and Sufficient Identification Rule for Structural Models Estimated in Practice [J]. Multivariate Behavioral Research, 1995, 30（3）：359-383.

[53] 吴明隆. 结构方程模型 [M]. 重庆：重庆大学出版社, 2009：371-373.

［54］崔瑜琴. 消费者决策风格研究综述［J］. 经济研究导刊，2012，149（3）：247-248.

［55］Laroche M.，Park S－Y.. Recent Advances in Globalization, Culture and Marketing Strategy：Introduction to the Special Issue. Journal of Business Research，2012，in press.

［56］Moon J.，Chadee D.，Tikoo S.. Culture, Product Type, and Price Influences on Consumer Purchase Intention to Buy Personalized Products Online［J］. Journal of Business Research，2008（61）：31-39.

［57］李东进，吴波，武瑞娟. 中国消费者购买意向模型：对 Fishbein 合理行为模型的修正［J］. 管理世界，2009（1）：121-129.

［58］Garreau J.. The Nine Nations of North Amercia［J］. New York：Avon，1981.

［59］Kahle L. R.. The Nine Nations of North America and the Value Basis of Geographic Segmentation［J］. Journal of Marketing，1986，50（2）：37-47.

品牌价值共创的关键维度及其对顾客认知与品牌绩效的影响：产业服务情境的实证研究 *

张　婧　邓　卉

【摘　要】 近期品牌文献开始将研究边界从消费市场转向组织市场，但仍缺乏对产业服务品牌的足够关注。此外，文献遵循传统的品牌价值链模型，将品牌价值的产生聚焦于企业单方面的营销策略，并未考虑多重利益相关者的互动和价值共同创造活动。本研究将服务主导逻辑的思维范式整合到品牌研究领域，首先根据三家产业服务企业的定性访谈识别了品牌价值共创活动的关键维度，并确立研究框架，进而通过 258 对产业服务提供商与客户企业的问卷调查对品牌价值共创的维度及其对品牌绩效的影响进行验证。研究提取了四组利益相关者界面上八个维度的品牌价值共创活动，这些活动直接或间接地影响品牌价值的顾客认知以及最终的品牌绩效。论文是首个基于服务主导逻辑的视角对产业品牌价值的形成机理进行的实证探索，研究结论具有启发产业服务企业关注多重利益相关者构建的社会网络中的互动性价值共创活动，以此提升品牌管理绩效。

【关键词】 品牌价值共创；服务主导逻辑；利益相关者；产业服务；品牌绩效

营销学文献认为，强有力的品牌有助于提高顾客信息采集和处理效率、降低采购中的感知风险，[1] 同时帮助企业有效差异化其市场供应物，通过提供附加值应对价格压力，因此成为全球化和信息化时代最为重要的竞争利器。尤其对具有无形性和较高顾客感知风险的产业服务而言，强势品牌更被视为企业的重要资产和可持续竞争优势的关键来源。[1]然而，与消费品市场领域的大量文献相比，产业品牌的研究尚未受到普遍关注，尤其缺乏对产业服务情境的研究，实证研究成果的积累相对滞后。

从实践层面考察，我国生产性服务整体发展滞后，很大程度上表现为服务提供商的市场竞争能力欠缺，尤其是其服务品牌的作用力尚不明显，品牌意识和品牌运营能力较弱。

---

* 基金项目：本文受国家自然科学基金项目（71272125）、中央高校基本科研业务费研究项目（2011WB011）资助。

作者简介：张婧，华中科技大学管理学院工商管理系教授、博士，研究方向为营销战略、产业品牌；邓卉，华中科技大学管理学院硕士研究生，研究方向为品牌管理。

这种状况的形成源于主体需求的不足以及理论界对产业品牌研究的忽视。随着政府规制的放松、国外服务企业大举进入中国市场、企业国际化进程不断加快，我国服务企业处于日益激烈的市场竞争环境之中，塑造和培育本土化产业服务品牌已经成为中国企业必然的战略选择。

在上述背景下，本研究旨在探讨产业服务品牌价值形成的内在机制。首先根据文献系统梳理，提出服务主导逻辑是品牌管理研究范式转型的重要思路；其次基于三家产业服务企业的定性访谈，识别出关键利益相关者界面上品牌价值共创活动的主要维度，并构建品牌价值共创对品牌绩效影响的理论框架；最后根据258对产业服务企业与客户企业的问卷调查数据，对概念模型和研究假设进行检验。

论文的创新性体现在研究对象和研究思路两方面：其一，关注品牌文献最为薄弱的领域，即产业服务市场上品牌价值的形成过程；其二，摒弃传统品牌价值链模型中单一主体单向影响的思路（即企业营销活动是品牌形成的前因，顾客仅仅是品牌信息的被动接收者），转而从服务主导逻辑的视角切入，认为社会网络中多个关键利益相关者通过互动共同创造品牌价值，最终影响品牌绩效。本研究既是对作为营销科学研究新兴思维方式的服务主导逻辑学说的实证检验，同时也为品牌管理研究提供了更为完整和多样化的思考路径。

一、相关理论和文献综述

1. 产业品牌管理的相关研究

传统上，营销学文献缺乏对产业品牌的充分关注。[2] 人们通常认为，组织购买者更为专业、主动和理性，因此基于认知和情感价值的品牌无助于产业营销活动。过去5年间，国际营销学界有关产业品牌的研究逐渐开始发展。以产业营销领域的权威期刊Industrial Marketing Management为例，过去20年间发表的有关产业品牌的论文数量和比例呈明显增多趋势（1991~1995年占比仅为4.7%，2011年增至33.0%）。然而，国内关于产业品牌的本土化研究仍相对滞后。产业品牌研究包括四个方面的主题：

（1）产业品牌和消费品品牌有何不同。产业品牌的独特性使得专门针对产业市场进行品牌问题研究成为必然，这些独特性包括：强调风险和成本降低的品牌价值、较少提供情感利益和符号价值、人际互动和关系维度成为品牌资产的关键驱动力、品牌重要性认知取决于个体在购买中心的角色、品牌管理牵涉数量更多、范围更广的利益相关者等。[1,3-5]

（2）产业品牌是否重要。早期研究并未发现产业品牌战略的好处，[6] 近期研究则大多肯定了品牌带给企业的利益。这类研究大致分成三类：从供应商视角，考察其对品牌战略重要性的认知；[7] 从采购商视角，采用联合分析实验、访谈和问卷调查等考察品牌在其购买决策中的（相对）重要性；[4] 结合供应商和采购商的双重视角，考察基于采购商的品牌资产对供应商品牌绩效的影响。[8]

（3）产业品牌形成的前因变量。文献基于品牌价值链框架，[9] 讨论了企业营销活动对产业品牌培育的影响，这些营销活动包括产品、支持服务、销售人员、展览和展会、分销、物流、价格、技术咨询、促销等。[4,8,10] 少数学者考察了产业市场上的其他特殊前因，包括公司形象、承诺、信任和可信度、供应商能力等。[10-12]

（4）产业品牌管理的执行框架。学者还从企业实践视角探索了产业品牌管理流程和具体行动方案，这类研究表现为概念性文章[13] 或典型企业的案例分析。[14]

2. 产业市场上品牌价值的相关研究

现有文献从顾客认知和企业财务两个视角对品牌价值进行了界定：从顾客视角考察，品牌价值是顾客体验到品牌所代表的功能和情感价值，进而对品牌产生认可、信赖和忠诚；从财务视角来看，品牌价值是品牌能够为企业带来超过没有品牌的产品销售的溢价收益。按照品牌价值链的理论框架，前者是后者的必要前提。[9]

顾客视角的品牌价值研究主要探讨了其内涵分类以及对品牌绩效的影响。在内涵分类方面，文献对产业品牌价值的理解侧重于其功能和绩效等理性利益。[4,15] 近期研究开始关注产业品牌蕴含的情感价值，比如，Jansen 和 Klastrup 发现，顾客品牌关系决定于品牌的理性评价和情感评价；[16] Leek 和 Christodoulides 提出，产业品牌价值包括功能利益和情感利益（如增加采购信心和满意，降低感知风险和不确定性）。[2] 文献实证探讨了品牌价值的绩效结果，包括基于顾客的和基于企业的绩效结果。前者的典型研究如李桂华、卢宏亮实证探讨了供应商品牌价值（包括财务价值、顾客价值和管理价值）对品牌关系质量（品牌信任和品牌承诺）的影响；[17] 后者的典型研究如 Han 和 Sung 考察了产业品牌价值和关系绩效之间的关系，发现二者显著正相关。[12]

3. 营销科学研究的服务主导逻辑范式及核心观点

过去几年，营销科学研究范式经历着一场重大转变，Vargo 和 Lusch 在 Journal of Marketing 上发表的一篇获奖论文引发了国际学术领域几乎空前的响应。[18] 作者主张以服务主导逻辑（Servie-dominant Logic）替代传统的产品主导逻辑，这一观点已经和将要对营销理论和实践产生根本性影响。[19]

服务主导逻辑的核心主张包括：①服务是一切经济交换的根本性基础，所有经济都是服务经济；②企业和顾客在资源整合和能力应用的相互作用中共同创造价值；③价值创造还需要许多实体的共同参与，价值来源于企业和其拥有的客户、供应商、雇员、利益相关者和其他网络合作伙伴互动中的服务体验；④企业并非向顾客营销（Marketto），而是与顾客营销（Market with）；⑤供应商营销活动的本质是提供价值主张/承诺，只有顾客才是服务互动中价值的评判者；⑥强调过程导向而不是产出导向。

短短数年内，服务主导逻辑为不少领域的研究提供了全新理论框架和重要的思维指导，包括经营模式、战略、学习和创新、消费行为以及品牌管理。[20-22] 总体而言，正如 Gummesson 等指出的，服务主导逻辑仍处于理论形成和完善阶段，它提供了一种思维方式，任何领域的学者均能以其为视角，提出、检验、改变甚至摒弃相关理论。[19]

4. 服务主导逻辑范式与品牌研究的整合：价值共创成为品牌培育的关键路径

（1）服务主导逻辑应该成为品牌研究的逻辑新起点。过去 5 年间，若干概念性研究和案例研究明确将服务主导逻辑和品牌研究的整合作为研究主题，从服务主导逻辑的核心主张出发，重新思考品牌形成机制和管理策略的逻辑起点。典型研究包括：Merz 等分析了品牌研究的演进路径，发现服务主导逻辑和协同性价值共同创造的思维逐渐显现，主张未来的品牌研究应该使用服务主导逻辑作为理论基础。[21] Payne 等基于共同创造和服务主导逻辑理论，提出了顾客体验管理的概念模型，模型包括四个部分：顾客的价值创造过程、企业的价值创造过程、品牌关系体验的持续互动接触、其他品牌知识来源。[22] Ballantyne 和 Aitken 认为，服务主导逻辑为品牌管理提供了新的研究视角，并把该逻辑融合到产业品牌管理的研究框架，认为品牌价值取决于利益相关者之间过去、现在和将来的互动。[23]

（2）品牌研究自身的逻辑转换。品牌领域的研究逐渐融入关系、内部和利益相关者的视角。其中，在品牌关系的探讨中，消费者与品牌的互动被视为品牌关系形成的重要前因；[24] 内部品牌化关注品牌形成过程中的重要利益相关者即员工；[3] 而利益相关者视角实际上是内部视角和关系视角的进一步延伸，[25] 其核心观点是：品牌价值在利益相关者生态系统中被共同创造，典型研究包括：Gregory 构建了"基于谈判的品牌"的概念，[26] 卫海英等提出了基于企业、顾客与利益相关者三方互动的服务品牌资产理论分析框架，[27] Mäläskä 等则探讨了网络情境下的品牌管理策略。[14]

上述演进过程实质上耦合了服务主导逻辑下营销科学研究思维方式的转换路径。这种品牌研究逻辑转变的关键特征包括从结果导向到过程导向、内部和外部顾客在品牌价值创造过程中的角色从外生向内生转化、从顾客被视为对象性资源到所有利益相关者被视为操作性资源转化、品牌价值的驱动因素从单向的企业行为到复杂动态转化的社会过程。

5. 相关文献的研究缺口

第一，现有品牌研究集中于消费品领域，对产业品牌的研究相对薄弱；[28] 产业品牌研究主要针对制造型企业和有形产品，对产业服务领域的关注较少；[2] 此外，产业品牌的文献聚焦于品牌构念的内涵、独特性和绩效结果的讨论，对产业品牌的形成机理和管理策略的研究不足。

第二，尽管文献强调为顾客提供价值是品牌资产培育的核心，[2] 但是在产业领域中的研究仍然局限于对品牌价值内涵和类型的界定，以及不同形式的品牌价值对顾客品牌响应和企业品牌绩效的影响，产业品牌价值创造的过程、机理和影响因素并不清晰。

第三，产业品牌的主流研究仍然沿袭了消费品领域传统的品牌价值链的线性思路，研究主体局限于顾客企业与/或服务企业，将品牌价值形成理解为企业通过各种营销组合努力主动创建、顾客被动接受的单向过程，忽略了其他利益相关者以及各主体共同创造品牌价值的互动关联过程，从而导致对品牌价值生成路径和形成机制的理解并不完整和系统。

第四，对于存在大量多维互动和关系营销的产业服务企业而言，服务主导逻辑及其核心主张即价值共同创造的视角成为理解其品牌形成的新的逻辑出发点。但是，这种新兴研究思路仍然停留在概念提出、消费产品的案例研究和一般性品牌管理的探讨层面，缺乏清晰的理论架构、可操作化的关键概念，以及确定性的实证研究结论。尤其缺乏对顾客、品牌和其他利益相关者通过互动共同创造品牌价值这一过程的研究。[21]

基于上述研究缺口，本文旨在从服务主导逻辑的视角实证探讨我国产业服务企业品牌价值形成的内在机制：品牌培育过程中的关键利益相关者是谁？他们之间品牌价值共同创造活动的主要维度有哪些？这些价值共创活动如何共同影响顾客认知以及最终的品牌绩效？

二、案 例 研 究

1. 研究的理论基础

罗伯特认为，提出理论假设是案例研究的一个重要步骤，基础理论为案例研究提供了指导性框架。[29] 本研究中，一方面，服务主导逻辑、价值共创与产业品牌的相关文献已经积淀了一定的理论成果和实证结论；另一方面，文献尚未提供产业品牌价值共创的操作化构念和概念模型，因此，我们将首先基于已有理论形成半结构化的初始概念框架，其次对案例企业进行数据采集和分析，提炼出关键的理论构念，最后结合文献的相关实证研究成果，形成结构化的概念模型和研究假设。

一方面，传统的品牌价值链以营销活动、顾客心智集合、品牌绩效等核心构念展示了品牌价值产生的前因后果，[9] 成为品牌研究的主流概念模型。产业品牌的现有研究基本沿袭了这一线性思路，将品牌价值形成理解为企业通过各种营销组合努力主动创建、顾客被动接受的单向过程。另一方面，服务主导逻辑、价值共创与品牌研究的近期文献表明，价值共创成为品牌培育的关键路径。价值创造一直被视为营销的核心，这一过程的传统阐述依赖于两个基本前提：①价值由企业创造；②价值嵌于产品和服务中。然而，服务主导逻辑的提出和流行标志着价值创造从传统思路转向共同创造的逻辑，其中利益相关者内生于价值创造过程，企业仅仅提出价值主张，利益相关者在关系式的价值创造协同过程中为了同一使命而共同工作，[18] 营销交易变成了开放、互动和关系的过程。

整合传统品牌价值链和新兴服务主导逻辑范式的理论框架，我们将产业服务品牌的培育视为品牌拥有者和品牌利益相关者（服务员工、顾客企业、上游供应商、下游用户）共同创造品牌价值的过程。据此，我们提出初始概念框架（见图1），即关键利益相关者界面上的品牌价值共创活动影响顾客的品牌价值认知，进而影响企业的品牌绩效。接下来，我们需要运用案例研究，提炼出关键的理论构念，以此作为结构化概念模型的基础。

2. 案例研究方法

（1）样本选取。在案例企业数目的确定上，主要考虑两个因素：一是鉴于现象的复杂性及涉及变量的多样性，应当选择具有更强健理论构建能力的多案例研究方法；[29] 二是多案例研究的最佳案例数目为三个到六个，[30] 以便深入探索和挖掘单个案例。在案例企

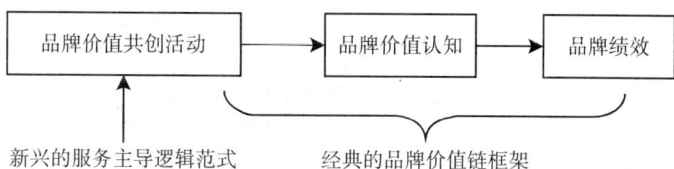

图1 初始概念模型

业的选取上，我们采用理论抽样，按照相似性和差异性的原则，选择了三家企业——日本博报堂广告公司（A）、武汉长伟国际航运实业有限公司（B）、南京银行中小企业部（C）。在相似性方面，三家企业均为产业服务企业，实施品牌战略有一段时间并取得了明显成效，研究结论对其他企业具有较强的标杆借鉴意义，均为知名企业，有利于我们进行数据收集和分析。三家案例企业也存在明显的差异性，表现为行业、总部地点和所有制结构不同。按照"十一五"纲要以及北京和上海政府的分类标准，三家案例企业分属商务服务、现代物流、金融服务等不同行业。这些差异性有助于我们从比较的视角对调研数据进行深层次分析，得出更具普遍意义的结论。

（2）数据收集。案例研究中的主要数据来源是半结构化深入访谈，即参考事先准备好的访谈提纲（见表1），对每家企业至少三位中高层经理进行采访。每位受访者的访谈时间超过两小时且全程录音。为保证访谈资料采集和分析的信度和效度，始终由课题组负责人提问和互动。为确保访谈数据的准确性，我们进行了事后的被访者核实。对于案例内饱和度检验，由多位研究者独立完成案例的数据分析、构念析出与命名，然后相互印证，直到没有新的范畴形成。对于案例间检验，以先前完成的案例为基准，后续案例进行同样的分析和比对，发现并没有析出新的构念，说明理论饱和度较好。

表1 案例研究的访谈提纲

1. 企业的一般情况，包括历史和发展现状、行业竞争状况、公司基本战略和执行情况。
2. 公司有无明确的品牌战略？如果有，主要内容有哪些？实施状况如何？品牌绩效如何？
3. B2B品牌和面向消费者的品牌管理的差异性有哪些？
4. 请您识别一下公司品牌培育和建设过程中涉及的主要利益相关者？上述利益相关者在品牌创建过程中扮演怎样的角色？
5. 在上述利益相关者之间的界面上，哪些活动有助于公司品牌价值的形成？
6. 这些活动之间存在什么样的逻辑关系？
7. 结合上述问题和贵公司实际情况，请谈谈您如何理解利益相关者共同创造品牌价值的过程？

3. 案例研究结论

案例研究首先识别了产业服务品牌形成过程中的关键利益相关者界面，包括企业—员工、企业—顾客、员工—顾客以及企业—其他利益相关者（合作品牌和下游顾客）四个主要界面。然后对这些界面上有助于产业服务品牌价值形成的活动进行分类，析出八个重要构念。表2列出了构念名称、含义和典型例证。为节省篇幅，每个构念仅列出一家公司

（用 A、B、C 代表）的例证。

表 2　关键构念及其含义和典型证据

互动界面	构念	含义	典型例证
企业—员工界面	组织品牌导向	特定类型的战略导向、公司文化和思维方式，表现为服务企业对于品牌管理的高度重要性认知，以及品牌在公司战略思考中的主导性、持续性和一致性	A：公司高层有较强的品牌意识，目前提出了一项"生活者"品牌计划（即所有相关人员包括客户和合作者都要参与这一计划）
	内部品牌资产	在企业员工中内化品牌身份以支持其在与顾客互动中价值共创活动的强度，表现在员工品牌承诺、员工品牌知识、员工品牌参与等方面	A：公司员工平均年龄低，忠诚度和文化程度高，具有较强的品牌维护的意识和能力，任何岗位均有机会接受高水平的管理和专业知识培训
企业—顾客界面	品牌信息展示	服务提供商品牌信息沟通过程。在这一过程中，如果服务企业以顾客企业为导向设计和选择品牌信息展示的方式，且顾客对此做出积极反馈，则能够成功展示品牌信息	C：针对中小企业客户提出了"南京银行，好伙伴，大未来"的宣传语，推出了"商易贷"、"诚易贷"、"助易贷"等产品品牌，但广告投放力度相对竞争者偏小，主要是户外广告和广播广告；因为是市民卡发卡银行，因此在中小企业业主中品牌认知度较高
	组织交易关系	服务提供商和顾客企业在服务交易过程中，为了实现服务使用价值而经历的连续互动过程，包括三个维度：共同制订计划、共同解决问题、调整灵活性	B：业务流程清晰，有健全的服务质量控制体系，领导认为关键在于细节、持久和执行；有主动的服务补救措施和应急措施，客户的投诉能够及时响应；公司操作比较规范，较少违规行为
员工—顾客界面	服务体验质量	顾客企业通过与服务企业员工深度接触而产生的个体化经历和感受。基于服务质量文献，可以识别有形性、可靠性、响应性、保证性和移情性等维度	C：公司信贷人员专业性很强，对行业非常了解，能够提供有针对性的快速服务；有员工礼仪规范手册，对外传递良好的公司形象
	私人关系质量	跨组织边界员工（提供服务和接受服务的个体）间的人际关系，包括情感性关系和工具性关系。情感性关系指在情感上的亲疏和远近，包括感情、信任等；工具性关系则指人们在交往中需要遵守的规则或往来的频率，如信用、人情、面子、互惠等	C：与客户之间私人关系比较密切，但与其他行业不太一样，往往是客户更为主动；但是与成长性好的公司主动保持良好关系也是对未来的投资；对于人品可信的客户，会提供更多规避公司政策的建议；对员工来说，更看重中小企业成长所带来的成就感，也会与客户成为朋友
企业—其他利益相关者界面①	上游成分品牌策略	服务企业与上游供应商或者合作商合作，为顾客企业传递较高的价值认知	A：选择媒体公司和网络公司的标准包括：规模、行业领先者、知名企业，客户会由此感知到本企业的实力和优势
	下游成分品牌策略	服务企业与顾客企业的下游用户进行互动，通过影响下游顾客的品牌认知，最终影响顾客企业对品牌认知	B：出口业务中，国外进口商常常会指定他们信任的知名船公司承运货物，因此企业的品牌战略不仅针对国内出口企业，也会重视对下游客户（国外进口商）的品牌宣传

---

① 成分品牌策略意指，在直接顾客的顾客中建立知名度和偏好，有效实现差别化，这一战略已经成为最有潜力的 B2B 品牌化战略。同时，企业也可以通过利用和捆绑供应商品牌，来增加对目标顾客的吸引力。据此，我们将成分品牌策略拓展到上游供应商和下游顾客企业，从两个不同视角诠释该策略在产业服务情境下的使用，分别命名为上游成分品牌策略和下游成分品牌策略。

三、概念框架和研究假设

基于服务主导逻辑的思维范式和三家典型企业的定性访谈，结合文献研究的现有成果，我们提出如下理论框架和研究假设（见图2）。

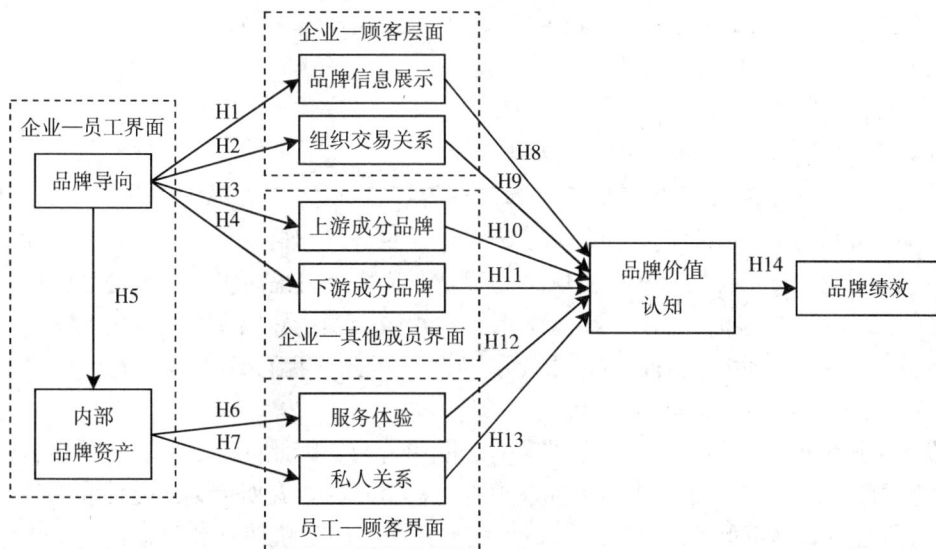

图2　研究的理论框架

文献研究表明，品牌导向应该被嵌入所有的组织活动中，帮助企业建立与主要利益相关者的联系。Urde认为，品牌信息的展示与整合沟通是以品牌为导向的组织最为典型的行动表现。[31] Reid等指出，品牌身份的培育是在品牌导向和营销沟通之间建立联系的理由，为了创造成功的品牌身份，品牌信息沟通成为重要的战略事宜。其实证研究也验证了品牌导向与品牌信息沟通活动和沟通绩效之间的正相关关系。[32] 因此，我们提出：

H1： 品牌导向正向影响品牌信息展示。

此外，文献常常提及的产业品牌与消费品牌的显著区别在于：由于组织购买者更为理性，品牌信息沟通的作用不如消费品牌强烈，因此关系维度成为产业品牌资产的关键驱动力，[10] 这些组织层面的关系通常包括共同制订计划、共同解决问题、调整灵活性等。[33,34] 事实上，在一般性的组织营销文献中，研究者广泛考察了组织间交易关系存续和扩展的事项。[35] 我们的案例研究也表明，为了提升品牌价值认知，被访企业更倾向于培育和维系与客户企业的协作性关系，尤其对于目标客户群相对狭窄的日资广告公司，很少采取高调的品牌宣传，而更多依赖协同的组织关系创造品牌价值。因此，我们提出：

H2：品牌导向正向影响组织交易关系。

品牌导向的企业还会通过其他品牌管理策略影响顾客的品牌价值认知。案例研究识别了两种不同视角的成分品牌策略：上游成分品牌策略是指服务提供商会利用其供应商或者合作者的强势品牌影响顾客的品牌认知。比如，广告公司会强调他们与权威媒体的良好合作关系；运输公司则宣传其船舶供应商是世界知名企业等。下游成分品牌策略意为通过在直接顾客的顾客中建立知名度和偏好，有效地实现差别化。[5] 最经典的案例莫过于"Intel Inside"战略。访谈中，我们发现产业服务企业也会采用此种策略，典型的就是在出口业务中，国外进口商常常会指定他们信任的知名船公司承运货物，因此国际航运企业的品牌战略不仅针对国内出口企业，对下游客户（国外进口商）的影响也非常重要。因此，我们提出：

H3：品牌导向正向影响上游成分品牌策略。

H4：品牌导向正向影响下游成分品牌策略。

企业品牌导向直接影响员工对于品牌的理解和行动。[3] 在品牌内化概念的基础上，Chernatony 和 Cottam 将品牌内化过程划分为企业控制阶段和员工理解阶段，并认为前者会影响后者。[36] 整合相关文献的研究思路，可以将品牌导向视为组织层面的品牌内化，内部品牌资产视为员工层面的品牌内化。尤其在组织营销领域，以品牌为导向的文化将在决定个体员工品牌一致性行为方面发挥重要作用。[3] 因此，我们提出：

H5：品牌导向正向影响内部品牌资产。

服务品牌价值的传递更多依赖于员工的态度和行为，因此内部品牌资产的培育非常关键。品牌内化后的员工具备更多意识和能力实现甚至超越顾客所期望的显性和隐性品牌价值承诺。[3] 根据组织承诺理论，一旦员工相信并接受组织价值观和目标，他们将愿意为了组织目标而采取品牌支持性行为。[37] 案例研究识别了两类典型的品牌支持行为，即为顾客提供卓越的服务体验和与顾客建立良好的私人关系。因此，我们提出：

H6：内部品牌资产正向影响服务体验质量。

H7：内部品牌资产正向影响私人关系质量。

经典品牌理论认为，品牌信息沟通是强势品牌的核心建构途径，这一主张也被产业品牌领域的学者所支持。[38] 此外，协作型的企业关系有助于交易双方形成正面的品牌认知。[34] 因此，我们提出：

H8：品牌信息展示正向影响顾客的品牌价值认知。

H9：组织关系质量正向影响顾客的品牌价值认知。

不少研究证实了合作品牌影响产品感知质量，即与高质量的其他品牌相捆绑会产生正的溢出效应，顾客将倾向于更有利地评价一项低质量的品牌。[39] Bengtsson 和 Servais 则进一步研究了产业市场上的合作品牌问题，发现该战略可以显著增加品牌价值，改善企业在供应链网络中的竞争优势。[5] 此外，不少企业采用了成分品牌策略并获得成功。[5] 因此，不难推论，产业服务企业利用上游供应商或者合作品牌的影响力以及在客户企业的顾客中形成的品牌号召力，可以有效地在客户企业中形成积极的品牌形象。因此，我们提出：

H10：上游成分品牌策略正向影响顾客的品牌价值认知。

H11：下游成分品牌策略正向影响顾客的品牌价值认知。

Biedenbach 和 Marell 发现，产业服务中顾客的服务体验对服务品牌的各个维度均有正向影响。[40] 定性研究还识别了中国情境下创建产业服务品牌的另一个重要驱动力，即私人关系质量，良好的跨组织人际关系有助于顾客对品牌价值形成积极的评价。[41] 文献对此也提供了实证证据。比如，Wuyts 等对市场调研服务业的顾客企业进行调查后发现，调查公司的个体雇员与顾客存在的良好关系构成一种社会资本，将影响顾客选择新的服务提供物时对该提供商的主观评判。[42] Biedenbach 等对审计服务进行研究，发现服务员工和顾客之间的人际互动将影响专业服务企业的品牌形象认知。[43] 因此，我们提出：

H12：服务质量认知正向影响顾客的品牌价值认知。

H13：私人关系质量正向影响顾客的品牌价值认知。

营销学术文献非常强调为顾客和其他利益相关者创造价值，品牌的附加值也被广泛认可。文献证实了品牌价值的积极绩效结果，比如李桂华、卢宏亮发现，供应商品牌价值正向影响品牌关系质量（品牌信任和品牌承诺），进而增加采购商重复购买意向；[17] Han 和 Sung 则发现，产业品牌价值和关系绩效显著正相关。[44] 因此，我们提出：

H14：品牌价值认知正向影响品牌绩效。

四、研究方法与实证检验

1. 研究方法

（1）样本选取和数据采集。研究采用问卷调查对模型框架和研究假设进行检验。采用了不同来源的数据提供者，即先在服务企业中测量五个构念，然后请其提供几家典型客户名单，我们随机抽取后选择一家客户企业对另外五个构念进行测量。这样做有三点好处：第一，构念内涵的差异性客观上决定了数据提供主体有所不同；第二，减少社会称许原因导致的同源方法偏差；第三，减轻企业问卷填答难度，从而提高问卷的回收率和有效性。

按照"十一五"纲要以及北京和上海政府的分类标准，产业服务业分为现代物流、金融服务、信息服务、商务服务和专业技术服务五大类别。据此，我们按照五种类别进行等配额抽样，被调查的配对企业必须具备以下三个条件：①产业服务的提供商或采购商；②成立至少三年以上；③具有独立的管理决策权限。课题组借助政府机构、校友朋友、私人关系等途径对武汉、上海、深圳三地企业及其客户发放问卷共计 500 份，回收有效问卷 258 份。卡方检验和 t 检验结果显示：无效问卷和有效问卷之间在企业员工人数和经营年份等方面的差异并不明显，因此调查的无应答偏差可以忽略。样本企业的结构及无应答偏差检验结果如表 3 所示。

本研究中，我们事前采取了一些措施控制数据同源方法偏差问题，即部分问卷题项由

表3 样本结构的描述性分析及无应答偏差检验结果

样本特征		服务企业	客户企业	样本特征		服务企业	客户企业
员工人数	≤100人	41.9%	44.6%	经营年份	≤10年	44.2%	38.0%
	100~500人	34.1%	38.3%		11~20年	30.2%	32.9%
	≥500人	24.0%	17.1%		≥20年	25.6%	29.1%
有/无效样本均值差异性检验		t = −0.095	t = 0.380			t = −0.832	t = 0.187
提供服务类型	现代物流服务	18.6%	—	所有制结构	国有企业	28.7%	21.3%
	金融服务	15.1%	—		民营企业	51.1%	31.8%
	信息服务	15.5%	—		三资企业	13.2%	36.0%
	商务服务	24.0%	—		其他	7.0%	10.9%
	专业技术服务	26.7%	—				
有/无效样本结构差异性检验		$\chi^2 = 4.313$				$\chi^2 = 1.252$	$\chi^2 = 1.464$

服务企业填写，其余则由顾客企业填写，以及在问卷调查过程中隐匿答卷者信息。事后将问卷中的所有构念的测量题项做探索性因子分析，未旋转的第一个主成分的载荷量仅为10.358%，不存在一个单一的能解释大部分变异的因子。同时，所有测量题项负载到单一因子上的CFA模型拟合度较差（$\chi^2/df = 4.96$，NNFI = 0.82，CFI = 0.83，RFI = 0.82，GFI = 0.75，RMSEA = 0.12）。因此，同源方法偏差问题可以忽略。

（2）问卷设计和测量量表。研究使用结构性问卷采集数据，尽量直接采用或改编现有成熟量表来测量模型中的各构念，以保证测量的内容效度。所有量表均为七点李克特量表，刻度从"非常不同意"到"非常同意"。量表的具体来源和基本描述如表4所示。

表4 各理论构念的测量量表来源和基本描述

构念	量表来源及描述	数据来源
品牌导向	参考Baumgarth和Schmidt、[3] Baumgarth[3] 等的量表，包括三个维度（品牌价值观、品牌投入、品牌制度）14个题项，提纯后保留13个题项	服务企业
内部品牌资产	采用Baumgarth和Schmidt[3] 的量表，包括10个题项，提纯后全部保留	服务企业
服务体验质量	参考Bitner、Bernard和Tetreault的SERVQUAL量表，[45] 主要从有形性、可靠性、响应性、保证性、移情性等方面进行测量，包括5个题项，提纯后全部保留	客户企业
私人关系质量	采用Yen等的量表，[46] 包括三个维度（感情、人情和信任）15个题项，提纯后保留9个题项	服务企业
组织交易关系	采用Claro和Claro的量表，[34] 包括三个维度（共同制订计划、共同解决问题、调整灵活性）10个题项，提纯后保留9个题项	服务企业
品牌信息展示	参考Baumgarth和Schmidt的量表，[3] 包括7个题项，提纯后全部保留	服务企业
上游成分品牌策略	参考Norris[47] 的论文自行开发，包括三个题项，提纯后全部保留	客户企业

续表

构念	量表来源及描述	数据来源
下游成分品牌策略	参考李桂华、卢宏亮的量表，[17] 包括 3 个题项，提纯后保留两个题项	客户企业
品牌价值认知	参考 Spiteri 和 Dion[48] 的量表，包括 4 个题项，测量品牌提供的产品价值、战略价值和个人价值等，提纯后全部保留	客户企业
品牌绩效	参考 Baumgarth 和 Schmidt、[3] Kim 和 Hyun[8] 开发的量表，主要从顾客企业对品牌的行动意向进行测量，包括 4 个题项，提纯后全部保留	客户企业

2. 量表的信度和效度

我们首先用验证性因子分析对三个二阶测量量表的信度、效度进行了检验。如表 5 所示，各子维度的 Cronbach's α 系数（介于 0.722~0.937）和组合信度（CR）（介于 0.721 和 0.937 之间）都超过了 0.70 的阈值，平均萃取方差（AVE）大于 0.50（介于 0.564~0.821 之间），说明该量表具有较高的信度。二阶验证性因子分析结果表明（见表 7），三个测量模型的整体拟合指标良好（NNFI、CFI、RFI 等均超过 0.90），一阶标准化载荷系数（介于 0.71~0.95）和二阶标准化载荷系数（介于 0.69~0.98）均在 0.01 的水平上显著，因此量表具有良好的聚合效度。此外，如表 5 所示，各维度的 AVE 的平方根均大于其对应行和列的相关系数，这说明构念之间显著地互不相同，量表具有较高的区分效度。

表5 二阶构念测度的描述性分析、相关系数、信度以及区分效度

	（1）	（2）	（3）	（4）	（5）	（6）	（7）	（8）	（9）
（1）品牌价值观	0.906ᵃ								
（2）品牌投入	0.624**ᵇ	0.751							
（3）品牌制度	0.553**	0.606**	0.808						
（4）感情				0.788					
（5）人情				0.513**	0.769				
（6）信任				0.529**	0.534**	0.834			
（7）共同计划							0.820		
（8）问题解决							0.508**	0.844	
（9）调整灵活性							0.658**	0.642**	0.883
均值	5.501	4.581	4.373	4.562	5.002	4.585	4.716	4.219	4.940
标准差	1.534	1.438	1.508	1.324	1.175	1.336	1.057	1.437	1.246
Cronbach's α	0.925	0.722	0.937	0.826	0.813	0.871	0.862	0.879	0.915
CR	0.932	0.721	0.937	0.830	0.813	0.873	0.859	0.882	0.914
AVE	0.821	0.564	0.654	0.621	0.592	0.696	0.773	0.712	0.780

注：a：相关系数矩阵对角线上黑体显示的是 AVE 的平方根值；b：相关系数矩阵的左下方显示的是相关系数值；** 表示相关系数在 0.01 的水平上显著（双尾）。

接下来我们对所有一阶测量量表的信效度进行检验。从表6可见，所有量表的Cronbach's α系数（介于0.767~0.953）和组合信度（CR）（介于0.765~0.955）均在0.7以上，平均萃取方差（AVE）大于0.50（介于0.522~0.783），表明量表有较好的内部一致性信度。一阶验证性因子分析结果表明（见表7），测量模型整体拟合情况较好，各测量指标和子构念的因子载荷均在0.50以上（介于0.66~0.93），说明量表具有较高的聚合效度；表6显示，所有构念的AVE的平方根值均大于其对应行和列的相关系数，显示量表具有良好的区分效度。

表6　所有构念测度的描述性分析、相关系数、信度以及区分效度

	(1)	(2)	(3)	(4)	(5)	(6)	(7)	(8)	(9)	(10)
(1) 组织品牌导向	0.763ᵃ									
(2) 员工品牌资产	0.651**ᵇ	0.827								
(3) 下游成分品牌	0.498**	0.560**	0.834							
(4) 上游成分品牌	0.449**	0.554**	0.415**	0.875						
(5) 服务体验质量	0.236**	0.548**	0.312**	0.151**	0.817					
(6) 私人关系质量	0.501**	0.581**	0.299**	0.197**	0.372**	0.722				
(7) 品牌信息展示	0.591**	0.388**	0.282**	0.227**	0.499**	0.324**	0.733			
(8) 组织交易关系	0.429**	0.488**	0.242**	0.488**	0.384**	0.564**	0.202**	0.734		
(9) 品牌价值认知	0.555**	0.603**	0.618**	0.637**	0.755**	0.577**	0.612**	0.546**	0.885	
(10) 品牌绩效	0.670**	0.681**	0.649**	0.593**	0.676**	0.553**	0.635**	0.604**	0.601**	0.826
均值	4.818	4.629	4.891	4.957	5.015	4.716	4.769	4.762	5.223	5.051
标准差	1.275	1.370	1.296	1.435	1.169	1.057	1.267	1.153	1.271	1.219
Cronbach's α	0.814	0.953	0.821	0.903	0.909	0.767	0.890	0.811	0.910	0.871
CR	0.806	0.955	0.821	0.907	0.909	0.765	0.890	0.780	0.915	0.896
AVE	0.582	0.683	0.696	0.766	0.668	0.522	0.537	0.539	0.783	0.683

注：a：相关系数矩阵对角线上黑体显示的是AVE的平方根值；b：相关系数矩阵的左下方显示的是相关系数值；** 表示相关系数在0.01的水平上显著（双尾）。

3. 假设检验

我们利用全模型分析技术对概念模型的有效性和研究假设进行了验证。图3显示了分析结果，其中，路径箭头附近的数字表示标准化路径系数，括号内为t值。模型整体拟合情况良好，除了下游成分品牌对品牌价值认知的影响不显著（$\beta = 0.07$；$t = 1.18$；$p > 0.05$），私人关系对品牌价值认知的影响边际显著（$\beta = 0.10$；$t = 1.74$；$p < 0.10$）以外，其他所有路径系数均在0.05的水平上显著（β 在0.15~0.73，t值在1.98~10.98），因此，除了假设 H_{11} 以外，其他假设均得到证明。

品牌导向 → 品牌信息展示 0.65 (8.70)
品牌信息展示 → 品牌价值认知 0.24 (4.10)
品牌导向 → 组织交易关系 0.48 (6.20)
组织交易关系 → 品牌价值认知 0.25 (4.76)
品牌导向 → 上游成分品牌 0.51 (7.28)
上游成分品牌 → 品牌价值认知 0.15 (1.98)
品牌导向 → 下游成分品牌 0.58 (7.77)
下游成分品牌 → 品牌价值认知 0.07 (1.18)
品牌导向 → 内部品牌资产 0.73 (10.98)
内部品牌资产 → 服务体验质量 0.62 (8.87)
服务体验质量 → 品牌价值认知 0.57 (8.73)
内部品牌资产 → 私人关系质量 0.70 (7.91)
私人关系质量 → 品牌价值认知 0.10 (1.74)
品牌价值认知 → 品牌绩效 0.73 (9.39)
品牌价值认知 $R^2 = 87\%$
品牌绩效 $R^2 = 79\%$

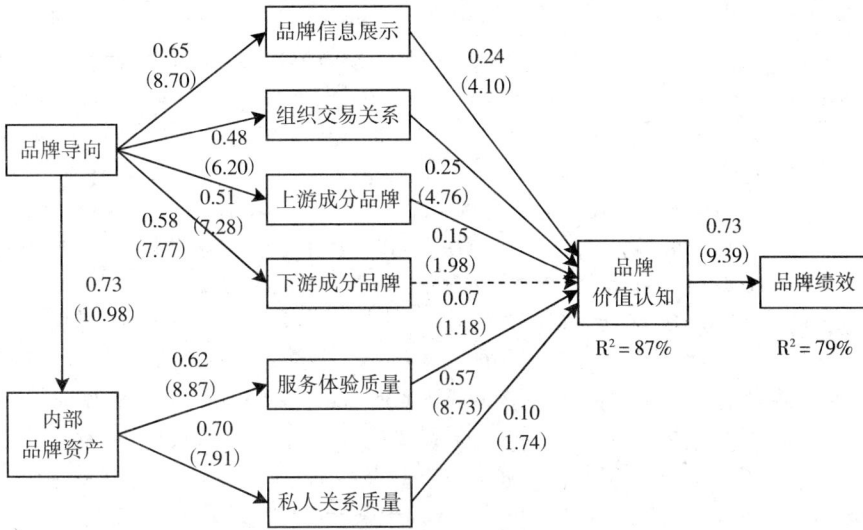

图3 结构模型分析结果

注：$\chi^2 = 2487.94$，$df = 928$，$\chi^2/df = 2.69$，NNFI = 0.91，CFI = 0.93，RFI = 0.93，GFI = 0.86，RMSEA = 0.088。

表7 测量题项及验证性因子分析结果

二阶潜变量	一阶潜变量	观测变量	二阶标准化载荷系数（t值）	一阶标准化载荷系数（t值）
品牌导向	品牌价值观	1. 公司高层非常重视企业品牌建设	0.74（10.33）	0.91（—）
		2. 公司认为品牌是一项有价值的战略资源，应不遗余力地加以培育和保护		0.95（22.84）
		3. 在评判公司经营决策的时候，公司都会考虑这些决策对品牌的影响		0.84（17.72）
	品牌投入	1. 公司品牌投入基本上长期保持不变	0.98（10.76）	0.76（—）
		2. 即使公司缺钱，也不会削减品牌建设上的投入		0.74（9.63）
	品牌制度	1. 公司定期举行会议，讨论品牌现状和问题	0.74（9.43）	0.79（—）
		2. 公司经常检查品牌是否与竞争者品牌形成差异化		0.77（12.60）
		3. 公司有详细的品牌定位说明书		0.78（12.69）
		4. 公司有专门负责品牌的经理		0.81（13.41）
		5. 品牌经理有权力也有能力保证品牌策略取得成功		0.84（14.04）
		6. 公司对员工进行品牌知识方面的培训		0.83（13.79）
		7. 公司会向新员工沟通品牌定位的信息		0.77（12.47）
		8. 公司经常做一些有关品牌的市场研究		0.87（14.62）
$\chi^2/df = 3.30$，NNFI = 0.95，CFI = 0.96，RFI = 0.93，GFI = 0.88，RMSEA = 0.098				
私人关系质量	感情	1. 我们经常与客户共同参加工作以外的社交活动	0.77（8.94）	0.80（—）
		2. 我们和客户可以像朋友一样畅谈		0.85（12.04）
		3. 客户如同我们的家人一般		0.71（10.33）
	人情	1. 我们觉得有义务帮助我们的客户	0.80（9.36）	0.81（—）
		2. "合作与让步"是维系良好客户关系的关键因素		0.76（10.76）
		3. 如果我们无法为客户提供帮助，我们会觉得很尴尬		0.74（10.52）

二阶潜变量	一阶潜变量	观测变量	二阶标准化载荷系数（t值）	一阶标准化载荷系数（t值）
私人关系质量	信任	1. 我们对客户坦诚相待	0.78 (9.31)	0.81 (—)
		2. 在客户面前，我们很少夸大其词		0.85 (13.47)
		3. 和客户相处时，我们开诚布公，较少隐瞒		0.84 (13.28)
χ²/df = 2.17, NNFI = 0.97, CFI = 0.98, RFI = 0.95, GFI = 0.90, RMSEA = 0.071				
组织交易关系	共同计划	1. 公司和客户一同制定近期的工作计划	0.69 (9.01)	0.79 (—)
		2. 客户积极参与到新服务的研发过程		0.83 (12.54)
		3. 公司与客户共同制定服务提供的长期规划		0.84 (12.76)
	问题解决	1. 公司和客户一起处理在双方关系中产生的问题	0.76 (13.72)	0.83 (—)
		2. 在合作过程中，我们和客户相互提供大力支持		0.81 (13.96)
		3. 合作过程中，我们和客户共同承担责任		0.89 (15.87)
	调整灵活性	1. 当与客户的关系发生变化时，我们能够灵活地响应	0.75 (11.48)	0.89 (—)
		2. 我们能够进行适时调整以维系与客户的关系		0.89 (18.53)
		3. 我们能与客户共同找到新的处理办法，以应付一些突发事件		0.87 (18.07)
χ²/df=1.31, NNFI=0.99, CFI=0.99, RFI=0.97, GFI=0.97, RMSEA=0.038				
	内部品牌资产	1. 员工为公司品牌成功感到骄傲，而品牌的负面消息就像是自己遭受的个人挫折		0.81 (14.36)
		2. 员工觉得有责任为公司的品牌而更加努力地工作		0.85 (15.46)
		3. 高层管理者对品牌的重视促使员工对品牌做出更多的努力		0.81 (14.49)
		4. 员工对公司品牌的感情首先来自于我们的价值观与品牌价值观的相似性		0.78 (13.68)
		5. 品牌表现出来的价值不仅停留在语言中，它还影响员工的日常行为		0.80 (14.08)
		6. 多数员工明白公司通过品牌要达到的目标		0.84 (15.27)
		7. 多数员工理解品牌所代表的价值观		0.86 (15.85)
		8. 多数员工知道我们的品牌如何给顾客带来利益		0.85 (15.56)
		9. 多数员工知道我们的品牌在哪些属性上有别于竞争者		0.79 (13.73)
		10. 多数员工知道怎样言谈举止能给顾客呈现出积极的品牌形象		0.78 (13.69)
	上游成分品牌	1. 该公司的供应商/合作商都是一些大的品牌		0.87 (15.80)
		2. 我们很熟悉该公司的供应商/合作商品牌		0.93 (17.56)
		3. 我们十分认可该公司的供应商/合作商品牌		0.82 (14.51)
	下游成分品牌	1. 使用该公司的服务能为我们带来更多终端消费者		0.84 (14.48)
		2. 因为我们使用了该公司的服务，顾客会更青睐我们的产品或者服务		0.83 (14.39)
	品牌信息展示	1. 公司投入很多精力和资源来塑造良好的公众形象		0.76 (12.76)
		2. 公司定期向客户发送各种宣传资料		0.72 (11.97)
		3. 在与顾客交流中，公司员工很好地展现出无形的品牌元素（如印有标志的名片，制服等）		0.69 (11.14)
		4. 公司经常利用展会来宣传品牌形象		0.66 (10.49)
		5. 公司投入不少资源，做一些形象广告		0.69 (11.31)

二阶潜变量	一阶潜变量	观测变量	二阶标准化载荷系数（t值）	一阶标准化载荷系数（t值）
	品牌信息展示	6. 在品牌传播中，我们特别关注所有传播方式的整合		0.78 (13.30)
		7. 我们使用所有的营销活动发展并增强品牌实力		0.82 (14.43)
	服务体验质量	1. 该公司员工能提供优质的令人信赖的服务		0.86 (15.75)
		2. 该公司员工能及时响应我们的各种要求		0.82 (14.57)
		3. 该公司员工在工作场合能保持良好的仪容仪表		0.81 (14.34)
		4. 该公司员工具有服务所需的较高专业知识水平		0.85 (15.38)
		5. 该公司员工能够时刻照顾到我们的个性化需求		0.73 (12.24)
	品牌价值认知	1. 我们相信该品牌能够提供比竞争者更高质量的服务		0.81 (14.25)
		2. 该公司和我们能够共享知识和专业技能		0.91 (17.23)
		3. 该品牌和我们建立了良好的工作关系		0.93 (18.09)
		4. 总体而言，购买该品牌服务对我们是有好处的		0.88 (16.11)
	品牌绩效	1. 我们愿意花更高的价格购买该品牌的服务		0.85 (15.29)
		2. 我们愿意以后继续与该公司交易		0.77 (13.24)
		3. 我们愿意将该公司的品牌推荐给其他人		0.81 (14.22)
		4. 我们愿意和该品牌维持长期的合作关系		0.87 (15.91)
$\chi^2/df = 2.26$，NNFI = 0.96，CFI = 0.98，RFI = 0.96，GFI = 0.89，RMSEA = 0.076				

五、研究结论和启示

1. 研究结论

作为直接或间接为生产过程提供中间服务的经济活动，以物流配送、产品营销、电子商务、金融服务、战略咨询等为主的产业服务成为现代服务业的重中之重，如何依靠强有力的品牌力量赢得竞争成为产业服务企业关注的现实问题。Merz 等在其概念性论文中提出，服务主导逻辑提供了指导未来品牌学术研究的全新视角，学者们应该关注多重利益相关者的品牌价值协同共创活动。[21] 从上述现实和理论背景出发，基于服务主导逻辑的视角，本文的概念框架和研究发现为相关文献和产业服务企业提供了关于品牌价值形成机理的较为完整的理解。

研究结果发现：第一，整体而言，品牌价值链和服务主导逻辑的整合对产业服务品牌价值和绩效具有较强的理论解释力，即多重利益相关者的价值共创活动帮助顾客形成积极的品牌价值认知，最终改善品牌绩效。如图 3 所示，品牌价值共创活动对顾客品牌价值认知和企业品牌绩效的解释力分别达到了 87% 和 79%。第二，品牌形成过程包括企业—员工、企业—顾客、员工—顾客以及企业—其他相关者四个关键界面的八种价值共创活动，证明产业服务品牌的建立需要更加宽泛的利益相关者视角。第三，企业—员工界面的价值共创活动是品牌培育的本源驱动力，继而通过其他界面的价值共创影响品牌价值和绩效。具体而言，品牌导向的培育将产生三种效果：有利于组织层面的品牌展示并建立良好的组织间交易关系；促进和其他利益相关者的良性互动，主要表现为上游成分品牌策略的运用；有助于积累内部品牌资产，进而促使员工改善服务体验质量和与客户的私人关系质量。

下游成分品牌对品牌价值认知的影响的假设未获验证，可能的原因是：该战略成功实施与成分品牌对下游顾客的重要性、企业营销能力以及客户企业的配合等因素密切相关。[5] 一些情形下，终端顾客并不关注生产性服务对其所购产品的影响（典型的如信息服务和金融服务），而且他们对专业性服务的有限认知能力也制约了这一策略的成功使用。

本研究对品牌管理和服务主导逻辑两个流派的文献做出了显著的理论贡献。其一，对品牌文献而言，从研究对象看，本文将研究焦点转向产业服务领域，是国内首次对组织市场上服务品牌价值进行的实证探索；从研究内容看，有关产业品牌主题的研究大多集中于营销组合方面，[8,43] 而本文不仅从新的服务主导逻辑视角整合了现有品牌文献中的关键构念（包括品牌导向、品牌内化、企业品牌营销活动），还发现了一些重要维度，比如组织交易关系、跨组织人际关系、上游成分品牌策略等。其二，现有有关服务主导逻辑的研究仍然停留在理论思辨和概念呈现阶段，缺乏理论构念的提取、操作化以及概念架构的实证检验，本研究作为品牌领域的首次尝试，无疑将极大推动该理论范式的纵深发展。总体而言，研究努力整合全新的理论视角和品牌管理的文献成果，有潜力成为兼具创新性和综合性的品牌管理研究框架。

2. 管理启示

研究结果也为我国产业服务企业提供了有关管理品牌价值、提升品牌绩效等方面的重要管理启示。

第一，一直以来，不少实践者甚至学者对品牌在组织市场中的作用持怀疑态度，理由是理性的职业采购者较少受到主观认知的影响。然而，近年来不少关于产业营销的研究证实了品牌的重要性，[2] 强势品牌企业更容易获得供应商资质，并最终获取成功的交易机会。[13] 本研究提供了中国情境下产业服务品牌重要性的实证证据，因此企业有必要通过各种途径创造正面的顾客品牌价值认知，进而获得满意的品牌绩效。

第二，为了创造强有力的品牌价值顾客认知，产业服务品牌管理者应该努力建立并维持与利益相关者的强有力的互动。首先，经理们需要改变陈旧的认识和做法，即客户仅仅是品牌信息的被动接受者，品牌实践应重点关注于影响和劝说。相反，企业需要重新思考品牌创造中顾客的能动性，将他们视为品牌价值的积极共同创造者。企业需要与顾客合作，管理顾客网络关系，并鼓励顾客主动参与品牌价值共创过程，从而实现自下而上的品牌创造。其次，品牌管理并不局限于顾客和企业间的双边关系，而是管理者、员工、顾客和其他利益相关者互动和协同驱动的过程。因此，企业需要重视员工品牌知识和技能的提升以及品牌参与和承诺行动的引导，有效借助合作商或者供应商品牌效应影响顾客认知，并间接塑造良好的业内口碑。最后，鉴于品牌资产共同创造的过程导向，管理者应该周期性地评测品牌健康状况，诊断来自品牌共创过程中不同角色的潜在问题，以此指导营销决策。

第三，研究结果还为产业服务品牌的管理者提供了资源配置顺序的指导意见。我们比较了品牌认知价值的直接前置因素的影响力（见图3），按照重要因素依次为：服务体验质量、组织交易关系、品牌信息展示、上游成分品牌策略与私人关系质量。因此企业应将品牌战略重点投放到提升顾客的服务体验、改善组织交易关系、有效沟通品牌信息等事项上。而私人关系并没有像人们想象的那么关键，可能原因是，其与顾客认知的关系存在某些潜在调节变量，比如 Wuyts 认为，良好的个人关系对于战略上重要的服务而言并不十分重要。[42]

3. 研究局限性和未来研究方向

尽管我们严格遵循了案例研究和问卷调查研究的方法和步骤，局限性仍然存在，从而帮助我们辨明未来研究的方向。第一，受到案例研究个案数目和问卷调查样本量的限制，结论是否穷尽了关键的利益相关者和价值共创活动以及结论是否具有普遍性，仍然有待更多案例和更大样本量实证研究的验证。比如在研究资源许可条件下，可选择信息服务和专业技术服务企业进行案例研究。第二，案例研究方法的科学性有待加强，未来研究可以借鉴扎根理论，使用编码方法帮助析出关键构念并架构研究模型；问卷调查中，可使用"标识变量"技术对同源方法偏差进行进一步检验。第三，变量之间的关系有待深入探讨。受到模型复杂度的限制，我们没有考虑调节变量的作用。未来研究可以细化某些研究假设，集中讨论若干构念间的关系，对其调节效应进行考察。比如下游成分品牌和品牌价值认知之间的关系可能受到服务属性或者服务企业营销能力的影响，私人关系和品牌价值认知之间的关系受到服务的战略重要性的影响。第四，可以区分不同情景进行研究，比如，将服务分成间断性服务和连续性服务，或者区分组织间关系所处的不同阶段，或者区分不同的购买类型（新购买、修正重购和重购），或者针对特定行业进行讨论。第五，研究框架中涉及一些二阶构念，未来研究可以考虑拆分不同维度，比较性地考察它们对品牌价值认知和绩效的影响。第六，品牌管理是一个持续过程，未来研究可采用过程导向的案例研究从动态视角考察品牌价值共创过程中关键事项的先后顺序，从而提供进一步的管理启示。

参考文献

[1] Backhaus K., Steiner M., Lügger K.. To Invest, or Not to Invest, in Brands? Drivers of Brand Relevance in B2B Markets [J]. Industrial Marketing Management, 2011, 40 (7): 1082–1092.

[2] Leek S., Christodoulides G.. A Literature Review and Future Agenda for B2B Branding: Challenges of Branding in a B2B Context [J]. Industrial Marketing Management, 2011, 40 (6): 830–837.

[3] Baumgarth, C., Schmidt, M.. How St rong is the Business-to-Business Brand in the Workforce? An Empir ically –tested Model of 'Internal Brand Equity' in a Business –to –business Setting [J]. Industrial Marketing Management, 2010, 39 (8): 1250–1260.

[4] Bendixen M., Bukasa K. A., Abratt R.. Brand Equity in the Business –to –business Market [J].

Industrial Marketing Management, 2004 (33): 371-380.

[5] Bengtsson A., Servais, P.. Co-branding on Industrial Markets [J]. Industrial Marketing Management, 2005, 34 (7): 706-713.

[6] Sinclair S. A., Seward K. E.. Effectiveness of Branding a Commodity Product [J]. Industrial Marketing Management, 1988, 17 (1): 23-33.

[7] Michell P., King J., Reast J.. Brand Values Related to Industrial Products [J]. Industrial Marketing Management, 2001 (30): 415-425.

[8] Kim J. H., Hyun Y. J.. A Model to Investigate the Influence of Marketing-mix Efforts and Corporate Image on Brand Equity in the IT Software Sector [J]. Industrial Marketing Management, 2011, 40 (3): 424-438.

[9] Keller K. L., Lehmann D.. Brands and Branding: Research Findings and Future Priorities [J]. Marketing Science, 2006, 25 (6): 740-759.

[10] Cretu A. E., Brodie R. J.. The Influence of Brand Image and Company Reputation where Manufacturers Market to Small Firms: A Customer Value Perspective [J]. Industrial Marketing Management, 2007, 36 (2): 230-240.

[11] Jensen M. B., Klastrup K.. Towards a B2B Customer-based Brand Equity Model [J]. Journal of Targeting, Measurement and Analysis for Marketing, 2008 (16): 122-128.

[12] Han S. L., Sung H. S.. Industrial Brand Value and Relationship Performance in Business Markets: A General Structural Equation Model [J]. Industrial Marketing Management, 2008 (37): 807-818.

[13] Wise R., Zednickova J.. The Rise and Rise of the B2B Brand [J]. Journal of Business Strategy, 2009, 30 (1): 4-13.

[14] Mäläskä M., Saraniemi S., Juntunen M. Network Actors' Participation in B2B SME Branding [J]. Industrial Marketing Management, 2011, 40 (7): 1144-1152.

[15] Kuhn K. L., Alpert F., Pope N. L.. An Application of Keller's Brand Equity Model in a B2B Context [J]. Qualitative Market Research: An International Journal, 2008, 11 (1): 40-58.

[16] Jensen M. B., Klastrup K.. Towards a B2B Customer-based Brand Equity Model [J]. Journal of Targeting, Measurement and Analysis for Marketing, 2008, 16 (2): 122-128.

[17] 李桂华, 卢宏亮. 供应商品牌溢出价值、品牌关系质量与采购商重复购买意向: 基于采购商视角 [J]. 南开管理评论, 2010, 13 (4): 71-82.

[18] Vargo S. L., Lusch R. F.. Evolving to a New Dominant Logic for Marketing [J]. The Journal of Marketing, 2004, 68 (1): 1-17.

[19] Gummesson E., Lusch R. F., Vargo S. L.. Transitioning from Service Management to Service-dominant Logic: Observations and Recommendations [J]. International Journal of Quality and Service Sciences, 2010, 2 (1): 8-22.

[20] 刘林青, 雷昊, 谭力文. 从商品主导逻辑到服务主导逻辑——以苹果公司为例 [J]. 中国工业经济, 2010 (9): 57-66.

[21] Merz M. A., He Y., Vargo S. L. The Evolving Brand Logic: A Service-dominant Logic Perspective [J]. Journal of the Academy of Marketing Science, 2009, 37 (3): 328-344.

[22] Payne A., Storbacka K., Frow P., Knox, S.. Co-creating brands: Diagnosing and Designing the Relationship Experience [J]. Journal of Business Research, 2009, 62 (3): 379-389.

［23］ Ballantyne D., Aitken R.. Branding in B2B Markets：Insights from the Service-dominant Logic of Marketing ［J］. Journal of Business & Industrial Marketing，2007，22（6）：363-371.

［24］ Odekerken-Schröder, G., Hennig-Thurau, T., Knaevelsrud, A. B.. Exploring the Post-termination Stage of Consumer-brand relationships：An Empirical Investigation of the Premium Car Market ［J］. Journal of Retailing，2010，86（4）：372-385.

［25］ 侯立松. 利益相关者视角下的品牌关系生命周期管理 ［J］. 企业经济，2010（7）：56-60.

［26］ Gregory, A.. Involving Stakeholders in Developing Corporate brands：The Communication Dimension. Journal of Marketing Management，2007，23（1）：59-73.

［27］ 卫海英，姚作为，梁彦明. 基于企业—顾客—利益相关者三方互动的服务品牌资产研究：一个分析框架［J］. 暨南学报（哲学社会科学版），2010（1）：79-84.

［28］ 何佳讯，秦翕嫣. 企业市场品牌资产理论与实证研究评析［J］. 外国经济与管理，2008（3）：43-52.

［29］ 罗伯特·K.殷. 案例研究设计和方法 ［M］. 重庆：重庆大学出版社，2004.

［30］ Sanders P.. Phenomenology：A New Way of Viewing Organizational Research ［J］. The Academy of Management Review，1982，7（3）：353-360.

［31］ Urde M.. Brand Orientation：A Strategy for Survival ［J］. Journal of Consumer Marketing，1994，11（3）：18-32.

［32］ Reid M., Luxton S., Mavondo, F.. The Relationship between Integrated Marketing Communication, Market Orientation，and Brand Orientation ［J］. Journal of Advertising，2005，34（4）：11-23.

［33］ 庄贵军，李珂，崔晓明. 关系营销导向与跨组织人际关系对企业关系型渠道治理的影响［J］. 管理世界，2008（7）：77-90.

［34］ Claro D. P., Claro P. B. O.. Collaborative Buyer-Supplier Relationships and Downstream Information in Marketing Channels ［J］. Industrial Marketing Management，2010，39（2）：221-228.

［35］ Palmatier R. W., Scheer L. K., Houston M. B., Evans K. R.. Gopalakrishna, S.. Use of Relationship Marketing Programs in Building Customer-salesperson and Customer-firm Relationships：Differential Influences on Financial Outcomes ［J］. International Journal of Research in Marketing，2007，24（3）：210-223.

［36］ De Chernatony, L. Cottam, S.. Internal Brand Factors Driving Successful Financial Service Brands. European Journal of Marketing，2006，40（5-6）：611-633 .

［37］ Punjaisri K., Evanschitzky H., Wilson A.. Internal Branding：An Enabler of Employees' Brand-supporting Behaviours ［J］. Journal of Service Management，2009，20（2）：209-226.

［38］ Webster F. E.. Understanding the Relationships Among Brands, Consumers, and Resellers ［J］. Journal of the Academy of Marketing Science，2000，28（1）：17-23.

［39］ Desai K. K., Keller K. L.. The effects of Ingredient Branding Strategies on Host Brand Extendibility ［J］. Journal of Marketing，2002，66（1）：73-93.

［40］ Biedenbach G., Marell A.. The Impact of Customer Experience on Brand Equity in a Business-to-business Services Setting ［J］. Journal of Brand Management，2010（17）：446-458.

［41］ Baumgarth C., Binckebanck L.. Sales Force Impact on B-to-B Brand Equity：Conceptual Framework and Empirical Test ［J］. Journal of Product & Brand Management，2011，20（6）：487-498.

［42］ Wuyts S., Verhoef P. C., Prins R.. Partner Selection in B2B Information Service Markets ［J］. International Journal of Research in Marketing，2009，26（1）：41-51.

［43］ Biedenbach G., Bengtsson M., Wincent J.. Brand Equity in the Professional Service Context: Analyzing the Impact of Employee Role Behavior and Customer–employee Rapport ［J］. Industrial Marketing Management, 2011, 40 (7): 1093–1102.

［44］ Han S. L., Sung H. S. Industrial Brand Value and Relationship Performance in Business Markets: A General Structural Equation Model ［J］. Industrial Marketing Management, 2008, 37 (5): 807–818.

［45］ Bitner M. J., Booms B. H., Tetreault M. S.. The Service Encounter: Diagnosing Favorable and Unfavorable Incidents ［J］. The Journal of Marketing, 1990, 54 (1): 71–84.

［46］ Yen D. A., Barnes B. R., Wang C. L.. The Measurement of Guanxi: Introducing the GRX Scale ［J］. Industrial Marketing Management, 2011, 40 (1): 97–108.

［47］ Norris D. G. Ingredient branding: a strategy option with multiple beneficiaries ［J］. Journal of Consumer Marketing, 1992, 9 (3): 19–31.

［48］ Spiteri J. M., Dion P. A. Customer Value, Overall Satisfaction, End–user Loyalty, and Market Performance in Detail Intensive industries ［J］. Industrial Marketing Management, 2004 (33): 675–687.

质量属性变化对满意与忠诚关系的调节作用 *

徐　茵　王　高　赵　平

【摘　要】本研究从时间视角出发探讨了顾客满意与顾客忠诚的概念区别，提出满意是基于过去效用的评价，而忠诚是基于未来效用的判断。当驱动满意形成的质量属性保持稳定时，过去效用可以推断未来效用，满意信息对忠诚判断非常有效，这时满意对忠诚的影响增强。反之，当驱动满意形成的质量属性发生变化时，过去效用不能推断未来效用，满意信息对忠诚判断的有效性降低，这时满意对忠诚影响减弱。

本研究将重点放在产品或服务质量属性的变化上，从静态的属性易变性到动态的属性变化幅度，深入剖析了质量属性的变化对满意与忠诚关系的影响：①横贯调查数据的结果显示，当满意主要被容易变化的质量属性驱动时，满意与忠诚的关系变弱。②两次测量的纵贯调查数据结果显示，质量属性的变化削弱了满意对忠诚的影响，随着变化幅度加大，满意向忠诚的转化效率降低。

【关键词】质量属性变化；满意；忠诚

提高顾客满意度，使满意的顾客转化为忠诚的顾客，是企业防御型市场策略的重要手段。[1] 虽然大量研究已经证实，顾客满意是顾客忠诚最关键的前置变量，[2-13] 但是相反的证据同样令人吃惊，顾客满意并不是在任何情况下都能转化为忠诚，而在某些情况下，忠诚甚至与满意无关。[14-16] 例如，Reichheld 和 Teal 的研究发现，那些叛逃的顾客中，有65%~85%曾在叛逃前宣称自己满意或者很满意。[15] 而且，一项关于顾客满意的元分析发现，满意对于重复购买行为的预测能力非常有限，受到众多调节因素的影响。[17, 18] 因此，亟须挖掘有效的调节变量，探索在什么条件下满意才能转化为忠诚，企业对提高顾客满意的投资是有回报的；在什么条件下满意无法转化为忠诚，企业应转向其他手段维护老顾客。[19]

研究满意与忠诚之间关系强度的变化，探讨调节变量以及调节机制，关键是从概念内

---

* 作者简介：徐茵，中央财经大学商学院市场营销系讲师、管理学博士，研究方向为营销战略与消费者行为；王高，中欧国际工商学院市场营销学教授、社会学博士，研究方向为营销模型与营销战略；赵平，清华大学经济管理学院市场营销系主任、营销学教授、管理学博士，研究方向为营销战略。

涵上找出二者的区别。一些研究将满意与忠诚之间的断层归因于态度与行为（意向）间的差异，认为满意是态度，而忠诚是行为（意向），[6] 也有研究提出满意与忠诚是顾客不同的反应模式，满意是评价，而忠诚是选择。[20] 多数的调节变量研究如人文类、社会经济类变量研究并未深入探讨概念差异及调节机制，研究结果不一致的情况频繁出现。[5,19,21] 在解释效力方面，许多调节变量仅能解释低满意—高忠诚或者高满意—低忠诚的一种情况。满意与忠诚关系的研究亟须从概念层面进行更深入的分析比较，提出具有创新性的思路。

一、文献综述与理论框架

本研究将顾客满意定义为顾客对以往消费使用产品或服务经历的累积性评价，[1] 而顾客忠诚被定义为顾客对未来持续重复购买某产品或服务以及是否向他人推荐的意愿。[22] 已有关于满意与忠诚关系的研究所挖掘的调节变量包括行业变量、顾客变量、关系变量以及满意度量变量。其中行业变量包括转移成本、竞争强度、产品类别特征等。[4,15,23,24] 顾客变量既包括人文变量如性别、年龄与社会经济变量如收入、受教育程度等，[5,19,21] 还包括心理变量如涉入度、多样化寻求倾向、动机等。[19,25,26] 关系变量主要是从关系营销的范式下关注企业与顾客的交易关系时间长度、是否参加关系计划等。[6,18] 满意度量变量研究主要是从满意评价确定性的角度来解释满意与忠诚之间的关系强度。[27]

在已有的关于满意与忠诚关系调节效应的研究中，少数研究试图从满意与忠诚概念的差异出发，深入探讨调节机制。其中，一类研究将满意定义为一种特定类型的态度，即消费后评价，[28] 而将忠诚定义为持续重复购买行为（意向）。[22] 在态度—意向—行为的研究中，态度不能转化为行为的一个重要原因就是个体对行为缺乏控制力，即便自身持有正向态度，但是受到环境条件的制约而无法实施行为。[6,29,30] Seiders 等认为，满意—忠诚关系的问题与态度—行为（意向）关系的问题相似，受到个体行为控制力的影响。例如，在对转移成本的研究中发现，顾客虽然对原有产品或服务不满意（负向态度），但是在决定是否重购时，由于存在较大的转移成本，不得不继续购买产品或保留原有合约关系。[31] 再如，对收入的研究，多数研究发现收入高的顾客，其满意能更多地转化为忠诚，[16,19] Seiders 等认为这是由于高收入赋予顾客一种克服经济类障碍、实现自身想法的能力。[6] Auh 和 Johnson 的研究则认为，满意是一种评价任务，而忠诚是选择任务，二者是不同的反应方式（Response Mode），并基于不同的产品属性信息。而当满意与忠诚判断所采用的属性信息差异越大时，满意与忠诚的关系则越弱。[20]

我们认为，绝大多数关于满意与忠诚关系的研究忽略了满意与忠诚概念之间的一个重要差异：时间视角的差别。满意是对过去经验的回溯式评价，而忠诚是对未来预测体验的前瞻式判断。[3,20,32] 满意与忠诚在时间视角上的差别进一步导致它们在判断基础上的差异，满意是基于过去效用（也称体验效用，Experienced Utility），而忠诚则基于未来效用（也称预测效用，Predicted Utility）。[33] 过去效用与未来效用的关系强弱取决于人们能否基于过去体验到的效用来判别未来效用，其关键是过去信息对未来判断的有效性。[34] 与此对应，满意与忠诚的关系也取决于基于过去效用的满意信息是否对基于未来效用的忠诚判断有效。

以往营销研究已经注意到满意信息对忠诚判断的有效性问题。Lemon 等提出，忠诚意向具有很强的未来性，顾客在决定是否忠诚（重复购买或延续服务合约）时，有两类信息输入，一个是以往的满意评价，另一个是关于未来情况的考虑，而顾客对未来的考虑包括两个变量即未来的使用程度与预期是否后悔。一方面，这两个变量对于忠诚具有直接的影响力；另一方面，顾客增加了对未来的考虑，就会减少对满意信息的使用，因此，这两个变量还会调节满意与忠诚的关系。[24] 在 Bolton 早期的研究模型中，顾客保留决策是满意信息与新信息的函数，满意信息仅仅是保留决策信息来源的一部分。顾客以满意作为基准点，同时考虑新信息作为调整。[18] 在其后的更新模型中，她进一步明确提出，现有服务质量是否提高这一新信息是决定顾客重复购买的直接因素，同时还可以调节满意与保留决策的关系。[7]

我们认为所谓有关未来的新信息，就是那些造成未来效用有别于过去效用的变化信息，顾客实际上在考虑，我在未来是否还能获得与过去相同的体验？是否会发生变化？过去效用能在多大程度上反映未来效用？忠诚判断是满意信息与效用变化信息的函数。顾客试图以满意信息为基准点，根据效用变化的可能性、变化的方向、变化的幅度等做出调整，以此做出未来的忠诚判断。我们的理论推导已经与已有研究形成区别。Lemon 等认为，对未来进行思考这一行为本身就会导致满意对忠诚的解释力下降。而我们认为，对未来思考的结果更为重要，只有当顾客发现未来情况与过去情况有差异时，满意对忠诚的解释力才会下降。因此效用是否在未来发生变化成为调节满意与忠诚关系的关键因素。[24] 实际上，已经有证据表明产品或服务提供过程中的突发事件会对满意与忠诚关系造成影响。[35]

在什么情况下，效用会发生变化呢？根据多属性效用模型（Multi-attribute Utility Model），整个产品或服务的效用等于各个质量属性的效用之和，而各属性效用等于属性水平与权重的乘积。[36] 考虑背景效应（Context Effect）的存在，[37] 产品质量属性水平变化、属性权重变化以及市场环境变化是效用发生变化的三大来源。根据以往相关营销战略研究所采用的方法，本研究将聚焦于产品或服务质量属性水平的变化，未涉及属性水平与属性权重及背景因素之间可能的相互影响与交互作用。① 本研究所探讨的产品或服务质量属性，是指顾客在对产品或服务进行满意评价时具有重要影响的属性，也是满意的驱动属性。而属性水平的变化是指人们感知属性水平的变化，不是客观变化，而是主观（感知）

---

① 质量属性水平、属性权重与背景之间可能存在相互影响关系，并在对满意的影响过程中产生交互作用。依据以往满意相关研究的惯例，[7,17] 我们仅单独研究质量属性水平对满意及忠诚的影响。感谢匿名评审专家对该问题的建议。

变化。客观变化是主观（感知）变化的基础，但是主观（感知）变化还会受到其他因素的影响，如质量属性的易评价性、模糊性等，[38,39] 属性水平的客观变化未必会引起主观变化。另外，人们对变化的感知有三种参照点，包括中心客体参照点、其他客体参照点与自我参照点。[40] 而本研究所指的质量属性变化，是指质量属性在 t 时间点的表现参照其在过去 t-1 时间点表现的差异值，是以中心客体为参照点的。以往研究发现，顾客会根据质量属性过去的变化来预测未来的变化规律。[41]

质量属性具有行业差异性与个体差异性。首先，质量属性因品类而异。在后面的两个实证研究中，我们分别涉及了两个品类，一个是百货商店（属于服务），另一个是汽车（属于产品）。显然，这两个品类有着不同的质量属性。我们主要是结合文献并通过焦点访谈会（Focus Group）的方法挖掘不同品类的质量属性。其次，质量属性因人而异，针对同一品类不同顾客所看重的质量属性也是不同的，必须充分考虑人群异质性。我们在研究一中，采用潜分层回归方法（Laten Class Regression），提取了个人层面的影响系数；在研究二中，采用直接询问的方法，要求被调查者对每个质量属性的重要性程度打分，再从中挑选出对个人满意评价具有重要影响的质量驱动属性。

后面的两个实证研究将先后采取横贯调查数据及纵贯调查数据对产品或服务质量属性变化对满意与忠诚关系的影响进行深入的分析。研究一从静态视角出发，采用横贯数据，将质量属性分为易变与不易变属性，对比分析了当满意主要为易变及不易变属性驱动时，满意与忠诚关系强度的变化。研究二从动态角度出发，采用纵贯数据，在顾客购买前后两个时间点进行了质量属性感知的两次测量，从而计算属性感知的前后差值，分析是否变化与变化幅度对满意与忠诚关系的影响。

二、研究一：易变与不易变质量属性的影响

1. 假设提出

大量行业、企业层面的顾客满意度调查数据为验证本理论提供了数据基础，但问题是，顾客满意度调查数据主要为横贯数据，[2,42] 并未在两个以上的时间点对同一质量属性进行个人层面的测量。因此，也无法观测质量属性是否发生了变化，进而分析这种变化的影响。那么，如何在横贯数据的基础上开发假设，并为我们的理论找到证据？

由于形成满意的驱动要素具有易变性的差别，这就给我们提供了一个研究机会，即可以不通过对质量属性变化进行直接测量。而是通过理论推导确定质量属性发生变化的可能性。根据我们的核心理论，如果顾客主要基于一些稳定性强、不易变化的属性来形成满意，那么满意转化为忠诚的效率将会提高；反之，如果顾客主要基于一些稳定性差、容易变化的属性来形成满意，那么满意转化为忠诚的效率将会下降。

Purohit 和 Srivastava 从稳定性角度将产品属性分成了两大类。高范围（High-scope）

属性是指那些经历了长时间形成的不会轻易发生改变的稳定属性，而低范围（Low-scope）属性是指那些容易发生变化的不稳定属性。他们认为，企业声誉、企业形象等属性需要长时间的投入、积累足够多的证据才能建立起来，因此企业声誉与企业形象属于高范围属性，一旦建立就很难改变。与之对比，价格与质保条款等相对容易调整和变化，企业无须为它们投入很大成本，因此价格与质保条款属于低范围属性。[43] 一些研究也从其他角度发现，企业对不同质量属性的可操控程度并不相同，企业对价格及促销策略的操控能力最强，可以很灵活地进行调整，而对企业形象短期内几乎没有调整余地。[44]

根据我们前面的理论框架，满意与忠诚的关系强度取决于满意形成的基础，当满意更多建立在企业形象的基础上（满意与企业形象的相关性越强时），满意的基础越稳固，满意与忠诚的关系越强；当满意更多建立在价格促销的基础上（满意与价格促销的相关性越强时），满意的基础越不稳固，满意与忠诚的关系越弱。根据上面的推理，我们的假设如下：

H1：满意与企业形象的关系越强时，满意与忠诚的关系越强。

H2：满意与价格促销的关系越强时，满意与忠诚的关系越弱。

除企业形象与价格促销外，服务营销中的环境设施与人员服务在易变程度上也有明显差异。环境设施是指如服务场所、环境以及配套的有形实物设施；而人员服务则是指服务人员的可靠性、反应性、关怀性等无形要素。[45] 研究发现，相较于环境设施，服务人员的个人状态、个人技术乃至性格特点都会对服务质量造成影响，使质量水平更容易发生变化。[46] 甚至适应性销售行为（Adaptive Selling Behavior）本身就要求服务人员在与顾客交互过程中提供因人而异的服务。[47] 根据我们的核心理论，当满意更多建立在环境设施的基础上（满意与环境设施的关系越强时），满意与忠诚的关系越强；而满意更多建立在人员服务的基础上（满意与人员服务的关系越强时），满意与忠诚的关系越弱。

H3：满意与环境设施的关系越强时，满意与忠诚的关系越强。

H4：满意与人员服务的关系越强时，满意与忠诚的关系越弱。

2. 数据获取

我们采用了清华大学中国零售研究中心 2007 年对中国百货商店的顾客满意度调查数据来检验我们的假设。该调查在整理并借鉴相关文献的基础上，通过焦点访谈会点的方法，挖掘了能够较全面反映中国零售业特点的十个质量属性，并对这十个质量属性进行了多指标测量。[42] 我们从中选取了企业形象、价格促销、环境设施以及人员服务这四个与本研究假设直接相关的变量及相应数据。忠诚概念的测量主要参考了 Johnson 等与 Brown 等研究的量表，包括对重复购买意愿与口碑推荐意愿的二维度测量。[48,49] 满意的测量与美国顾客满意指数（American Customer Satisfaction Index）的设计一致，包括了四个指标，一是总体满意度，二是与期望相比的满意度，三是与其他竞争者相比的满意度，四是与理想相比的满意度。[1]

数据收集是以清华大学中国零售研究中心的名义，采取路面拦截访问方式进行的，最后完成有效问卷 7513 份。在全部样本中男性顾客和女性顾客比例基本一致，分别为 52.7%

和 43.5%（少量数据缺失）；18~40 岁的顾客占总样本的 87.2% 以上；高中及以上学历的顾客占总样本的 93.9%；家庭年总收入在 1 万~10 万的人占总样本的 73.2%；家庭人口在三人及以上的占 90.1%。

3. 数据分析与结果

由于采用同一问卷测量所有概念，可能存在共同方法偏差，偏差将导致这些概念间的关系被人为夸大。因此，我们先进行了样本的探索性因子分析（EFA）。结果发现，抽取出来的第一个因子并没有解释大部分方差，在未旋转前也不存在一般因子，从而排除了共同方法偏差造成的较大干扰。[50]

表 1 给出了主要潜变量的测量指标、标准载荷与信度指标。我们采用 LISREL 8.7 软件进行了量表的验证性因子分析，来检验六个因子是否稳定合适。结果显示，$\chi^2 = 22426.18$，RMSEA 为 0.074；NNFI 为 0.86，CFI 为 0.87，GFI 为 0.82。CFI、GFI 和 NNFI 均高于 0.80 的临界值，RMSEA 低于 0.08 的临界值，说明模型整体拟合良好。其次，各个指标与对应的潜变量的因子负载都远高于 0.4 的临界值，并且其 t 值在 $p = 0.01$ 的水平上都是显著的，而且平均抽取方差（AVE）都大于 0.5，说明测量的汇聚效度良好。

表 1　测量指标与信度、效度检验

属性（测量指标）	因子	标准载荷	Cronbach-α	AVE
1. 知名度高	企业形象	0.87	0.86	0.57
2. 声誉好			0.95	
3. 社会责任感强			0.46	
4. 值得信任			0.47	
5. 商品的价格合理	价格促销	0.62	0.83	0.59
6. 与其他同类商店相比，这家商店的商品价格便宜			0.76	
7. 促销活动有吸引力			0.73	
8. 促销容易兑现			0.65	
9. 店内宽敞	环境设施	0.46	0.87	0.64
10. 店内商品的摆放布局合理			0.54	
11. 店内卫生（地面、空气质量等）好			0.56	
12. 商店氛围（装修、温度、光线、色调、音乐等）好			0.61	
13. 休息设施充足			0.57	
14. 卫生间易于寻找、使用方便			0.61	
15. 电梯布置合理、方便搭乘			0.59	
16. 工作人员的服务态度好	人员服务	0.58	0.91	0.62
17. 工作人员值得信赖			0.63	
18. 工作人员的仪表举止得体			0.66	
19. 当顾客有问题时，工作人员愿意提供帮助			0.65	
20. 当顾客有问题时，工作人员有足够的能力提供帮助			0.61	
21. 当顾客有问题时，工作人员能及时提供帮助			0.56	

续表

属性（测量指标）	因子	标准载荷	Cronbach-α	AVE
22. 对这家商店的总体满意程度		0.56	0.87	0.60
23. 与预期相比，对这家商店的满意程度	满意	0.67		
24. 与同类商店相比对这家商店的满意程度		0.73		
25. 与心目中理想的商店相比，对这家商店的满意程度		0.63		
26. 下次购物还去这家商店的可能性	忠诚	0.67	0.82	0.59
27. 向别人推荐这家商店的可能性		0.79		

另外，我们还通过卡方差异检验来确定测量的判别效度。具体方法是分别固定模型中每一对潜变量间的相关系数为1，根据这个限制模型得到新的卡方值。然后计算限制模型与原来的非限制模型之间卡方值的差异是否具有显著性（相差一个自由度）。在 p = 0.05 显著性水平下，$\chi^2(1) = 3.84$，在 p = 0.01 显著性水平下，$\chi^2(1) = 6.63$。结果显示，卡方差异值均显著高于临界水平，说明模型的各个潜变量之间具有良好的判别效度。

根据假设 H1、假设 H2、假设 H3、假设 H4，我们需要获取个人层面的质量属性与满意以及满意与忠诚的关系系数。根据横贯数据的特点以及我们的研究目标，我们选择了潜分层回层分析方法。该方法假设整个市场由几个有限的细分市场构成，每个细分市场有独特的模型参数。通过这种方法，研究者既可以找到每个细分市场的特有参数，还可以估计个人属于每个细分市场的概率以及个人层面的特有系数。[51] 而已有研究表明，零售市场非常适合采用潜分层线性回归。[52]

在上一步的验证性因子分析过程中，我们得到了每个被调查者在企业形象、价格促销、环境设施、人员服务、满意与忠诚六个潜变量上的得分。按照质量（属性）→满意→忠诚这一满意前因与后果经典理论模型，[2] 我们构造了五条路径，包括企业形象→满意、价格促销→满意、环境设施→满意、人员服务→满意、满意→忠诚（见图1）。接下来，我们使用 Mplus 4.0 进行了潜分层线性回归，根据模型的 AIC 以及 BIC 指标，将整个市场分为五个细分市场最为合适。表2给出了每个细分市场的路径系数。由于每个细分市场的潜变量关系系数并不是本研究的重点，因此我们仅对结果做简要汇报。总体上看，五个细

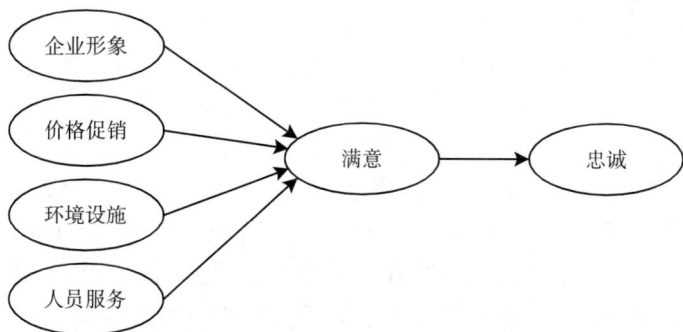

图1 商店质量属性→满意→忠诚模型

表2 各细分市场的路径系数

标准化系数/t 值	细分市场1	细分市场2	细分市场3	细分市场4	细分市场5
企业形象→满意（标准化系数）	−0.161	0.060	0.115	0.375	0.037
t值	−1.037	0.497	1.951	0.548	0.234
价格促销→满意（标准化系数）	0.606	0.805	0.294	−0.435	0.201
t值	3.311	3.427	2.345	−1.989	1.556
环境设施→满意（标准化系数）	0.171	0.075	0.310	−0.001	0.166
t值	2.025	0.744	2.138	−0.001	0.845
人员服务→满意（标准化系数）	0.168	0.021	0.546	0.474	0.579
t值	1.402	0.068	3.524	0.476	2.923
满意→忠诚（标准化系数）	0.875	0.924	0.898	0.051	0.808
t值	20.473	5.120	60.302	0.027	3.690

分市场的满意驱动属性各不相同。第一个细分市场为价格环境双驱动型市场；第二个细分市场是纯价格驱动型市场；第三个细分市场是要素均衡型市场；第四个细分市场为价格厌恶型市场；第五个细分市场为服务驱动型市场。

在获得了每个细分市场的路径系数后，我们还获得了每一位被调查者属于这五个细分市场的后验概率（p1、p2、p3、p4、p5）。我们以每一位被调查者的后验概率为权重，根据五个细分市场的路径系数，计算得出每一位被调查者个人层面的路径系数。

4. 假设检验

根据假设H1、假设H2、假设H3、假设H4，我们需要检验个人层面的两个系数之间的相关关系，这两个系数分别是：①质量属性与满意之间的关系系数；②满意与忠诚之间的关系系数。根据上述潜分层线性回归方法我们获得每个样本的潜变量之间的系数，包括企业形象→满意、价格促销→满意、环境设施→满意度、人员服务→满意以及满意→忠诚的五个系数。然后我们再针对这五组系数进行相关分析。

结果显示，企业形象→满意与满意→忠诚之间的相关系数为0.634（$p < 0.01$），这表明，当满意越依靠企业形象形成时，满意转化为忠诚的效率越高；价格促销→满意与满意→忠诚之间的相关系数为−0.148（$p < 0.01$），这表明，当满意越依靠价格促销形成时，满意转化为忠诚的效率越低；环境设施→满意与满意→忠诚之间的相关系数为0.693（$p < 0.01$），这表明，当满意越依靠环境设施形成时，满意转化为忠诚的效率越高；人员服务→满意与满意→忠诚之间的相关系数为−0.404（$p < 0.01$），这表明，当满意越依靠人员服务形成时，满意转化为忠诚的效率越低。假设H1、假设H2、假设H3、假设H4均得到支持。

研究一结果表明，满意与忠诚的关系强度大小与满意的形成基础有关。当满意是受企业形象与环境设施这两个相对不易变化的属性驱动形成时，满意对忠诚的影响变大；当满意是受价格促销与人员服务这两个相对容易变化的属性驱动形成时，满意对忠诚的影响变小。研究一的局限是，我们并未直接测量质量属性是否发生了变化，而是根据理论推导区分了容易变化的属性和不易变化的属性。另外，我们揭示的是一种相关关系，我们最后获得的结果是两个关系系数之间的相关系数。对这个结果的直接解释是，当属性与满意的关系系数提高一个单位时，满意与忠诚的关系系数上升（或下降）多少。研究一的结果为本研究的核心理论提供了初步的支持。

三、研究二：质量属性变化与变化幅度的影响

1. 假设提出

研究二的主要目的是采用纵贯调研数据，直接测量质量属性的变化，为核心理论提供更为直接的证据。当产品或服务质量属性发生变化时，顾客会同时产生两种反应。一是顾客认为变化割裂了过去效用与未来效用的联系，而代表过去效用评价的满意信息无法有效预测未来效用，因此满意对忠诚的影响力下降。二是质量属性的变化使顾客的注意力从整体评价（满意）挪向属性评价，他们更可能采取属性评价策略代替整体评价策略进行未来决策，结果使满意对忠诚的影响力进一步降低。也就是说，当质量属性发生变化时，顾客会从过去信息转向新信息，会从整体转向属性评价，这两个过程都会导致满意与忠诚的联系弱化。我们的具体假设如下：

H5：当质量属性发生变化时（与没有变化相比），满意对忠诚的影响变弱。

有时，质量属性仅发生非常微小的变化。由于顾客对变化注意的感知是有阈值限制的，如果该变化达不到阈值，顾客几乎无法察觉。随着质量属性变化幅度的增加，变化引起了顾客的注意并产生反应。[53] 因此，我们假设：

H6：随着质量属性变化幅度的增加，满意对忠诚的影响变弱。

2. 数据获取

我们的纵贯数据来源于清华大学经济管理学院 2007~2008 年一项关于购车者满意度的调查，是针对同一批家庭轿车购买者在购车前与购车后的两轮调查数据。该调查所采用的量表是采取焦点访谈会的方法，提取了汽车的七个主要质量属性，包括汽车的可靠性、安全性、经久耐用性、内外部设计、内外部做工、操控与动力性能、驾乘的舒适与便利性。七个质量属性，问卷中顾客满意与忠诚的测量与研究一中的量表相同。

第一轮数据收集时间为 2007 年底，正式调查地点选择了北京亚运村汽车交易市场。调查委托专业市场调查公司，采用随机拦截访问的方法，访问了有购车意向的消费者，要求其对最有意向的汽车品牌的质量属性进行评价，并对这些属性的权重（重要性程度）打分。第二轮数据收集时间发生于七个月后，聘用专业市场调查公司采用电话访谈的方法。调研员与第一轮有效问卷的受访者进行电话联系，询问其是否已经买车。如果被调查者已

经在第一轮与第二轮调查之间的时间内买车，则再次询问其对车辆质量属性的评价及满意与忠诚意向。最终获得有效问卷262份。这262名被访者购买了原意向车型，并针对同一车型分别在购买前与购买后进行了两次评价。在这262人中，男性占69.5%，年龄40岁以下的占75.9%，学历大学以上程度的占79.8%，家庭每月税前收入水平在4000元以上的占79.7%。被调查者的实际驾驶经验普遍在六年以下，占72.4%。

3. 数据分析与结果

本研究测量的汽车质量属性为单指标变量，测量的潜变量为顾客满意与顾客忠诚。表3显示了这两个潜变量的主要信度及效度指标。

表3　信度与效度检验

属性（测量指标）	因子	Cronbach-α	标准载荷	AVE
1. 对该车型的总体满意程度	满意	0.87	0.65	0.62
2. 与预期相比，对该车型的满意程度			0.87	
3. 与同类商店相比对该车型的满意程度			0.84	
4. 与心目中理想的车型相比，对该车型的满意程度			0.78	
5. 下次还购买该车型的可能性	忠诚	0.65	0.79	0.51
6. 向别人推荐该车型的可能性			0.62	

验证性因子分析结果显示，$\chi^2 = 88.90$，RMSEA为0.081；NNFI为0.93，CFI为0.96，GFI为0.93。CFI、GFI和NNFI均高于0.80的临界值，RMSEA接近0.08的临界值，说明模型整体拟合良好。其次，各个指标与对应的潜变量的因子负载都远高于0.4的临界值，其t值在$p = 0.01$的水平上都是显著的，而且平均抽取方差（AVE）都大于0.5，说明测量的汇聚效度良好。卡方差异检验显示，满意与忠诚之间具有良好的判别效度。

根据假设H5与假设H6，我们需要计算质量属性的变化值，并分别生成两个新的自变量。为检验假设H5，我们生成的第一个变量是"质量属性是否变化"，该变量为哑变量，若发生变化则取值为1，未发生变化则取值为0；为检验假设H6，我们生成的第二个变量是"质量属性变化幅度"，该变量为连续变量。

第一轮问卷中，在被调查者进行汽车质量属性的评价之前，我们询问了各质量属性的重要性程度，其问题为，"车辆在以下方面的表现对您来说重要吗（打分越高，表示越重要）"。我们选取了被调查者重要程度打分最高的质量属性作为研究对象。并根据公式（1）构造了变化幅度这一变量。

$$CM = \frac{\sum\limits_{max(w_k)}^{n} |x_{k(t)} - x_{k(t-1)}|}{n} \tag{1}$$

其中，CM为质量属性变化幅度，w_k是指质量属性k的权重，我们从七个质量属性集中选出n个对被调查者评价最重要的质量属性，计算这n个属性在$t-1$时间点与t时间点的感知值差值的绝对值。如$x_{k(t)}$指第k个属性在t点的测量值，减后的绝对值$|x_{k(t)} - x_{k(t-1)}|$

为 x_k 的变化幅度。然后，我们将所有影响评价的最重要的质量属性进行相同处理，把单个属性的变化幅度（绝对值）加总，最后除以 n 反映最重要质量属性的平均变化幅度。

根据以上步骤我们得到了每位被调查者最看重的质量属性的前后变化绝对值均值，简称变化幅度（CM），CM≥0，且为连续变量。进一步分析发现，262 人中有 32 人质量属性未发生变化，即 CM = 0，另外 230 人的质量属性发生了变化，CM > 0，变化幅度的均值为1.52，标准差为 0.94。另外为验证假设 H5，我们借鉴了以往学者的做法，[54] 生成了一个哑变量 DCM，当购买前后的属性感知发生变化时，DCM 值为 1；当购买前后属性未发生变化时，DCM 值为 0。可以看出，当 CM = 0 时，DCM = 0；当 CM > 0 时，DCM = 1。

4. 假设检验

假设 H5 与假设 H6 的自变量分别为哑变量与连续变量，因此我们选取了分组分析（Subgroup Analysis，SA）以及调节回归分析（Moderated Regression Analysis，MRA）两种方法作为调节效应的检验手段。[55]

假设 H5 是指当质量属性发生变化时，满意对忠诚的影响变弱。根据这一假设，我们将样本分为不变组（DCM = 0，CM = 0）与变化组（DCM = 1，CM > 0）。然后我们分别对不变组与变化组进行满意与忠诚的相关分析。结果显示，不变组满意与忠诚显著相关（r = 0.593，p < 0.05），变化组满意与忠诚显著相关（r = 0.295，p < 0.05），两个相关系数之间有显著差异（z = 1.92，p < 0.05），因此可认为变化组满意与忠诚的相关系数要小于不变组满意与忠诚的相关系数。

我们又采用带有调节变量的多元回归分析来进行假设 H5~H6 的检验，分析模型如公式 2 和公式 3 所示。考虑到调节效应检验时普遍存在的共线性问题，我们对满意及质量属性变化幅度进行了标准化处理，再由标准化处理后的得分相乘得到交互项得分。[56] 根据假设 H5~H6，我们希望变化（幅度）与满意的二次交互性系数 β_4 显著且符号为负。

$$LOY = \beta_1 + \beta_2 \times SAT + \beta_3 \times DCM + \beta_4 \times SAT \times DCM + \varepsilon \qquad (2)$$

$$LOY = \beta_1 + \beta_2 \times SAT + \beta_3 \times CM + \beta_4 \times SAT \times CM + \varepsilon \qquad (3)$$

模型结果如表 4 所示。在哑变量模型中（F = 26.21，p < 0.000），满意与质量属性是否变化的交互项系数显著且为负（t = −2.012，p < 0.05）。这说明，当质量属性发生变化时，满意对忠诚的作用降低，因此，假设 H5 得到支持。在连续变量模型中（F = 29.35，p <

表 4　质量属性变化的调节效应检验

自变量	哑变量模型（公式 2）		连续变量模型（公式 3）	
	标准化系数	假设检验	标准化系数	假设检验
SAT	0.495***		0.503***	
(D) CM	−0.052ns.		−0.061ns.	
SAT×D (CM)	−0.188**	H5 得到支持	−0.211**	H6 得到支持
Adjusted−R²	0.267		0.285	

注：*** 表示在 99%的置信水平上显著，** 表示在 95%的置信水平上显著，* 表示在 90%的置信水平上显著，ns.表示在 90%的置信水平上不显著。

0.000），满意与质量属性变化幅度的交互项系数显著为负（t = –2.454，p < 0.05）。这说明，随着质量属性变化幅度的增加，满意对忠诚的影响力会下降，因此，假设 H6 得到支持。

5. 讨论

研究二的一个重要贡献就是直接对质量属性的变化进行了测量，并发现质量属性的变化对满意与忠诚之间的关系具有调节作用。研究结果从两个层面上支持了我们的假设。首先，将变化与不变化作为类别变量处理，变化组的满意与忠诚关系要显著高于不变化组的满意与忠诚关系；其次，将变化幅度作为连续变量处理，发现随着变化幅度的增加，满意与忠诚关系将变得更弱。研究二对于我们的核心理论提供了直接的支持证据。

四、研究结论与讨论

1. 主要结论与理论贡献

本研究从时间视角来理解满意与忠诚的差异，并发掘了产品或服务质量属性这一新的调节变量。我们的主要理论是，当产品或服务质量属性发生变化时，满意向忠诚的转化率降低。本研究的主要结论包括以下几个方面：第一，受不易变化的质量属性驱动的满意能转化为更多的忠诚。第二，质量属性变化将削弱满意与忠诚之间的关系，随着质量属性变化幅度的增加，满意与忠诚关系削弱得更为明显。

本研究的理论贡献是，提供了时间视角这一新思路理解满意与忠诚的概念差异，增加了新的理论洞见。我们认为，所有引起效用变化的要素变化都可以成为调节满意与忠诚关系的潜在变量，这个推断使我们的新理论拓展性很强。在这一核心理论的基础上，可以开发多个相关假设，提出一系列的调节变量，甚至可以涵盖解释已有的一些调节变量，例如多样化寻求。从我们的新理论看，多样化寻求会导致顾客偏好发生变化，这种变化也必然导致过去效用无法预测未来效用，进而致使满意向忠诚的转化率降低。

2. 管理启示

首先，应认识到整体环境变动对满意与忠诚关系的潜在损害。本研究的核心理论认为，一切引起效用改变的因素都会削弱满意与忠诚之间的关系。在这个理论的指导下，竞争环境的变化、产品质量的变化、顾客个人偏好的变化等都是造成满意对忠诚影响力减弱的原因。尤其在变动的新兴市场环境下，满意与忠诚之间的联系更弱，使企业追求顾客满意所做的努力与投入无法在未来得到足够的利润回报，降低了企业的盈利能力，并增加了企业经营的风险。因此，在新兴市场环境下的营销实践者更要注重运用其他手段如设置高转移成本来获取顾客忠诚，而不能单纯依靠提高顾客满意。

其次，从企业经营角度，仅追求满意是不够的，还要关注满意建立的基础。虽然在竞争性的市场条件下，企业已经普遍将追求顾客满意作为经营的重要目标，但是仅仅追求顾客满意是不够的，企业更需要了解顾客满意的形成基础是什么。企业需要问自己：我的顾客因为什么因素而满意？这种因素是否具有稳定性？我们的研究结果已经显示，不同因素驱动的满意向忠诚转化的效率并不相同。如果企业的顾客满意是建立在那些容易发生改变的质量属性基础上，那么这种满意无法转化为足够的忠诚，这种满意对企业价值并不大。

3. 研究局限

第一，虽然研究一与研究二对于质量属性变化的调节作用给出了间接与直接的支持证据，但是仍有许多深层问题值得探讨。例如在研究二中，在变化组中实际上包含了质量属性上升与质量属性下降两种情况。虽然就整体而言，变化组的满意与忠诚关系比不变化组更弱，但是上升与下降的情况是否相同？也就是说，质量属性的上升与质量属性的下降对满意与忠诚关系的影响方向是否相同？影响力大小是否有差异？第二，研究二采用的是两次测量的纵贯数据，但现实生活中，顾客会与产品或服务产生多次的交互经历，变化曲线更为复杂。我们会在未来研究中对这些未解决的问题进行深入探索。第三，考虑到新建关系顾客与长期关系顾客在质量评价方式及行为反应方面的差异，未来研究应比较两种类型顾客在面对质量属性变化时对满意与忠诚判断的差异。

参考文献

[1] Fornell, Claes, Michael D. Johnson, Eugene W.. Anderson, Jaesung Cha, Barbara Everitt Bryant [J]. The American Customer Satisfaction Index: Nature, Purpose, and Findings. Journal of Marketing, 1996, 60 (4): 7-18.

[2] Anderson, Eugene W., Mary W. Sullivan. The Antecedents and Consequences of Customer Satisfaction for Firms [J]. Marketing Science, 1993 (12): 125-143.

[3] Naumann, Earl, Paul Williams, N. Sajid Khan. Customer Satisfaction and Loyalty in B2B Services: Directions for Future Research [J]. The Marketing Review, 2009, 9 (4): 319-333.

[4] Voss, Glenn B., Andrea Godfrey, Kathleen Seiders. How Complimentarity and Substitution Alter the Customer Satisfaction-repurchase Link [J]. Journal of Marketing, 2010, 74 (11): 111-127.

[5] Mittal, Vikas, Wagner A. Kamakura. Satisfaction, Repurchase intent, and Repurchase Behavior: Investigating the Moderating Effect of Customer Characteristics [J]. Journal of Marketing Research, 2001, 38 (1): 131-142.

[6] Seiders, Kathleen, Glenn B. Voss, Dhruv Grewal, Andrea L. Godfrey. Do Satisfied Customers Buy More? Examining Moderating Influences in a Retailing Context [J]. Journal of Marketing, 2005, 69 (4): 26-43.

[7] Bolton, Ruth N., Katherine N Lemon, Peter C. Verhoef. Expanding Business-to-Business Customer Relationships: Modeling the Customer's Upgrade Decision [J]. Journal of Marketing, 2008, 72 (1): 46-64.

[8] 白长虹, 刘炽. 服务企业的顾客忠诚及其决定因素研究 [J]. 南开管理评论, 2002, 5 (6): 64-69.

[9] 汪纯孝, 韩小芸, 温碧燕. 顾客满意感与忠诚感关系的实证研究 [J]. 南开管理评论, 2003, 6 (4): 70-74.

[10] 范秀成, 郑秋莹, 姚唐, 穆琳. 顾客满意带来什么忠诚? [J]. 管理世界, 2009 (2): 83-91.

[11] 李东进, 杨凯, 周荣海. 消费者重复购买意向及其影响因素的实证研究 [J]. 管理学报, 2007, 4 (5): 654-659.

[12] 张新安, 田澎. 顾客满意与顾客忠诚之间关系的实证研究 [J]. 管理科学学报, 2007, 10 (4):

62-72.

[13] 金立印. 服务转换成本对顾客忠诚的影响——满意度与替代者吸引力的调节效应 [J]. 管理学报，2008，5（6）：912-920.

[14] Jones, Thomas Q., W. Earl Sasser. Why Satisfied Customers Defect [J]. Harvard Business Review, 1995, 73 (6): 88-99.

[15] Reichheld, Fredrick F., Thomas Teal. The Loyalty Effect: The Hidden Force behind Growth, Profits, and Lasting Value [M]. Boston: Harvard Business School Press, 1996.

[16] 陆娟. 顾客满意与顾客忠诚的关系及影响因素研究——来自北京服务业的实证分析 [J]. 管理世界，2007（12）：96-105.

[17] Szymanski, David M., David H. Henard. Customer Satisfaction: A Meta-analysis of the Empirical Evidence [J]. Journal of the Academy of Marketing Science, 2001 (29): 16-35.

[18] Bolton, Ruth. A Dynamic Model of the Customer's Relationship with a Continuous Service Provider: The Role of Satisfaction [J]. Marketing Science, 1998, 17 (1): 45-65.

[19] Homburg, Christian, Annette Giering. Personal Characteristics as Moderators of the Relationship between Customer Satisfaction and Loyalty-an Empirical Analysis [J]. Psychology & Marketing, 2001, 18 (1): 43-66.

[20] Auh, Seigyoung, Michael Johnson. Compatibility Effects in Evaluations of Satisfaction and Loyalty [J]. Journal of Economic Psychology, 2005 (26): 35-57.

[21] Cooil, Bruce, Timothy L. Keiningham, Lerzan Aksoy, Michael Hsu. A Longitudinal Analysis of Customer Satisfaction and Share of Wallet: Investigating the Moderating Effect of Customer Characteristics [J]. Journal of Marketing, 2007, 71 (1): 67-83.

[22] Oliver, Richard L.. Whence Consumer Loyalty? [J]. Journal of Marketing, 1999 (63): 33-44.

[23] Anderson, Eugene W.. Cross-category Variation in Customer Satisfaction and Retention [J]. Marketing Letters, 1994, 5 (1): 19-30.

[24] Lemon, Katherine N., Tiffany Barnett White, Russel S. Winer. Dynamic Customer Relationship Management: Incorporating Future Consideration [J]. Journal of Marketing, 2002, 66 (1): 1-14.

[25] Bloemer J. M., H. D. Kasper. The Complex Relationship between Customer Satisfaction and Brand Loyalty [J]. Journal of Economic Psychology, 1995 (16): 311-329.

[26] Sanchez-Garcia, Isabel. When Satisfied Consumers Do not Return: Variety Seeking`s Effect on Short and Long-term Intentions [J]. Pschology & Marketing, 2012, 29 (1): 15-24.

[27] Chandarahekaran, Murali, Kristin Rotte, Stephen S. Tax, Rajdeep Grewal. Satisfaction Strength and Customer Loyalty [J]. Journal of Marketing Research, 2007 (44): 153-163.

[28] Oliver, Richard L.. Satisfaction: A Behavioral Perspective on the Consumer [M]. Boston: McGraw-Hill, 1997.

[29] Fishbein, M., I. Ajzen. Belief, Attitude, Intention and Behavior [M]. MA: Addison-Wesley, 1975.

[30] Ajzen, Icek. The Theory of Planned Behavior [J]. Organizational Behavior and Human Decision Processes, 1991, 50 (2): 179-211.

[31] Shugan, Steven M.. Brand Loyalty Programs: Are They Shams? [J]. Marketing Science, 2005, 24 (2): 185-193.

［32］Gustafsson, Anders, Michael D. Johnson, Inger Roos. The Effects of Customer Satisfaction, Relationship Commitment Dimension, and Triggers on Customer Retention［J］. Journal of Marketing, 2005, 69 (10): 210-218.

［33］Kahneman, Daniel, Amos Tversky. Prospect Theory: An Analysis of Decision under Risk［J］. Econometrica, 1979, 47 (2): 263-291.

［34］Kahneman, Daniel, Jackie Snell. Predicting a Changing Taste: Do People Know What They Will Like?［J］. Journal of Behavior Decision Making, 1992 (5): 187-200.

［35］Van Doorn, Jenney, Peter C. Verhoef. Critical Incidents and the Impact of Satisfaction on Customer Share. Journal of Marketing, 2008, 72 (7): 123-142.

［36］Huber, G. P.. Multi-attribute Utility Models: A Review of Field and Field-like Studies［J］. Management Science, 1974, 20 (10): 1393-1402.

［37］Simonson, Itamar, Amos Tversky. Choice in Context: Tradeoff Contrast and Extremeness Aversion［J］. Journal of Marketing Research, 1992, 29 (3): 281-295.

［38］Hsee C. K.. Less is Better: When Low-value Options are Valued More Highly than High-value Options［J］. Journal of Behavior Decision Making, 1998 (11): 107-121.

［39］Hoch, Stephen J., Young-Won Ha. Consumer Learning: Advertising and the Ambiguity of Product Experience［J］. Journal of Consumer Research, 1986, 13 (10): 221-233.

［40］Yim, Chi Kin (Bennett), Kimmy Wa Chan, Kineta Hung. Multiple Reference Effects in Service Evaluations: Roles of Alternative Attractiveness and Self-image Congruity［J］. Journal of Retailing, 2007, 83 (1): 147-157.

［41］Oliver, Richard L.. A Cognitive Model of the Antecedents and Consequences of Satisfaction Decision［J］. Journal of Marketing Research, 1980, 17 (11): 460-469.

［42］王高, 李飞, 陆奇斌. 中国大型连锁综合超市顾客满意度实证研究［J］. 管理世界, 2006 (6): 101-110.

［43］Purohit, Devavrat, Joydeep Srivastava. Effect of Manufacturer Reputation, Retailer Reputation, and Product Warranty on Consumer Judgments of Product Quality: A Cue Diagnosticity Framework［J］. Journal of Consumer Psychology, 2001, 10 (3): 123-134.

［44］Dodds W. B., K. B. Monroe D. Grewal. Effects of Price, Brand, and Store Information o Buyers' Product Evaluation［J］. Journal of Marketing Research, 1991, 28 (3): 307-319.

［45］伯曼, 埃文斯. 零售管理［M］. 吕一林, 熊鲜菊等译. 北京: 中国人民大学出版社, 2002.

［46］Brown, Tom J., John C. Mowen, D. Todd Donavan, Jane W. Licata. The Customer Orientation of Service Workers: Person-ality Trait Effects on Self and Supervisor Performance Ratings［J］. Journal of Marketing Research, 2002, 39 (2): 110-119.

［47］Franke, George R., Jeong-Eun Park. Salesperson Adaptive Selling Behavior and Customer Orientation: A Meta-analysis［J］. Journal of Marketing Research, 2006, 43 (11): 693-702.

［48］Johnson, Michael D., Andreas Herrmann, Frank Huber. The Evolution of Loyalty Intentions. Journal of Marketing, 2006, 70 (4): 122-132.

［49］Brown, Tom J., Thomas E. Barry, Peter A. Dacin, Richard F. Gunst. Spreading the Word: Investigating Antecedents of Consumers'Positive Word-of-mouth Intentions and Behaviors in a Retailing Context［J］. Journal of the Academy of Marketing Science, 2005, 33 (2): 123-138.

［50］Podsakoff, Philip M., Scott B. MacKenzie, Jeong-Yeon Lee, Nathan P. Podsakof. Common Method Bias in Behavioral Research: A Critical Review of the Literature and Recommended Remedies ［J］. Journal of Applied Psychology, 2003, 88（5）: 879-903.

［51］Wedel, Michel, Wagner Kamakura, Neeraj Arora, Albert Bemmaor, Jeongwen Chiang, Terry Elrod, Rich Johnson, Peter Lenk, Scott Neslin, Carsten Stig Poulsen. Discrete and Continuous Representation of Unobserved Heterogeneity in Choice modeling ［J］. Marketing Letters, 1999, 10（3）: 219-232.

［52］Leszczyc, Peter T. L. P., Ashish Sinha, Anna Sahgal. The Effect of Multi-purpose Shopping on Pricing and Location Strategy for Grocery Stores ［J］. Journal of Retailing, 2004, 80（2）: 85-99.

［53］Helsen, Harry. Adaptation-level Theory ［M］. NY: Harper & Row, 1964.

［54］Zeithaml, Valarie A., Leonard L. Berry, A. Parasuraman. The Behavioral Consequences of Service Quality ［J］. Journal of Marketing, 1996, 60（4）: 31-46.

［55］Sharma, Subhash, Richard M. Durand, Oded Gur-Arie. Identification and Analysis of Moderator Variables ［J］. Journal of Marketing Research, 1981, 18（3）: 291-300.

［56］Jaccard J., R. Turrisi C. K. Wan. Interaction Effects in Multiple Regression ［M］. Newbury Park, CA: Sage Publications, 1990.

远程购物环境下退货对购后后悔影响研究 *

李东进　吴　波　李　研

【摘　要】远程购物方式的兴起给消费者带来便利性的同时也让消费者感受到了更多的购物风险，宽松的退货政策是降低消费者感知风险的有效方式之一。本研究将从产品不满意原因差异、消费者退货政策感知差异以及企业退货政策表述差异来分析退货对消费者购后后悔和重购意愿的影响。研究结果表明，由于偏好问题引起的退货，退货对后悔的缓解作用显著大于由于质量问题引起的退货，消费者视宽松的退货政策为质量信号的程度存在个体间差异，对于质量问题引起的退货，较少将宽松的退货政策视为质量信号的消费者，退货后后悔较小。适当在退货政策中解除宽松的退货政策与质量信号间的联系可以降低较多将宽松的退货政策视为质量信号消费者的退货后后悔。该研究不仅丰富了后悔和退货的相关理论，而且对远程零售商的营销实践有一定的应用价值。

【关键词】远程购物；退货；后悔；质量信号

引言

伴随着科技与经济的发展和人们生活水平的提高，消费者的购物渠道越来越丰富，目录邮购、电视购物和网络购物等远程购物（Remote Purchase）方式受到越来越多中国消费者的欢迎。足不出户就可以购买到自己需要的商品，在给消费者带来极大便利性的同时也削弱了消费者在购买时鉴别商品质量优劣和判断商品是否合适的能力，增加了消费者的购物风险。[1] 远程购物方式与传统实体店铺购物方式的不同之处在于购买决策可能被视为

---

* 《南开管理评论》2013 年第 16 卷第 5 期。

本文受国家自然科学基金项目（71072101）、国家社会科学基金项目（12CGL048）资助。

作者简介：李东进，南开大学商学院教授、博士生导师，研究方向为市场营销、消费者行为、广告；吴波，南开大学商学院博士研究生，研究方向为消费者行为、市场营销；李研，南开大学商学院博士研究生，研究方向为消费者行为、市场营销。

两个分离的决策过程：首先决定是否要购买；其次根据收到的产品决定是保留还是退回。[2] 这两个决策有一定的时间间隔，而重要的产品体验信息往往在第二个决策点出现。消费者最初缺乏体验信息使得产品选择更具风险性，消费者对风险的控制会随着感知风险的增加而增多。[3] 而卖家宽松的退货政策往往是降低消费者感知风险、减少消费者预期后悔的主要方式之一。[4]

在远程购物方式下，消费者最常遇到的问题就是购买到的商品与卖家描述的不相符，和自己的预期差距大，而宽松的退货政策恰恰可以解决消费者这方面的顾虑，给予消费者撤销错误购买决策的机会，降低消费者撤销错误购买决策的成本。宽松的退货政策不仅可以给消费者带来价值，也可以为零售商创造竞争优势。[5] 目前中国网上购物、电视购物和目录邮购企业的退换货规定千差万别，比如，凡客诚品、卓越亚马逊和橡果国际的退换货期限为 30 天，麦考林的退换货期限为 10 天，当当网的退货期限为 7 天、换货期限为 15 天，淘宝网则提供了 7 天无理由退换的消费者保障服务，消费者从参加了 7 天无理由退换消保计划的网店购买的商品可享受 7 天无理由退换货服务，尽管如此，淘宝网上各卖家对退货期限的规定差异性极大。另外，各远程渠道零售商不仅在退换货期限上存在差异，而且对退换货条件、退换货的程序，以及退换货所承担的运费由买卖双方谁来承担等问题的规定也不尽相同。由于远程购物方式与传统实体店铺购物方式存在明显差异，因而，在远程购物环境下，研究退货对消费者认知、情感以及行为意向的影响尤为必要。

退货是企业和消费者交换过程的重要组成部分，但是从个体行为视角探讨消费者退货的研究却非常少。Wood 研究表明在远程购物环境下，宽松的退货政策增加了消费者订购的可能性，降低了消费者在订购和收货期间的产品搜寻，增加了消费者对产品质量的正面评价。[2] 可见，在远程购物环境下，宽松的退货政策会给消费者传递产品质量信号。然而，宽松的退货政策对于零售商来说并不总是理想的选择，Petersen 和 Kumar 的研究表明，消费者退货数量与未来产品购买数量呈倒"U"形关系，在达到一定临界点之前，退货量与再购量呈正向关系，但是超越这一临界点，退货量与再购量就呈负向关系；[6] 一个可能的解释是，顾客退货数量达到一定临界点以上意味着企业的产品本身存在一定的问题，所以在对退货的研究中，不仅应该考虑退货政策对消费者退货行为的影响，也应该考虑消费者退货原因、消费者对宽松的退货政策的理解对消费者退货的影响。另外，以往对个体消费者退货行为的研究多集中在退货政策和选择过程对退货可能性的影响，[7,8] 却没有研究消费者成功退货后的情绪和行为意向，而现实中，由成功退货与否并不能预测消费者的重复购买倾向，所以，有必要研究退货相关因素对消费者退货后情绪和行为意向的影响。

消费者买到不满意的产品通常会产生购后后悔，[9] 而购后后悔会影响其再购意愿、[10] 品牌转换和口碑传播，[11] 对企业的长期发展是不利的，所以很多企业都出台一些可以降低或避免消费者购后后悔的营销策略，如最低价格保证、延长产品保修期。而对于远程渠道零售商来说，宽松的退货政策就是降低消费者购后后悔的一种常用策略。后悔在消费者决策中起着非常重要的作用，因为消费者对后悔是厌恶的，他们会避免后悔的发生，一旦发生就会采取改良行为，[12] 而退货就是撤销最初购买决策的有效方式之一，后悔不仅是对错误决策结果或过程的情感反应，也是激发和给出行为方向的推动力。[12] 所以，本研究认为借助后悔理论可以更好地探明远程购物环境下消费者的退货行为。基于以上问题，本研究将探究远程购物方式下影响消费者购后后悔的退货相关因素，分析不同退货原因、消费者对宽松的退货政策的感知差异，以及零售商退货政策的表述对消费者购后后悔和重购意愿的影响。本研究不仅可以丰富消费者购后后悔和退货相关领域的理论，而且可以指导零售商如何在远程购物方式下通过有效的退货政策降低消费者购后后悔，提高其重购意愿。

一、文献回顾与假设提出

1. 远程购物与退货

零售方式多样化推动了对消费者退货的研究，这方面研究最初主要通过构建数学模型的方式来分析，比如，如何控制产品退回；[1] 建立解释和预测退货的模型，分析顾客和产品的退货倾向；[13] 分析影响零售商退货政策的因素。[14] 近期对退货的研究则主要集中在模型构建和行为学视角两个方面。Wood 开创性地从行为学视角探讨了与传统实体店铺购物方式相比，远程购物方式下消费者决策过程的特点，并利用禀赋效应阐述了宽松的退货政策对消费者购买决策过程的影响，通过实验方法论证了远程购物环境下宽松的退货政策的质量信号作用。[2] Bechwati 和 Siegal 以选择、记忆和态度稳定性理论为基础分析了选择过程中认知反应的数量和本质对消费者退货可能性的影响。[7] Petersen 和 Kumar 利用实证数据分析了退货在交易过程中的作用，识别了可以解释退货行为的交换过程因素，以及退货给未来消费者和企业行为带来的结果。[6] Anderson 等开发了消费者退货模型，用来测量退货选择给消费者带来的价值，平衡不同退货政策的收益和成本。[9, 15] Janakiraman 和 Ordóñez 通过实验考察了退货期限和所需努力对消费者退货行为的影响。[8] 这些研究表明，退货政策影响消费者退货行为，而消费者退货行为在企业顾客关系中起到非常重要的作用。

通过远程购物方式购物的消费者只能根据卖家对产品的描述进行产品选择。一方面，消费者不能在订购商品的同时直接体验所购商品，只有收到商品后才能获得商品的体验信息，[14] 由于很多商品具有体验性特征，消费者在没有体验产品前不能完全了解自己的偏好，[16] 因而很容易买到不适合的产品；另一方面，消费者无法在购买时亲自鉴别产品质量，[2] 会产生更多对产品质量和性能的担忧。远程购物方式的特点给消费者带来更大的感知风险。[17] Cases 对消费者网上购物感知风险维度进行了分析，发现网上购物感知风险主要有四个来源。[12] 其中，互联网和网站是网上购物这种远程购物方式所特有的风险来源，而产品和远程交易风险来源则是所有远程购物方式所共有的。具体包括产品表现风险、时间风险、经济风险和递送风险。虽然这些风险中有一些在实体店铺购买中也会出现，但是在远程购物方式下会变得更加突出。可以降低消费者感知风险的方式有很多，[18] 但与远程购物方式相适应的有效方式之一就是宽松的退货政策。[13] 风险感知不仅会影响消费者的购物方式，[19] 还会影响消费者的零售商选择。[20] 在退货中起到决定作用的是零售商，而不是制造商[21]，所以对于通过远程购物方式购物的消费者来说，零售商的选择是至关重要的，而对零售商选择的一个主要依据就是零售商的退货政策是否能够降低远程购物引起的购物风险感知。

消费者通常通过购买后多长时间可以退货？退货是否需要理由？退货后是否退还全款？特价商品是否可以退货等问题来衡量一个企业退货政策的宽松程度。[2] 对于卖方来说，宽松的退货政策增加消费者购买产品的可能性，降低消费者的不满，为零售商创造竞争优势。[22] 然而，宽松的退货政策会导致更多的产品退回、消费者滥用退货权利等问题，给企业带来较高的成本；[14] 而对于买方来说，宽松的退货政策可以降低购买风险，增加预期效用。[14] 相反，如果卖方采用严格的退货政策，对于卖方来说，虽然可以降低由于退货引发的成本，但是消费者对企业的负面评价以及顾客流失给企业带来的成本问题会更加严重；[22] 而对于买方来说，承担了更多的购物风险，产生了更多的预期后悔，降低购买意愿，[23] 如果购买到了不满意的产品，还不能及时退货的话，会给消费者带来损失，消费者对零售商会有负面评价，产生负面情绪，降低再购意愿。[9]

退货虽然意味着顾客对企业产品的不满，但是企业及时解决退货问题，让退货顾客满意，有利于建立和维护企业与顾客的关系。[24] Reinartz 和 Kumar 的研究表明，与短期终身顾客相比，长期终身顾客会有更高的退货率，这可能是因为，产品退回代表顾客没有回避烦琐的退货程序，也给了企业一次与顾客互动和联系的机会，确保顾客的再次购买。[22, 25] 而 Venkatesan、Kumar、Petersen 和 Kumar 的研究则表明，退货数量与顾客的预期购买频率呈倒"U"形关系，在某一临界值以下，退货与顾客的预期购买频率正相关，超过这一临界值时，退货与顾客预期购买频率负相关。[6, 26] 这可能是因为，顾客在一定期限内的退货意味着顾客对企业的信任，并期望从中获得未来利益，然而，退货频率过高则意味着顾客对企业信任的破坏，降低顾客未来行动的水平。[26] 为了进一步厘清退货与再购意愿之间的关系，有必要考察消费者退货原因、消费者对宽松的退货政策感知差异、企业宽松的退货政策表述以及消费者购后后悔等变量间的关系。

2. 退货与后悔

后悔是一种基于认知的负面情感，[27] 这种情感会促使人们规制自己的行动，以期在短期和长期最大化收益。[12] 后悔既可以针对过去的事件（回溯性后悔），也可以针对未来的事件（预期性后悔）。消费者购后后悔就是一种回溯性后悔。购后后悔对于企业是不利的，因为购后后悔通常会降低消费者的重购意愿，[28] 后悔是一种基于比较的自责情感，[29] 经历后悔的人会意识到或想象出如果先前做出不同的决策，现状会更好。例如，消费者在网上购买了一件衣服，收到时发现尺寸偏大，这时消费者有可能就会进行反事实思考（如果当初买小一号就好了），从而将当前结果与如果做出不同选择可能产生的更好结果进行比较。后悔在消费者决策过程中扮演着重要的角色，[23] 后悔可以通过两种不同的方式影响人们的决策，一种是在决策后促使人们消除之前选择带来的影响，另一种是对将来可能产生后悔的预期会在决策前影响人们的选择。[30] 由于消费者对后悔是厌恶的，因而他们会调节后悔情绪，尽管后悔的很多方面已经得到了广泛的研究，但是对后悔的调节还没有得到足够的重视。[12]

后悔会伴随着对已经犯下的错误和失去的机会的回想，想要抱怨自己和纠正错误，想要使事情恢复原状并获得第二次机会，如果有这样的机会就会行动，所以后悔经历的核心成分之一是想要撤销导致后悔结果的决策，[12] 退货就是通过撤销消费者最初购买决策所带来的负面结果来降低消费者购后后悔的一种方式。虽然通常认为撤销最初决策可以缓解后悔，但是，撤销最初决策似乎并不意味着后悔的必然消除。决策结果可逆对后悔影响的相关研究表明，结果可逆并不一定能够消除后悔。Tsiros 和 Mittal 发现即使结果是可逆的情况下，决策者拥有关于放弃的更好选项的知识比缺少相关知识时更后悔。[31] Gilbert 和 Ebert 的研究表明，尽管被试都喜欢拥有改变主意的机会，但是结果可逆会降低被试对结果的满意度，这表明后悔存在于结果可逆的情况下。[32] Roese 和 Summerville 认为机会引起后悔，因为，如果没有机会，或者问题不可避免，终止或缓解后悔的认知不协调、合理化和重新构建过程就会发挥作用。[33] Dutta 等的研究表明，金钱补偿并不一定能够消除消费者购后后悔，这取决于消费者对最低价格保证的理解，如果消费者将最低价格保证视为保护工具，补偿后的后悔是最小的，而当消费者将最低价格保证视为零售商价格地位的信息源时，即使退款后依然后悔。[34] 那么，消费者退货后是否仍然会对购买决策感到后悔呢？

退货是逆转最初决策的方式，通过将不满意的商品退回给零售商来消除购买决策带来的损失，退货可以在一定程度上缓解消费者因买到不满意产品而产生的购后后悔情绪，但是要探明退货对后悔情绪的缓解程度不得不考虑消费者退货的原因。通常消费者对产品不满意存在两个主要原因：产品质量问题和自身偏好问题，[34] 如买到了不适合或不喜欢的衣服。偏好原因在远程购物环境下会变得更为普遍，因为，消费者在购买时并不能体验到产品，只能通过卖家的描述进行判断。[15] 虽然在现实生活中，质量原因和偏好原因可能同时存在，但为了研究方便，本研究将这两个原因独立分析，并不考虑二者同时出现的情况。质量原因和偏好原因往往会对消费者产生不同的影响。产品质量是产品功能得以发挥的基础，是实现产品核心利益的前提，产品质量与顾客满意度密切相关。[35] 而与产品质量相比，款式等产品属性则在产品核心利益发挥中起到辅助的作用。如果用双因素理论来解释，产品质量是保健因素，满足消费者对产品的基本需求，保健因素的缺乏会引发较多的不满，而产品的样式则是为了满足更高级别需求的激励因素，激励因素的缺乏则会引起较少的不满。[36, 37] Chitturi 等认为，满足或超出消费者实用需求的产品会增强消费者满意，而满足或超出消费者享乐需求的产品会增强消费者快乐，满意的前提是实用利益的满足，而快乐的前提是享乐利益的满足。[38] 可以看出，相对于买到不适合的产品来说，买到质量不好的产品对于消费者是更为负面的结果，由于后悔是对结果的比较而形成的负面情感，因而实际结果越负面，后悔程度会越高。另外，与质量不好的商品相比，人们对不适合的商品会有更多的处理方式，如送人、二手交易或另作他用，这些可供选择的处理方式会通过提高最初决策合理化来缓解后悔等负面情绪。[38] 所以，质量问题会比偏好问题引发更多的购后后悔。产品质量是品牌信任和品牌忠诚的前提，[39] 向消费者提供有质量保证的产品是企业的责任和义务，而消费者选择从某一个零售商处购买产品是基于对该零售商的信任，所以当产品质量存在问题时，消费者对企业的信任被破坏，退货本身对不好结果的扭转作用会因此受到限制，退货在缓解后悔的作用上就会下降。因此，由于质量原因引发退货的情况下，成功退货对后悔的缓解作用将显著低于由于偏好原因引发退货的情况。故本研究提出以下假设：

假设 1： 在远程购物中，当消费者对所收到的商品不满意时，退货后比退货前感知到较少的后悔。

假设 2： 在远程购物中，当消费者对所收到的商品不满意时，质量问题比偏好问题感知到更多的后悔。

假设 3： 对由于质量问题引起退货的情况，退货对后悔的缓解作用显著低于由于偏好问题引起退货的情况。

3. 宽松的退货政策的质量信号作用

全款退货不仅可以降低消费者的风险感知，还可以作为企业产品质量的信号。远程购物方式使得消费者不能直接考察备选产品，导致买卖双方严重的信息不对称，因此消费者需要对产品质量进行推断；[40] 信息经济学中的信号传递理论认为，交易双方拥有关于交易不同数量的信息，当一方缺少另一方所拥有的信息时，前者会根据后者所提供的信息进行推断，这种推断的形成会影响提供信息方对所提供信息的选择。[41] 交易双方的信息不对称可能存在于很多情况下，比如，雇佣者不确定工人的能力，[42] 保险提供者不确定保险购买者的健康状况。[43] 买方和卖方的营销关系也经常以信息不对称为特征，因为，卖方比买方拥有关于交易产品更多的信息。[44] 在无法准确评估产品质量的情况下，消费者需要能够区分高质量和低质量卖家的信息，一个有效解决此问题的方法就是卖方向消费者发出产品或服务的质量信号。

企业向消费者传递他们质量的信号，[38] 质量信号可以以多种方式传递，包括品牌、价格、保修保证、广告支出等。[45-48] 退款保证是在零售环境中一个有效的质量信号。[49] 退款保证之所以可以作为质量判断的标准，是因为产品退回引发的交易成本防止低质量零售商进行欺诈，低质量的卖家不能在假信号中受益。信号的主要目的就是告诉消费者如果传递的信号是错误的，卖家会予以补偿，这种自我惩罚增加了所传递信号的可信性。[33] 消费者信息推断的文献表明，当消费者缺乏其他的判断基础时，会主要依据信息提示。[50] 与实体店铺购买者相比，远程购物者在订购商品时可能更依赖像退货政策这样的质量信号。Wood 的研究表明，在远程购物环境下，零售商宽松的退货政策会增加消费者对产品质量的预期。[2]

本研究认为，在是否视宽松的退货政策为远程零售商的质量信号上存在个体差异，那些较少将宽松的退货政策视为质量信号的消费者主要视宽松的退货政策为规避购物风险的保证，而那些更多将宽松的退货政策视为质量信号的消费者会认为宽松的退货政策意味着零售商销售产品的高质量，这些消费者认为零售商提供的高质量信号的信息是准确可靠的，对零售商会有更多的信任。消费者对企业的信任是建立消费者与企业长期关系的基础，[39] 所有的沟通都依赖诚实这一基本的规范，当企业的宣传给消费者留下的印象和产品的实际表现出现不一致时，消费者会认为企业传递的信息具有欺骗性，降低对企业整体营销信息的信任度，保护自己免受接下来的欺骗。[51] 所以，那些视宽松的退货政策为质量信号的消费者会对产品质量问题更为敏感，即使成功退货，产品质量问题仍会引发更多的后悔，而对于较少将宽松的退货政策感知为质量信号的消费者，成功退货已经达到降低购物风险的目的，所以退货后后悔会低于较多将宽松的退货政策感知为质量信号的消费者。对于非质量问题引发的产品不满意则代表消费者对卖家的产品质量是满意的，较多将宽松的退货政策感知为质量信号的消费者对企业的信任不仅没有被破坏，还变得更加稳固。所以，对于较多将宽松的退货政策视为质量信号的消费者来说，由于偏好引起的产品不满意将会产生较少的退货后后悔。由于高质量信号感知者从宽松的退货政策中较多地感受到质量信号，因而如果在退货政策中说明宽松的退货政策与高质量之间不存在必然联系，那么宽松的退货政策就不会向高质量信号感知者传递质量信号，因此，质量问题引发的退货后后悔程度会比较低。

假设 4： 在远程购物中，与视宽松的退货政策为质量信号程度较低的消费者相比，那些更多的视宽松的退货政策为质量信号的消费者，对由于质量问题引起的退货，退货后会感知到较多的购后后悔，而对于由于偏好问题引起的退货，退货后会感知到较少的购后后悔。

假设 5： 在远程购物中，那些较多将宽松的退货政策视为质量信号的消费者会受到企业退货政策表述的影响，企业在宽松的退货政策中解除高质量与退货政策的关系会降低这些消费者由于质量问题引起退货的退货后后悔，而较少将宽松的退货政策视为质量信号的消费者不受到企业退货政策表述的影响。

二、研 究 一

1. 实验设计与程序

研究一和研究二的数据通过某大型调查网站采集，用该调查网站进行研究主要有三个原因：首先，该调查网站的用户绝大部分有网购经历，所以通过该调查网站调查被试在网购中对卖家退货政策的反应是合适的；其次，由于本研究采用情境模拟方式进行调查，需要被试认真阅读问卷中的情境，并且按顺序回答相应问题，而该调查网站不仅可以控制被试答题的顺序，还可以控制被试答题的时间，因而保证了问卷填写质量；最后，利用该网站提供的问卷设计技术，可以让不同被试进入问卷的不同页面，以确保被试随机分组，通过防重复设置避免被试重复回答同一问卷。

为了检验假设 1、假设 2、假设 3 和假设 4，研究一采用了 2（退货原因：质量；偏好）×2（质量信号感知：高；低）×2（后悔时间点：退货前；退货后）的混合实验设计。其中退货原因和质量信号感知是组间变量，不同时间点的后悔是组内变量。

在研究中首先询问被试三个网上购物经历的相关问题：是否有过网购经历、如果对网购到的商品不满意通常会如何处理、是否有过退货经历。这三个题目的设计一方面可以对被试网购和退货经历有初步了解，剔除没有网购经历的被试；另一方面通过简单的题目引导被试进入答题状态。接下来给被试呈现关于什么是宽松的退货政策的说明，在此基础上让被试比较两个不同网络卖家的退货政策，以判断被试是否能正确理解何为宽松的退货政策。然后，是六个询问被试对宽松的退货政策看法的问题，其中有两个问项是测量被试是否认为提供宽松的退货政策的网络卖家会销售较高质量的商品，问项设计参考了 Dutta 等的研究，这两个问项用来衡量被试质量信号感知上的差异。

通过让被试选择无意义字符串的方式将被试随机分成两组，两组被试将进入不同页面，两个页面除了呈现的情境略有差异外，其他完全一致。情境讲述了一个大学三年级学生在网上购买牛仔裤的经历，在情境中特别强调了网店成立时间较短（一年），牛仔裤正在促销（原价 220 元、现价 120 元），卖家提供了宽松的退货政策（十天无理由退货）。两个情境不同之处在于对收到产品不满意的原因，一个情境中描述主人公对牛仔裤的款式非常喜欢，但是觉得质量很差；而另一个情境中描述主人公认为牛仔裤的质量很好，但是款式非常不适合他，两个情境中都强调主人公认为买到的牛仔裤很失败，穿不出去。在情境故事后有一个检验被试是否认真阅读情境故事的题目，询问被试故事中主人公退货的理由。然后让被试假想自己是情境中的主人公，如果遇到像情境故事中这样的问题时会有何感受，并通过后悔量表测量被试在试穿后的后悔程度，后悔量表参考的是 Tsiros 和 Mittal 的研究。

被试填答完后悔量表后会进入下一个页面，继续之前的故事情境，主人公很顺利地退货，并收到了全额退款。再次让被试把自己假想为情境中的主人公，并询问被试成功退货后的感受。仍然通过含有三个问项的后悔量表对被试退货后的后悔程度进行测量。最后，问卷测量了被试的性别、年龄段、学历、收入等人口统计变量。

2. 数据分析

共有 148 名网友参与了调查，其中有 7 人没有正确判断哪个网上卖家采用的是宽松的退货政策，质量问题组和偏好问题组分别有三个和两个被试没有准确判断故事中主人公退货的原因，另有两名被试没有网购经历。最终有效问卷 134 份，其中，质量问题组 65 份，偏好问题组 69 份。对网购中不满意商品的处置中，67 人选择退货，占 50.0%，52 人选择闲置，占 38.8%，7 人选择送人，占 5.2%，8 人选择二手交易，占 6.0%；80 人有过退货经历，占 59.7%。样本分布情况为：女 76 人，占 56.7%；18~24 岁 45 人，占 33.6%，25~30 岁 52 人，占 38.8%，31~40 岁 33 人，占 24.6%，41~50 岁 4 人，占 3.0%；高中及以下学历 7 人，占 5.2%，大学本科 111 人，占 82.8%，硕士研究生 15 人，占 11.2%，博士研究生 1 人，占 0.7%；平均月收入：0.15 万元以下的 31 人，占 23.1%，0.15 万~0.3 万元的 23 人，占 17.2%，0.3 万~0.5 万元的 41 人，占 30.6%，0.5 万~1 万元的 32 人，占 23.9%，1 万元以上的 7 人，占 5.2%；全日制在校学生 40 人，占 29.9%。

首先对测量被试视宽松的退货政策为质量信号感知差异的两个问项求平均，将其转化为一个变量，将这个变量作为区分个体在理解宽松的退货政策与卖家销售的产品质量好之间关系上的差异，通过变量的均值将被试分为高质量信号组和低质量信号组，其中，高质量信号组 68 人，低质量信号组 66 人。两组被试在视宽松的退货政策为质量信号上的得分有显著差异（M 信号高=6.48，M 信号低=4.70），t=16.40，p<0.001。为了检验研究假设 1 到假设 4 对后悔进行了 2（退货原因：质量；偏好）×2（质量信号感知：高；低）×2（后悔时间点：退货前；退货后）的混合设计方差分析。分析结果表明，退货原因、质量信号感知和后悔时间点三变量交互效应显著，F（1，130）=5.98，p=0.016<0.05，后悔时间点和退货原因两变量交互效应显著（M 质量-退货前=6.34，M 偏好-退货前=4.69，M 质量-退货后=4.89，M 偏好-退货后=2.22），F（1，130）=19.25，p<0.001，如图 1 所示。由于质量问题引起的退货，退货前后购后后悔的变化幅度显著大于由于偏好问题引起的退货。退货原因和质量信号感知交互效应显著，F（1，130）=13.09，p<0.001。后悔时间点主效应显著（M 退货前=5.49，M 退货后=3.52），F（1，130）=286.85，p<0.001，退货前比退货后有更多的购后后悔。退货原因主效应显著，F（1，130）=198.98，p<0.001。

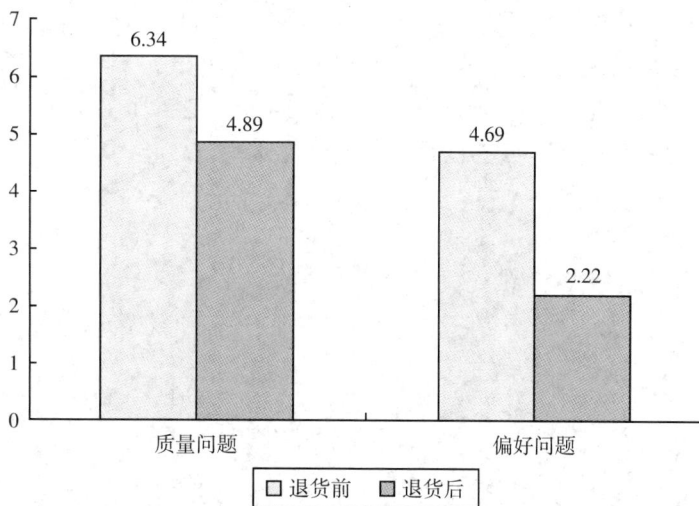

图1 退货原因与测量时点对后悔强度的影响

为了进一步解释退货原因、质量信号感知和后悔时间点的交互效应，分别考察退货原因和质量信号感知对退货前后悔和退货后后悔的影响关系。以退货前后悔为因变量，退货原因和质量信号感知为自变量的多元方差分析表明，退货原因与质量信号感知的交互效应不显著，F（1，130）=2.15，p=0.145>0.05，如图 2 所示。退货原因主效应显著（M 质量=

6.34，M 偏好=4.69），F（1，130）=80.14，p<0.001，与偏好原因引起的退货相比，质量原因引起的退货会产生更多的退货前后悔。质量信号感知主效应不显著（M 信号高=5.49，M 信号低=5.49），F（1，130）=0.002，p=0.967>0.05。

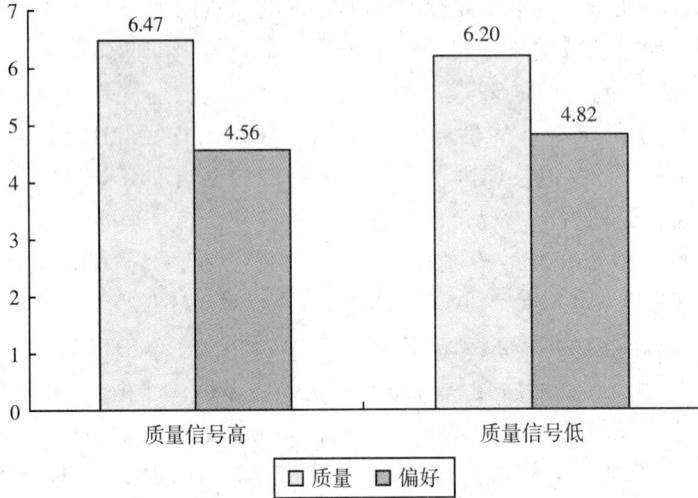

图 2　质量信号和退货原因对退货前后悔的影响

以退货后后悔为因变量，退货原因和质量信号感知为自变量的多元方差分析表明，退货原因与质量信号感知的交互效应显著，F（1，130）=17.62，p<0.001，如图 3 所示。当因为质量问题退货时，质量信号感知高的被试比质量信号感知低的被试有更多的退货后后悔（M 质量–信号高=5.27，M 质量–信号低=4.50），t=2.21，p=0.031<0.05，当因为偏好问

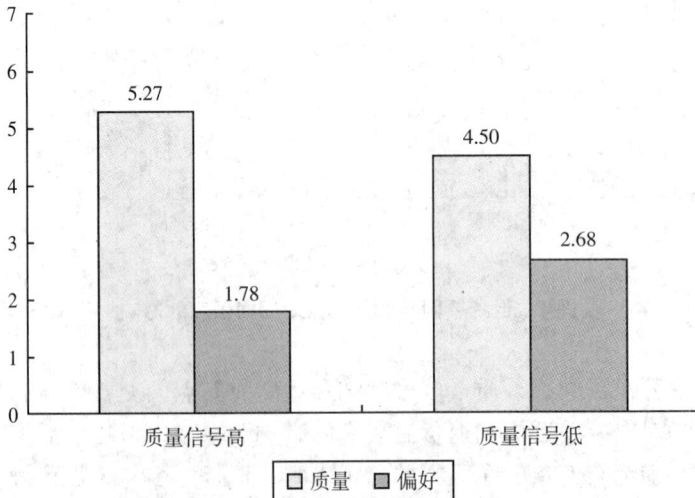

图 3　质量信号和退货原因对退货后后悔的影响

题退货时，质量信号感知高的被试比质量信号感知低的被试有较少的退货后后悔（M 偏好–信号高=1.78，M 偏好–信号低=2.68），t=−4.48，p<0.001。退货原因主效应显著（M 质量=4.89，M 偏好=2.22），F（1，130）=178.90，p<0.001，与偏好原因引起的退货相比，质量原因引起的退货会产生更多的退货后后悔。质量信号感知主效应不显著（M 信号高=3.48，M 信号低=3.56），F（1，130）=0.10，p=0.758>0.05。

3. 结果讨论

研究一表明对产品不满意的原因影响购后后悔情绪，与偏好原因引起的产品不满意相比，质量原因引起的产品不满意会产生更多的购后后悔。退货可以显著缓解消费者的购后后悔，退货后比退货前的后悔程度低。对于偏好原因引发的退货，退货对后悔的缓解作用更为明显，退货前后后悔差异显著大于由于质量原因引发的退货。与那些较少地将宽松的退货政策视为质量信号的人相比，较多地将宽松的退货政策感知为质量信号的人对由于质量问题引发的退货产生较多的退货后后悔，而对于由于偏好问题引发的退货会产生较少的退货后后悔。这表明在远程购物环境下，那些将宽松的退货政策较多感知为质量信号的人比较少将宽松的退货政策视为质量信号的人对产品质量更为敏感。质量信号感知和退货原因对退货前后悔并不存在交互效应，说明在退货前质量信号感知高的被试和质量信号感知低的被试对退货原因的后悔反应并无显著差异。

由于那些将宽松的退货政策感知为质量信号的人对产品质量问题非常敏感，那么企业应该如何避免这些消费者在退货后仍然有较高的后悔情绪呢？一个有效的方法就是合理解释宽松的退货政策的目的，在退货政策中说明宽松的退货政策不是为了证明该企业的产品质量好，只是为了降低消费者购物风险，让这些消费者意识到企业并没有发出质量信号，那么就不会有高质量的感知，所以那些在描述宽松的退货政策时说明宽松的退货政策并不意味着产品质量非常好的企业将会引起质量信号感知较高的人较少的退货后后悔，研究二将检验这一假设。

三、研 究 二

1. 实验设计与程序

为了检验假设 5，研究二采用 3（宽松的退货政策描述：高质量；非高质量；无质量）×2（质量信号感知：高；低）的组间实验设计。

研究二与研究一的程序基本相似，依然采用研究一中某大三学生在网上购买牛仔裤的情境，主要区别有：①用四个问项而非两个问项测量被试的质量信号感知差异，其中有一个问项是反向问题，以考察被试是否认真填答问卷。②研究中有三个情境，情境除了对退货政策的描述存在差异外，其他部分均一致，三个情境分别采用了三种不同的退货政策表述，对退货政策的表述参考了淘宝网上多个不同牛仔裤卖家的退换货政策说明，研究中所涉及的三种类型表述在现实卖家中均可找到。情境一中将宽松的退货政策与高质量联系在了一起，退货政策描述为："卖家承诺销售的商品都经过严格的质量检查，质量可靠，做工精良，品质一流，如果买家对收到的商品有任何不满意，签收商品后十天内可无理由退货，质量问题卖家承担退货运费，非质量问题买家承担退货运费。"情境二中则将宽松的退货政策与高质量区分开，退货政策描述为："卖家声明虽然销售的商品都经过严格的质量检查，但不能保证所有商品都不存在任何质量问题，卖家承诺如果买家对收到的商品有任何不满意，签收商品后十天内可无理由退货，质量问题卖家承担退货运费，非质量问题买家承担退货运费。"情境三的退货政策则回避了宽松的退货政策与质量的关系，只说明了退货政策，没有提到质量的好坏，退货政策表述为："卖家承诺如果买家对收到的商品有任何不满意，签收商品后十天内可无理由退货，质量问题卖家承担退货运费，非质量问题买家承担退货运费。"③在对商品不满意的原因上三个情境均是由于对产品质量不满意引起的，研究二中没有考察偏好原因的情况，对产品质量不好的描述为："裤子的质量不是很好，有很多线头，拉链不好用，料子很薄，手感很差。"并强调故事的主人公对收到的裤子非常不满意。另外，由于所有情境对商品不满意的原因都是质量问题，因而没有询问被试故事中的主人公退货原因。④没有测量收到裤子后的后悔情绪；即退货前后悔，直接测量退货后的后悔情绪，由于购后后悔会影响重购意愿，[52]因而在研究二中增加了对消费者重购意愿的测量，重购意愿量表参考了Dutta等的研究。

2. 数据分析

共有232名网友参与了调查，其中有10人没有正确判断哪个网上卖家采用的是宽松的退货政策，另有3名被试没有网购经历，有5名被试回答质量感知的四个问项时答案高度一致，没有辨别出反向问题。最终有效问卷214份，其中，高质量组74份，非高质量组70份，无质量组70份。对网购中不满意商品的处置中，118人选择退货，占55.1%，71人选择闲置，占33.2%，1人选择丢掉，占0.5%，19人选择送人，占8.9%，5人选择二手交易，占2.3%；151人有过退货经历，占70.6%。样本分布情况为：女124人，占57.9%；18~24岁59人，占27.6%，25~30岁102人，占47.7%，31~40岁45人，占21.0%，41~50岁5人，占2.3%，50岁以上3人，占1.4%；高中及以下学历8人，占3.7%，大学本科177人，占82.7%，硕士研究生25人，占11.7%，博士研究生4人，占1.9%；平均月收入：0.15万元以下的35人，占16.4%，0.15万~0.3万元的63人，占29.4%，0.3万~0.5万元的67人，占31.3%，0.5万~1万元的36人，占16.8%，1万元以上的13人，占6.1%；全日制在校学生55人，占25.7%。

首先，对测量被试质量信号感知差异的三个正向问项求平均，将其转化为一个变量，将这个变量作为区分个体在如何理解宽松的退货政策与卖家销售产品质量高之间关系上的差异，通过变量的均值将被试分为高质量信号组和低质量信号组，其中，高信号组104人，低信号组110人。两组被试在视宽松的退货政策为质量信号上的得分有显著差异（M信号高=6.67，M信号低=5.44），t=13.32，p<0.001。为了探究宽松的退货政策描述和质量信号感知对退货后后悔的影响，以退货后后悔为因变量进行了3（宽松的退货政策描述：高质

量；非高质量；无质量）×2（质量信号感知：高；低）的二元方差分析。分析结果表明，质量信号感知和退货政策表述的交互效应显著，F（2，208）=7.95，p<0.001，如图4所示。对于那些较多将宽松的退货政策视为质量信号的被试，在退货政策中说明宽松的退货政策不代表高质量，会产生较低的退货后后悔，而在退货政策中强调高质量或不提到质量都会产生较多的退货后后悔（M 信号高–高质量=4.85，M 信号高–非高质量=3.52，M 信号高–无质量=4.64），F=8.83，p<0.001，强调高质量和不提及质量在退货后后悔上的差异不显著，t=0.65，p=0.520>0.05。而对于那些较少将宽松的退货政策感知为质量信号的被试，退货政策描述在退货后后悔上并无显著差异（M 信号低–高质量=3.59，M 信号低–非高质量=4.08，M 信号低–无质量=3.97），F=1.25，p=0.291>0.05。质量信号感知的主效应显著（M 信号高=4.38，M 信号低=3.89），F（1，208）=5.75，p=0.017<0.05，越多地将宽松的退货政策感知为质量信号的被试，退货后的后悔程度越高。退货政策表述的主效应不显著（M 高质量=4.26，M 非高质量=3.82，M 无质量=4.29），F（2，208）=2.66，p=0.072>0.05。

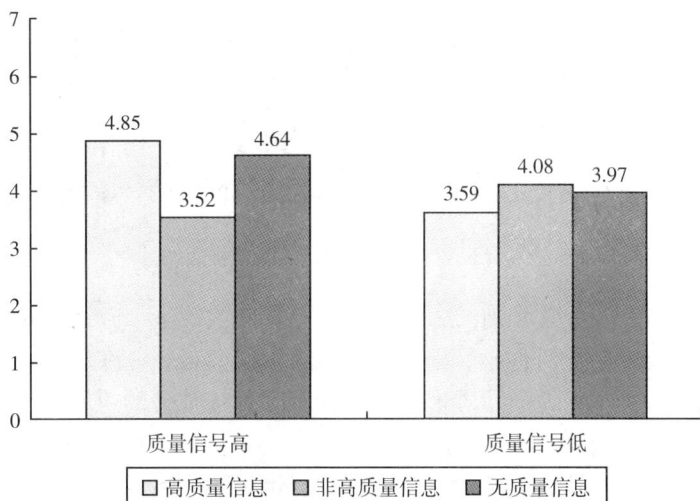

图4 退货政策描述和质量感知对退货后后悔强度的影响

其次，研究二考察了宽松的退货政策描述和质量信号感知对退货后重购意愿的影响，以退货后重购意愿为因变量进行了 3（宽松的退货政策描述：高质量；非高质量；无质量）×2（质量信号感知：高；低）的二元方差分析。分析结果表明，质量信号感知和退货政策表述的交互效应显著，F（2，208）=5.75，p=0.004<0.05，如图5所示。对于那些较多将宽松的退货政策视为质量信号的被试，在退货政策中说明宽松的退货政策不代表高质量，会产生较高的重购意愿，而在退货政策中强调高质量或没有提到质量都会产生较低的重购意愿（M 信号高–高质量=3.58，M 信号高–非高质量=4.71，M 信号高–无质量=3.58），F=4.97，p=0.009<0.05，强调高质量和不提及质量的差异不显著，t=−0.01，p=0.989>0.05。而对于那些较少将宽松的退货政策感知为质量信号的被试，退货政策描述在退货后重购意愿上并无显著差异（M 信号低-高质量=4.22，M 信号低-非高质量=3.78，M 信号低-无质量=4.20），F=1.07，p=0.346>0.05。质量信号感知的主效应不显著（M 信号高=3.93，M 信号低=4.06），F（1，208）=0.27，p=0.607>0.05。退货政策表述的主效应不显著（M 高质量=3.88，M 非高质量=4.20，M 无质量=3.90），F（2，208）=1.17，p=0.314>0.05。

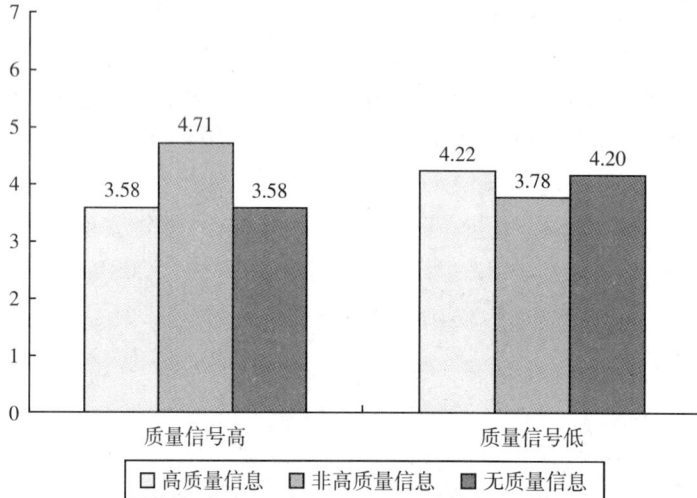

图 5　退货政策描述和质量感知对退货后重购意愿的影响

3. 结果讨论

研究二表明，在消费者对收到的商品质量不满意的情况下，较多将宽松的退货政策感知为质量信号的消费者会受到企业退货政策描述的影响，当企业在退货政策中强调采用宽松的退货政策是因为所销售的产品质量好，或者没有否认宽松的退货政策与高质量之间的联系时，质量信号感知较高的消费者退货后会有较多的后悔、较低的重购意愿。而当企业的退货政策中说明采用宽松的退货政策并非意味着销售的产品没有质量问题，解除宽松的退货政策与高质量的关系时，较多将宽松的退货政策感知为质量信号的消费者在退货后会有较低的后悔、较高的重购意愿。对于那些较少将宽松的退货政策感知为质量信号的消费者，宽松的退货政策的表述不影响他们的退货后后悔和退货后重购意愿。

在研究一和研究二中对视宽松的退货政策为质量信号感知的个体差异都是通过对被试的测量来区分的，在研究三中将操纵质量信号感知这一变量。另外，由于在退货政策中有高质量信息和无质量信息对被试退货后反应上的影响无显著差异，因而在研究三中只使用高质量信息的情况。由于研究三要有更为烦琐的实验操纵，因而将采用同质性较高的学生样本进行实验。

四、研究三

1. 实验设计与程序

研究三采用 2（宽松的退货政策描述：高质量；非高质量）×2（质量信号感知：有；无）的组间实验设计。

研究三与研究二的主要区别在于：①对质量感知信号进行了操纵，实验首先让被试学习一段关于退货政策的材料，材料中向被试介绍了什么是宽松的退货政策，卖家采用宽松退货政策的原因，以及买家选择采用宽松的退货政策的原因。在质量信号组看到的材料中突出了宽松的退货政策与高质量的关系，具体描述为："尼尔森的一项调查表明：卖家之所以采用宽松的退货政策是因为对自己销售产品的质量非常有信心，只有那些产品质量非常好的卖家才更有可能采用宽松的退货政策，买家也会认为提供宽松的退货政策的卖家销售产品的质量会更可靠。"而对无质量信号组，则说明宽松的退货政策与高质量没有必然联系，具体描述为；"尼尔森的一项调查表明：卖家之所以采用宽松的退货政策是为了降低买家的购物风险，维护买家的购物利益，买家也认为虽然采用宽松的退货政策的卖家销售产品的质量不一定比采用严格的退货政策卖家的好，但是可以更多地降低购物风险。"操纵后通过两个问题检查被试是否认真阅读了材料。②研究三中只使用了高质量信息和非高质量信息两种宽松的退货政策的描述。③研究三只对退货后后悔进行了测量。

2. 数据分析

共有某综合性大学 131 名学生参加了实验，被试被随机分为四组，由于有 4 名被试没有通过操纵检查，因而最终有效问卷 127 份，其中，女 94 人，占 74.0%，平均年龄 20.56 岁。以退货后后悔为因变量进行了 2（宽松的退货政策描述：高质量；非高质量）×2（质量信号感知：有；无）的二元方差分析。分析结果表明，质量信号感知和退货政策表述的交互效应显著，$F_{(1, 123)} =10.43$，$p=0.002<0.05$，如图 6 所示。对于那些将宽松的退货政策视为质量信号的被试，在退货政策中说明宽松的退货政策不代表高质量，会产生较低的退货后后悔，而在退货政策中强调高质量会产生较多的退货后后悔（M 有信号-高质量=4.93，M 有信号-非高质量=3.67），$t=3.87$，$p<0.001$。而对于那些没有将宽松的退货政策感知为质量信号的被试，退货政策描述在退货后后悔上并无显著差异（M 无信号-高质量=3.43，M 无信号-非高质量=3.54），$t=-0.41$，$p=0.683>0.05$。质量信号感知的主效应显著（M 有信号=4.30，M 无信号=3.49），$F_{(1, 123)} =14.58$，$p<0.001$，将宽松的退货政策感知为质量信号的被试，退货后的后悔程度较高。退货政策表述的主效应显著（M 高质量=4.19，M 非高质量=3.60），$F_{(1, 123)} =7.31$，$p=0.008<0.05$。当消费者对所购买的产品的质量不满意时，在退货政策中承诺高质量比不承诺高质量产生更多的退货后后悔。

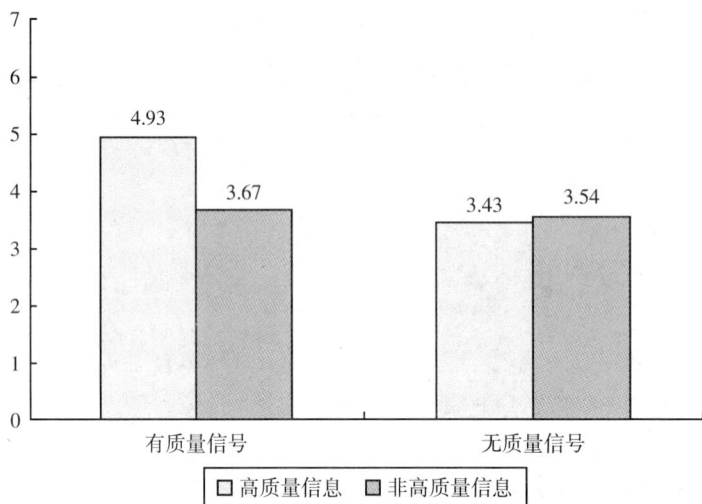

图6 退货政策描述和质量感知对退货后后悔强度的影响

3. 结果讨论

研究三进一步证明了假设5，在由于产品质量问题引起退货的情况下，对于将宽松的退货政策感知为质量信号的消费者，如果企业在宽松的退货政策中强调产品的高质量，退货后仍会有较高的后悔，而如果企业在退货政策中解除宽松的退货政策与产品高质量联系的话，由于产品质量引起的退货，退货后的后悔程度较低。对于没有将宽松的退货政策感知为质量信号的消费者，企业的退货政策表述不会影响消费者的退货后后悔。

五、研究结论与讨论

1. 研究结论

本研究考察了远程购物方式下，退货原因，以及企业退货政策表述对不同消费者购后后悔的影响，以判断当消费者对收到的产品不满意时，企业及时的全款退货补偿是否可以避免消费者的购后后悔。结果表明：①对产品不满意的原因影响购后后悔情绪，与偏好原因引起的对产品不满意相比，质量原因引起的产品不满意会产生更多的购后后悔。成功退货可以显著缓解消费者的购后后悔。对于偏好原因引发的退货，退货对后悔的缓解作用更为明显，退货前后后悔差异显著大于由于质量原因引发的退货。②在是否视宽松的退货政策为质量信号问题上存在个体差异，与那些较少将宽松的退货政策视为质量信号的人相比，较多的将宽松的退货政策感知为质量信号的人对由于质量问题引发的退货产生较多退货后后悔，而对于由于偏好问题引发的退货会产生较少退货后后悔。质量信号感知和退货原因对退货前后悔并不存在交互效应。③在消费者对收到的商品的质量不满意的情况下，较多将宽松的退货政策感知为质量信号的消费者会受到企业退货政策描述的影响，当企业在退货政策中强调采用宽松的退货政策是因为所销售的产品质量好，或者没有否认宽松的退货政策与高质量之间的联系时，质量信号感知较高的消费者退货后会有较多的后悔、较低的重购意愿。而当企业的退货政策中说明采用宽松的退货政策并非意味着销售的产品没有质量问题，解除宽松的退货政策与高质量的关系时，较多将宽松的退货政策感知为质量信号的消费者在退货后会有较低的后悔、较高的重购意愿。对于那些较少将宽松的退货政策感知为质量信号的消费者，宽松的退货政策的表述不影响他们的退货后后悔和退货后重购意愿。

2. 理论和实践意义

本研究根据远程购物方式特点，研究了退货对消费者购后后悔的影响，具有一定的理论意义。首先，本研究丰富了消费者购后后悔的理论。Zeelenberg 和 Pieters 指出，目前关于消费者如何调节后悔的理论研究和实证检验还比较少。[26] 本研究通过研究退货前后消费者后悔情绪的变化，从实证角度论证了撤销最初错误决策对后悔的缓解作用，对后悔调节方面的理论提供了实证上的补充。其次，本研究从以下四个方面丰富了退货相关理论。第一，从行为学视角探讨个体消费者退货行为的已有研究还比较少，这方面的研究也多集中于探讨影响消费者退货可能性的因素上，[2,7,8] 但是本研究则考虑了成功退货后消费者的情绪和行为意向，因为不退货不代表将来会重复购买，而退货也不代表将来就一定不会再次购买，[6] 所以仅研究消费者退货的影响因素是不够的，而探讨消费者退货后后悔和再购意愿，对于企业预测消费者未来购买可能性，维持企业与消费者关系都是有价值的。第二，本研究在分析退货对消费者购后后悔的影响时考虑了退货原因这个因素，将退货原因分为产品质量问题和个人偏好问题，这样的划分有利于理解退货率与重购率之间的非线性关系。[6] 当消费者是由于个人偏好问题退货时，成功的退货会显著降低其购后后悔，这就意味着重购意愿的显著提高，而由于产品质量问题引发的退货，成功退货对购后后悔的缓解作用是极其有限的，也就意味着重购意愿的提高也是有限的。可见，简单地通过判断退货率与重构率之间的关系，而不考虑退货原因这一因素并不能真正揭示退货率与重购率间关系的本质。第三，虽然已有研究证明在远程购物环境下宽松的退货政策会向消费者传递质量信号，[2] 但是并没有探究宽松的退货政策质量信号感知的个体差异，以及这种个体差异会对退货后情绪和行为意向带来何种影响，本研究则借助信号传递理论分析了高质量信号感知消费者和低质量信号感知消费者对不同退货原因和企业不同宽松的退货政策表述的情感和行为意向反应差异，揭示出高质量信号感知者对产品质量问题和企业宽松的退货政策表述的敏感性。第四，本研究说明了宽松的退货政策在表述上是否传递质量信号对不同消费者退货后后悔和行为意向的影响，对于高质量信号感知者，即使企业的宽松的退货政策表述中没有将退货政策与产品高质量进行联系，这类消费者也会进行宽松的退货政策意味着高质量的推测，而在退货政策中适当解除宽松的退货政策与产品高质量之间的联系将会消除高质量信号感知消费者的这种推断。最后，本研究借助后悔理论将退货研究中备受关注的退货率问题延伸到了退货后的消费者情感和行为意向上，将消费者退货决策问题扩展到了退货决策后的阶段，并探讨了退货原因、消费者类型、企业宽松的退货政策表述对消费者退货决策后情感和行为意向的影响。

从实践角度来看，远程购物不断兴起，远程渠道零售商与实体店铺零售商在营销实践中会有很大的差异，本研究对远程购物零售商在如何维护与顾客的关系上有一定的启示：第一，虽然在远程购物环境下，宽松的退货政策是降低消费者感知风险、吸引消费者购买的有效工具，及时退货能缓解消费者由于购买到不满意产品而产生的购后后悔，但是，退货对消费者购后后悔能缓解到什么程度？是否可以消除消费者的购后后悔，让消费者再次购买企业的产品呢？其中一个主要决定因素就是消费者对产品不满意的原因。消费者对由于质量问题引起的退货和由于偏好问题引起的退货会有不同的反应，因质量问题引起的退货往往会带来更为负面的结果，特别是对于那些较多将宽松的退货政策视为质量信号的消费者，他们对产品质量问题更为敏感。一旦产品质量存在问题，仅仅通过退货并不能够消除这些消费者的购后后悔，而在因偏好问题引发退货时，退货对购后后悔的缓解作用极为显著，特别是对于那些较多将宽松的退货政策视为质量信号的消费者，他们表现出更强烈的再购意愿，可见，及时退货对于维持企业与消费者关系是有效的。但是，企业也不能认为宽松的退货政策与及时退货能够挽回所有对企业产品不满意的顾客，产品质量仍然是维系企业与消费者关系的基础。第二，很多消费者会将宽松的退货政策与产品高质量建立联系，这些高质量信号感知消费者会对企业宽松的退货政策表述更为敏感，他们认为企业的宽松的退货政策是在传递产品质量信号，无论企业是否在宽松的退货政策表述中突出产品的高质量，这类消费者都会对因质量问题引发的产品不满意产生更多的退货后后悔，有较低的再购意愿。有很多企业为了突出产品的高质量往往在宽松的退货政策表述中强调产品质量优势，这样的表述有时会适得其反，特别是对于那些较多将宽松的退货政策视为质量信号的消费者，一旦这类消费者认为收到的产品的质量没有达到他们的预期标准，那么这种对高质量的强调反而会起到不好的效果，即使及时为消费者提供退货服务，那些高质量信号感知消费者的购后后悔程度依然较高。而在退货政策中适当解除宽松的退货政策与产品高质量间的联系可以有效降低高质量信号感知消费者的退货后后悔，提高其再购意愿。与高质量信号感知消费者相比，低质量信号感知者对企业宽松的退货政策的表述并不敏感，企业宽松的退货政策表述上的差异，并没有显著影响这类消费者的退货后后悔和再购意愿，所以企业在宽松的退货政策表述中适当解除宽松的退货政策与产品高质量之间的联系，对于降低消费者退货后后悔，增强消费者重购意愿，维护企业与消费者关系是有利的。

3. 研究不足和未来研究方向

首先，本研究主要分析了退货对后悔和重购意愿的影响，而对后悔可能产生的其他结果没有研究，后续研究可以分析退货与后悔可能产生的其他结果间的关系。比如，成功退货后消费者是否会进行口碑传播？口碑传播是负面的还是正面的？什么情况下会进行正面的口碑传播？什么情况下会进行负面的口碑传播？其次，退货政策只是远程购物者购买决策中考虑的一个因素，企业信誉度、产品描述、产品评价、产品交易记录反映的价格波动等因素也会影响消费者的购买决策，后续研究可以考虑这些因素对消费者购买决策过程的影响。最后，研究一和研究二对被调查者退货经历的调查表明，在遇到不满意产品时，研究一中50%的被调查者会选择退货，而研究二中55.1%的被调查者会选择退货，研究一中只有59.7%的被调查者有过退货经历，而研究二中有70.6%的被调查者有过退货经历，这说明消费者在很多情况下买到不满意的产品时并没有选择退货，但是本研究并未能够对消费者不退货的原因及不退货给企业带来什么样的影响进行探讨，后续研究可以进一步探讨消费者不退货的原因，以及消费者不退货是否会影响其购后后悔和再购意愿。

参考文献

［1］Hess J. D., Chu, W., Gerstner, E.. Controlling Product Returns in Direct Marketing ［J］. Marketing Letters, 1996, 7 (4): 307–317.

［2］Wood S. L.. Remote Purchase Environments: The Influence of Return Policy Leniency on Two–stage Decision Processes ［J］. Journal of Marketing Research, 2001, 38 (2): 157–169.

［3］Dowling G. R., Staelin R.. A Model of Perceived Risk and Intended Risk–handling Activity ［J］. Journal of Consumer Research, 1994, 21 (1): 119–134.

［4］Hetts J. J., Boninger D. S., Armor D. A., Gleicher F., Nathanson A.. The Influence of Anticipated Counterfactual Regret on Behavior ［J］. Psychology & Marketing, 2000, 17 (4): 345–368.

［5］Ketzenberg M. E., Zuidwijk R. A.. Optimal Pricing, Ordering, and Return Policies for Consumer Goods ［J］. Production and Operation Management, 2009, 18 (3): 344–360.

［6］Petersen J. A., Kumar V.. Are Product Returns a Necessary Evil? Antecedents and Consequences ［J］. Journal of Marketing, 2009, 73 (3): 35–51.

［7］Bechwati N. N., Siegal W. S.. The Impact of the Prechoice Process on Product Return ［J］. Journal of Marketing Research, 2005, 42 (3): 358–367.

［8］Janakiraman N., Ordóñez L.. Effect of Effort and Deadlines on Consumer Product Returns ［J］. Journal of Consumer Psychology, 2012, 22 (2): 260–271.

［9］Anderson E. T., Hansen K., Simester D.. The Option Value of Returns: Theory and Empirical Evidence ［J］. Marketing Science, 2009, 28 (3): 405–423.

［10］Che Y.. Customer Return Policies for Experience Goods ［J］. Journal of Industrial Economics, 1996, 44 (1): 17–24.

［11］Lumpkin J. R., Dunn M. G.. Perceived Risk as a Factor in Store Choice: An Examination of Inherent Versus Handled Risk ［J］. Journal of Applied Business Research, 2011, 6 (2): 104–118.

［12］Cases A.. Perceived Risk and Risk–reduction Strategies in Internet Shopping ［J］. Distribution and Consumer Research, 2002, 12 (4): 375–394.

［13］Hisrich R. D., Dornoff R. J., Kernan J. B.. Perceived Risk in Store Selection［J］. Journal of Marketing Research, 1972, 9 (4): 435–439.

［14］Hawes J. M., Lumpkin J. R.. Perceived Risk and the Selection of a Retail Patronage Mode ［J］. Journal of the Academy of Marketing Science, 1986, 14 (4): 37–42.

［15］Roselius T.. Consumer Rankings of Risk Reduction Methods ［J］. Journal of Marketing, 1971, 35 (1): 56–61.

［16］ Hess J. D., Mayhew, G. E.. Modeling Merchandise Returns in Direct Marketing ［J］. Journal of Direct Marketing, 1997, 11 (2): 20–35.

［17］ Chu W., Gerstner E., Hess J. D.. Managing Dissatisfaction: How to Decrease Customer Opportunism by Partial Refunds ［J］. Journal of Service Research, 1998, 1 (2): 140–155.

［18］ Simonson I.. The Influence of Anticipating Regret and Responsibility on Purchase Decisions ［J］. Journal of Consumer Research, 1992, 19 (1): 105–118.

［19］ 李东进, 武瑞娟, 李研. 消费者选择结果效价、放弃方案信息、满意和后悔 ［J］. 营销科学学报, 2011, 7 (4): 15–28.

［20］ Davis S., Hagerty M., Gerstner E.. Return Policies and the Optimal Level of "Hassle" ［J］. Journal of Economics and Business, 1998, 50 (5): 445–460.

［21］ Venkatesan R., Kumar V., Ravishanker, N.. Multichannel Shopping: Causes and Consequences ［J］. Journal of Marketing, 2007, 71 (2): 114–132.

［22］ Reinartz W. J., Kumar V.. The Impact of Customer Relation –ship Characteristics on Profitable Lifetime Duration ［J］. Journal of Marketing, 2003, 67 (1): 77–99.

［23］ Venkatesan R., Kumar V.. A Customer Lifetime Value Framework for Customer Selection and Resource Allocation Strategy ［J］. Journal of Marketing, 2004, 68 (4): 106–125.

［24］ Zeelenberg M.. Anticipated Regret, Expected Feedback and Behavioral Decision Making ［J］. Journal of Behavioral Decision Making, 1999, 12 (2): 93–106.

［25］ Connolly T., Zeelenberg M.. Regret in Decision Making ［J］. Current Directions in Psychological Science, 2002, 11 (6): 212–216.

［26］ Zeelenberg M., Pieters R.. A Theory of Regret Regulation ［J］. Journal of Consumer Psychology, 2007, 17 (1): 3–18.

［27］ 李东进, 马云飞, 杜丽婷. 错过购买情境下消费者后悔对购买意向的影响研究 ［J］. 南开管理评论, 2011, 14 (5): 141–152.

［28］ Epstude K., Roese N. J.. The Functional Theory of Counterfactual Thinking ［J］. Personality and Social Psychology Review, 2008, 12 (2): 168–192.

［29］ Zeelenberg M., Pieters R.. Beyond Valence in Customer Dissatisfaction: A Review and New Findings on Behavioral Responses to Regret and Disappointment in Failed Services ［J］. Journal of Business Research, 2004, 57 (4): 445–455.

［30］ Zeelenberg M., Beattie J., Pligt J. V., Vries N. K.. Consequences of Regret Aversion: Effects of Expected Feedback on Risky Decision Making ［J］. Organizational Behavior and Human Decision Processes, 1996, 65 (2): 148–158.

［31］ Tsiros M., Mittal V.. Regret: A Model of Its Antecedents and Consequences in Consumer Decision Making ［J］. Journal of Consumer Research, 2000, 26 (4): 401–417.

［32］ Gilbert D. T., Ebert J. E. J.. Decisions and Revisions: The Affective Forecasting of Changeable Outcomes ［J］. Journal of Personality and Social Psychology, 2002, 82 (4): 503–514.

［33］ Roese N. J., Summerville A.. What We Regret Most... and Why ［J］. Personality and Social Psychology Bulletin, 2005, 31 (9): 1273–1285.

［34］ Dutta S., Biswas A., Grewal D.. Regret from Postpurchase Discovery of Lower Market Prices: Do Price Refunds Help? ［J］. Journal of Marketing, 2011, 75 (6): 124–138.

［35］ Shieh S.. Price and Money-back Guarantees as Signals of Product Quality ［J］. Journal of Economics & Management Strategy, 1996, 5（3）: 361-377.

［36］ Kotler P., Keller K.. Marketing Management （14th Edition）［M］. Upper Saddle River, N.J.: Prentice Hall, 2012.

［37］ Maddox R. N.. Two-factor Theory and Consumer Satisfaction: Replication and Extension ［J］. Journal of Consumer Research, 1981, 3（1）: 97-102.

［38］ Chitturi R., Raghunathan, R., Mahajan, V.. Delight by Design: The Role of Hedonic Versus Utilitarian Benefits ［J］. Journal of Marketing, 2008, 72（3）: 48-63.

［39］ Inman J. J., Zeelenberg M.. Regret in Repeat Purchase Sversus witching Decision: The Attenuating Role of Decision Justifiability ［J］. Journal of Consumer Research, 2002, 29（1）: 116-128.

［40］ Chaudhuri A., Holbrook M. B.. The Chain of Effects from Brand Trust and Brand Affect to Brand Performance: The Role f Brand Loyalty ［J］. Journal of Marketing, 2001, 65（2）: 81-93.

［41］ Morgan R. M., Hunt S. D.. The Commitment-trust Theory of Relationship Marketing ［J］. Journal of Marketing, 1994, 58（3）: 20-38.

［42］ Alba J., Lynch J., Weitz B., Janiszewski C., Lutz R., Sawyer A., Wood S.. Interactive Home Shopping: Consumer, Retailer, and Manufacturer Incentives to Participate in Electronic Marketplace ［J］. Journal of Marketing, 1997, 61（7）: 38-53.

［43］ Kirmani A., Rao A. R.. No Pain, No Gain: A Critical Review of the Literature on Signaling Unobservable Product Quality ［J］. Journal of Marketing, 2000, 64（4）: 66-79.

［44］ Spence M.. Job Market Signaling ［M］. Quarterly Journal of Economics, 1973, 87（3）: 355-374.

［45］ Rothschild M., Stiglitz J.. Equilibrium in Competitive Insurance Markets: An Essay on the Economics of Imperfect Information ［J］. Quarterly Journal of Economics, 1976, 90（4）: 629-649.

［46］ Mishra D. P., Heibe J. B., Cort S. G.. Information Asymmetry and Levels of Agency Relationships ［J］. Journal of Marketing Research, 1998, 35（3）: 277-295.

［47］ Erdem T.. An Empirical Analysis of Umbrella Branding ［J］. Journal of Marketing Research, 1998, 35（3）: 339-351.

［48］ Rao A. R., Bergen M. E.. Price Premium Variations as a Consequence of Buyers' Lack of Information ［J］. Journal of Consumer Research, 1992, 19（3）: 412-423.

［49］ Boulding W., Kirmani A.. A Consumer -side Experimental Examination of Signaling Theory: Do Consumers Perceive Warranties as Signals of Quality? ［J］. Journal of Consumer Research, 1993, 20（1）: 111-123.

［50］ Kirmani A., Wright P.. Money Talks: Perceived Advertising Expense and Expected Product Quality ［J］. Journal of Consumer Research, 1989, 16（3）: 344-353.

［51］ Moorthy S., Srinivasan K.. Signaling Quality with a Money-back Guarantee: The Role of Transaction Costs ［J］. Marketing Science, 1995, 14（4）: 442-446.

［52］ Broniarczyk S. M., Alba J. W.. The Role of Consumers' Intuitions in Inference Making ［J］. Journal of Consumer Research, 1994, 21（3）: 393-407.

［53］ Darke P. R., Ritchie R. J. B.. The Defensive Consumer: Advertising Deception, Defensive Processing, and Distrust ［J］. Journal of Marketing Research, 2007, 44（1）: 114-127.

［54］ 陈荣. 预期后悔与体验后悔在消费者动态选择过程中的作用机制 ［J］. 南开管理评论, 2007, 10（3）: 29-34.

公司顾客联想的前因后果：一项探索性
研究和综合模型 *

谢　毅　彭泗清

【摘　要】在联合网络记忆理论和公司联想理论的基础上，提出了公司顾客联想的概念，将其定义为人们对一家公司的顾客群体所持有的知识系统。定量和定性研究揭示了公司顾客联想作为一种重要公司联想类型的理论价值和现实意义，在此基础上探索了影响一家公司顾客联想状态的关键因素、公司顾客联想对消费者行为的影响以及相关调节变量，构建了一个包括公司顾客联想前因后果的综合模型。具体地说，公司顾客联想的形成受行业层面、公司层面及个人层面因素的影响，并对消费者与公司的关系和相关产品决策具有决定作用。

【关键词】公司联想；公司顾客联想；消费者行为；理论模型

在商业信息丰富的市场中，消费者通过亲身的消费经历、广告、新闻媒体、口碑传播等种种渠道，可以了解企业在市场中的种种行为和表现，并掌握一家公司的多种多样的信息。我们将一名消费者在头脑中对一家公司所持有的所有信息称为他对这家公司具有的公司联想[1]。

公司联想是一个内容丰富的构念，现有研究对其内涵和本质的探讨仍显不足。例如，以往研究的重点主要集中在有限的联想类型上，主要包括与公司产品相关的公司能力联想和与非产品相关的社会责任感联想[2]，而忽略了其他重要的公司联想要素。对于某些公司的顾客群体，消费者可能持有鲜明清晰且强有力的联想。例如，宝马公司（BMW）的消费者被广泛地认为是富裕、时尚且骄傲的一群人[3]。这种对于顾客群的联想，就是在以往的公司联想研究中被忽视的一个重要因素。在现代市场中，试图激发消费者产生与公

* 《管理学报》2013 年第 10 卷第 1 期。

基金项目：国家自然科学基金资助项目（71102081/G020802，70972013/G010701）；对外经济贸易大学教师学术创新团队资助项目；对外经济贸易大学 2011 年度青年教师科研启动资助项目（10QD11）。

作者简介：谢毅（1981—），女，满族，河北承德人。对外经济贸易大学（北京市 100029）国际商学院市场营销系讲师。研究方向为品牌管理、消费者行为及跨文化研究。

司顾客相关的知识或回忆的营销手段（如公司代言人和具有使用者形象的广告）被广泛采用[4]；而且，对相应顾客群体持有的联想有助于购买者从消费中获得心理收益和社会收益（如自我归类和自我阐释）[5]。因此，尽管不同人对不同公司的顾客联想形成程度可能存在差异，但是消费者持有公司顾客联想是非常普遍的现象。更为重要的是，这些联想会对消费者的决策和行为产生影响。鉴于此，探讨公司顾客联想这一概念的内涵以及它对消费者反应和公司表现的影响，具有重要的现实意义和理论价值。

本文创新性地提出公司联想的一个新维度，即公司顾客联想（Corporate Customer Associations，CCA），并试图对其进行比较系统的研究。我们的目的为：①提出公司顾客联想并检验其作为一种关键公司联想类型的合理性；②识别出公司顾客联想的主要前置变量；③识别出公司顾客联想对消费者的影响。

1 文献回顾和理论探讨

1.1 公司联想

为了了解产品、品牌和公司在消费者头脑中的认知结构，营销学者们开展了大量的研究，并提出了很多具有影响力的观点[6-8]。其中，以联合网络记忆理论的基本观点为依据[1]，认为公司联想代表顾客对一家公司所持有的所有信息，除对一家公司及特征的总体评价外，还应包括对企业过去行为的感知、推断和与企业互动过程中产生的情感等因素。本研究沿用 BROWN 等[1]的观点，从消费者的角度出发将公司联想定义为消费者对一家公司持有的所有信息。

联合网络记忆理论认为，人们的记忆（或知识）是由相互联结的信息节点构成的信息网络，节点是在记忆中储存的信息或陈述性知识的认知单位，节点之间的联结具有不同的强度。当储存在节点中的信息同时出现时，节点之间的联结则可以得到强化[9]。根据该理论，KELLER[8]将品牌知识定义为人们记忆中关于某个品牌的信息网络，在这个网络中各种相关信息以品牌节点为中心相互联结在一起。相似地，消费者对一家公司所持有的知识在头脑中的存在形式与对一个人所形成的知识结构相似，是一组相互关联的公司特征的集合或者说是这家公司的图式[10]。UGGLA[11]用一个概念模型总结了公司品牌联想的主要来源，他认为在公司品牌与各种内部和外部伙伴（品牌、人、地点、产品类型和机构）的联想间所建立的关联中，只要是有助于增加（或削减）消费者对公司品牌产生的形象和资产，就是构成公司品牌联想的基础。

消费者对公司产生的联想多种多样，例如，创新性、活力、想象力、友善和乐于助人都被认为是公司联想的重要组成部分[12]。KELLER 等[13]认为可以用拟人的手法通过个性来描绘和区分公司品牌，即心、脑、体，分别反映了公司的热情和同情心、创造性和纪律性、敏捷和合作。另外，DAVIES 等[14] 提出一个称为公司特征的新概念，同样通过人格化的方式评价公司，包括能力、适意、进取心、别致和冷酷 5 个方面。BROWN 等[15] 首先区分出两种公司联想类型，即公司能力联想和公司社会责任感联想。公司能力联想是指顾客对"公司专业性"方面所具有的信息和知识，反映了公司在员工专业技术、研发能力、制造水平、管理能力、在行业中的领先性等领域的表现；公司社会责任感联想是指顾客在企业承担社会责任和改善社会整体福利和自身利益方面的信息和知识[16]。大量研究表明，消费者对一家公司能力方面的联想和承担社会责任感方面的联想都可以显著地影响他们对公司的总体态度以及对公司产品的评价[17]。例如，LUO 等[18] 的研究结果显示，公司能力和社会责任感联想都有助于增强顾客满意度，从而增加公司的市场价值。

1.2　公司顾客联想的提出

与强调产品/服务水平的公司能力联想以及强调改善整体社会福利的公司社会责任感联想不同，公司顾客联想关注消费者对一家公司持有的所有信息中有关顾客群体的那部分内容。具体地说，我们将公司顾客联想定义为人们对一家公司的顾客群体在各个方面（如人口统计、行为、心理和社会）所持有的知识（如感知、评价和推断）。需要指出的是，当一家公司对任何产品类型都使用统一的公司品牌，人们会在公司层面上对典型顾客形成联想。对于持有多品牌的公司而言，人们很可能会对同一家公司旗下的不同品牌产生不完全一致的顾客联想。但是，当谈及公司品牌时，公司层面的典型顾客形象无论清晰程度如何都会在综合各种信息后呈现在消费者的头脑中。一家公司品牌的顾客形象很有可能是所有产品品牌使用者形象的加权取合和抽象化结果。消费者根据他们自己的潜在规则对所有与公司顾客相关的信息进行组织和聚合，并最终发展出较为稳定的公司顾客联想。

无论是从理论角度还是从现实层面，都能够找到支持提出公司顾客联想概念的证据。尽管文献中还没有研究直接对有关顾客群体的公司联想内容做出明确的探讨，但是在品牌研究领域存在大量文献支持以下观点：对相关顾客群体的知识是公司联想的内涵中重要的信息性要素。①在竞争日益激烈的市场环境下，营销人员总是试图将品牌与其他实体（如人物、地点和其他品牌）联系起来[4]。基于类似的战略思维，品牌经理们试图使品牌与恰当的顾客群体之间建立紧密联结。例如，在广告设计的实践中一种常见的方式是通过在广告内采用能够代表目标顾客群体的模特来塑造品牌/公司的典型顾客形象。②公司品牌的典型顾客在很大程度上反映了该品牌的特征，进而产生影响品牌感知和态度的能力。消费者对某个品牌个性的感知和推断也直接建立在他们对该品牌典型使用者的一系列相关人性特征的认识基础上。一旦购买并开始使用一个品牌，消费者就无法避免与该品牌传递出的象征性含义产生关联[19]。③对品牌使用者的联想和品牌联想之间存在交互影响。例如，营销学者们指出消费者对一家公司所持的联想、对其他消费者的联想以及对自身的联想之间具有流动性，能够从一方转移到另一方[20]；并且，消费者也会通过选择与自己形象一致的品牌向外界阐释自我概念、表达认同[21]。与典型顾客相关的公司联想有助于深化消费者对公司特征的理解，从而相应地建立或改善他们与公司的关系。④社会比较理论认为人们在对外界形成认知时通常会顾及参照群体的观点[22]，对一名消费者而言，公司的典型顾客有可能成为这名消费者的参照群体。

2 研究方法和结果

本文通过三项研究逐步推进对公司顾客联想的概念理解以及前因后果的挖掘。研究一通过对开放式问题的定性分析初步考察公司顾客联想是否属于一种重要的公司联想类型；研究二通过问卷调查的方式更直接、明确地考察了公司顾客联想与其他公司联想类型（公司能力联想和公司社会责任感联想）相比的相对重要性；研究三通过深入访谈的方法对决定公司顾客联想的因素以及公司顾客联想对消费者的影响作用展开探索。

2.1 研究一

2.1.1 研究设计

在研究一中，16 名 MBA 学员（男性占 75%，平均年龄 30.4 岁）作为受访者，首先阅读公司联想的定义，接着回答以下两个问题：①"总体来说，消费者会对一家公司持有哪些联想？请列举出至少 5 种公司联想"。②针对 5 家处于不同行业的具体公司，"消费者会对每家公司持有哪些联想？请列举出至少 5 种公司联想"。

2.1.2 数据分析和结果

结果显示，在任何提示的情况下，2 名受访者（12.5%）认为当提及一家公司时会联想到"它的顾客"。当提及某家具体公司时，大部分受访者（68.8%）能列举出与顾客相关的联想，内容呈现出更加丰富和具体的特点。以百事公司为例，除公司提供的产品类型、广告、公司的能力（如市场份额和产品质量）之外，受访者还提到与百事公司消费群体相关的信息，例如"年轻"、"有活力"、"年轻人的品牌"、"年轻人喜欢的"、"明星"和"新势力"。因此，具体的公司品牌会激发人们对公司信息做更深入详尽的思考，由此更容易联想到公司顾客的相关内容。

综上所述，研究一的结果表明对公司顾客的联想是在人们的知识系统中广泛存在的信息，应该属于公司联想的重要组成部分。

2.2 研究二

2.2.1 研究设计

研究二对 55 名来自一所大学的 MBA 学员作为受访者（男性占 70.9%，平均年龄 29 岁）进行问卷调查。本研究主要涉及两个问题：①当提及一家公司时消费者联想到一系列信息的可能性（7 点 Likert 量表，1 表示根本不会联想到，7 表示很有可能联想到）；②每种信息对赢得顾客信任的重要性（7 点 Likert 量表，1 表示一点都不重要，7 表示十分重要）。两个问题分别列举了 15 种公司信息，但内容并不完全一致，问题①涉及的信息更为广泛，而问题②则主要关注公司能力、社会责任感和顾客方面的信息。具体内容如表 1 和表 2 所示。

2.2.2　数据分析和结果

结果显示，在所有列出的公司联想中，个人消费体验被联想到的可能性最高（平均分值为 5.98），接着是公司能力联想的产品/服务质量因素（5.80）。与公司消费者相关的信息都具有积极的联想可能性，平均被联想到的可能性分值都超过了中间值 4（周围的人对该企业的评价为 5.13；购买或使用该企业产品或服务的熟人为 4.47；使用该企业产品或服务的主要消费者群体为 4.26），分别排在 15 种公司信息的第 7 位、第 8 位和第 10 位。公司的社会责任感信息被联想到的可能性评分最低，低于公司的顾客信息的联想可能性（见表 1）。

表 1　公司各类信息可能被联想到的程度

次序	公司信息	均值	方差
1	我自己购买或使用该企业产品或服务的经验	5.98	1.114
2	企业的产品或服务的质量	5.80	1.294
3	企业的主要经营领域	5.58	1.718
4	企业的广告	5.56	1.273
5	企业品牌的 Logo（标识）	5.49	1.550
6	企业的产品或服务的价格水平	5.25	1.377
7	周围的人对该企业的评价	5.13	1.491
8	购买或使用该企业产品或服务的熟人	4.47	1.709
9	企业品牌的创始国家	4.31	1.942
10	使用该企业产品或服务的主要消费者群体	4.26	1.507
11	企业品牌传递的象征意义	4.05	1.799
12	企业研发和创新能力	3.76	1.503
13	企业的主要竞争对手	3.67	1.578
14	企业在承担社会责任方面的表现	3.36	1.556
15	企业在公益慈善活动中的表现	2.69	1.332

考察了 15 种公司信息在建立消费者信任中的重要性，特别是分析比较公司的顾客联想和其他联想的重要程度。结果显示，总体而言，受访者认为能力方面的联想（产品或服务质量、行业领导地位以及研发和创新能力）是建立顾客信任最为重要的公司联想类型。值得注意的是，与顾客相关的公司联想对构建信任都具有积极作用，是重要的信任促进性信息，重要性分值为 4.76~5.64。与其他两类公司联想的信息相比，公司的社会责任感和相关行为（如环境保护）对形成消费者信任的重要性较低，与问题①所得结果相一致（见表 2）。

研究二同时检验了 3 种关键的公司联想类别所具有的两种特性，即在消费者所持有的知识系统中它们被联想到的容易程度和在构建顾客信任方面的影响效力。结果显示出一致性的顺序，从高到低分别为公司能力联想、顾客联想和社会责任感联想。总之，本研究验

表 2　公司各类信息对赢得消费者信任的重要性

次序	公司信息	均值	方差
1	企业的产品或服务的质量	6.55	0.959
2	我自己购买或使用该企业产品或服务的经验	6.49	0.791
3	企业的产品或服务的价格水平	6.00	0.943
4	我所熟悉的人（朋友、家人等）对该企业品牌的评价如何	5.64	1.253
5	周围的人对该企业的评价	5.45	1.230
6	企业的主要消费者群体的身份、地位等特征是否与我本人匹配	5.35	1.532
7	企业是否为所处行业中的领导企业	5.24	1.490
8	企业的主要消费者群体代表的个性是否与我本人相似	5.13	1.454
9	我对使用该企业产品/服务的主要消费者群体的态度	4.85	1.380
10	我对周围购买或使用该企业产品或服务的人的态度	4.76	1.795
11	企业是否具有社会责任感	4.49	1.720
12	企业的研发和创新能力	4.44	1.229
13	企业在保护环境方面的意识与行动	3.91	1.659
14	企业在公益慈善活动中的表现	3.71	1.356
15	企业在保护员工合法权益方面的表现	3.55	1.665

证了公司顾客联想这一构念在概念层面上的有效性，并初步探索了这种新提出的公司联想类型对消费者反应（信任）的影响机制。

2.3　研究三

2.3.1　研究设计

研究三采用个人深度访谈，这种方法能够使访谈人员在与受访者互动的问答过程中保持灵活性和主动性，有更多的机会获取受访者对一个重要现象的深入解释和隐含意义[23]。深度访谈较为适用的研究范围包括以探究变量之间是否存在某种基础性关系为焦点以及涉及假设纯化过程的研究问题[24]。访谈过程分为两个阶段：第一阶段，采取具有确定的结构化框架但是具体访谈问题并不预先固定的访谈形式，也就是说笔者只在访谈提纲中构想期望得到的具体信息类型，并不必预先规定访谈问题的详细清单。该阶段的访谈样本量较小，主要目的是帮助笔者识别出所需的其他重要信息、形成具体的访谈问题并检验适宜的访谈措辞和形式。第二阶段，采取具有确定的结构化框架和固定访谈问题的访谈形式，对每位受访者的访谈都依照访谈提纲中确定的研究问题而展开，具有中等规模的样本量。

2.3.2　预备访谈

第 1 阶段的访谈对象共有三名受访者，受访者具有不同程度的市场营销领域的背景知识和商业经验。具体地说，其中一名女性受访者是自由文学作家；一名男性受访者是一家合资公司的项目经理，具有中等程度的市场营销知识；另一名男性受访者是市场营销专业的在读博士研究生，具备较为丰富的市场营销知识。三名受访者的访谈结果能够分别从消费者和营销专家的角度对研究问题提供多层面的见解，对进一步访谈提出改善建议。

笔者获得每位受访者的同意，用录音的方式将整个访谈过程记录下来，并在访谈结束之后尽快将录音转录为文字。基于对这 3 次初始访谈记录的仔细研究，不但开发出了以原计划期望获得的关键目标信息为目的的具体访谈问题，而且识别出了能够提供附加见解的其他有意义的访谈问题，增添到下一步的访谈提纲中。同时，也对所有问题的措辞进行了检验，确保访谈问题简单易懂、无歧义，逐步完善主体访谈的访谈提纲，并确定在主体访谈中采用的所有问题。

2.3.3 主体访谈研究

基于对第 1 阶段初始访谈结果的分析和相应改进，确定了主体访谈中采用的具体访谈问题，对每位受访者的访谈都依照访谈提纲中的问题展开。就访谈研究而言，并不存在一个固定标准用于预先确定适宜的样本量大小。文献中提供的实践建议是，当所获得的研究材料趋于饱和时，换句话说，也就是继续访谈已经无法提供新的信息，而是在重复之前访谈中获得的发现时，笔者就可以做出停止继续访谈的决定[24]。遵照以上方针，共招募 21 名背景各异的消费者参加主体访谈研究。其中，男性 13 人（61.9%），女性 8 人；大部分受访者都具有学士及以上的教育水平；平均年龄为 32.4 岁（见表 3）。访谈流程如下：首先由研究人员向受访者介绍公司联想和公司顾客联想的基本定义，帮助他们了解必要的研究背景知识；接着，作为访谈的热身训练，笔者以一些熟知的公司为例（如耐克、奔驰和麦当劳），请受访者谈谈对这些公司的顾客群体具有怎样的认识、感受和态度，启发并帮助受访者顺畅地进入访谈情境。与初始访谈话题较为开放、自由的特点不同，本阶段的每次访谈都基本遵照已预先确定的访谈提纲逐步展开。笔者得到每位受访者的同意，录制了整个访谈过程并转录为文字。

表 3　研究三受访者的基本信息

序号	姓名缩写	性别	年龄/岁	职业	教育程度	月收入/元
C1	CHC	女	24	公务员	本科	1000~2000
C2	CX	女	23	学生	博士在读	2000~3000
C3	CZJ	男	27	金融咨询	硕士	5000~6000
C4	TR	女	27	大学教师	硕士	4000~5000
C5	WZY	男	25	技术工人	本科	1000~2000
C6	WJS	男	26	自由职业者	硕士	1000~2000
C7	XLF	男	32	工程师	硕士	7000~8000
C8	XN	女	27	客户经理	硕士	4000~5000
C9	YXF	女	32	销售经理	职高	2000~3000
C10	ZGL	男	29	财务经理	硕士	7000~8000
C11	ZL	男	28	军人	硕士	3000~4000
C12	LT	男	33	工程师	硕士	7000~8000
C13	WJ	女	19	学生	本科	<1000
C14	XS	男	35	会计	本科	4000~5000
C15	YSS	女	38	部门经理	本科	8000~10000

续表

序号	姓名缩写	性别	年龄/岁	职业	教育程度	月收入/元
C16	ZHB	男	48	杂志编辑	硕士	5000~6000
C17	ZSH	男	36	公务员	硕士	5000~6000
C18	ZS	女	32	设计师	本科	6000~7000
C19	LY	男	42	研究员	博士	8000~10000
C20	ZMC	男	45	公务员	本科	4000~5000
C21	ZXB	女	50	家庭主妇	高中	1000~2000

2.3.4 研究分析和结果

笔者按照 SPIGGLE[25] 提出的分类、提取、比较和整合的流程，通过反复阅读对转录的数据进行分析。SPIGGLE[25] 认为，通过提取的方法可以生成能够归类为更为概括的概念组别的主题类型。然后，对相似性和差异性进行比较。最后，将所有的研究发现整合起来，呈现在一个概念模型中（见图1）。下面针对每个研究问题详细报告访谈结果。

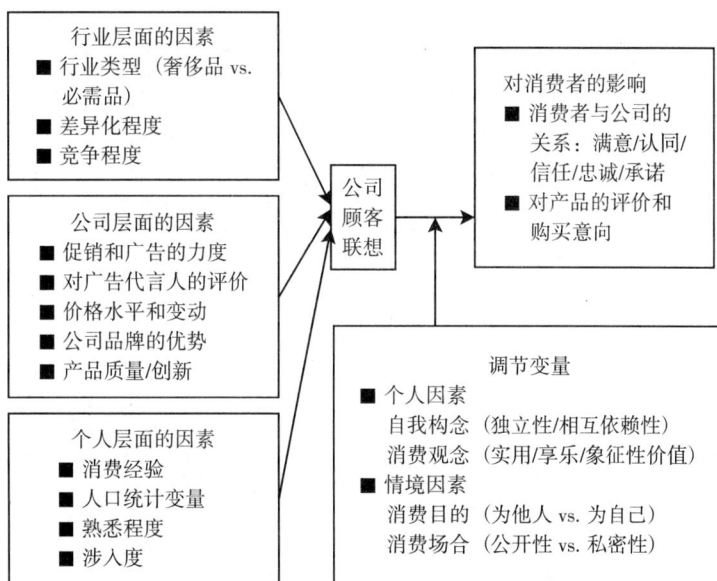

图1 公司顾客联想前因后果的综合模型

（1）公司顾客被联想到的程度。当问及一家公司是否会联想到这家公司的顾客群体时，大部分受访者都给出了肯定的答案（95.5%），做出肯定回答的受访者中，联想到顾客群体的程度存在很大差异，有的受访者认为"可以，但是只对少部分公司"，有的则认为"大部分都可以"，还有的认为"可以联想到每一家公司的顾客"。除公司间的差异外，受访者的回答还显示出联想频率的不同，有的受访者认为"偶尔可以想到"，有的则认为"经常想到"。以上结果说明消费者对顾客联想的持有程度存在多种可能性。总之，这些发现再次证明公司顾客联想广泛地存在于消费者的头脑中，并不同程度地得到启用。

（2）影响公司顾客联想形成的因素。关于为什么消费者在头脑中对不同公司形成的顾客联想存在巨大差异这一问题，综合分析了受访者对相关访谈问题的回答，将影响因素分为3个主要类别，分别为行业层面的因素、公司层面的因素和个人层面的因素。行业层面的因素涵盖了那些由于所处行业的原因而使消费者容易（或者难以）联想到一家公司顾客群体的行业特点。超过一半的受访者提到自己比较容易对处于奢侈品（或非必需品）行业的公司（57.1%）和提供特殊产品/服务行业的公司（57.1%）产生顾客联想。而且，当公司所处行业提供的产品/服务具有象征意义（28.6%）或具有较高科技含量（8.6%）时，有助于消费者对公司形成顾客联想。行业中主要竞争对手之间的差异化程度也是决定公司顾客联想形成与否的重要因素之一（4.8%）。竞争对手间的差异化程度越高，消费者越有可能对某一家具体公司产生顾客联想，而不是将这些公司混为一谈。如果一家公司所处的行业主要提供必需品/快速消费品（33.3%）、服务商业客户（9.5%）、竞争激烈且具有大量可替代品（19.1%）或差异化程度低（9.5%），消费者就难以对这家公司形成具体的顾客联想。受访者还指出了他们比较容易形成顾客联想的具体行业。

由于公司层面的因素在访谈结果中出现的频度较高、涉及的内容较多，为了使结果更加清晰有序，将这些因素按照不同主题分为以下8个类别：广告和促销、价格、产品、品牌战略、定位、经营领域、公司实力和其他公司行为。具体地说，①大部分受访者认为与广告和促销相关的公司行为对消费者在头脑中形成怎样的公司顾客联想存在强烈的影响（如强化或削弱）。在与广告和促销相关的公司行为中，对形成公司顾客联想具有积极影响的行为包括频繁的促销/广告（61.9%，表示有61.9%的受访者提及该项目，下同）、适宜的广告代言人（38.1%）、清晰的广告主题（28.6%）和人性化的广告主体（4.8%）。而促销/广告不足（23.8%）、广告代言人形象不相符（9.5%）以及广告主题不清晰（4.8%）都是妨碍公司顾客联想形成的公司行为。②价格被受访者提及的频率在公司层面的因素中居第2位。由于价格扮演着市场信号的角色并且能够直接显示购买者的消费能力，因此，公司产品/服务的价格水平，特别是较低和较高的价格，会促使消费者将公司与特定的人群联系在一起（66.7%）。频繁的价格变动和价格折扣可能损害已形成的既有顾客联想（33.3%）。③71.4%的受访者指出，与公司能力相关的联想对顾客联想的形成存在积极的影响，如产品质量（33.3%）、独特的设计和功能（23.8%）、增值服务（14.3%）、新产品推介（14.3%）、公司声誉和规模（23.8%）、市场份额（9.5%）和公司历史（4.8%）。④有超过一半的受访者认为公司推行的品牌战略对形成顾客联想的方式和内容具有举足轻重的影响。例如，在以公司为中心构建的知识网络中，公司顾客与怎样的信息节点相连、具有何种结构在实行公司品牌战略和实行多产品品牌战略下很可能是不同的。结果显示，公司品牌战略对形成公司层面的顾客联想具有促进作用（38.1%），而多产品品牌战略则存在削弱作用（28.6%）。而且，与那些比定位不清和涉足较多领域的公司相比，消费者更容易将那些能够在市场中对自己清晰定位（47.6%）和专注于少数经营领域（23.8%）的公司与特定的人群联系起来，并在头脑中形成对于这家公司的顾客联想。

由于消费者个体间存在差异，人们对同一家公司所持有的顾客联想可能存在显著差别，这种差别既可能表现在顾客联想内涵的本质上，也可能体现在联想的数量方面，因此，消费者的个体特征是影响顾客联想形成和发展的重要因素之一。在个人层面的因素中，大多数受访者认为直接或间接的消费经历是影响消费者对一家公司具有怎样顾客联想的决定性因素（66.7%）。消费经历包括亲身使用公司产品/服务的体验（57.1%）、通过与公司顾客互动获得的间接知识（61.9%）以及经常性的主动或被动地展露于公司信息中（66.7%），这些公司信息可能通过广告和朋友间的交流口碑获得。相关研究发现，消费者与品牌间的偶然接触会通过潜意识的方式和一系列自动过程对品牌选择产生影响而并不改变品牌态度，当出现的品牌使用者是消费者的内群体时这种影响力更显著[26]。这符合DIJKSTERHUIS等[27]提出的观点，他们认为大部分消费者行为受到环境中微妙信息的影响，这些微妙的提示性信息能够启动并不涉及意识的认知过程和情感过程。对产品/服务类型的高熟悉度（52.4%）和对购买决策的高涉入度（47.6%）有助于公司顾客联想的形成。当消费者比较了解一家公司或公司提供的产品/服务时，他们很可能已经在头脑中针对这家公司构建起比较完善的信息网络。此时，消费者具备了发展顾客联想的必要条件和能力（如必需的知识储备）。47.6%的受访者认为，人口统计学特征是引起同一家公司的顾客联想在消费者间具有多样化特性的一个重要原因。结果显示，一般而言，具有较高教育程度（33.3%）、比较年轻（19.1%）、从事经济管理类职业（14.3%）、生活在经济发达地区（14.3%）的女性与其他消费者相比在头脑中构建公司顾客联想的可能性更高。其中，受教育程度是提及频度最高的人口统计学特征。而且，42.9%的受访者认为消费者持有的消费观念将决定他们是否在消费中关注顾客联想以及顾客联想具有怎样的形态。性格是另外一个能够影响公司顾客联想形成的个人层面的因素（19.1%）。

（3）公司顾客联想的影响作用。就公司顾客联想对消费决策和行为的影响而言，大部分受访者认为他们在做出公司层面和产品层面的消费判断和决策时，会不同程度地考虑到与公司顾客相关的信息和知识。分析结果显示，消费者的决策和行为会在很大程度上受到几家公司顾客联想的关键方面的影响。例如，当一名消费者对一家公司联想到的顾客群体越清晰、在他眼中这个顾客群体越具有吸引力或与具有其他消费群体所不具备的特点、与自身相似时，消费者更有可能对这家公司呈现出积极的态度和行为意向；而且，购买过程中的各个阶段（如受到关注、发展兴趣、激发需求和采取行动等AIDA模型的各阶段）都可能受到公司顾客联想的影响。例如，第2位受访者认为"如果一家公司的顾客和我有共同点，我会对这家公司和它的产品更感兴趣。但是，是否能成为它的忠实顾客，要到我亲身试用了产品之后才知道。在开始的时候，（对顾客的联想）可能会吸引我，后面的决定还是依赖于产品的表现如何。我很有可能倾向于购买它的产品"。第4位受访者认为"当我感觉自己和一家公司的顾客属于同一个社会群体时，我会给予它更多的关注。给予更多的关注后，就会对它有更深入的了解，如果没有大的问题出现，可能就会考虑购买它的产品、成为它的顾客"。

（4）公司顾客联想影响作用的调节因素。公司顾客联想不仅对消费决策和行为存在影响，其作用强度也会随诸多因素发生改变。结果显示，决定顾客联想的作用强度的因素主要可以分为个人、情景和产品 3 个层面。其中，个人和产品层面的部分因素与探讨促进公司顾客联想形成的因素中获得的答案一致。那些容易在头脑中生成公司顾客联想的消费者（如外向、年轻、对价格不敏感、对产品有兴趣和受教育程度较高的人）在制定消费决策时更容易受到这些联想的影响。当消费者购买的产品类别本身具有促进公司顾客形成的能力时（如昂贵、重要和具有象征性的产品），顾客联想的影响力更强。另外，受访者在访谈中着重指出了消费者的个性具有强化（或削弱）顾客联想的影响力的能力。特别是，当问及具有相互依赖的人际关系的人和比较独立的人之间是否在受公司顾客联想的影响程度方面具有差异时，大部分受访者（76.2%）认为相互依赖的人在制定购买决策时比比较独立的人更有可能考虑公司顾客联想。另一个有意思的研究发现是，在不同的消费情境下消费者受公司顾客联想的影响程度不同。具体地说，66.7%的受访者认为与为自己购买为目的的情境相比，人们为他人（如父母、客户、老板和朋友）选购产品时更容易受到公司顾客联想的影响。另两位受访者（9.5%）认为，与购买在公共情境下消费的产品/服务相比，他们在购买个人私下消费的产品/服务时更关注各选项具有怎样的顾客联想。

综上所述，公司顾客联想的发展演变受到诸多行业层面、公司层面和个人层面因素的影响，而公司顾客联想又会进一步对消费者与公司的关系和产品评价产生影响。多种个人因素和情境因素可能会改变公司顾客联想对消费者反应的作用强度（见图 1）。

3　讨论和未来的研究方向

作为本研究的起始点，研究一对研究问题的意义和价值做出了积极的回答，并且为后续研究提供了发展基础。研究二通过问卷调查的方法对公司顾客联想在消费者头脑中的可获得性和在构建顾客信任方面的影响力进行了回答。研究三通过对消费者进行深入访谈为公司顾客联想的潜在前置变量和结果变量、公司顾客联想的影响力以及对影响力具有调节作用的变量等问题提供了定性依据。

第一，多种行业层面、公司层面和个人层面的因素对公司顾客联想的发展演变存在影响。这些研究结果和已有研究的发现不谋而合。例如，就产品类型对公司顾客联想的影响而言，KELLER[8] 认为对某些产品类型的联想能够以具体认识或总体态度的形式与品牌联系起来。UGGLA[11] 认为每种产品类型都具有一组联想，这些产品类型联想可以调节消费者对公司品牌的联想。例如，当公司品牌与珠宝产品联系起来时，会形成更为奢华的形象，而与啤酒这种产品类型联系起来时，会形成更为宽泛的市场定位[28]。宝马公司在产品组合中增添了山地自行车和服装产品，使公司品牌更为丰富成为某种生活方式的代表，这是公司品牌借助新产品类型成功拓展自身含义的典型案例。奢侈品/服务（如香水、珠宝、手表、汽车和服装等）通常只与少量顾客联系在一起，而必需品通常会被较广泛的消费者所购买。具有象征含义的产品（如汽车、手表、礼物和服装）通常用来满足人们感官愉悦和情感需求[29]。这些产品能够通过美学设计、品位、象征含义和感官体验等方面提供功能价值之外的象征性利益，而对功能性产品则主要依赖由理性诉求和有形属性决定的认知导向的利益。象征性产品能够传达使用者的个性、生活方式和价值观等，因此更有可能被人们用于实现自我阐释（真实自我）和自我强化（期望自我）过程[30]。例如，PIACENTINI 等[31] 发现服装是青少年生活中重要的一种社会性工具。也就是说，青少年对服装的选择与他们的自我概念紧密相连，通常作为一种自我表达的方式，同时也是他们对人物和情境做出判断的依据。此外，DORAN[32] 发现中国消费者将购买彩色电视机作为一种象征性消费，即电视机不仅是一种娱乐工具，也是对生活方式的表达。

差异化程度表示在某种产品类型的市场中具有不同形态、功能和设计的选项的多少。当差异化程度很高时，消费者面对多种多样的选择，此时消费者可以根据性价比以及与自己的匹配度选出自己具有特别偏好的那个。当同质化程度较高时，在市场中或在消费者的心目中存在大量可替代性选项或具有可比性的选项，无论消费者做出怎样的选择获得的利益和价值都没有显著差异。因此，当市场的差异化程度较高时，每家公司都将保持较为稳定的顾客群体，并且他们在人口统计、经济和心理等方面的特征具有比较一致的特点。在同质化严重的市场中，公司顾客群体的稳定性较低，原因是消费者很容易被竞争对手的促销或价格折扣行为所吸引；而且，竞争对手间低差异化也很容易在消费者中造成混淆。例如，BURKE 等[33] 发现，在一种产品类型中随着竞争品牌的广告越多，由于记忆中的干扰增多，消费者回忆某个品牌沟通效果的能力就越差。由此，竞争对手间的低差异化会导致公司难以形成清晰或独特的公司顾客联想。

第二，所有受访者都认为公司顾客联想会影响他们的某些消费决策和行为。结果显示购买过程中的各个阶段（如引起注意、产生兴趣、激发需求和采取行动）都可能受到公司顾客联想的影响。不同情境下公司顾客联想对具有不同特点的消费者在消费决策和行为方面的影响力存在差异。具体地说，与具有独立的人际关系的消费者相比，公司顾客联想对具有相互依赖的人际关系的消费者的影响力更强。在为其他人（如父母、客户、老板和朋友）选购产品、选购具有象征含义的产品以及选购在公共场合下消费的产品时，公司顾客联想的影响力更强。

本研究的定性结果显示，公司顾客联想对建立顾客信任的影响力很可能大于企业社会责任感。以前的研究认为，公司在承担社会责任感方面的努力是开展关系营销和改善顾客关系的有效手段之一。但是，消费者通常会对公司承担社会责任的动机产生疑问，例如，是自我导向的、利益相关者推动的，还是价值推动的[34]。这是对社会责任感联想对信任影响较弱的一种可能性解释。因此，过去的研究很可能夸大了承担社会责任在关系营销中的作用。公司顾客联想概念的提出为开展关系营销提供了一种新途径，公司需要为建立积极的顾客联想而持续努力，应该根据自己与顾客关系的发展程度有技巧地管理和改善顾客联想，从而达到强化顾客关系的目的。由于公司的广告和促销行为对公司顾客联想的发展演变具有影响力，公司在设计以上营销策略和战术时应该谨慎地采取行动。例如，公司在聘请代言人或挑选将在广告中出现的演员之前应该对候选人的个人特征进行全面的分析，因为他们将成为消费者对公司形成顾客联想的主要依据。根据联合网络记忆理论，当人们在头脑中将某个顾客群体与一家公司建立关联后，经常性的暴露在同时包含公司和典型顾客形象的广告或其他信息展示中有助于强化公司顾客联想。

本研究对公司顾客联想做出了初步探索，未来仍需更多更深入的研究予以关注：①重点是构建出公司顾客联想的测量工具，为后续的定量研究奠定基础。由于公司顾客联想是一个具有广泛内涵的构念，在制定测量工具之前需要识别出关键的子维度。根据社会认同理论和品牌资产理论，同时结合定性研究结果提供的线索，对一家公司顾客群体持有联想的独特性、吸引力、清晰度以及相似性（即一名消费者对自己持有的联想与对一家公司顾客群体持有的联想之间的匹配程度）有可能是考察一家公司顾客联想的关键指标。②需要用定量的方法验证本研究提出的概念框架的有效性，公司顾客联想的前因后果是否与概念框架中的预期一致。③可以继续寻找对公司顾客联想的影响强度具有调节作用的变量（如个人因素和情景因素），并且在实验室中设计完善、精细的实验进行检验。④对公司顾客联想和其他两类公司联想的定量比较，也应该在未来的研究中做出必要的探讨。⑤公司顾客联想作为一种在已有文献中疏于讨论、新的公司联想类型，未来的研究也可能从理论上继续开拓公司联想所涵盖的领域，深化对消费者认知系统的理解。

参考文献

［1］Brown T. J., Dacin P. A., Pratt M. G., et al.. Identity, Intended Image, Construed Image, and Reputation: An Interdisciplinary Framework and Suggested Terminology ［J］. Journal of the Academy of Marketing Science, 2006, 34 (2): 99–106.

［2］Berens G., Van Riel C. B. M., Van Bruggen G. H. Corporate Associations and Consumer Product Responses: The Moderating Role of Corporate Brand Dominance ［J］. Journal of Marketing, 2005, 69 (3): 35–48.

［3］Vittachi N. Special Report: China's Elite ［J］. Far Eastern Economic Review, 2002, 165 (50): 51–55.

［4］Keller K. L. Brand Synthesis: The Multidimensionality of Brand Knowledge ［J］. Journal of Consumer Research, 2003, 29 (4): 595–600.

［5］Mccracken G. Culture and Consumption ［M］. Bloomington: Indiana University Press, 1988.

［6］Ellen P. S., Webb D. J, Mohr L. A. Building Corporate Associations: Consumer Attributions for Corporate Socially Responsible Programs ［J］. Journal of the Academy of Marketing Science, 2006, 34 (2): 147–157.

［7］Kanwar R., Olson J. C., Sims L. S. Toward Conceptualizing and Measuring Cognitive Structures ［J］. Advances in Consumer Research, 1981, 8 (1): 122–127.

［8］Keller K. L. Conceptualizing, Measuring, and Managing Customer–Based Brand Equity ［J］. Journal of Marketing, 1993, 57 (1): 1–22.

［9］Srull T. K., Wyer R. S. Person Memory and Judgment ［J］. Psychological Review, 1989, 96 (1): 58–83.

［10］Bergami M., Bagozzi R. P.. Self–Categorization and Commitment as Distinct Aspects of Social Identity in the Organization: Conceptualization, Measurement, and Relation to Antecedents and Consequences ［J］.

British Journal of Social Psychology, 2000, 39（4）: 555–577.

［11］ Uggla H. The Corporate Brand Association Base: A Conceptual Model for the Creation of Inclusive Brand Architecture［J］. European Journal of Marketing, 2006, 40（7/8）: 785–802.

［12］ Dowling G. R. Measuring Corporate Images: A Review of Alternative Approaches［J］. Journal of Business Research, 1988, 17（1）: 27–34.

［13］ Keller K. L., Richey K. The Importance of Corporate Brand Personality Traits to a Successful 21st Century Business［J］. Journal of Brand Management, 2006, 14（2）: 74–81.

［14］ Davies G., Chun R., Silva R V. D., et al.. A Corporate Character Scale to Assess Employee and Customer Views of Organization Reputation［J］. Corporate Reputation Review, 2004, 7（2）: 125–146.

［15］ Brown T. J., Dacin P. A. The Company and the Product: Corporate Associations and Consumer Product Responses［J］. Journal of Marketing, 1997, 61（1）: 68–84.

［16］ Carroll A. B. The Pyramid of Corporate Social Responsibility: Toward the Moral Management of Organizational Stakeholders［J］. Business Horizons, 1991, 34（4）: 39–48.

［17］ Gurhan-Canli Z., Batra R. When CorporateImage Affects Product Evaluations: The Moderating Role of Perceived Risk［J］. Journal of Marketing Research, 2004, 41（2）: 197–205.

［18］ Luo X., Bhattacharya C. B. Corporate Social Responsibility, Customer Satisfaction, and Market Value［J］. Journal of Marketing, 2006, 70（4）: 1–18.

［19］ Helgeson J. G., Supphellen M. A. Conceptual and Measurement Comparison of Self-Congruity and Brand Personality［J］. International Journal of Market Research, 2004, 46（2）: 205–233.

［20］ Escalas J. E., Bettman J. R. You Are What They Eat: The Influence of Reference Groups on Consumers' Connections to Brands［J］. Journal of Consumer Psychology, 2003, 13（3）: 339–348.

［21］ Mccracken G. Who Is the Celebrity Endorser? Cultural Foundations of the Endorsement Process［J］. Journal of Consumer Research, 1989, 16（3）: 310–321.

［22］ Bearden W. O., Etzel M. J. Reference Group Influence on Product and Brand Purchase Decisions［J］. Journal of Consumer Research, 1982, 9（2）: 183–194.

［23］ Fontana A., Frey J. H. Interviewing: The Art of Science［C］//DENZIN N K, LINCOLN Y S. Handbook of Qualitative Research.Thousand Oaks: Sage, 1994.

［24］ Crano W. D., Brewer M. B. Principles and Methods of Social Research［M］. 2nd ed. New Jersey: Lawrence Erlbaum Associates, 2002.

［25］ Spiggle S. Analysis and Interpretation of Qualitative Data in Consumer Research［J］. Journal of Consumer Research, 1994, 21（3）: 491–503.

［26］ Ferraro R., Bettman J. R., Chartrand T. L. The Power of Strangers: The Effect of Incidental Consumer Brand Encounters on Brand Choice［J］. Journal of Consumer Research, 2009, 35（5）: 729–741.

［27］ Dijksterhuis A., Smith P. K., Van Baaren R. B., et al.. The Unconscious Consumer: Effects of Environment on Consumer Behavior［J］. Journal of Consumer Psychology, 2005, 15（2）: 193–202.

［28］ Aaker D. A., Joachimstahler E. Brand Leadership［M］. New York: The Free Press, 2000.

［29］ Holbrook M. B., Moore W. L. Feature Interactions in Consumer Judgments of Verbal versus Pictorial Representations［J］. Journal of Consumer Research, 1981, 8（1）: 103–113.

［30］ Khalil E. L. Symbolic Products: Prestige, Pride, and Identity Goods［J］. Theory and Decision, 2000, 49（1）: 53–77.

［31］ Piacentini M., Mailer G. Symbolic Consumption in Teenagers' Clothing Choices ［J］. Journal of Consumer Behaviour, 2004, 3（3）: 251–262.

［32］ Doran K. B. Symbolic Consumption in China: The Color Television as a Life Statement ［J］. Advances in Consumer Research, 1997, 24（1）: 128–131.

［33］ Burke R. R., Srull T. K. Competitive Interference and Consumer Memory for Advertising ［J］. Journal of Consumer Research, 1988, 15（1）: 55– 68.

［34］ Ellen P. S., Webb D. J., Mohr L A. Building Corporate Associations: Consumer Attributions for Corporate Socially Responsible Programs ［J］. Journal of the Academy of Marketing Science, 2006, 34（2）: 147–157.

社交网站虚拟礼品购物价值对购买意愿的影响研究 *

闫　幸　常亚平

【摘　要】社交网站的流行使得虚拟礼品成为人们传情达意的新工具，同时虚拟礼品也是社交网站潜在的盈利手段之一。以有过虚拟礼品购买经验的消费者为样本，探讨社交网站环境下虚拟礼品的购物价值对购买意愿的直接影响，以及购物价值通过兴趣对购买意愿的间接影响。通过在社交网站上发放电子问卷和滚雪球的方式回收有效问卷303份，并采用多元线性回归对假设进行检验。研究表明：影响虚拟礼品购买意愿的购物价值包括理念、定制、便利和省钱，其中理念、定制和便利还通过兴趣的中介影响消费者的购买意愿。该结论为社交网站设计和利用虚拟礼品提供决策支持。

【关键词】社交网站；虚拟礼品；购物价值；兴趣；购买意愿

随着社交网站的普及，虚拟礼品逐渐成为人们互动交流的新手段。近两年来，中国的社交网站和社交网民的数量都出现了爆炸性增长，但是中国的虚拟礼品市场还没有形成规模。虽然大多数社交网站都已经认识到了虚拟礼品对于企业盈利的重要性，但是他们无法用自己的虚拟礼品去占领社交网站网民的情感空间。

虚拟礼品一般是在网上赠送和使用的，相对于实体礼品而言，人们可能更多地会考虑礼品在情感祝福、时尚表达等方面的价值。这与以追求面子、群体规范和利益交换为主的传统礼品购物价值具有显著区别 [1,2]。

遗憾的是，针对虚拟礼品这种新的送礼形式和相关的消费的研究，现有文献却很少提及。本研究试图构建在社交网站中虚拟礼品购物价值对购物意愿的作用机理模型，希望发现购物价值各个维度对虚拟礼品购物意愿的具体影响过程。

---

*《管理学报》2013 年第 10 卷第 2 期。

基金项目：国家自然科学基金资助项目（70872037，71072032）

作者简介：常亚平（1963—），男，湖北武汉人。华中科技大学（武汉市 430074）管理学院教授、博士研究生导师，博士。研究方向为战略管理、营销管理和服务管理。

1 相关研究评述和假设

1.1 社交网站的定义和特点

SUBRAMANI 等 [3] 首次提出了在线社交网络的概念，但直到 2004 年美国的 Facebook 出现后，社交网站才真正兴起。当前，学者普遍认为社交网站是提供社交网络服务的网站，这种服务允许网民在一个受限制的系统上构建一个公开或半公开的个人空间，在空间里明确列出友情链接用户名单，并且在这个系统里，网民可以查看自己的链接和关联用户的链接 [4]。

从本质上说，社交网站应该是人们将网下的社交关系搬到了网上，通过社交游戏和赠送礼品等社交活动进行互动。社交网站实现了一对多的动态沟通，并将同步沟通和异步沟通相结合，从而为人们提供了一个崭新的交互平台。

1.2 社交网站的盈利模式

社交网站的盈利模式是其商业模式的重要组成部分。商业模式包括 4 个要素：顾客价值定位、盈利模式、关键的资源和关键的流程 [5]。在这 4 个要素中，盈利模式决定着企业的生存和发展，其他 3 个要素则为盈利模式提供支撑。

当前，国内外社交网站的盈利模式不尽相同，但总体上收入主要来自广告、游戏和虚拟物品。其中，Facebook、人人网和开心网均把广告作为最主要的收入来源，游戏收入和虚拟物品收入次之。腾讯最主要的收入来源为游戏收入，其次为虚拟物品收入，广告只占其收入的 7%左右。从以上社交网站的盈利模式可以得知，虚拟物品收入是社交网站的主要收入来源之一。

1.3 虚拟物品相关研究

1.3.1 虚拟物品和虚拟礼品的定义

虚拟礼品是虚拟物品的一种，当前，对虚拟物品还没有被广泛接受的定义，代表性的定义有以下 3 种：①虚拟物品是存在于在线游戏和网页上的角色、物品、货币或象征物 [6]；②限于网上购买和使用的商品和服务 [7]；③依托网络技术，能够供给市场并满足人们某种需要和欲望，无实物性质，通过数字或符号存储，并通过网络进行交换的物品 [8]。这些定义虽然角度不一样，但均认为虚拟物品是在网上购买和使用的非实体物品。

结合礼品和虚拟物品的定义，对虚拟礼品的定义如下：虚拟礼品是在网上赠送给他人的仅能在网上使用的角色、物品、货币或象征物。

1.3.2　虚拟物品消费研究

学者对虚拟物品消费的研究既有总体研究，又有分类研究。从总体研究上看，虚拟物品购买的影响因素集中在消费者的购买动机和消费者自身的特征上。感知的有用性、易用性、乐趣和感知到的匹配性影响消费者对虚拟物品的购买态度[7]，消费者的性别和社交网站的使用经验也会影响虚拟物品的购买[7]。

对虚拟物品的分类研究主要围绕虚拟形象产品和游戏类虚拟物品展开。对虚拟形象产品而言，影响虚拟形象产品购买的因素包括消费者自身的主观规范、自我监控、网络沉浸程度、身份证明、社会比较和社会认同等[9]；游戏类虚拟物品的购买动机包括获得更高的地位、装备优势、与游戏玩家竞争、新的体验、定制、自我表现等[10]，而商品本身的功能性、享乐性和社会属性也是影响消费者购买的因素。中国的游戏玩家购买游戏类虚拟物品的动机主要包括攀比、成就、领导、实用、便利和沉溺[8]。

综上所述，目前的研究主要集中在西方国家，对虚拟物品的研究重点是虚拟形象和游戏类虚拟物品，对于虚拟礼品的研究相对匮乏。

1.4　购物价值、兴趣与购买意愿

购物价值是消费者根据购物过程中感知到的得失形成的综合判断，消费者购买商品的重要原因是，消费者感知到购物本身能给消费者带来价值。学者们对购物价值的研究主要集中在实用价值和享乐价值两个方面。实用价值是指，购物是任务导向和理性的，目标是购买所需要的产品，或在购物的过程中毫不费力地购买产品[11]。享乐价值是指，购物主要是为了体验和情感，更强调乐趣和好玩、唤起、自由、想象等心理变量[11]。

兴趣是内在动机的一种，指对事物或理念持续投入的倾向[12]。兴趣的产生和持续，既是一种情感过程，也是一种认知过程。学者发现，事物本身的新颖、变化和多样性等特点会激发人们对这一事物的兴趣，从而将兴趣与乐趣、惊喜等其他情感区别开来[13]。特别地，在审美体验中，兴趣是消费者态度的最重要的组成部分[14]。虚拟礼品是具有艺术设计成分的商品，因而消费者对商品的兴趣是消费者态度的重要表现[15]。

消费者的在线体验是购买行为的决定因素。正面体验会使消费者在网站上花费更多时间，使用网站的频率更高。类似地，MATHWICK 等[16]发现，基于互联网的感知价值与网店的光顾意愿正相关。感知价值同时包括享乐价值和实用价值[17]，因而可以推断享乐价值和实用价值与购买意愿正相关。

态度是一个人对人或事物的总体评价，态度可以是正面的也可以是负面的。态度受信息和体验的影响，感知价值直接影响消费者的态度[17]。根据计划行为理论，态度会影响消费者的购买意向[18]。对于虚拟礼品而言，兴趣是态度最重要的表现[14]，可以推断虚拟礼品的购物价值会影响消费者对虚拟礼品的兴趣，并最终影响到消费者的购买意愿。

1.5　研究假设

商品的购物价值包括实用价值和享乐价值[11]。其中，实用价值包括选择、获得信息、便利、定制、省钱等维度[19~21]，享乐价值包括时尚理念、讨价还价的乐趣、角色扮演等维度[21]。虚拟礼品是一种特殊的虚拟物品，购买是为了赠送给他人，因而在购买的时候更加注重商品的购物价值[22]。已有的研究表明，消费者购买虚拟物品是为了实现定制和追求新的体验[8]；同时，消费者选择网上购物的方式最主要的原因是探索、便利和省钱[19]。对虚拟礼品消费者访谈的结果也表明，消费者购买虚拟礼品的原因是，虚拟礼品代表着一种新的送礼趋势；同时，购买和发送比较便利，虚拟礼品的价格低廉等。结合对虚拟礼品消费者的深入访谈和文献分析，本文认为，对消费者购买决策有影响的购物价值包括理念、定制、便利和省钱。

理念是指消费者购物的目的是了解新的趋势[21]。网上提供了丰富的产品信息和产品价格信息，消费者在网上可以便利快捷地获得新产品和流行趋势的信息，这是消费者选择网上购物的重要原因[23]。访谈的结果也表明，消费者认为虚拟礼品比较新颖，购买虚拟礼品符合潮流。由此，本研究提出假设：

假设 1 理念对消费者的虚拟礼品购买意愿有正面影响。

假设 2 理念通过兴趣对消费者的虚拟礼品购买意愿有正面影响。

定制是一种利用信息技术、柔性过程和组织结构为消费者提供个性化产品的系统，其生产成本与大规模生产的成本相近[24]。随着互联网技术的发展，定制商品的生产成本下降了；同时，企业与消费者沟通的成本也下降了，定制产品或服务是网上购物的竞争优势之一[25]。相对于普通产品而言，定制产品更接近消费者的偏好，为消费者带来了更大的利益，因而消费者对定制产品有更正面的态度和更高的购买意愿[26]。社交网站针对生日和不同的节日提供了不同的定制礼品选择，而且还设置了好友生日提醒服务，定制满足了消费者网上社交的个性化需求。由此，本研究提出假设：

假设 3 定制对虚拟礼品购买意愿有正面影响。

假设 4 定制通过兴趣对消费者的虚拟礼品购买意愿有正面影响。

便利是消费者在计划、购买和使用产品的过程中节约时间和精力的程度[27]。购物越便利，意味着购物成本越低，因而便利对消费者的购买意愿有正面影响[19]。社交网站上提供了 24 小时的不间断服务，因而消费者网上购买虚拟礼品不受时间、地点和天气的限制，不需要与其他人互动就可以完成礼品购买。在赠送实体礼品时，消费者要遵从各种送礼的礼仪，如着装要讲究，注意送礼的禁忌等，网上赠送虚拟礼品则可以利用定时发送功能灵活安排送礼的时间，在家中就可以完成送礼，因而便利是消费者选择网上购买虚拟礼品的原因之一。由此，本研究提出假设：

假设 5 便利对消费者的虚拟礼品购买意愿有正面影响。

假设 6 便利通过兴趣对消费者的虚拟礼品购买意愿有正面影响。

省钱是指成本最小化，这里的成本包括商品本身的成本、购物成本、出行成本和浏览成本等[28]。网上购物节省了购物成本和浏览成本，这是消费者选择网上购物的重要影响因素[28]。虚拟礼品的价格低廉，价格在 1~20 元。消费者在家中就可以完成虚拟礼品的购买和赠送环节，因而在社交网站上购买虚拟礼品节省了购物成本和邮寄费用[19]，但虚拟礼品同实体礼品一样也可以达到传情达意的目的，因而受到年轻一代的推崇。由此，本研究提出假设：

假设 7 省钱对虚拟礼品购买意愿有正面影响。

假设 8 省钱通过兴趣对消费者的虚拟礼品购买意愿有正面影响。

基于以上假设，本研究构建以下模型（见图 1）。

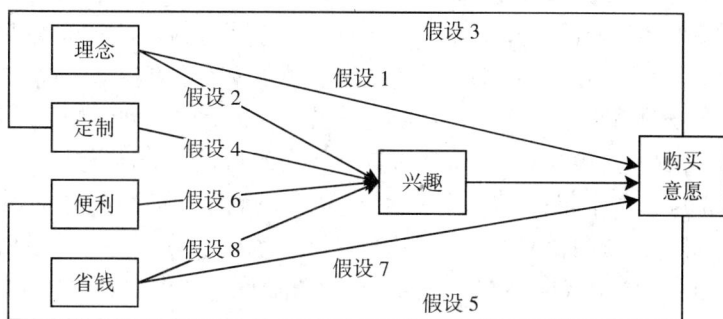

图 1　理论模型

2　研究方法

2.1　变量的测量

2.1.1　自变量的测量

理念的测量借鉴了 ARNOLD 等[21] 的量表并结合本研究的特点进行了修改，具体测项包括时尚、符合潮流和喜欢购买新颖的虚拟礼品 3 个维度。

定制的测量是在 TO 等[19] 的量表基础上根据本研究的特点修改后得以实现，具体测项包括社交网站的礼品能满足我的需求、个性化和感觉是独特的顾客 3 个维度。

便利的测量借鉴了 TO 等[19] 的便利和去社会化两个变量的量表，并结合本研究的情况进行了修改，具体测项包括不用出门就可以购买虚拟礼品、购买虚拟礼品不影响时间安排、不需要与他人互动、不需要与售货员互动、不会窘迫 5 个维度。

省钱的测量借鉴了 CHANDON 等[27] 的量表并结合本研究的情况进行了修改，具体测项包括虚拟礼品省钱、价格低、花费低 3 个维度。

2.1.2　中间变量的测量

兴趣的测量主要是在 OLNEY 等[13] 的量表基础上根据本研究的特点修改后得出的，包括虚拟礼品很有意思、让人感觉很好奇、总能吸引注意 3 个测项，在前测中删去了不让人厌倦这一测项。

2.1.3 结果变量的测量

购买意愿的测量主要是在 DODDS 等[30]的量表基础上根据本研究的特点修改后得出的，包括考虑购买、购买意愿很强、计划购买和购买可能性很大 4 个测项。

2.2 调查方法及样本构成

首先，由两位营销领域的专家、两位博士研究生和 20 位硕士研究生通过头脑风暴会进行了讨论；然后，联系校内网、开心网和 QQ 校友 3 个最受欢迎的社交网站与发送过虚拟礼品的资深网友进行了深入访谈；接着，根据头脑风暴会和访谈结果对问卷的测项进行了修改，包括购物价值测项和消费者个人信息部分的措辞；再后，在问卷修改后发送了 60 份问卷进行前测，收回 50 份有效问卷；通过对前测问卷的分析，修改了被试标明"不清楚题意"的测项，并删除了两个与总分的相关值低于 0.30 的测项，最终得到了正式的问卷。

正式的问卷调查在网上和网下同时进行。网上调查通过在开心网、校内网和 QQ 校友上赠送人人豆、QQ 币的形式向网友发放问卷，共发放问卷 400 份，收回 148 份有效问卷，回收率为 37%。网下调查在武汉的 3 所高校内通过滚雪球的方式向有过社交网站虚拟礼品购买经历的同学发放问卷，发放问卷 200 份，最终收回 155 份有效问卷，回收率为 77.5%。有效问卷总数为 303 份。问卷调查的时间为 2010 年 7 月 23 日至 11 月 13 日，调查的样本结构如表 1 所示。

表 1 样本结构

变量	类别	频数	比例（%）	变量	类别	频数	比例（%）
性别	男	154	50.8	教育程度	高中（中专）及以下	50	16.5
	女	149	49.2		大专	40	13.2
年龄/岁	18 以下	65	21.4		本科	177	58.4
	18~25	136	44.9		硕士及以上	36	11.9
	26~30	54	17.8	网上购物经历/年	1 及以下	154	50.8
	31~35	32	10.6		1~2	69	22.8
	35 及以上	16	5.3		2~3	53	17.5
					3 以上	27	8.9

3 研究结果

3.1 问卷的信度、效度分析

本研究采用 Cronbach's α 系数作为检验标准来观察问卷中各个项目的内部一致性。经计算，问卷中自变量、中间变量和结果变量的 Cronbach's α 系数均大于 0.7，这表明问卷项目的信度理想。各变量的 Cronbach's α 系数具体如表 2 所示。

效度检验方面，由于测项是借鉴前人的研究成果并结合本研究的实际情况，结合深入访谈、专家咨询等方法加以修改制定出来的，因而其内容效度是可以保证的。通过因子分析来看，由于自变量的各观测变量的共同度均在 0.422 以上，中间变量的各观测变量的共同度均在 0.609 以上，因而本问卷的构建效度可接受。

3.2　因子分析

由于本研究是借鉴购物价值和消费者购买意愿方面的测量量表，并自主提出了兴趣的中介作用，因而先要进行探索性因子分析。选用 SPSS 16.0 统计分析软件所提供的因子分析法分别对初始变量和中间变量析取主成分。结果显示，初始变量的 KMO 值为 0.824。Bartlet 球形检验的显著性概率为 0.000；初始变量较好地被 4 个因子所解释，所有的因子负载都在 0.6 以上，因子累积贡献率达到 66.839%；因子分析的结果与预期基本一致（见表 2）。

表 2　各变量的描述性统计及因子分析结果

潜变量	测项	负荷量	均值	标准差	Cronbach's α
理念	时尚	0.847	3.498	1.460	0.749
	符合潮流	0.787	3.845	1.442	
	喜欢购买	0.691	3.805	1.659	
定制	满足需求	0.705	4.089	1.456	0.735
	个性化	0.847	4.122	1.452	
	独特	0.711	3.647	1.358	
便利	不用出门	0.603	5.083	1.259	0.802
	时间安排	0.700	4.861	1.376	
	他人互动	0.719	4.389	1.546	
	售货员互动	0.798	4.743	1.489	
	窘迫	0.701	4.713	1.428	
省钱	省钱	0.852	4.498	1.449	0.881
	价格便宜	0.888	4.495	1.474	
	花费低	0.858	4.650	1.164	
兴趣	有意思	0.849	4.561	1.267	0.774
	感觉好奇	0.872	4.492	1.273	
	引起注意	0.769	3.941	1.303	
购买意愿	考虑购买	0.730	4.650	1.164	0.802
	意愿很强	0.794	3.683	1.383	
	计划购买	0.853	4.013	1.266	
	可能购买	0.792	4.191	1.298	

3.3 回归分析

在验证了变量的信度与效度的基础上，把抽取的主成分分值保存下来，用于后续多元线性回归分析中检验研究假设。为了避免因素之间多重共线性带来的影响，在回归分析中采用逐步回归法来构建多元回归模型。

3.3.1 自变量与结果变量之间的关系

本研究分别探讨理念、定制、便利、省钱与购买意愿之间的关系，分析结果如表3所示。

表3 自变量对结果变量的回归分析

		理念	定制	便利	省钱
购买意愿	β	0.241***	0.348***	0.256***	0.132**
	Sig.	0.000	0.000	0.000	0.004
	t 值	5.261	7.521	5.361	2.940

注：***、** 分别表示 $p < 0.001$、$p < 0.01$（2-tailed），下同；R^2 为 0.524；标准误为 0.714；F 值为 81.979。

从表3可知，理念、定制、便利、省钱对消费者的购买意愿表现出显著的正向影响，即它们之间存在显著的因果关系，假设1、假设3、假设5、假设7得到验证。

3.3.2 自变量和中间变量的回归分析

本研究分别探讨理念、定制、便利、省钱与兴趣之间的关系，分析结果如表4所示。结果表明，理念、定制、便利与兴趣之间有正相关的关系，而省钱与兴趣的关系不显著。

表4 自变量对中间变量的回归分析

		理念	定制	便利	省钱
兴趣	β	0.348***	0.309***	0.138**	0.061
	Sig.	0.000	0.000	0.009	0.210
	t 值	6.971	6.117	2.639	1.256

注：R^2 为 0.431；标准误为 0.807；F 值为 56.405。

3.3.3 中间变量同结果变量的回归分析

本研究探讨了兴趣与消费者购买意愿之间的关系，分析结果如表5所示。

表5 中间变量对结果变量的回归分析

		购买意愿
兴趣	β	0.624***
	Sig.	0.000
	t 值	13.866

注：R^2 为 0.390，标准误为 0.805，F 值为 192.266。

从表5可知，消费者的兴趣对其购买意愿表现出显著的正向影响，即它们之间存在显著的因果关系，消费者的兴趣越大，其购买意愿就越大。

3.4 中介效应检验

中介效应检验采用温忠麟等[31]的中介效应检验程序，具体步骤如下：①做自变量与结果变量的相关分析或回归分析，若自变量与结果变量相关显著（系数c），则继续下面的第2步；否则停止中介效应分析。②分别做自变量与中介变量、中介变量与结果变量的回归分析，若自变量与中介变量回归系数（系数a）及中介变量与结果变量的回归系数（系数b）都显著，则意味着自变量对结果变量的影响至少有一部分是通过中介变量实现的，继续下面的第3步；如果至少有一个不显著，由于该检验的功效较低，所以还不能下结论，应进一步进行Sobel检验。③自变量与中介变量同时对结果变量进行回归分析，若回归系数不显著（系数c'），说明是完全中介过程，即自变量对结果变量的影响都是通过中介变量实现的；若显著，说明只是部分中介过程，即自变量对结果变量的影响只有一部分是通过中介变量实现的。

本研究中，中介变量兴趣对购物价值和购买意愿的中介效应检验如表6所示。

表6 兴趣的中介效应检验

	自变量与结果变量（c）	自变量与中介变量（a）	中介变量与结果变量（b）	考虑中介变量（c'）
理念	0.241***	0.348***		0.142**
定制	0.348***	0.309***		0.261***
便利	0.256***	0.138**		0.217***
省钱	0.132**	0.061		(0.114*)
兴趣			0.624***	

在表6中，第2列即为中介效应检验第1步的结果，从结果可以看出，4个自变量同结果变量均相关显著，因此可以继续进行中介效应分析；第3列及第4列分别为自变量与中间变量、中间变量与结果变量的回归分析，从结果可以看出，自变量理念、定制和便利与中介变量及中介变量与结果变量的回归均显著，因此可以初步断定兴趣对理念、定制、便利和购买意愿的中介效应显著，但省钱与中介变量回归不显著，需要进一步进行Sobel检验来判断是否存在中介效应；第5列为购物价值及兴趣同时对购买意愿进行回归分析，从结果可以看出，购物价值中的理念、定制、便利对购买意愿的回归系数显著，说明兴趣对于理念、定制、便利3种购物价值对购买意愿的影响起部分中介作用。

Sobel检验通过公式（1）进行：

$$Z = ab/\sqrt{a^2 s_b^2 + b^2 s_a^2} \tag{1}$$

式中，a是中介变量对自变量的回归系数；S_a是a的标准误；b是因变量对中介变量的回归系数；S_b是b的标准误。通过软件计算Z值及其单侧概率与双侧概率，如果双侧概率大（如大于0.05），则中介效应不显著。

计算的结果 Z = 0.551，单侧的概率为 0.245，双侧的概率为 0.489，均大于 0.05 的临界值，因而兴趣对省钱对购物意愿影响的中介效应不显著。

通过以上分析，得到虚拟礼品购物价值与消费者购买意愿的关系模型（见图 2）。

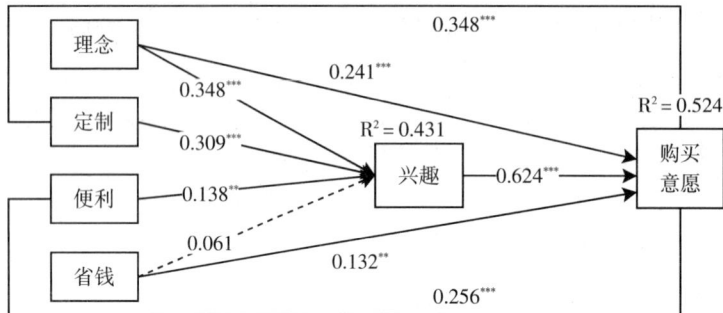

图 2 购物价值、兴趣同购买意愿关系模型

由图 2 可知，理念、定制、便利分别通过兴趣对消费者的买意愿有显著的正向影响，假设 2、假设 4、假设 6 得到了验证，但由于省钱对兴趣的关系没有得到验证，因而假设 8 不成立。

4 研究结论与讨论

4.1 研究结论

从上面的结果来看，虚拟礼品的 4 种购物价值均对购买意愿具有显著影响，兴趣对理念、定制、便利的中介作用显著，具体结论归纳为以下 3 个方面：

（1）影响虚拟礼品购买意愿的具体购物价值包括理念、定制、便利、省钱。理念（β=0.241，Sig.=0.000）、定制（β=0.348，Sig.=0.000）、便利（β=0.256，Sig.=0.000）、省钱（β=0.132，Sig.=0.004）与虚拟礼品购买意愿之间存在着显著的正相关关系。相对于实体礼品而言，虚拟礼品购买也考虑购买的便利性和省钱两个因子，但实体礼品购买中考虑较多的社交价值对虚拟礼品购买意愿没有显著的影响[1,2]。虚拟礼品购买与实体礼品购买的主要差异，体现在消费者更关注虚拟礼品的定制功能和虚拟礼品是否符合他们的理念。相对于普通的虚拟礼品而言，定制的礼品体现了更高的情感价值，即把特别的礼物赠送给特别的人，因而受到消费者的喜爱。赠送虚拟礼品的用户主要是 30 岁以下的年轻人，时尚观念较强，因而虚拟礼品体现出的时尚感是吸引消费者的主要因素之一。

（2）这 4 种购物价值对虚拟礼品的购买意愿的影响程度不同。消费者在购买虚拟礼品的时候最关心定制，其次关注虚拟礼品是否符合他们的理念，对购买物意愿影响较小的维度是购买虚拟礼品的便利性，消费者关注度最小的是虚拟礼品购买是否省钱。消费者对虚拟礼品购买是否省钱关注度不高与当前虚拟物品的定价有关。当前，社交网站上的虚拟礼品大部分定价较低或与会员身份捆绑销售。

（3）兴趣在虚拟礼品购物价值对购买意愿的影响过程中起中介作用。对购物兴趣影响最大的虚拟礼品购物价值是理念（$\beta=0.348$，Sig.=0.000），其次是定制（$\beta=0.309$，Sig.=0.000），便利对于兴趣的影响较小（$\beta=0.138$，Sig.=0.009）。兴趣对省钱和消费者购买意愿的中介作用没有被证实（$\beta=0.061$，Sig.=0.210）。这可能是因为定制和理念这两个维度与虚拟礼品的艺术特性相关性较大，省钱与虚拟礼品的艺术性特点相关性较小，因而与兴趣的关系不显著。

4.2 管理启示

随着社交网站的发展，社交网络的虚拟礼品可能是满足人类送礼需求的一个新的重要品种。这可能成为未来社交网站的重要盈利方式之一。基于上述结论，提出以下4点策略建议：

（1）积极开发丰富的虚拟礼品定制选项。通过分析各因子对购买意愿直接影响和间接影响之和的大小，本研究表明，消费者购买虚拟礼品最关注的因子是虚拟礼品是否能够定制。社交网站要想通过虚拟礼品盈利，就必须积极调查消费者对虚拟礼品的个性化需求，除继续推出普通的虚拟礼品外，还应该引导消费者参与部分虚拟礼品的设计，以了解消费者对虚拟礼品的独特需求。社交网站在此基础上可以推出不同类别的虚拟场景，让消费者选择喜欢的虚拟场景为亲友定制个性化的虚拟礼品。例如，当前的一款虚拟礼品是把亲友当作主人公放到动漫场景中，收礼人对这种符合自身偏好的虚拟礼品评价更高。

（2）加强虚拟礼品的时尚宣传。消费者购买虚拟礼品的第二重要原因是虚拟礼品符合其理念，因而社交网站要根据网友关注的重点定期地推出反映社会趋势和热点的新的虚拟礼品，或者是发起与时尚品牌相关的虚拟礼品活动，构建虚拟礼品文化，让虚拟礼品成为消费者熟知的传情达意工具。例如，2009年人人网把优乐美奶茶植入虚拟礼品，短短4个小时就送出了35万份虚拟奶茶。将时尚品牌植入虚拟礼品是未来虚拟礼品发展的方向之一，一方面社交网站通过时尚品牌能够增强消费者对虚拟礼品的时尚认知；另一方面时尚品牌通过虚拟礼品活动扩大知名度，可以更好地开展社交媒体营销。

（3）进一步提升虚拟礼品购买的便利性。购买虚拟礼品无须出门，无须与售货员互动，且24小时均可赠送，因而虚拟礼品在购买的便利性上具有显著优势。但同时，由于价值观和偏好的不同，送礼人和收礼人对同一款虚拟礼品的评价可能不同。针对这种情况，我国的社交网站可以模仿Facebook推出小面值的礼品卡来进一步提升虚拟礼品购买的便利性。收礼人在收到礼品卡后，可以根据自己的喜好在社交网站选购他们自己心仪的物品，送礼人也避免了选虚拟礼品的麻烦和送错礼品的尴尬。

（4）提升消费者对虚拟礼品省钱感知。消费者对于特定交易是否省钱的判断取决于消费者对商品价值的感知，因而社交网站要通过策划多种活动来提升虚拟礼品的感知价值。

除继续开发具有情感价值的虚拟礼品外，社交网站还可以将虚拟礼品与慈善活动联系起来提升虚拟礼品的慈善价值，推出与热点活动、品牌相关联的虚拟礼品来提升虚拟礼品的象征价值等。

参考文献

［1］Marcoux J. Escaping the Gift Economy［J］. Journal of Consumer Research，2009，36（4）：671–685.

［2］蒋廉雄，卢泰宏，邹璐. 消费者礼品购买决策：关系取向抑或动机驱动［J］. 中山大学学报：社会科学版，2007，47（5）：117–128.

［3］Subramani M. R.，Rajagopalan B. Knowledge–sharing and Influence in Online Social Networks Via Viral Marketing［J］. Communications of the ACM，2003，46（12）：300–307.

［4］Boyd D. M.，ELLISON N. B. Social Network Sites Definition，History and Scholarship［J］. Journal of Computer–Mediated Communication，2007，13（1）：210–230.

［5］Casadesus–Masanell R.，Ricart J. E. How to Design a Winning Business Model［J］. Harvard Business Review，2011，89（1/2）：100–107.

［6］Lehdonvirta V. Virtual Item Sales as a Revenue Model：Identifying Attributes That Drive Purchase Decisions［J］. Electronic Commerce Research，2009，9（1/2）：97–113.

［7］Cha J. Shopping on Social Networking Web Sites：Attitudes Toward Real Versus Virtual Items［J］. Journal of Interactive Advertising，2009，10（1）：77–93.

［8］李先国，许华伟. 网络虚拟物品消费动机的测量［J］. 中国软科学，2010（4）：135–145.

［9］Chung D. Something for Nothing：Understanding Purchasing Behaviors in Social Virtual Environments［J］. Cyber Psychology & Behavior，2005，8（6）：538–554.

［10］LEHDONVIRTA V. Real–money Trade of Virtual Assets：Ten Different User Perceptions［EB/OL］.（2005–12–5）/［2011–11–02］. http：//www.virtual–economy.com/files/Lehdonvirta–2005–RMT–Perceptions.pdf.

［11］Babin B. J.，Darden W. R.，GRIFFIN M. Work and/or Fun：Measuring Hedonic and Utilitarian Shopping Value［J］. Journal of Consumer Research，1994，20（4）：644–656.

［12］Hidi S.，Renninger K. A. The Four –phase Model of Interest Development［J］. Educational development，2006，41（2）：111–127.

［13］Olney T. J.，Holbrook M. B.，BATRA R. The Effects of ad Content，Emotions，and Attitude Toward the ad on Viewing Time［J］. Journal of Consumer Research，1991，17（3）：440–453.

［14］Silvia P. J. Interest and Interests：The Psychology of Constructive Capriciousness［J］. Review of General Psychology，2001，5（3）：270–290.

［15］Tan E. S. Emotion，Art，and the Humanities［M］. New York：The Guilford Press，2000：116–134.

［16］Mathwick C.，Malhotra N.，RIGDON E. Experiential Value：Conceptualization，Measurement and Application in the Catalog and Internet Shopping Environment［J］. Journal of Retailing，2001，77（1）：39–56.

［17］Swait J.，Sweeney J. C. Perceived Value and Its Impact on Choice Behavior in a Retail Setting［J］. Journal of Retailing and Consumer Services，2000，7（2）：77–88.

［18］Ajzen I.，Fishbein M. Attitude–behavior Relations：A Theoretical Analysis and Review of Empirical Research［J］. Psychological Bulletin，1977，84（5）：888–918.

［19］To P.，Liao C.，Lin T. Shopping Motivations on Internet：A Study Based on Utilitarian and Hedonic

Value [J]. Technovation, 2007, 27 (12): 774-787.

[20] Voss K. E., Spangenberg E. R., GROHMANN B. Measuring the Hedonic and Utilitarian Dimensions of Consumer Attitude [J]. Journal of Marketing Research, 2003, 40 (3): 310-320.

[21] Arnold M. J., Reynolds K E. Hedonic Shopping Motivations [J]. Journal of Retailing, 2003, 79 (1): 77-95.

[22] Belk R. W. Effects of Gift-Giving Involvement on Gift Selection Strategies [J]. Advances in Consumer Research, 1982 (9): 408-412.

[23] Parsons A. G. Non-Functional Motives for Online Shoppers: Why We Click [J]. Journal of Consumer Marketing, 2002, 19 (5): 380-392.

[24] Hart C. W. L. Mass Customization: Conceptual Underpinnings, Opportunities and Limits [J]. International Journal of Service Industry Management, 1995, 6 (2): 36-45.

[25] Franke N., Schreier M, KAISER U. The "I Designed It Myself" Effect in Mass Customization[J]. Management Science, 2010, 56 (1): 125-140.

[26] Franke N., Keinz P., STEGER C. J. Testing the Value of Customization: When Do Customers Really Prefer Products Tailored to Their Preferences [J]. Journal of Marketing, 2009, 73 (9): 103-121.

[27] Berry L. L., Seiders K., Grewal D. Understanding Service Convenience [J]. Journal of Marketing, 2002, 66 (7): 1-17.

[28] Keeney R. L. The Value of Internet Commerce to the Customer [J]. Management Science, 1999, 45 (4): 533-542.

[29] Chandon P., Wansink B., Laurent G. A Benefit Congruency Framework of Sales Promotion Effectiveness [J]. Journal of Marketing, 2000, 64 (12): 65-81.

[30] Dodds W. B., Monroe K. B., Grewal D. Effect of Price, Brand, and Store Information on Buyers' Product Evaluations [J]. Journal of Marketing Research, 1991, 28 (3): 307-319.

[31] 温忠麟, 张雷, 侯杰泰等. 中介效应的检验程序 [J]. 心理学报, 2004, 36 (5): 614-620.

我能买来爱吗 *
——配偶吸引目标对女性炫耀性消费倾向的影响

袁少锋　郑毓煌　李宝库

【摘　要】从进化心理学人类终极需求的角度，探讨配偶获取对人们消费的影响，是当前消费行为领域的一个前沿问题。文章从这一角度出发，通过四项研究揭示了女性的独特炫耀性消费心理机制：配偶吸引目标越强的女性，越相信炫耀性消费有助于提升美丽与吸引力，从而表现出更强的炫耀性消费倾向（研究一、研究三）；进一步，激发女性的配偶吸引目标，能显著提升她们对炫耀性产品（研究二、研究三）和美丽产品（研究三）的消费倾向，但不能提升其对非炫耀产品的支付意愿（研究三）；此外，与单身被试相比，恋爱中的女性对宣传能提升美丽与吸引力的商品具有更强的获取欲望；两组被试在功能广告商品上的获取欲望没有显著差异（研究四）。以上发现表明，本质上无论是为了获取（针对单身女性）还是为了维系（针对恋爱中女性），配偶吸引目标被激发的女性，会出于提升美丽与吸引力的需要，炫耀性地消费特定的商品或服务。

【关键词】配偶吸引；炫耀性消费；非炫耀消费；美丽消费

0　引言

基于奢侈品的炫耀性消费已经引起研究者们的广泛关注，随之产生了大量的相关学术研究（Truong，2010）。研究者们从外在因素，如个体的参照群体（Charles et al.，2009；Marcoux et al.，1997；O'Cass and McEwen，2004）、商品的稀有性特征（Amaldoss and

＊基金项目：本研究得到国家自然科学基金（70772051，71272027）和辽宁省教育厅人文社科研究项目"辽宁城市消费者的物质主义、炫耀性消费与主观幸福感关系实证研究"（W2011022）资助。非常感谢两位匿名评审人提出的宝贵意见，以及2012年JMS中国营销科学学术年会上各位与会学者对本文的讨论与评议。

作者简介：袁少锋，辽宁工程技术大学营销管理学院讲师，博士；郑毓煌，清华大学经济管理学院副教授，博士生导师；李宝库，辽宁工程技术大学营销管理学院教授，博士生导师。

Jain，2005)、品牌联想 (Krahmer，2006；O'Cassand Frost，2002；Shukla，2008)；以及从消费者心理因素，如地位关注 (Han et al.，2010；Rucker and Galinsky，2008；2009)、物质主义 (Richins and Dawson，1992；Richins，1994；2004；Podoshen et al.，2011)、自我补偿 (Gao et al.，2009；Lee and Shrum，2012；Sivanathan and Pettit，2010) 等方面展开了炫耀性消费形成机理的研究。然而，以上关于炫耀性消费驱动因素的研究都属于近因 (proximate reasons，Griskevicius and Kenrick，2013) 研究的范畴，虽然有助于理解这一行为的形成，但是，不能解释人们炫耀性消费行为的本质目的。例如，针对消费者购买奢侈品的原因，已有研究认为，是个体需要借此展示自己的财富 (Bagwell and Bernheim，1996)、地位 (Han et al.，2010) 或独特性 (Amaldoss and Jain，2005)，而从人类繁衍与进化的本质上分析，人们购买奢侈品可能是为了提升自己作为优秀配偶的可取性，从而提升将自己的基因和优秀配偶基因组合并传递给后代的机会；因此，有必要从人类行为的终极原因 (Ultimate Causes) 出发，探讨炫耀性消费行为的形成机理。

人类行为的终极原因聚焦于行为的进化功能，受终极原因驱动的行为最终服务于人类的生存、繁衍与发展 (Kenrick et al.，2010)。Griskevieius 和 Kenrick (2013) 等提出了人类行为的基本动机框架 (Fundamental Motives Framework)，该框架描述了人类行为的七种终极原因，其中，与配偶相关的有两个：配偶获取 (Acquiring a Mate) 与维系 (Keeping a Mate)。前者主要针对单身人群，后者针对恋爱中或已婚人群。无论是配偶获取还是维系，都涉及一个共同的心理动机——配偶吸引 (Mate Attraction)。针对单身人群，该动机体现了个体通过展示自己的积极特质而获得异性青睐的欲望；对于恋爱中或已婚人群，该动机反映个体通过积极特质的展示，维系伴侣关系的欲望。从配偶吸引的角度探讨炫耀性消费行为的形成机理，已经引起研究者们的关注 (Fraja，2009；Griskevicius et al.，2007；Janssens et al.，2011)，但已有的几项研究主要关注男性为获取理想配偶的动机对其炫耀性消费的影响 (Griskevicius et al.，2007；Janssens et al.，2011；Saad and Vongas，2009；Sundie et al.，2011)；鲜有研究专门探讨女性获取或维系理想配偶的动机以及对她们炫耀性消费的影响。而女性和男性在配偶选择条件与心理机制上是截然不同的 (Li and Kenrick，2006；黄洋子，2009)，如 Li 和 Kenrick (2006) 发现，当以婚姻为导向选择配偶时，女性优先考虑地位和资源，男性优先考虑女性的身体吸引力 (physical attractiveness)；因此，本研究从配偶吸引的视角，探索女性炫耀性消费行为的心理决策机制，这有助于从进化心理及行为终极原因的角度，揭示女性炫耀性消费行为的形成机理。

1 相关研究回顾

不论男性和女性，涉及后代繁衍问题时，配偶获取都涉及两个亚目标 (Janssens et al.，2011)。第一个亚目标是配偶选择目标 (Mate Selection Goat)，该目标涉及对异性个体的筛选。在这一过程中，男性或女性根据自己的偏好标准（Li and Kenrick，2006），从可选项中剔去不合适的选项，将焦点放在合适的、有前途的选项上。与此同时，男性和女性不仅希望考察一位合适的配偶，还希望向其感兴趣的潜在配偶展示自己作为优秀配偶的价值；因此，第二个亚目标是配偶吸引目标（Mate Attraction Goal），其中包括向异性展示其可能看重的个体特质，从而有助于获取理想的配偶（Janssens et al.，2011；Roney，2003）。

配偶选择属于个体内心活动的范畴，配偶选择目标的激发会促进个体对有吸引力异性的知觉准备（Perceptual readiness，Maner et al.，2003；Maner et al.，2007），比如，排卵期的女性会表现出对有吸引力男士的知觉准备（Anderson et al.，2010）。配偶选择阶段过后，个体在内心深处产生一个或多个自认为有潜质的选项；接下来，才会进入配偶吸引阶段。配偶吸引目标的激发会提升个体的评价性准备（Evaluative Readiness，Janssens et al.，2011），即展示自己作为可取配偶特质的意愿（Griskevicius et al.，2007）。只有在配偶吸引阶段，个体才会通过一系列外显的行为，如特定的穿着、打扮，来展示作为可取配偶的特质，尝试实现吸引理想配偶的目的。例如，大学校园里的某位单身女性渴望获取理想的男朋友（知觉准备就绪），她会从其社交圈（如班级、所属学生会团体）中物色自认为有潜质的选项（潜在配偶选择阶段）；通过这一阶段的筛选，如果产生了一位或几位心仪的选项，则在后续可能有心仪选项出现的场合，会特别注意自己的行为举止（评价性准备就绪），以期获得备选项的注意（潜在配偶吸引阶段）。显然，只有配偶吸引目标与个体的外在行为（如特定的消费）相关联，因此，本研究关注配偶吸引目标对炫耀性消费的影响。

1.1 男性的配偶吸引目标与炫耀性消费

已有的几项相关研究主要探讨男性为获取理想配偶的心理动机对其炫耀性消费的影响机理。Griskevieius 等（2007）基于基因进化论，认为炫耀性消费实质上是个体的一种自我呈现方式；在自我呈现的过程中，炫耀性消费具有交流功能，能将个体获取稀有资源的能力展现给他人，从而展示其可能传递给后代的某些理想特质（Miller，2000）。通过炫耀性消费展示自我，其内在原理类似于"孔雀开屏"（Bird and Smith，2005；MacAndrew，2002）。通过开屏，孔雀将尾巴的质量，如大小、颜色、光亮度、对称性等信号，传递给潜在的配偶，据此希望获得理想的配偶。实际上，拥有高质量屏的代价是巨大的，因为，长成并维持非常漂亮的装饰屏，需要大量的代谢能量与资源，这对孔雀是无益的，一定程度上对其生命的其他部分是有害的；但是，高质量的尾巴是良好基因最真实的信号，因为只有健康状况良好、具有良好生存能力（能够获得充足食物）的孔雀，才能耗费大量的能量与资源长成并维持这一华丽的、富含营养的装饰（Loyau et al.，2005；Møiler and Petrie，2002）。

根据昂贵显示理论（Costly Signaling Theory，Grafen，1990），对于男性，炫耀性消费可以理解为一种资源以及对资源慷慨消费的展示，从而显示个体承担高昂成本的能力（牺牲或者是浪费时间和金钱）。这种成本的承担并不会获得相关的帮助或未来的回报，但会促进炫耀性消费者的地位与声望（Boone，1998；Han et al.，2010；Hardy and Van Vugt，

2006），最终提升其吸引与留住理想配偶的能力（Barrett et al.，2002）。

Roney（2003）研究发现，与女性实验员接触或观看女性图片，会使男性更加看重物质财富和社会地位，并表现出在金钱方面的雄心壮志。进一步，Griskevicius 等（2007）的研究揭示，激发配对目标（Mating Goals）能够提升男性在炫耀性奢侈品上的支付意愿。Janssens 等（2011）的研究表明，相比控制情境（普通穿着的女实验员陪同），实验情境下（性感穿着的女实验员陪同）的单身男性被试在图片记忆任务中，能够更多地记住显示地位的商品。这些研究意味着，男性会出于配偶吸引的目标，而进行炫耀性消费。

1.2　男性和女性配偶获取的差异化心理机制

男性获取资源的能力，是女性在选择配偶时高度看重的特质（Buss and Schmitt，1993；Li and Kenrick，2006）。实际上，男性比女性更多地进行资源的炫耀性展示（Buss，1989；Kenrick et al.，2001）。另外，从观念上，女性认为男性具有经济资源是必需的，而男性认为女性的经济资源是不应奢求的（Li et al.，2002；Li and Kenrick，2006）。再者，由于在生存和繁衍的过程中，女性需要冒很大的风险怀孕、生产、哺乳、养育以及保护孩子，因而，女性偏好社会经济状况好、年龄稍长、性格可靠的男性；而择偶期的男性则普遍偏好年轻（处于最佳生育年龄段）、身体条件较好的女性（Li and Kenrick，2006；黄洋子，2009）。与这种偏好的不对称相符，仅仅是与有吸引力的女性相接触，就能激发男性拥有物质财富的雄心，但是，这种激发效应对女性则并不存在（Roney，2003；Wilson and Daly，2004）。

如上文所述，男性和女性在配偶获取的心理机制上存在显著差异。不仅如此，这种差异还会体现在激发男性和女性配偶吸引目标之后二者的反应上。对于男性，在被异性吸引（mating cues）的情境下，会记住更多的显示地位的商品（Janssens et al.，2011），选择更昂贵、更具有炫耀性的商品（Sundie et al.，2011），以及倾向选择当下较小的货币报酬，而不是未来更多的报酬（Bergh et al.，2008）；类似地，在被异性吸引时，男性还会表现得更具有创造性（Griskevicius et al.，2006a）、有爱心（Iredale et al.，2008）、更强的控制欲（Campbell et al.，2003）、英雄气概（Griskevicius et al.，2007）和独立性（Griskevicius et al.，2006b）。

而对于女性，配偶吸引目标不是驱动她们像男性那样展示自己的雄心或能力，而是使女性变得更具有合作性（Griskevicius et al.，2006b）、乐于助人（Griskevicius et al.，2007），以及展示她们的美丽与年轻（Durante et al.，2008；Hill and Durante，2011；Hill et al.，2012）。

1.3　女性的配偶吸引目标与炫耀性消费

已有的研究主要关注男性的配偶吸引目标对其炫耀性消费的影响。从配偶吸引的角度，专门探讨女性炫耀性消费形成机理的研究还非常缺乏。根据最近的文献检索，Lens 等（2012）探讨了女性月经周期对显示地位的商品关注的影响效应：研究发现，相比其他阶段，处于排卵期的女性更容易关注到显示地位的商品。另外，Durante 等（2011）发现排卵期的女性更倾向于性感的着装。总体上，已有文献对女性炫耀性消费形成机理的探讨非常不足；但从配偶吸引的角度探究这一议题，是一个值得探索的方向（Janssens et al.，2011）。

最近的几项研究（Griskevicius et al.，2007；Janssens et al.，2011；Saad and Vongas，2009），之所以主要关注于配偶吸引目标对男性炫耀性消费倾向的影响，而忽略或未发现配偶吸引目标对女性炫耀性消费的影响，可能是因为男性和女性的配偶获取心理机制存在明显差异（Li and Kenrick，2006；黄洋子，2009）。针对以长期婚姻为导向的配偶选择，男性优先看重女性的身体吸引力或繁殖能力，而女性优先看重男性的地位与资源。基于特定奢侈项目（如汽车、体面的请客吃饭、浪漫欧洲旅行，Griskevicius et al.，2007）的炫耀性消费，能够有效地展示男性的地位与资源。但是有些消费项目（如请客吃饭、浪漫欧洲旅行）并不一定能够展示女性的身体吸引力。实际上，一些研究（Janssens et al.，2011；Lens et al.，2012）通常不区分地位消费（Status Consumption）与炫耀性消费（Conspicuous Consumption），将诸如名贵手表、豪宅、名贵行政笔的消费也界定为炫耀性消费，这对男性而言可能不存在问题（因为能有效展示他们的地位与经济资源），但对女性而言，这些商品的消费就不能作为展示个体美丽与吸引力的炫耀性消费。如果炫耀性消费的项目是能够提升个体美丽与吸引力的消费品（如服饰、配饰），那么在激发女性配偶吸引目标的情况下，就可能会提升她们的炫耀性消费倾向。

男性依托炫耀性消费展示经济资源、地位或能力从而吸引渴望的女性，女性可能依托炫耀性消费提升美丽与吸引力从而吸引渴望的男性，这其中暗含的一个前提是男女双方都非常清楚对方的择偶标准。进化论视角下大量关于父母投资（Parental Investment）的研究表明（Janssens et al.，2011；Lens et al.，2012），这个前提是存在的。因为，男性偏好年轻貌美的女性，女性偏好能为后代带来良好经济资源的男性，这决定了男性和女性在面临身为人父、人母前的投资决策时，采用不同的策略，即男性配偶获取动机被激发时，更看重地位（Roney，2003；Saad and Vongas，2009）及能展示地位的商品（Griskevicius et al.，2007；Janssens et al.，2011），而女性的配偶获取动机被激发后，更愿意在提升外貌水平方面承担风险（Hill and Durante，2011）。在激发女性的配偶获取动机后，即使知道吃减肥药存在致癌的风险，女性也会表现出更强的吃减肥药的意愿，以美化她们的体形外貌（Hill and Durante，2011）。

因此，对照男性将炫耀性消费作为自身地位、资源展示的手段，女性可能将炫耀性消费作为提升个体美丽与吸引力的途径，即女性可能存有炫耀性消费有助于提升美丽与吸引力的信念，我们将其称为女性的"炫耀性消费信念"。虽然炫耀性消费通常被解释为展示个体财富、地位或声望的手段（Bagwell and Bernheim，1996；Charles et al.，2009），但是对女性而言，炫耀性消费，特别是服装、身体配饰等相关的炫耀性消费还可以作为提升美丽与吸引力的手段。例如，Shukla（2008）关于中年女性炫耀性消费（名牌轿车消费）的心理因素研究发现，提升个人形象（Enhance Image）是一个重要的前因。另外，Hill 等

（2012）的研究发现，经济萧条虽然会降低女性在众多商品（如电子产品、居家产品等）上的支出，但会激发女性的配偶吸引目标，并进一步促进与美丽相关的商品（如口红、香水、化妆品）的消费，并将这一效应称为"口红效应"（Lipstick Effect）。因此，如果女性相信炫耀性消费能够提升美丽与吸引力（具有较强的炫耀性消费信念），则会表现出显著的炫耀性消费倾向。据此提出本研究第 1 个假设：

假设 1：越是相信炫耀性消费有助于提升美丽与吸引力（炫耀性消费信念越强）的女性，会表现出越显著的炫耀性消费倾向。

如果女性相信炫耀性消费能够作为提升美丽与吸引力的手段，那么，配偶吸引目标强烈的个体，由于存有较高的炫耀性消费信念，则会寄希望于炫耀性消费来提升其作为优秀配偶的价值。据此提出第 2 个假设：

假设 2：炫耀性消费信念在配偶吸引目标和炫耀性消费倾向间发挥中介效应，即配偶吸引目标越强的个体，由于具有越显著的炫耀性消费信念，而表现出更强的炫耀性消费倾向。

此外，处于不同恋爱状态（单身 vs. 恋爱中）的被试，配偶吸引目标涉及不同的内容：前者可能更多地希望得到其感兴趣的潜在配偶的关注，从而建立一种恋爱关系（Attract a Partner）；后者则更多地希望通过特质的展示，来吸引住自己的伴侣，或防范来自其他女性的挑战（其他女性对自己伴侣的吸引）（Keep a Partner，Griskevicius and Kenrick，2013）。即不论是为了获取（针对单身被试），还是为了维系（针对恋爱中被试），配偶吸引目标都可能影响女性的炫耀性消费行为。据此提出第 3 个假设：

假设 3：激发配偶吸引目标能提升女性被试的炫耀性消费倾向，并且这种激发效应对不同恋爱状态（单身 vs. 恋爱中）的女性都显著存在。

2　研究一

2.1　被试

辽宁某综合性大学的 125 位女性被试参与了此次研究，给予被试课程平时成绩作为回报。问卷回收结果显示，有 5 位被试在关键项上填写不全，在进一步的分析中剔除。有效样本年龄均值 $M_{年龄}$ = 21.33，SD = 1.55。

2.2　变量与测量

炫耀性消费倾向的测量参考 Rucker 和 Galinsky（2008）的研究，让被试基于特定的网络拍卖情境，考虑对 5 种炫耀性商品的支付意愿。先告知被试：如果易趣网（eBay）在举行针对下述商品的拍卖活动，请问，针对每一种商品，为了得到它，你的最高出价是该商品当前市场零售价的百分之多少？1 表示"10%"，2 表示"20%"，…，12 表示"120%"；由于每种商品的实际市场价格存在较大差异，为了保障测量的一致性，故采用百分比度量被试的支付意愿（Rucker and Galinsky，2008；2009）。为了适应中国情境，并突出消费项目对女性美丽和吸引力的支撑作用，本研究修改了 Rucker 和 Galinsky（2008）提及的产品；具体选取的炫耀性商品包括：①一套阿玛尼（Armani）休闲装；②一个新款 iPhone 手机；③一条施华洛世奇（Swarovski）水晶项链；④一个 Gucci 包；⑤一副 Ray-Ban 太阳镜。测试时均告知被试上述品牌为国际知名品牌。

正式测试前，随机抽取了 34 位大学本科生样本进行前测。让被试给出，如果知道有人使用上述 5 种商品和另外 4 种私下场合使用的名贵商品：一套兰蔻化妆品、一套 Trivmph 保暖内衣、一套 Aimer 睡衣、一管 150 克的高品质云南白药牙膏（售价 35 元），会觉得此人的消费行为在多大程度上具有炫耀性？1 表示"一点都不具有"，7 表示"非常具有炫耀性"。具体介绍过程中，告诉被试上述品牌为国际知名品牌。5 种炫耀性商品的炫耀性得分为：$M_{服装} = 4.50$、$M_{iPhone} = 4.62$、$M_{项链} = 5.59$、$M_{Gucci 包} = 5.44$、$M_{太阳镜} = 4.91$；4 种私下场合使用的名贵商品炫耀性得分为：$M_{兰蔻化妆品} = 3.74$、$M_{Trivmph 保暖内衣} = 3.12$、$M_{Aimer 睡衣} = 3.59$、$M_{云南白药牙膏} = 2.62$；进一步的配对样本 t 检验显示，5 种炫耀性商品的炫耀性得分都显著高于 4 种非炫耀性名贵商品，t 值均大于 4.10，$p < 0.001$。本研究中 5 个项目的 Cronbach's $\alpha = 0.87$，具备很高的信度。具体分析时，通过这 5 项的均值反映被试的炫耀性消费倾向。

炫耀性消费信念通过题项"消费上述商品会让我更美丽"、"使用上述商品会提升我的吸引力"、"消费上述商品会让我更迷人"来测量，反映被试对 5 种炫耀性商品的消费信念，即在多大程度上相信炫耀消费有助于提升其美丽与吸引力水平。具体采用 7 点量表打分法，1 表示"完全不同意"，7 表示"完全同意"。3 个题项的 Cronbach's $\alpha = 0.91$。同样通过被试在这 3 个题项上的得分均值反映其炫耀性信念的强弱。

配偶吸引目标的测量参考 Griskevicius 等（2007）的研究，通过"你在多大程度上渴望拥有一位浪漫的男朋友"测量被试配偶吸引目标的强弱；因为，越是渴望浪漫男朋友的女性，会具有更高的评价性准备（Janssens et al.，2011），即向异性展示自我积极特质的欲望，从而表现出较强的配偶吸引目标。采用 7 点量表打分法，1 表示"一点不渴望"，7 表示"非常渴望"。

2.3 结果与讨论

首先通过描述性统计分析反映女性被试对炫耀性消费倾向的信念。分析结果显示，对于消费上述炫耀性商品让个体更美丽，得分均值为 $M = 4.12$，$SD = 1.46$；对于消费上述商品会提升个体吸引力，得分均值为 $M = 4.36$，$SD = 1.45$；对于消费上述商品让个体更迷人，得分均值为 $M = 3.93$，$SD = 1.52$。由于采用 7 点量表打分，因而总体上可以认为大部分女性相信炫耀性消费会提升个体的美丽与吸引力。

进一步，通过相关分析揭示各变量间的相互关系，如表 1 所示。

表 1 配偶吸引目标、炫耀性消费信念和倾向间的 **Pearson** 相关系数及信度

	1	2	3
1. 炫耀性消费倾向	0.87		
2. 炫耀性消费信念	0.29**	0.91	
3. 配偶吸引目标	0.19*	0.44**	—

注：** 表示 $p < 0.01$；* 表示 $p < 0.05$；对角线上数值为 Cronbach's α 信度系数。

表 1 显示，炫耀性消费信念和倾向呈显著正向关系（$β = 0.29$，$p = 0.002$），这支持了假设 1，即越是相信炫耀性消费能够提升美丽与吸引力的女性，越会表现出更高的炫耀性消费倾向。配偶吸引目标同炫耀性消费信念和倾向都呈显著正向关系。

接下来，采用 Baron 和 Kenny（1986）提出的三步程序法，并参考温忠麟等（2004）对中介效应检验程序的分析，来检验各变量之间的逻辑关系。第一步检验自变量与因变量之间的相关关系。配偶吸引目标为自变量，炫耀性消费倾向为因变量；回归分析显示，配偶吸引目标对炫耀性消费倾向有显著的正向效应（$β = 0.19$，$p = 0.041$）。第二步检验自变量与中介变量的相关关系。炫耀性消费信念为本研究的中介变量，表 1 揭示了配偶吸引目标与炫耀性消费信念间的正向关系。第三步检验当中介变量和原自变量一起作为自变量时，原自变量同因变量回归系数的变化。做炫耀性消费倾向对配偶吸引目标和炫耀性消费信念的回归分析，炫耀性消费信念对炫耀性消费倾向的回归系数显著（$β = 0.25$，$p = 0.014$），但配偶吸引目标对炫耀性消费倾向的回归系数不再显著（$β = 0.09$，$p = 0.356$），具体效应如图 1 所示。Preacher 和 Hayes（2004）等认为，在样本量相对小的情况下，采用 Bootstrapping 方法检验中介效应更为可靠；所以，进一步采用该方法检验炫耀性消费信念的中介效应。结果发现，在 95% 的置信水平下，Bootstrapping 检验的 LLCI=0.021，ULCI=0.359，该区间不包含 0。因此，在 0.05 的显著水平下，炫耀性消费信念在配偶吸引目标和炫耀性消费倾向间的中介效应显著。

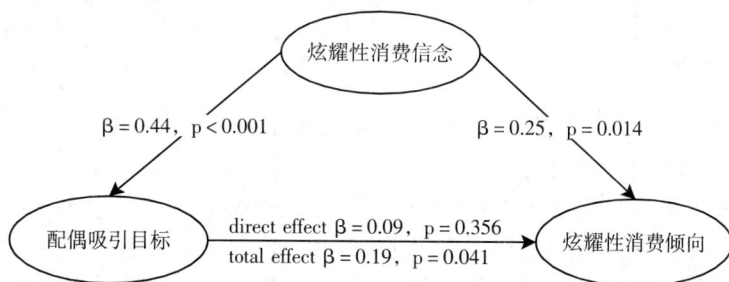

图 1 炫耀性消费信念在配偶吸引目标与炫耀性消费倾向间的中介效应

这表明配偶吸引目标通过炫耀性消费信念的中介作用，对炫耀性消费倾向发挥正向影响。即配偶吸引目标越强的女性，由于相信炫耀性消费有助于提升其美丽与吸引力，因而表现出更高的炫耀性消费倾向，假设 2 得到支持。

研究一通过调查，揭示了配偶吸引目标、炫耀性消费信念和炫耀性消费倾向之间的逻辑关系。但是，在传统问卷调查基础上的回归模型研究，只能检验变量之间的相互关系（X 对 Y 有正向或负向影响），不能揭示变量间的因果关系；因此，配偶吸引目标是否为炫耀性消费倾向的前因，还不能通过回归分析验证。而实验研究通过控制其他变量，考察处理变量（或自变量）对结果变量（或因变量）的影响，在控制"因"的情况下，考察"果"，是检验因果关系的理想方法。为此，要探明未婚女性的炫耀性消费是否由配偶吸引目标驱动，还应通过实验研究验证：在激发女性被试配偶吸引目标的情况下，她们是否会表现出更强的炫耀性消费倾向。下面，通过研究二的实验对此进行验证。

3 研究二

根据研究一的结果，可以初步认为配偶吸引目标越强的个体，由于相信炫耀性消费有助于提升美丽与吸引力，因而表现出越显著的炫耀性消费倾向。研究二将通过实验情境设计，激发被试的配偶吸引目标，然后考察被试对炫耀性商品的消费倾向。另外，Janssens 等（2011）关于男性配偶吸引目标的研究发现：相比单身男性，配偶吸引的情境操控并不能显著激发恋爱中男性对显示地位的商品更高的注意力。因此，研究二还将对应考察女性恋爱状态对炫耀性消费倾向的影响。

3.1 被试

辽宁某综合性大学的 128 位女学生（$M_{年龄} = 20.72$，$SD = 1.602$）参与了此次实验，参与完实验后，给予被试一瓶市值 5 元的饮料表示感谢。被试以 4~6 人为一组来到实验室，一半的被试被随机分配到实验组，完成潜在配偶吸引相关的操控任务；另一半的被试被分配到控制组，完成控制情境下的任务。所有被试都被要求给出自己的恋爱状态。

3.2 设计与程序

研究二采用 2（动机：配偶吸引 vs. 控制组）×3（恋爱状态：单身且未谈过恋爱 vs. 单身但谈过恋爱 vs. 恋爱中）的组间因子设计。

为了激发被试的配偶吸引目标，本研究参考 Griskevicius 等（2007）的做法。对于完成潜在配偶吸引相关的被试组，通过电脑上的 PPT 展示，向其呈现经过预测试甄选出的 3 位有吸引力的年轻男性照片。然后要求被试思考"哪一位是令人心动的交往对象"，并给出提问，"如果可能，最想和哪位男士交往？"此后让被试想象，"如果现在真有机会和所选择的男士交往并准备进行第一次约会"，请被试花 5 分钟时间思考对约会的想法（如约会地点、时间、着装、化妆等）并将想法写在实验用纸上（≥300 字）。

另一组控制情境的被试则观看一幅包含建筑、大树的街景照片，然后想象"自己在该条街道上"。接下来要求被试同样花 5 分钟时间思考"如果在该街道溜达，最适合观看街景的天气情况"，并将想法写在实验用纸上（≥300 字）。然后，两组的被试均完成以下的炫耀性消费倾向测量。

炫耀性消费倾向的测量同研究一，本实验中 5 个项目的 Cronbach's α = 0.89。同样通过被试在这 5 个项目上的得分均值反映其炫耀性消费倾向。

之后，作为操控性检验，被试还需要给出回答："现在，你在多大程度上渴望拥有一位浪漫的男朋友?" 1 表示"一点不渴望"，6 表示"非常渴望"。

恋爱状态的测量为询问被试的"婚姻状况"，具体包含四个选项：单身且未谈过恋爱、单身但谈过恋爱、恋爱中、已婚。由于在高校招募样本，因而本次实验中没有已婚被试参与。

3.3　操控性检验

操控检验揭示，配偶吸引组被试对浪漫男朋友的渴望程度均值为 M = 3.31，SD = 1.30；控制组被试对浪漫男朋友的渴望程度均值为 M = 2.24，SD = 0.97；两者存在显著的差异，$F_{(1, 126)} = 22.48$，$p < 0.001$。通过潜在配偶吸引操控，实验组被试的配偶吸引目标得到显著激发。

3.4　结果与讨论

首先进行动机（配偶吸引 vs. 控制组）和恋爱状态（单身且未谈过恋爱 vs. 单身但谈过恋爱 vs. 恋爱中）的单因素多变量方差分析。结果显示，动机和恋爱状态间的交互效应不显著，$F_{(2, 125)} = 0.26$，$p = 0.773$，但动机的主效应显著，$F_{(1, 126)} = 23.00$，$p < 0.001$；配偶吸引组被试的炫耀性消费倾向均值为 M = 6.43，SD = 2.28，控制组的炫耀性消费倾向均值为 M = 4.61，SD = 2.03。交互效应不显著，但动机的主效应显著，说明针对不同恋爱状态的女性被试，激发配偶吸引目标都能驱动她们对炫耀性商品更高的消费意愿。

以上结果意味着，针对单身且未谈过恋爱 [N = 45，$M_{控制组}$ = 3.96，SD = 2.02 vs. $M_{配偶吸引组}$ = 5.94，SD = 2.54；$F_{(1, 43)} = 8.50$，$p < 0.01$]、单身但谈过恋爱 [N = 43，$M_{控制组}$ = 5.33，SD = 2.02 vs. $M_{配偶吸引组}$ = 6.68，SD = 1.96；$F_{(1, 41)} = 4.95$，$p < 0.05$] 以及恋爱中 [N = 40，$M_{控制组}$ = 4.79，SD = 1.90 vs. $M_{配偶吸引组}$ = 6.65，SD = 2.39；$F_{(1, 38)} = 8.50$，$p < 0.01$] 的女性，激发她们的配偶吸引目标，都显著地提升了她们对炫耀性商品的支付意愿（见图 2）。这一发现与 Janssens 等（2011）关于男性对显示地位的商品的获取动机的发现不对等，本研究中，相比单身被试，配偶吸引的情境能激发恋爱中女性对炫耀性商品的消费倾向。

根据研究二的结果，可以认为配偶吸引目标的激发能够驱动单身女性获取理想配偶的欲望，从而表现出对炫耀性商品更高的消费倾向；同样地，恋爱中（选择了某位男性作为潜在配偶目标）的女性被试，可能出于向其潜在配偶展示自我积极特质的动机，维持良好的双方关系，也表现出对炫耀性商品更高的支付意愿，这支持了假设 3。

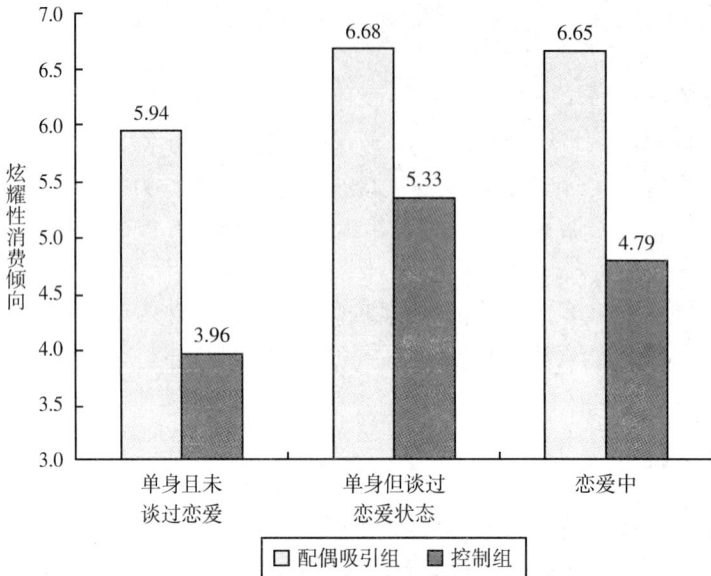

图2　配偶吸引目标对不同恋爱状态女性炫耀性消费倾向的影响效应

4　研究三

关于研究二的操控，即让被试思考约会的想法，可能不仅仅激发被试的配偶吸引目标，还可能激发被试的"印象管理"动机（Leafy and Kowalski，1990）。因为，第一次约会，人们都希望给对方留下一个好印象，即实现渴望的形象、规避不渴望的形象，以利于后续的交往。根据印象管理理论，每年人们在化妆品、服饰甚至整容等方面的巨额花费，是为了使自己变得更具有吸引力。当人们在公共场合表现（如发表演讲）时，总是会格外谨慎，因为，他们非常关注听众对自己的评价。另外，即使在家庭、工作单位、学校以及其他一些相对普通的场合，人们也总是试图控制他人对自己的反应，从而向外界传递积极的形象，并促进预期目标的实现。因此，激发人们的"印象管理"动机，理论上也能够提升被试的炫耀性消费倾向（Dunning，2007）。要想验证配偶吸引目标对女性炫耀性消费倾向的驱动效应，还应考察"印象管理"动机可能发挥的作用。

此外，激发被试的配偶吸引目标，还可能提升被试的社会比较倾向（Gibbons and Buunk，1999）以及物质主义水平（Richins，2004）。因为，配偶吸引目标被激发的女性，在通过言行举止，特别是穿着打扮尝试吸引理想配偶的过程中，还可能遭遇其他女性的竞争或挑战，这可能会激发女性的社会比较倾向。另外，积极关注穿着打扮的心理准备，可能让女性更加意识到拥有物的重要性，而物质主义反映了人们在多大程度上在乎物质财富的价值观，高度的物质主义者会将物质财富放在生活中的重要位置（Richins，1994；2004）；因此，激发女性的配偶吸引目标，还可能提升她们的物质主义水平。社会比较倾向和物质主义的提升，最终也可能进一步促进被试的炫耀性消费倾向。

研究三的主要目的是探讨配偶吸引目标操控和炫耀性消费倾向之间，"印象管理"动机可能发挥的作用。另外，为了进一步探索配偶吸引目标对女性炫耀性消费倾向的影响机理，还将考察社会比较倾向和物质主义可能发挥的作用。在结果变量方面，将引入非炫耀性产品（私下场合使用的奢侈品）消费倾向，并将其同炫耀性消费倾向进行对比分析。为了进一步明确研究一、研究二关于"女性通过特定消费项目来强化自身美丽与吸引力水平，从而吸引潜在配偶"的理论观点，研究三还将引入与美丽直接相关的消费项目（Hill et al.，2012），同样将被试对这些项目的消费倾向与炫耀性消费倾向进行比较；并引入研究一论及的"炫耀性消费信念"，进一步检验其在配偶吸引目标操控与炫耀性消费倾向间的中介效应。

4.1 方法

本次实验在辽宁某综合性大学随机招募了 106 位女性被试（$M_{年龄} = 20.48$，$SD = 1.01$）。通过给被试 10 元人民币报酬，来吸引被试参加。一半的被试被随机分配到实验组，完成潜在配偶吸引相关的操控任务；另一半的被试被分到控制组，描述最近一次的购物经历。然后，所有的被试都需要给出对炫耀、非炫耀以及美丽产品的支付意愿，并完成相关变量的测量。

配偶吸引目标的操控：本研究修改了研究二的操控。对于完成潜在配偶吸引相关的被试组，让其从社会地位、经济能力或家庭背景、身高、年龄、长相、体形外貌等方面描述心中理想男友的特征；然后让被试想象，"如果找到了理想中的男朋友，准备进行一次浪漫约会"，让被试针对着装、打扮、地点、时间安排等描述对此次约会的想法（200 字左右）。另一组控制情境下的被试，需要就购物时间、地点（商场或网上商城）、购买内容、花费以及所购东西满足了哪些需求等，描述最近一次的购物经历（200 字左右）。

炫耀性消费倾向的测量同研究一，本实验中 5 个项目的 Cronbach's $\alpha = 0.88$。

非炫耀产品消费倾向：非炫耀产品主要指私下场合使用的相对奢侈的产品（如名贵内衣），通过被试在 3 种产品上的支付意愿来测量其非炫耀产品消费倾向，这 3 种产品是：一套 Ttiumph 保暖内衣、一套 Aimer 睡衣以及一管 150 克的高品质云南白药牙膏（价格为 35 元），并告诉被试前两者为国际名牌。这三类产品均为人们私下场合使用的相对名贵的产品。3 个条目的 Cronbach's $\alpha = 0.82$。

美丽产品消费倾向：引入 5 个消费项目：一瓶兰蔻护肤霜、一次高档美容院的美容、一瓶迪奥香水、一支倩碧唇彩、一瓶香奈儿洁面乳，通过被试在这 5 个项目上的支付意愿反映被试对美丽产品的消费倾向。同样告知被试上述品牌为国际名牌。5 个条目的 Cronbach's $\alpha = 0.92$。

预测试结果显示，女性被试相信 5 种炫耀性产品整体上比非炫耀产品 [$M_{炫耀产品} = 5.01$，

SD = 0.96 vs. M $_{非炫耀产品}$ = 3.10，SD = 1.61，t（34）= 7.13，p < 0.001] 和美丽产品 [M $_{炫耀产品}$ = 5.01，SD = 0.96 vs. M $_{美丽产品}$ = 3.74，SD = 1.66，t（34）= 4.49，p < 0.001] 更具有炫耀性；美丽产品也比非炫耀产品更具有炫耀性 [M $_{美丽产品}$ = 3.74，SD = 1.66 vs. M $_{非炫耀产品}$ = 3.10，SD = 1.61，t（34）= 2.76，p < 0.01]。另外，被试相信 5 种美丽产品 [M $_{美丽产品}$ = 4.86，SD = 1.12 vs. M $_{非炫耀产品}$ = 3.63，SD = 1.24，t（38）= 5.78，p < 0.001] 和 5 种炫耀性产品 [M $_{炫耀产品}$ = 4.12，SD = 0.87，vs. M $_{非炫耀产品}$ = 3.63，SD = 1.24，t（38）= 2.68，p = 0.011] 都比非炫耀产品更能提升个体的美丽与吸引力水平；5 种美丽产品比 5 种炫耀性产品 [M $_{美丽产品}$ = 4.86，SD = 1.12 vs. M $_{炫耀产品}$ = 4.12，SD = 0.87，t（38）= 5.09，p < 0.001] 更能提升个体的美丽与吸引力水平。以上测量都采用 7 点量表。

炫耀性消费信念的测量同研究一，即让被试从美丽、吸引力和迷人三个方面给出对炫耀产品的消费观念，3 个题项的 Cronbach's α = 0.86。

以上消费项目的具体测量方法，均与研究一相同，让被试基于网络拍卖情境给出对每种产品或服务的支付意愿，并通过相应条目的得分均值，反映被试对不同商品种类的消费倾向。由于问卷内容较多，因而在被试完成实验操控任务、填写完接下来的消费相关测量后，提示其再次阅读一遍第一部分关于理想男友和浪漫约会的想法，之后再进行接下来的测量。

"印象管理"参考 Paulhus（1984）关于"印象管理"的测量，选取其中载荷较高的 4 个问项。代表性问项为：我特别在乎自己在别人眼里的形象；社交场合，我尽力给别人留下一个好印象。本研究中 4 个题项的 Cronbach's α = 0.74。对社会比较倾向，采用 Gibbons 和 Buunk（1999）开发的量表，选取其中因子载荷较高的 4 个问项进行测量。代表性问项为：我总拿自己的做事方式和他人进行比较；我总拿自己的社会方面（如社交技巧、声望等）和他人进行比较。该量表的 Cronbach's α = 0.84。对物质主义，采用 Richins（2004）开发的物质主义简短量表，共包含 3 个维度（成功、集中和快乐）、6 个问项。代表性问项为：我羡慕拥有豪宅、名车与名贵服饰的人；生活中我喜欢许多名贵的东西。本研究中该量表在因子分析中被归为一个维度，反映人们在多大程度上强调拥有物质财富的重要性，该量表的 Cronbach's α = 0.78。所有问项采用 7 点量表打分。

之后，作为操控性检验，被试还需要给出想法，"现在，你在多大程度上渴望拥有一位浪漫的男朋友？"被试通过 7 点量表给出其想法。

4.2　结果与讨论

操控性分析结果表明，配偶吸引组被试对浪漫男朋友的渴望程度均值为 M = 4.51，SD = 1.05；控制组被试对浪漫男朋友的渴望程度均值为 M = 3.96，SD = 1.11；两者存在显著的差异，F（1，104）= 5.56，p = 0.021。表明通过配偶吸引操控，配偶吸引组被试的配偶吸引目标得到显著的激发。

首先，考察实验操控对被试"印象管理"动机的影响。方差分析结果显示，配偶吸引操控并未激发被试的"印象管理"动机，M $_{配偶吸引组}$ = 5.30，SD = 0.92 vs. M $_{控制组}$ = 5.33，SD =

0.86；F（1，104）= 0.02，p = 0.90。进一步，考察配偶吸引目标对社会比较倾向和物质主义的影响。结果表明，激发配偶吸引目标并未能显著提升被试的社会比较倾向 [M $_{配偶吸引组}$ = 4.03，SD = 1.03 vs. M $_{控制组}$ = 3.79，SD = 1.27；F（1，104）= 0.72，p = 0.399] 和物质主义水平 [M $_{配偶吸引组}$ = 4.24，SD = 0.80 vs. M $_{控制组}$ = 4.01，SD = 0.99；F（1，104）= 1.17，p = 0.283]。

其次，检验配偶吸引目标对炫耀、非炫耀以及美丽产品消费倾向的主效应研究。研究发现，配偶吸引目标对炫耀性产品消费倾向 [M $_{配偶吸引组}$ = 6.12，SD = 1.91 vs. M $_{控制组}$ = 5.12，SD = 2.18；F（1，104）= 5.42，p = 0.022]、美丽产品消费倾向 [M $_{配偶吸引组}$ = 6.41，SD = 1.92 vs. M $_{控制组}$ = 5.46，SD = 2.12；F（1，104）= 5.04，p = 0.027] 的主效应显著，对非炫耀产品消费倾向的主效应不显著 [M $_{配偶吸引组}$ = 5.88，SD = 2.41 vs. M $_{控制组}$ = 5.53，SD = 2.56；F（1，104）= 0.44，p = 0.51]，如图 3 所示。进一步，作动机操控（配偶吸引组 vs. 控制组）和产品类别（炫耀 vs. 非炫耀）的重复测量方差分析，发现二者的交互效应临界显著，F（2，103）= 2.82，p = 0.097；美丽和非炫耀产品对动机操控的交互效应亦临界显著，F（2，103）= 2.97，p = 0.088。以上分析结果说明，激发女性被试的配偶吸引目标，能够驱动她们对炫耀和美丽产品的获取欲望，但不能驱动她们在非炫耀产品上的消费倾向。

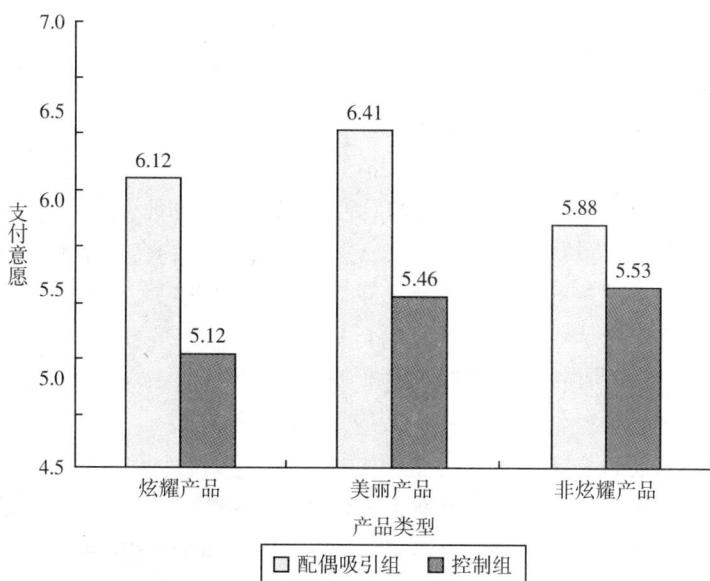

图 3　配偶吸引目标对炫耀、美丽和非炫耀产品消费倾向的影响效应

接下来，检验配偶吸引目标操控是否通过"炫耀性消费信念"的中介作用，对炫耀性消费倾向产生影响。采用与研究一相同的中介效应检验程序，配偶吸引目标操控对炫耀性消费倾向的回归系数 β = 0.24，p = 0.022（"1"表示控制组，"2"表示配偶吸引组）；另外，配偶吸引目标操控对炫耀性消费信念存在显著正向影响（β = 0.21，p = 0.04）；最后，当炫耀性消费信念和配偶吸引目标操控一起作为自变量时，炫耀性消费信念对炫耀性消费倾向的回归系数仍显著（$\beta = 0.21$，$p = 0.042$），但配偶吸引目标操控对炫耀性消费倾向的回归系数在 0.05 的标准下不再显著，$\beta = 0.19$，$p = 0.064$。以上结果表明，配偶吸引目标操控通过炫耀性消费信念的中介作用，对炫耀性消费倾向产生促进效应。同研究一，进一步采用 Bootstrapping 方法检验炫耀性消费信念的中介效应，结果发现在 95% 的置信水平下，$LLCI = 0.004$，$ULCI = 0.063$，同样中间不包含 0 点，表明在 0.05 的显著性水平下，炫耀性消费信念在配偶吸引目标操控和炫耀性消费倾向之间发挥显著中介效应。这进一步支持了假设 2。

研究三的结果排除了配偶吸引目标实验操控对被试"印象管理"动机的激发。另外，激发被试的配偶吸引目标，并未提升被试的社会比较倾向以及物质主义水平。社会比较倾向和物质主义在配偶吸引目标和炫耀性消费倾向之间未发挥显著的作用。结合研究三关于配偶吸引目标对炫耀、非炫耀以及美丽产品消费倾向的影响分析，以及炫耀性消费信念在配偶吸引目标和炫耀性消费倾向之间的中介效应，可以认为：女性会为了提升美丽与吸引力、实现吸引理想配偶的目的，而炫耀地消费特定的商品或服务。

5 研究四

以上三项研究揭示，年轻未婚女性会出于提升美丽与吸引力的心理动机，而炫耀地消费名贵商品或服务，其进化心理学视角下的终极原因是为了获取理想配偶。研究一通过"在多大程度上渴望拥有一位浪漫的男朋友"测量被试的配偶吸引目标强弱，研究二、研究三则是通过描述与想象的男朋友进行"二人世界"旅行和约会，来操控被试的配偶吸引目标。不论通过什么方式进行操控，本质上反映的是获取理想配偶的需求。而对于处于恋爱状态、以维系潜在配偶为目的的配偶吸引目标，以上三项研究探讨尚不足；即针对处于恋爱状态的女性，普遍存在维系（或吸引住）自己伴侣的需求，这种基于维系的配偶吸引目标也可能对女性的炫耀性消费产生正向效应。

研究四的目的，是进一步探讨恋爱中的女性吸引住自己伴侣的目标（基于维系的潜在配偶吸引）对炫耀性消费的影响。具体地，考察处于恋爱状态（vs. 单身）的女性，是否会对宣传能够提升美丽与吸引力的广告（vs. 功能性广告）商品更感兴趣。研究四期望，相比单身被试，恋爱中的女性会对美丽广告商品更感兴趣，而两组被试在功能广告商品获取意愿上无显著差异。另外，研究四还将考察持不同炫耀性消费信念（高 vs. 低）的女性在两类广告商品获取意愿上的差异；类似地，研究四期望高信念的女性（vs. 低信念）在美丽广告商品上表现出更高的获取意愿，而两组被试在功能广告商品获取意愿上无显著差异。

5.1 方法

研究设计好后，通过给予课程平时成绩作为回报，在辽宁某综合性大学招募了 96 位女学生被试（$M_{年龄} = 21.99$，$SD = 2.35$）参与实验。一半的被试被随机分配到实验组，阅读背景资料和产品提升美丽的广告宣传，另一半的被试阅读与实验组相同的背景资料，但所阅读的广告宣传突出强调产品的功能属性。然后被试需要给出对所描述商品的获取意愿并完成炫耀性消费信念测试。

广告宣传：根据淘宝网某款毛呢大衣的真实宣传，来设计背景资料和广告宣传内容。实验组被试阅读："ZZDZ服装公司最近推出了一款新品女式毛呢大衣，其宣传语如下：它是男人心中的红玫瑰，尤其在这个寒冷的季节；它显瘦——展现美好身材，它优雅——显示内在魅力，它热情——展现女人气质；女人永远有属于自己的魅力。"控制组被试阅读："ZZDZ服装公司最近推出了一款新品女式毛呢大衣，其宣传语如下：秋冬新品，高级感毛呢大衣，面料很上档次，工艺极其复杂，做工细节无可挑剔！"

商品获取意愿：阅读完广告宣传后，两组被试均需要在7点量表上给出，在多大程度上希望获得所描述的商品。1表示"一点都不希望"，7表示"非常希望"。

炫耀性消费信念：该变量的测量同研究一，被试在7点量表上给出对3个陈述的同意程度。本研究中3个条目的Cronbach's $\alpha = 0.93$。

恋爱状态：被试在"单身、恋爱、已婚"中进行选择。本次研究同样没有已婚被试参与。

5.2 结果与讨论

首先做广告类型（美丽宣传 vs. 功能宣传）和恋爱状态（单身 vs. 恋爱中）对商品获取意愿的交互效应检验，结果显示，交互效应显著，$F_{(2, 93)} = 6.73$，$p = 0.011$，如图4所示。

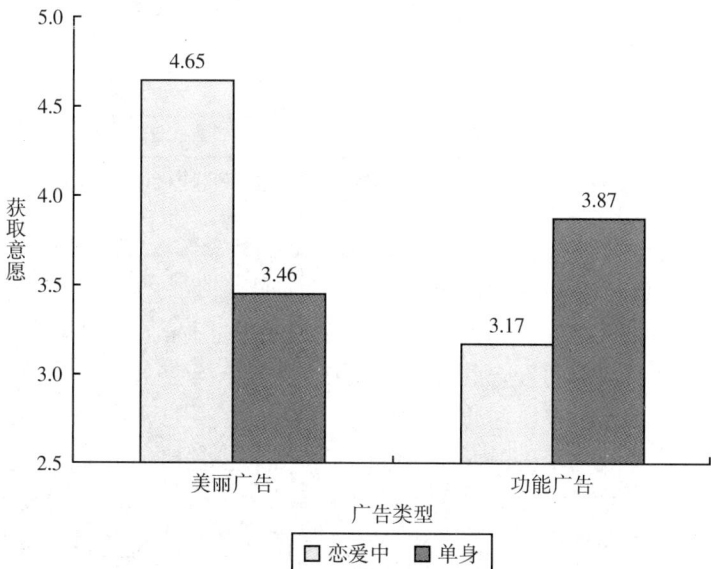

图4　恋爱状态与广告类型对毛呢大衣获取意愿的影响

根据图 4，恋爱中被试对美丽广告商品的获取意愿（$M_{恋爱中}$ = 4.65，SD = 2.03 vs. $M_{单身}$ = 3.46，SD = 1.54）要显著高于单身被试，$F(1, 47)$ = 6.03，p = 0.017；而两组被试在功能广告商品获取意愿上的差异不显著，$M_{恋爱中}$ = 3.17，SD = 1.34 vs. $M_{单身}$ = 3.87，SD = 1.42，$F(1, 45)$ = 2.0，p = 0.167。这与期望一致，表明处于恋爱状态的女性被试，对宣传能够提升美丽的商品有更高的获取意愿。这一发现进一步支持了以下论点：选择了某位男性作为潜在配偶目标（恋爱中）的女性，希望通过特定的消费（如毛呢大衣），来提升美丽与吸引力，并吸引住自己的伴侣。这进一步支持了假设 3。

另外，根据被试在炫耀性消费信念上的得分均值，分成高（N = 52）、低（N = 44）两组，然后做炫耀性消费信念和广告类型的交互效应检验，发现交互效应不显著 $F(2, 93)$ = 0.18，p = 0.67。但炫耀性消费信念的主效应显著，$F(1, 94)$ = 10.25，$p < 0.01$；广告类型的主效应临界显著，$F(1, 94)$ = 3.18，p = 0.079，如图 5 所示。

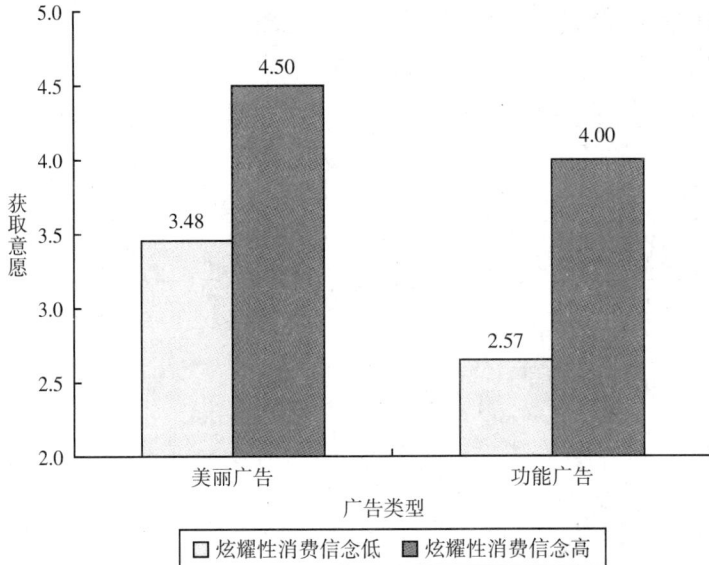

图 5　炫耀性消费信念与广告类型对毛呢大衣获取意愿的影响

图 5 显示，炫耀性消费信念高的女性在美丽广告 [$M_{低信念}$ = 3.48，SD = 1.50 vs. $M_{高信念}$ = 4.50，SD = 1.85，$F(1, 47)$ = 4.16，p = 0.047] 和功能广告 [$M_{低信念}$ = 2.67，SD = 1.37 vs. $M_{高信念}$ = 4.00，SD = 1.17，$F(1, 45)$ = 7.91，$p < 0.01$] 商品上的获取意愿都显著高于信念低的被试。两组被试在美丽广告商品获取意愿上的差异与期望一致，但在功能广告商品获取意愿上的差异与期望不符。对此，可能的解释是，炫耀性消费信念高的女性有更高的欲望去获得一切可能使她们变美的商品（总体上，炫耀性消费信念和毛呢大衣获取意愿的相关系数 r = 0.33，$p < 0.01$）。本研究的对象为毛呢大衣，虽然功能广告没有突出强调商品对美丽和吸引力的提升作用，但炫耀性消费信念高的女性可能会认为，功能属性好的毛呢大衣也能有助于提升她们的美丽与吸引力。

研究四揭示，以伴侣维系为目的的配偶吸引目标，同样会让恋爱中的女性更关注可能提升她们美丽与吸引力的商品（如毛呢大衣）。另外，炫耀性消费信念越强的女性，会对可能提升其美丽与吸引力的商品有更高的获取欲望。

6 研究结论与讨论

本研究的主要理论贡献是，通过一项调查和三项实验，从进化心理学配偶获取与维系的角度，揭示了年轻女性不同于男性的炫耀性消费心理机制。研究一发现，配偶吸引目标越强的女性，由于相信炫耀性消费有助于提升其美丽与吸引力，从而表现出更显著的炫耀性消费倾向。研究二进一步揭示，激发女性被试（包括单身且未谈过恋爱、单身但谈过恋爱以及恋爱中三个阶段的女性）的配偶吸引目标，会显著提升她们对炫耀性商品的获取欲望。研究三排除了配偶吸引目标操控对"印象管理"动机的激发效应，同时还排除了在配偶吸引目标和炫耀性消费倾向之间，社会比较倾向和物质主义的作用；特别地，研究三通过对比分析炫耀、非炫耀以及美丽产品消费倾向，发现激发被试的配偶吸引目标，能提升她们在炫耀和美丽产品上的消费倾向，而不能提升她们在非炫耀名贵产品上的消费倾向；研究三同样验证了在配偶吸引目标与炫耀性消费倾向之间，炫耀性消费能提升美丽与吸引力信念的显著中介效应。此外，研究四揭示，相比单身被试，恋爱中的女性对宣传能强化美丽的毛呢大衣表现出更高的获取意愿；炫耀性消费信念越强的女性，对宣传能够提升美丽与吸引力的商品也表现出更高的获取意愿。

以上发现阐明了女性独特的炫耀性消费心理机制：女性会出于吸引潜在优秀配偶的目的，产生提升美丽与吸引力的动机，进而驱动她们的炫耀性消费倾向。这不同于进化心理学视角关于男性炫耀性消费心理机制的阐述，即男性为了吸引渴望的异性，而通过炫耀性消费向异性展示自己的地位、财富或获取资源的能力，从而显示其作为优秀配偶的特质（Griskevieius et al.，2007；Janssens et al.，2011；Saad and Vongas，2009；Sundie et al.，2011）。简而言之，在配偶吸引目标的影响下，女性希望通过炫耀性消费提升美丽与吸引力，而男性则是为了展示地位、资源或能力。

本文的另一个贡献是：研究四揭示，基于伴侣维系的配偶吸引目标对恋爱中的女性的炫耀性消费倾向有显著的促进作用。根据笔者掌握的文献，鲜有研究从伴侣维系的角度，考察配偶吸引目标对消费者炫耀性消费的影响。

此外，关于配偶吸引目标需要说明的是，Li 和 Kenrick（2006）等的研究分析了短期配偶吸引目标和长期配偶吸引目标的区别。在中国文化背景下，特别是针对女性，我们认为，本研究讨论的是长期导向的配偶吸引目标。因为，西方文化背景下的短期配偶吸引，主要指以"性"为目的的交往，在中国文化背景下表现为诸如"一夜情"之类的现象，这显然不被中国主流社会规范所接受。虽然中国社会也存在短期配偶吸引的案例，但是，鉴于我们被试的特点（具有良好文化教养的"一本院校"的学生），以及对被试恋爱已持续时间的分析结果（均值为 17.15 个月，标准差为 17.46，数据来自以上四项研究，N = 149），可以推断，我们主要揭示的是长期导向的配偶吸引目标对炫耀性消费倾向的影响。

以上关于女性独特炫耀性消费心理机制的研究结论具有营销实践启示。首先，对女性名牌商品（如服装、化妆品、首饰）的人员促销具有启示意义；名牌商品的店面营销人员在与顾客的沟通过程中，应有效识别顾客的内在心理需求，掌握她们通过消费商品来满足"美"以及"吸引异性"的消费心理，通过适宜的产品推介，促成商品的成功销售并提升客户满意度与忠诚度。此外，研究结论对女性名牌商品的营销宣传活动、品牌形象塑造也具有实践启示，即广告等宣传活动所传达的信息、品牌形象塑造配套的宣传，重点应落在女性消费者对"提升美丽、吸引力"以及"吸引异性"的心理诉求上。

本研究还存在一定的局限性。首先，研究的主要样本为本科阶段的在校学生，虽然大量的消费心理与行为研究采用本科生样本进行研究假设检验（Chan et al., 2009；范筱萌等，2012；郑毓煌等，2011），并且阐述了本科生样本的适宜性（ZhangandCao, 2010）；但是，如果能涵盖 MBA 样本，充分包括具有各种不同情感经历的样本，那么研究的结论可能更具有外部效度。未来的研究可以引入不同学历层次的被试，考察个体情感经历的丰富程度对其炫耀性消费倾向的影响；因为，恋爱（特别是初恋）持续时间的长短、恋爱经历的次数都可能对消费者配偶吸引目标产生差异化的影响，并随之可能影响其炫耀性消费决策。

其次，研究二发现"单身但有恋爱经历"的女性是炫耀性消费表现非常突出的群体，为什么相比单身且未谈过恋爱以及恋爱中的被试，该类群体具有强烈的炫耀性消费倾向？其中的内在机理，值得进一步的探讨。此外，"单身但有恋爱经历"的女性，其失恋的经历对后续配偶吸引目标的激发可能存在差异化的效应。一部分女性是遭到前男性伴侣的"抛弃"而失恋，而另一部分女性则是主动"抛弃"前男友而失恋。针对前者，在一段恋爱经历中被抛弃，可能激发她们依托消费进行自我补偿（Gao et al., 2009；Lee and Shrum, 2012；Sivanathan and Pettit, 2010）的心理，即该类群体的炫耀性消费动机除了提升美丽与吸引力从而吸引男性以外，还可能是单纯地因遭到"抛弃"而产生的心理补偿效应；关于后者，则主要是寄希望于炫耀性消费来强化自身美丽与吸引力，实现吸引异性的目的。本研究并未对"单身但有恋爱经历"的女性进行分类，未来的研究可对此进行进一步的探讨。

再次，研究四揭示出炫耀性消费信念高的女性对功能广告商品也表现出更高的获取欲望。炫耀性消费信念高的女性是否相信功能属性好的商品也有助于其提升美丽与吸引力？产品类别在炫耀性消费信念和炫耀性消费倾向之间是否发挥调节效应？未来的研究也可以展开探讨。

最后，本研究从配偶吸引的角度，揭示了女性消费者不同于男性的炫耀性消费心理机制，未来的研究还可以从其他方面，如配偶维系的角度，考察已婚女性和男性在炫耀性消费心理机制上可能存在的差异性。

参考文献

［1］范筱萌，郑毓煌，陈辉辉等．混乱的物理环境对消费者自我控制的影响研究［J］．营销科学学报，2012，8（4）：71-78.

［2］黄洋子．进化心理学两性配偶选择及相关问题差异的研究述评［J］．社会心理科学，2009，24（6）：44-47.

［3］温忠麟，张雷，侯杰泰等．中介效应检验程序及其应用［J］．心理学报，2004，36（5）：614-620.

［4］郑毓煌，董春艳．决策中断对消费者自我控制的影响［J］．营销科学学报，2011，7（1）：1-14.

［5］Anderson U. S., Perea E. F. P., Becker D. V., et al. I only have eyes for you: Ovulationr edirects attention (but not memory) to attractive men［J］. Journal of Experimental Social Psychology, 2010, 46（5）：804-808.

［6］Amaldoss W., Jain S. Conspicuous consumption and sophisticated thinking［J］. Management Science, 2005, 51（10）：1449-1466.

［7］Bagwell L. S., Bernheim B. D. Veblen effects in a theory of conspicuous consumption［J］. The American Economic Review, 1996, 86（3）：349-373.

［8］Baron R. M., Kenny D. A. The moderator-mediator variable distinction in social psychological research: Conceptual, strategic, and statistical considerations［J］. Journal of Personality and Social Psychology, 1986, 51（6）：1173-1182.

［9］Barrett L., Dunbar R., Lycett J. Human Evolutionary Psychology［M］. Princeton, NJ: Princeton University Press, 2002.

［10］Bergh B. V., Dewitte S., Warlop L. Bikinis instigate generalized impatience in intertemporal choice［J］. Journal of Consumer Research, 2008, 35（1）：85-97.

［11］Bird R., Smith E. A. Signaling theory, strategic interaction, and symbolic capital［J］. Current Anthropology, 2005, 46（2）：221-248.

［12］Boone J. L. The evolution of magnanimity: When is it better to give than to receive?［J］. Human Nature, 1998, 9（1）：1-21.

［13］Buss D. M. Sex differences in human mate preferences: Evolutionary hypotheses tested in 37 cultures［J］. Behavioral Brain Sciences, 1989（12）：1-49.

［14］Buss D. M., Schmitt D. P. Sexual strategies theory: An evolutionary perspective on human mating［J］. Psychological Review, 1993, 100（2）：204-232.

［15］Campbell L., Simpson J. A., Stewart M., et al. Putting personality in social context: Extraversion, emergent leadership, and the availability of rewards［J］. Personality and Social Psychology Bulletin, 2003, 29：1547-1559.

［16］Chan H., Wan L. C., Sin L. Y. M. The contrasting effects of culture on consumer tolerance: Interpersonal face and impersonal fate［J］. Journal of Consumer Research, 2009, 36（4）：292-304.

［17］Charles K. K., Hurst E., Roussanov N. Conspicuous consumption and race［J］. The Quarterly Journal of Economics, 2009, 124（2）：425-467.

［18］Dunning D. Self-image motives and consumer behavior: How sacrosanct self-beliefs sway preferences in the marketplace［J］. Journal of Consumer Psychology, 2007, 17（4）：237-249.

［19］Durante K. M., Griskevicius V., Hill S. E., et al. Ovulation, female competition, and product choice: Hormonal influences on consumer behavior［J］. Journal of Consumer Research, 2011, 37（6）：921-934.

［20］ Durante K. M., Li N. P., Haselton M. G. Changes in women's choice of dress across the ovulatory cycle: Naturalistic and laboratory task-based evidence ［J］. Personality and Social Psychology Bulletin, 2008 (34): 1451-1460.

［21］ Fraja G. D. The origin of utility: Sexual selection and conspicuous consumption ［J］. Journal of Economic Behavior & Organization, 2009, 72 (1): 51-69.

［22］ Gao L., Wheeler S. C., Shiv B. The "shaken self": Product choices as a means of restoring self-view confidence ［J］. Journal of Consumer Research, 2009, 36 (1): 29-38.

［23］ Gibbons F. X., Buunk B. P. Individual differences in social comparison: The development of a scale of social comparison orientation ［J］. Journal of Personality and Social Psychology, 1999 (76): 129-142.

［24］ Grafen A. Biological signals as handicaps ［J］. Journal of Theoretical Biology, 1990 (144): 517-546.

［25］ Griskevicius V., Cialdini R. B., Kenrick D. T. Peacocks, Picasso, and parental investment: The effects of romantic motives on creativity ［J］. Journal of Personality and Social Psychology, 2006a (91): 63-76.

［26］ Griskevicius V., Goldstein N. J., Mortensen C. R., et al. Going along versus going alone: When fundamental motives facilitate strategic (non) conformity ［J］. Journal of Personality and Social Psychology, 2006b (91): 281-294.

［27］ Griskevicius V., Kenrick D. T. Fundamental motives: How evolutionary needs influence consumer behavior ［J］. Journal of Consumer Psychology, forthcoming, 2013.

［28］ Griskevicius V., Tybur J. M., Sundie J. M., et al. Blatant benevolence and conspicuous consumption: When romantic motives elicit strategic costly signals ［J］. Journal of Personality and Social Psychology, 2007, 93 (1): 85-102.

［29］ Han Y. J., Nunes J. C., Dreze X. Signaling status with luxury goods: The role of brand prominence ［J］. Journal of Marketing, 2010, 74 (4): 15-30.

［30］ Hardy C. L., Van Vugt M. Nice guys finish first: The competitive ahruism hypothesis ［J］. Personality and Social Psychology Bulletin, 2006, 32: 1402-1413.

［31］ Hill S. E., Rodeheffer C. D., Griskevicius V., et al. Boosting beauty in an economic decline: Mating, spending, and the lipstick effect ［J］. Journal of Personality and Social Psychology, 2012, 103 (2): 275-291.

［32］ Hill S. E., Durante K. M. Courtship, competition, and the pursuit of attractiveness: Mating goals facilitate health-related risk-taking and strategic risk suppression in women ［J］. Personality and Social Psyehology Bulletin, 2011 (37): 383-394.

［33］ Iredale W., Van Vugt M., Dunbar R. I. M. Showing off in humans: Male generosity as a mating signal ［J］. Evolutionary Psychology, 2008, 6 (3): 386-392.

［34］ Janssens K., Pandelaere M., Bergh B. V. D., et al. Can buy me love: Mate attraction goals lead to perceptual readiness for status products ［J］. Journal of Experimental Social Psychology, 2011, 47 (1): 254-258.

［35］ Kenrick D. T., Neuberg S. L., Griskevicius V., et al. Goal-driven cognition and functional behavior: The fundamental motives framework ［J］. Current Directions in Psychological Science, 2010 (19): 63-67.

［36］ Kenrick D. T., Sundie J. M., Nicastle L. D., et al. Can one ever be too wealthy or too chaste? Searching for nonlinearities in mate judgment ［J］. Journal of Personality and Social Psychology, 2001 (80): 462-471.

［37］ Krahmer D. Advertising and conspicuous consumption ［J］. Journal of Institutional and Theoretical

Economics, 2006, 162 (4): 661-682.

[38] Leary M. R., Kowalski R. M. Impression management: A literature review and two-component model [J]. Psychological Bulletin, 1990, 107 (1): 34-47.

[39] Lee J., Shrum L. J. Conspicuous consumption versus charitable behavior in response to social exclusion: A differential needs explanation [J]. Journal of Consumer Research, 2012, 39 (3): 530-544.

[40] Lens I., Driesmans K., Pandelaere M., et al. Would male conspicuous consumption capture the female eye? Menstrual cycle effects on women's attention to status products [J]. Journal of Experimental Social Psychology, 2012, 48 (1): 346-349.

[41] Li N. P., Bailey J. M., Kenrick D. T., et al. The necessities and luxuries of mate preferences: Testing the trade-offs [J]. Journal of Personality and Social Psychology, 2002 (82): 947-955.

[42] Li N. P., Kenrick D. T. Sex similarities and differences in preferences for short-term mates: What, whether, and why [J]. Journal of Personality and Social Psychology, 2006 (90): 468-489.

[43] Loyau A., Saint J. M., Cagniant C., et al. Multipl esexual advertisements honestly reflect health status in peacocks (Pavocristatus) [J]. Behayioral Ecology and Sociobiology, 2005 (58): 552-557.

[44] Maner J. K., Kenrick D. T., Becker D. V., et al. Sexuallys elective cognition: Beauty captures the mind of the beholder [J]. Journal of Personality and Social Psychology, 2003, 85 (1): 1107-1120.

[45] Maner J. K. Gailliot M. T., DeWall C. N. Adaptive attentional attunement: Evidence for mating-related perceptual bias [J]. Evolution and Human Behavior, 2007 (28): 28-36.

[46] MacAndrew F. T. New evolutionary perspective on altruism: Multilevel-selection and costly-signaling theories [J]. Current Directions in Psychological Science, 2002, 11 (2): 79-82.

[47] Marcoux J., Filiatrauh P., Cheron E. The attitudes underlying preferences of young urban educated polish consumers towards products made in western countries [J]. Journal of International Consumer Marketing, 1997, 9 (4): 5-29.

[48] Miller G. F. The Mating Mind: How Sexual Choice Shaped The Evolution Of Human Nature [M]. New York: Doubleday, 2000.

[49] Møiler A. P., Petrie M. Condition dependence, multiple sexual signals, and immune competence in peacocks [J]. Behavioral Ecology, 2002 (13): 248-253.

[50] O' Cass A., Frost H. Status brands: Examining the effects on non-product-related brand associations on status and conspicuous consumption [J]. Journal of Product & Brand Management, 2002, 11 (2/3): 67-86.

[51] O' Cass A., McEwen H. Exploring consumer status and conspicuous consumption [J]. Journal of Consumer Behaviour, 2004, 4 (1): 25-39.

[52] Paulhus D L. Two-component models of socially desirable responding [J]. Journal of Personality and Social Psychology, 1984, 46 (3): 598-609.

[53] Podoshen J. S., Li L., Zhang J. Materialism and conspicuous consumption in China: A cross-cultural examination [J]. International Journal of Consumer Studias, 2011, 35 (1): 17-25.

[54] Preacher K. J., Hayes A. F. SPSS and SAS procedures for estimating indirect effects in simple mediation models [J]. Behavior Research Methods, Instruments, & Computers, 2004, 36 (4): 717-731.

[55] Riehins M. L. Valuing things: The public and private meanings of possessions [J]. Journal of Consumer Research, 1994, 21 (3): 504-521.

[56] Richins M. L. The material values scale: A re-inquiry into its measurement properties and

development of a short form [J]. Journal of Consumer Research, 2004, 31 (1): 209–219.

[57] Richins M. L., Dawson S. A consumer values orientation for materialism and its measurement: Measure development and validation [J]. Journal of Consumer Research, 1992, 19 (3): 303–316.

[58] Roney J. R. Effects of visual exposure to the opposite sex: Cognitive aspects of mate attraction in human males [J]. Personality and Social Psychology Bulletin, 2003 (29): 393–404.

[59] Rucker D. D., Galinsky A. D. Desire to acquire: Powerlessness and compensatory consumption[J]. Journal of Consumer Research, 2008, 35 (2): 257–267.

[60] Rucker D. D., Galinsky A. D. Conspicuous consumption versus utilitarian ideals: How different levels of power shape consumer behavior [J]. Journal of Experimental Social Psychology, 2009, 45 (3): 549–555.

[61] Saad G., Vongas J. G. The effect of conspicuous consumption on men's testosterone levels [J]. Organizational Behavior and Human Decision Processes, 2009, 110 (2): 80–92.

[62] Shukla P. Conspicuous consumption among middle age consumers: Psychological and brand antecedents [J]. Journal of Product & Brand Management, 2008, 17 (1): 25–36.

[63] Sundie J. M., Kenrick D. T., Griskevicius V., et al. Peacocks, Porsches, and Thorstein Veblen: Conspicuous consumption as a sexual signaling system [J]. Journal of Personality and Social Psychology, 2011, 100(4): 664–680.

[64] Sivanathan N., Pettit N. C. Protecting the self through consumption: Status goods as affirmational commodities [J]. Journal of Experimental Social Psychology, 2010, 46 (3): 564–570.

[65] Truong Y. Personal aspirations and the consumption of luxury goods [J]. International Journal of Market Research, 2010, 52 (5): 653–671.

[66] Wilson M., Daly M. Do pretty-women inspire men to discount the future? [DB/OL] //Proceedings of the Royal Society of London, Series B: Biological Sciences, 2004, 271 (Suppl. 4): 177–179. http: //rspb. royalsocietypublishing.org/content/27l/Suppl_4/S177#related-urls.

[67] Zhang X., Cao Q. For whom can money buy subjective well-being? The role of face consciousness [J]. Journal of Social and Clinieal Psychology, 2010, 29 (3): 322–346.

基于互联网搜索量的先导景气指数、需求预测及消费者购前调研行为*
——以汽车行业为例

冯 明 刘 淳

【摘 要】随着互联网的逐渐普及，越来越多的消费者开始在网上进行购前调研行为，而搜索引擎使得捕捉和追踪这些购前调研行为成为可能。文章以汽车行业为例，首次通过互联网搜索量频率数据设计并构建中国汽车需求先导景气指数"GCAI"，并基于此对中国汽车消费者的购前调研行为进行研究。实证分析发现该先导指数有较强的预测力，不仅可以提高预测精度，还可以增强预测的时效性。同时，我们发现搜索量可以度量消费者的"关注"，而且汽车行业消费者的购前网上调研行为是分阶段的，有明显的"U"型规律。

【关键词】搜索引擎；需求预测；汽车；购前调研行为；先导指数

0 引言

商品的需求量是市场中一个非常重要的指标。准确和及时的需求预测，无论是对企业进行生产、库存、定价等方面的内部决策，还是对消费者合理选择购买时机，以及宏观经济调控，都有着重要的参考作用。传统的需求预测模型一般是以历史销售量信息和对市场状况的估计为基础。而在互联网时代，消费者的一部分购买行为会转移到网上，比如购前通常会在网上进行信息搜索和浏览，购后会在网上进行商品评价等。消费者的这些网上行为与他们的真实需求关系密切。如果能提取这些网络记录中的有效信息，将可能提高预测能力，为市场参与者的决策提供更有效的信息支持。

* 作者简介：冯明，通讯作者，清华大学经济管理学院金融系博士研究生；刘淳，清华大学经济管理学院金融系副教授；本研究得到国家自然科学基金资助项目（项目号为71202019和71232003），特此致谢。

连接网上行为与真实需求的是消费者的"关注"。在当今信息爆炸的时代，消费者的"关注"是非常稀缺和重要的资源（Kahneman，1973）。尽管"关注"仅仅意味着购买的可能性而非必然性，但消费者的"关注"与最终购买之间的确存在着正向关系；因此现代市场营销学的核心目标之一就是研究如何获取或吸引消费者的关注。互联网的普及事实上创造了一种使消费者能更有效分配"关注"的机制，而互联网搜索引擎（如谷歌、百度等）的出现使得跟踪消费者"关注"成为可能。

本研究的基本逻辑是：个人或家庭在进行大件商品的消费决策之前，往往会进行市场调研。在传统情况下，这种调研经常是通过逛商场、向亲朋好友打听等方式进行的；而随着计算机和互联网的普及，网络成为消费者进行购前调研的重要途径。而且，消费者基于互联网的购前调研往往是从谷歌、百度等搜索引擎开始的。例如，有购买"诺基亚"手机意向的消费者在购买之前通常会先通过百度等搜索引擎输入"诺基亚"、"E71"[①] 或"诺基亚智能手机"等关键字进行搜索，根据搜索引擎的反馈结果，从而进入诺基亚官方网站、某手机零售商的网站或者某网络"贴吧"进行更加详细的购前调研，并在此基础上做出是否购买的决定。

最近几年出现了大量运用互联网搜索数据进行预测的应用研究。Cooper 等（2005）、Polgreen 等（2008）、Ginsberg 等（2008）、Brownstein 等（2009）、Corley 等（2009）、Hulth 等（2009）、Pelat 等（2009）、Valdivia 和 Monge-Corella（2010）、Wilson 和 Brownstein（2009）等文献的相继研究表明，互联网搜索数据可以在癌症、流行病传染等的预测中发挥作用。Ginsberg 等（2008）发现互联网关键词搜索数据能比疾病防控中心提前一周到两周预知流感爆发。

经济学领域最早的研究是 Ettredge 等（2005），其研究对象是美国的失业率。随后，Askitas 和 Zimmermann（2009）、Baker 和 Fradkin（2011）、D'Amuri 和 Marcueei（2010）、Suhoy（2009）等分别将互联网搜索量数据用于美国、德国、以色列的失业率预测。Guzman（2011）运用谷歌搜索量数据进行通货膨胀率的预测。McLaren 和 Shanbhoge（2011）的研究表明中央银行可以利用搜索量数据进行现时经济指标的估值。Preis 等（2010）发现搜索量数据能很好地指示股票市场投资者的"关注"度，证实互联网搜索量和股票交易量之间存在相关性。Da 等（2011）发现搜索量高的标的股票在接下来的两周内有更高的收益，同时更高的搜索量也意味着更高的 IPO 溢价。

运用互联网搜索数据进行需求预测的研究有：Vosen 和 Schmidt（2011）、Lindberg（2011）对零售行业的研究，Wu 和 Brynjolfsson（2009）对房地产销量的研究等。Penna 和 Huang（2010）利用谷歌搜索量数据构建了"消费者情绪指数"，并证实该指数与传统文献中通常使用的密歇根大学"消费者情绪指数"、世界大型企业联合会"消费者信心指数"高度相关。Choi 和 Varian（2012）对谷歌搜索量数据进行了细致的描述，并运用简单的统

---

① "E71"是诺基亚手机的一种型号，此处仅为举例引用，无特别的含义。

计模型展示了搜索量数据在汽车销售、失业率、旅游目的地等方面的预测能力。

国内学者运用互联网搜索量数据进行的学术研究还不多：梁志峰（2010）利用谷歌搜索量数据对湘潭地区的网络"关注"度进行了剖析，主要对一些关键词的搜索量进行了时间及空间上的比较。宋双杰等（2011）证实了谷歌搜索量数据对 IPO 市场热销程度、首日超额收益和长期表现都有很好的解释力和预测力。张崇等（2012）的研究发现：网络搜索数据与我国 CPI 之间存在协整关系，而且其构建的指数可以作为 CPI 的先导指标，时效性比国家统计局的数据发布提前一个月左右。

对于不同类别的产品，购物决策中的信息搜索行为是不同的。洪成一等（2003）、廖成林和史小娜（2012）分析了消费者在互联网上的搜索行为对购买决策的影响。在传统购物环境中，通常将产品分为日用品、选购品和特殊产品，而在网络购物环境中，通常将产品分为搜索产品、体验产品和信任产品（张茉和陈毅文，2006）。消费者通常对两类商品的搜索意愿相对更强：一是个人或家庭生活比较重要的大件消费品，如汽车、家电等；二是电子类商品，如电脑、手机及其配件等。在本文的研究中，我们选取汽车作为研究对象。按照通常的分类，汽车属于特殊产品和体验产品类别，其特点是消费者在做出购买决策前，会进行大量的产品信息搜索和品牌比较活动（徐茵等，2010）。

本文通过互联网搜索量频率数据设计并构建了中国汽车需求先导景气指数"GCAI"，同时对中国汽车市场上消费者的购前调研行为进行了研究。研究发现，基于互联网搜索引擎的搜索量数据对汽车需求具有较强的预测能力，不仅能增强预测效率，而且还能提高时效性。另外，通过对互联网搜索频率数据的深度考察，我们还发现中国消费者的购前网上调研行为可以分为两阶段，具有明显的"U"型规律。本文的贡献主要体现在以下三个方面：

第一，通过互联网搜索量数据对消费者购前调研行为的研究具有重要的理论意义。已有的文献往往局限于预测的工具价值，而忽略了对消费者行为的探讨，如 Penna 和 Huang（2010）、Ginsberg 等（2008）、Carrière-Swallow 和 Labbé（2013）等。通过借鉴 Preis 等（2010）、Da 等（2011）在股票市场研究中的思路，我们发现在消费品市场，互联网搜索量不仅可以度量中小投资者的"关注"（Attention），也可以很好地度量消费者的"关注"。尤其重要的是，本文通过对最优预测窗口的细致分析，得出的"U"形规律和两阶段购前调研行为，对市场营销领域的相关研究具有一定的启示意义。据我们所知，本文是第一篇用互联网搜索量数据对消费者购前调研行为进行数量化探讨的研究。

第二，需求预测本身对于企业的生产、库存、营销等微观决策具有重要意义。而汽车行业又是一个非常重要而且独特的行业，其产业链长，涉及的相关上下游产业多，与宏观经济走势密切相关（刘小平，2012），东北财经大学宏观经济分析与预测课题组（2006）。本文设计和构造的"谷歌中国汽车指数"（GCAI），与目前普遍使用的其他预测指标相比，有更好的先导性和预测力。这个新指标的创立，不仅能用于微观层面的企业决策，而且对于宏观经济预警也有一定的帮助。另外，本文在使用互联网搜索量数据预测需求方面提供了一个一般性的分析工具，可以为今后相关研究提供一个新的思路。

第三，中国的互联网市场正呈现着非常独有的特征：一方面，互联网普及率尚低。根

据中国互联网络信息中心（CNNIC）测算，截至 2011 年 11 月，中国互联网用户总数约
5.05 亿人，互联网普及率为 37.7%。另一方面，我国互联网市场飞速发展，通过网络进行
购物的人数越来越多。根据艾瑞咨询发布的《2010~2011 年中国搜索引擎用户行为调研报
告》，53.3%的互联网用户会通过搜索引擎来了解商品、购物信息。已有文献多以发达国家
为研究对象，本文以中国现在特有的互联网发展阶段为背景进行研究，是对相关文献有意
义的补充。

本文接下来的基本结构为：第一部分设计和构造出一个中国汽车需求先导景气指
数——"谷歌中国汽车指数"（Google China Automobile Index，GCAI）；第二部分通过时间
序列计量模型对 GCAI 指数的预测效果进行研究；第三部分探讨最优预测窗口，同时对消
费者的购前调研行为进行分析和解释；第四部分是稳健性检验；第五部分是总结。

1 "先导景气指数"的构建

1.1 数据说明及处理

中国搜索引擎市场一直呈现百度和谷歌（Google）"双寡头"格局。按照中国电子商
务市场权威研究机构"艾瑞咨询"发布的《2011~2012 年中国搜索引擎行业年度监测报
告》，以本文样本时段的中间点 2008 年为例，谷歌占搜索请求量份额的 20.7%，百度占
73.2%，其余被搜搜、搜狗、雅虎等搜索引擎分享。由于百度的市场份额更大，理论上用
其搜索频率数据能得到更好的结果，但我们在研究中最终采用了谷歌数据，主要原因在于
百度数据未对公众开放，因此无法用来作研究。但百度公布了简单的图片格式的搜索量趋
势图，通过对比图 1(a) 与图 1(b) 中谷歌与百度两个搜索引擎的搜索量趋势，可以看出二
者在整体上相关性较强，其反映出的趋势是类似的。而且，根据艾瑞咨询发布的 TGI 指数
显示[1]，谷歌的用户群与百度的用户群有一定的系统性区别——相对于所有网民而言，个
人月收入低于 2500 元的人群更倾向使用百度，个人月收入高于 2500 元的人群更倾向于使
用谷歌。由于购买汽车的群体更可能属于后一收入分组，因此，我们认为选用谷歌数据进
行研究是合理的。从另外一个角度看，由于百度的市场份额更大，其给出的关键词相对搜
索量数据的噪声应当更小，因而采用百度数据进行研究只可能强化本文所构建指数的预测
效果，而不是相反。另外，尽管在样本期间内各个搜索引擎的市场份额会有所波动，但我
们会在下文中说明，这并不对本文的分析构成影响。

---

[1] TGI 指数=目标用户群体在某网站的市场份额/所有网民在某网站的市场份额×100。资料来源：《2010~2011 年中
国搜索引擎用户行为调研报告》。

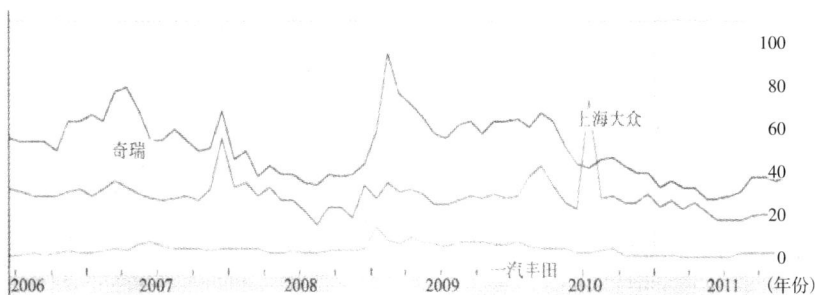

（a）谷歌

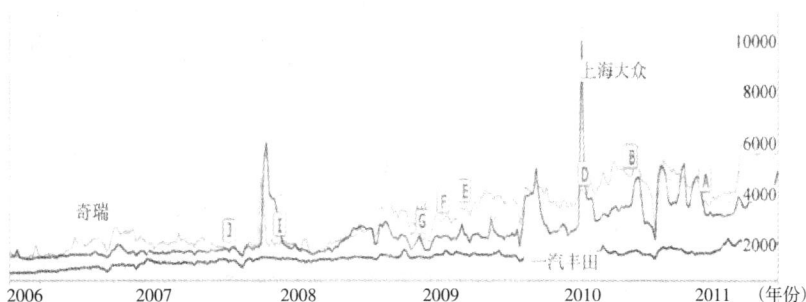

（b）百度

图1　搜索量趋势图

资料来源：谷歌（Googte）与百度网站截屏。

本文使用的搜索量数据，为谷歌搜索引擎发布的"谷歌搜索解析"数据。该数据反映了在某一特定时间和区域内，相对于谷歌上执行的全部搜索量，某关键词被搜索的比例。公开数据为其0~100的标准化处理后的结果。以"奇瑞"为例，当我们输入关键词"奇瑞"，并将地理位置参数设定为中国，将时间设定为2004年至今。这时"谷歌搜索解析"首先计算在这个时间内，中国国内针对"奇瑞"执行的搜索次数占总搜索量的百分比。然后将这个时间序列中最高的数设定为100，其他数做同比例处理之后，返回的0~100的数就是谷歌公布的最终数据。图1（a）是用以上方法返回的"上海大众"、"奇瑞"和"一汽丰田"三个关键词的搜索量随时间变化的趋势图。需要特别指明的是因为该数据反映的是相对意义的搜索量，这排除了因互联网的普及或谷歌市场份额变化等原因导致的对某一关键词搜索量变化的影响。因为2004年1月是谷歌开始发布"谷歌搜索解析"数据的时间点，而目前"谷歌搜索解析"提供以周为单位时间的搜索数据。因此本研究所使用的互联网数据为2004年1月至2012年2月的周度数据。

汽车销售量数据来自中国汽车工业协会，中国宏观经济景气指数来自国家统计局中国经济景气监测中心网站。图2描述了中国汽车销量和中国宏观经济景气指数的时间序列。从该图可以看出，汽车销售量走势与宏观经济大环境有非常紧密的关系，经济的上涨和下跌往往伴随着同向的汽车销量变化，反映了汽车行业的顺周期特性。与宏观经济相比，汽车销售的波动明显更大。

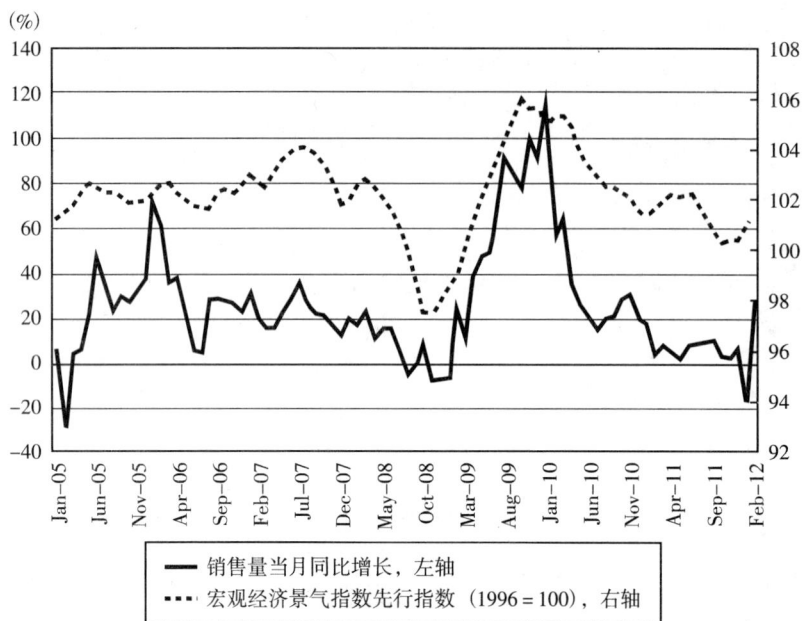

图 2　汽车销售量与宏观经济景气指数

1.2　GCAI 指数构建

本部分中，我们分三个步骤构建出一个中国汽车需求先导景气指数——"谷歌中国汽车指数"（Google China Automobile Index，GCAI）。

第一步：选取数据样本，去除数据噪声。我们根据中国汽车工业协会发布的销量数据得到了 2012 年 2 月销量排名前十位的汽车品牌[①]，分别是：上海大众、东风日产、一汽大众、比亚迪、上海通用别克、北京现代、一汽丰田、奇瑞、东风悦达起亚和上海通用雪佛兰。这 10 个品牌的销量占当月乘用车总销售量的一半以上。由于"谷歌搜索解析"每次反馈的数据是随机抽样得到的，因而不同时间点得到的数据会有略微不同；为了消除由此带来的噪声，我们于 2012 年 3~4 月随机选取 16 天进行了数据检索，得到了 10 个关键词的 16 个搜索量序列（各序列的时间跨度为 2004 年 1 月至 2012 年 2 月，频率为周度）。然后对各关键词 16 个样本点取平均值[②]，最终得到 10 个汽车品牌的搜索量历史数据。

第二步：周度数据转换为月度数据。由于谷歌提供的搜索量数据是周度的，而汽车销

[①] 在本文样本区间内，销售量排名前十位的汽车品牌存在略微的变化。因此该指数创建的另一种办法是类似于编制股票成分指数的做法，定期将某些品牌纳入和去除。但由于分品牌历史数据不可通过公开途径获得，本文仅以 10 个品牌作为元素进行指数构建。这种设计方法对于本文的核心结论影响不大。

[②] 我们计算了各时间点"信号噪声比"（Signal-to-Noise Ratio），发现其都在 11 以上。按照 Rose 标准，谷歌后台抽样引起的"噪声"并未对样本起到明显的干扰作用，用均值反映其变化趋势是合理的。

售量数据的频率最小是月，我们需要把周度数据转换为月度数据。由于月份和周不能完全对应，本文采取"去头留尾法"进行处理，即将下月初的半周数据加到本月[①]。尽管使用了部分的下月数据，但实际上，由于我国汽车销售量的数据发布机构是中国汽车工业协会，其数据来源于各汽车供应商上报的数据，统计和数据汇总工作带来了数据发布的滞后性。中国汽车工业协会一般于每月的 9~15 日发布上月的数据。因此，通过这种方法，我们得到的指数仍然是超前于此的，可以作为领先指数进行预测。

第三步，我们通过各品牌的搜索数据构造中国汽车市场先导景气指数 GCAI。考虑到各品牌的市场份额是动态变化的，本文参照 Carrière Swallow 和 Labbé（2013）的方法，利用递推样本构造动态权重的 GCAI 指数。具体步骤如下：

首先对模型：

$$q_t = \alpha + \sum_{i=1}^{10} \beta_i g_{i,t} + \varepsilon_t$$

进行回归。

其中，q_t 为汽车实际销售量的同比增长率，$g_{i,t}(i = 1, 2, \cdots, 10)$ 为第 i 个汽车品牌在 t 时刻搜索量的同比增长率。使用动态递归的样本进行估计[②]，得到其估计值 $E[\beta_i | \Omega_{t-1}]$，其中，$\Omega_{t-1}$ 是 t–1 时刻的信息集。我们将 $GCAI_t$ 定义为：

$$GCAI_t = \sum_{i=1}^{10} E[\beta_i | \Omega_{t-1}] \cdot g_{i,t}$$

该指数可以理解为某时刻消费者在互联网上对汽车的综合搜索量，也反映了消费者该时刻对汽车这类商品的关注度。通过以上步骤构造指数最大化地利用了某一时间点之前拥有的全部信息量，并且不依赖于除搜索数据和销量数据以外的其他数据来源，在实际中更方便和可行。图 3 描述了我们构造出的中国汽车市场先导景气指数 GCAI 与汽车销量之间的时间序列图。可以看出，两者之间确实存在较强的相关性。而且在大部分时间点上，GCAI 指数的变动趋势领先于汽车销售量的变动趋势。关于领先期数我们在第三部分会做更为详细的分析。

需要特别说明的是，消费者的购买行为是一系列复杂行为的集合，包括需求认知、信息搜索、评价与选择、购买、购后行为等阶段，其中汽车消费者在"信息搜索"和"购后行为"两个阶段都可能进行互联网搜索行为。由于消费者在进行搜索时，不会向他人公布其搜索的目的，所以理论上要区别两种搜索原因是非常困难的。这样一来，本文中构建的 GCAI 指数就包含两方面的搜索行为[③]：以 GCAI 为例，"t 时刻后可能购买汽车的消费者

---

① 另一种可以将周度数据转换成月度数据的方法为"按日平均法"，即假定跨月各周的每天搜索量相同，将这些周的总搜索量除以 7，得到每天的搜索量。本月的总搜索量即是本月各天搜索量的加和。我们在研究中发现使用两种数据处理方法得到的结果相差不大，考虑到文章篇幅的限制，本文只汇报"去头留尾法"得到的结果。

② 估计最初 24 个点的 β 值时，使用 2005 年 1 月至 2006 年 12 月的固定样本；2007 年 1 月后的 β 值由动态递推的样本进行估计。

③ 作者感谢匿名评审人的这一提示。

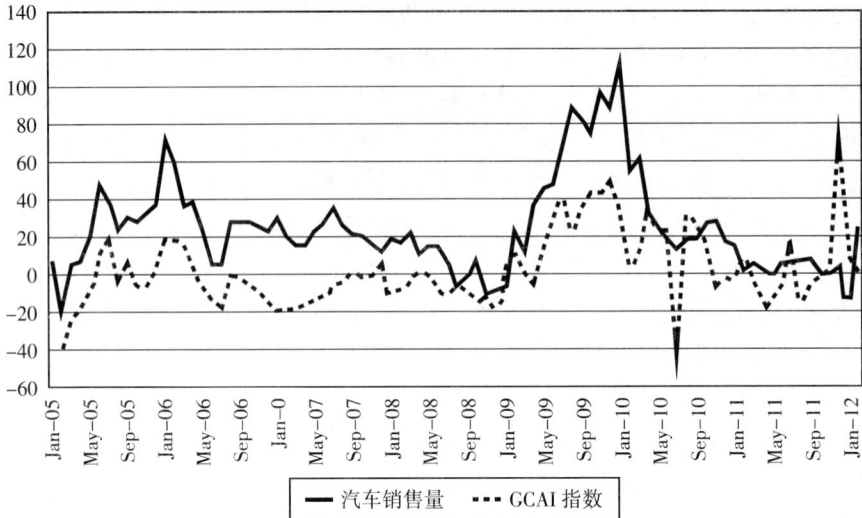

图 3　汽车销售量与 GCAI 指数

在 t 时刻的购前调研搜索"和"t 时刻前已购买汽车的消费者在 t 时刻的购后搜索"。

其中，前者包含预测未来汽车需求（从而汽车销量）的信息，而后者与未来需求无关。虽然在已有的数据条件下我们无法将这两种搜索行为分解开，从而构建纯粹的"购前搜索量指数"；但"t 时刻后可能购买汽车的消费者在 t 时刻的购前调研搜索"与"t 时刻前已购买汽车的消费者在 t 时刻的需求后搜索"是相互独立的。"购前调研"反映的是消费者未来的需求，而"需求后搜索"受过去销售量的影响很大，过去汽车的销售量越大，则"需求后搜索"越多。因此在下文的回归方程中，我们将过去的销售量作为解释变量放入了方程中，以其作为"需求后搜索"的代理变量，包含了消费者这种事后搜索行为的信息。

2　实证分析及结论

为了分析 GCAI 指数对预测汽车需求的效果，我们选择了如下四个基准模型：

$$（\text{I. A}）q_t = \alpha_0 + \sum_{i=1}^{n} \alpha_i q_{t-i} + \varepsilon_t$$

$$（\text{I. B}）q_t = \alpha_0 + \sum_{i=1}^{n} \alpha_i q_{t-i} + \delta y_{t-1} + \varepsilon_t$$

$$（\text{I. C}）q_t = \alpha_0 + \sum_{i=1}^{n} \alpha_i q_{t-i} + \sum_{q=0}^{m} \varepsilon_{t-q}$$

$$（\text{I. D}）q_t = \alpha_0 + \sum_{i=1}^{n} \alpha_i q_{t-i} + \delta y_{t-1} + \sum_{q=0}^{m} \varepsilon_{t-q}$$

其中，q_t 为 t 时期汽车销量的同比增长率，y_t 为中国经济景气监测中心发布的宏观经济景气先行指数，ε_t 为随机误差项。在这四个模型中，第一个模型（Ⅰ.A）为产品需求预测文献和实务中使用最多的自回归模型（AR 模型）。在第二个模型（Ⅰ.B）中，我们在（Ⅰ.A）模型的基础上，加入了表示经济当前及未来状态的"宏观经济景气指数"。中国宏观经济景气指数由国家统计局下属的中国经济景气监测中心编制，包括先行指数、一致指数和滞后指数。考虑到我们的模型是以预测为目的的，此处选用先行指数。另外，为了更大限度地利用数据提供的信息，参照 Carrière Swallow 和 Labbé（2013）的研究，我们构建了移动平均自回归模型（ARMA）作为第三个基准模型（Ⅰ.C）。在模型（Ⅰ.C）中加入宏观经济景气先行指数得到第四个基准模型（Ⅰ.D）。通过 AIC 准则和 SC 准则，我们选择了 AR(3) 模型和 ARMA（3，3）模型[①]。

2.1 全样本估计

为了检验 GCAI 指数是否能够对预测汽车销量提供额外的信息，我们在以上四个基准模型 Ⅰ.A—Ⅰ.D 中分别加入上文构建的"GCAI 指数"作为解释变量，得到包含互联网搜索量信息的新模型 Ⅱ.A—Ⅱ.D：

$$（Ⅱ.A）q_t = \alpha_0 + \sum_{i=1}^{n} \alpha_i q_{t-i} + \varphi^* GCAI_t + \varepsilon_t$$

$$（Ⅱ.B）q_t = \alpha_0 + \sum_{i=1}^{n} \alpha_i q_{t-i} + \delta y_{t-1} + \varphi^* GCAI_t + \varepsilon_t$$

$$（Ⅱ.C）q_t = \alpha_0 + \sum_{i=1}^{n} \alpha_i q_{t-i} + \varphi^* GCAI_t + \sum_{q=0}^{m} \varepsilon_{t-q}$$

$$（Ⅱ.D）q_t = \alpha_0 + \sum_{i=1}^{n} \alpha_i q_{t-i} + \delta y_{t-1} + \varphi^* GCAI_t + \sum_{q=0}^{m} \varepsilon_{t-q}$$

其中，$GCAI_t$ 基于 t 时刻搜索量数据 g_t 以及 t-1 时刻信息集构建的动态权重 $E[\beta|\Omega_{t-1}]$。模型组 Ⅰ 和模型组 Ⅱ 的估计结果如表 1 所示。可以看出在所有的模型中，变量 GCAI 的系数都是显著为正的。这说明当互联网用户更多地通过互联网搜索相关关键词后，紧接着汽车的销售量会明显上升。谷歌搜索引擎的数据对汽车销售量有很好的解释力。另外，对于四个不同的模型设定 A—D，加入互联网搜索量后的新模型与基准模型相比，调整后的 R^2 更大，而均方误差更小，证实了加入的新变量 GCAI 提高了模型对数据的拟合能力。

2.2 样本外预测

我们首先用 Ⅰ 和 Ⅱ 两组模型分别进行样本外预测，然后比较其的预测能力。用前四年

---

① 变量 q_t 和 y_t 的 ADF 检验拒绝了其存在单位根的原假设，表明其为平稳序列。限于文章篇幅，我们略去了单位根检验及滞后阶数选择的过程。有兴趣的读者可向作者索取。

表 1　回归结果

模型	I. A	II. A	I. B	II. B	I. C	II. C	I. D	II. D
C	27.47*** (8.79)	19.82** (7.77)	−790.84*** (251.08)	−645.61** (252.23)	24.33** (10.37)	18.05** (8.32)	−688.78** (285.82)	−630.81** (248.10)
Y			8.00*** (2.45)	6.51** (2.47)			7.00** (2.80)	6.36** (2.43)
GCAI（−1）*		0.26*** (0.08)		0.25*** (0.08)		0.33*** (0.07)		0.31*** (0.07)
AR（1）	0.72*** (0.11)	0.74*** (0.12)	0.52*** (0.12)	0.58*** (0.12)	1.96*** (0.17)	0.3*** (0.1)	1.25*** (0.34)	0.25* (0.13)
AR（2）	0.32** (0.14)	0.20 (0.14)	0.31** (0.13)	0.20 (0.13)	−1.62*** (0.24)	−0.41*** (0.06)	0.17 (0.60)	−0.44*** (0.07)
AR（3）	−0.21* (0.11)	−0.14 (0.11)	−0.10 (0.12)	−0.06 (0.11)	0.57*** (0.12)	0.71*** (0.08)	−0.46 (0.28)	0.68*** (0.10)
MA（1）					−1.41*** (0.21)	0.52*** (0.16)	−0.77** (0.35)	0.44** (0.18)
MA（2）					1.24*** (0.25)	0.89*** (0.09)	−0.23 (0.48)	0.84*** (0.10)
MA（3）					−0.25 (0.21)	−0.09 (0.14)	0.03 (0.20)	−0.18 (0.16)
样本数	83	82	83	82	83	82	83	82
Adjusted R^2	0.70	0.73	0.72	0.75	0.75	0.77	0.72	0.78
Sum squared resid	15653.96	13605.68	14292.04	12650.64	12684.20	11441.67	13630.01	10538.68

　　注：(1) 估计值下括号内的数为标准差；(2) *、** 和 *** 分别表示估计参数在 0.10、0.05 和 0.01 的水平上显著；(3) 模型组 II 中 GCAI 项可以是 t 期值，也可以是 t−i 期值，此处我们以拟合效果较好的滞后一期指数作为解释变量。关于滞后期的具体问题，下文会详细讨论。

的样本（2005 年 1 月至 2008 年 12 月）进行样本内估计，用 2009 年 1 月至 2012 年 2 月的数据进行样本外预测。为了衡量模型预测效果，我们采用了两项常用的统计量指标：误差均方根（Root Mean Squared Error，RMSE）和平均相对百分误差（Mean Absolute Percent Error，MAPE），定义如下：

$$RMSE = \sqrt{\frac{1}{n} \sum_{t=T+1}^{T+n} (\hat{y}_t - y_t)^2}$$

$$MAPE = 100 \frac{1}{n} \sum_{t=T+1}^{T+n} \left| \frac{\hat{y}_t - y_t}{y_t} \right|$$

　　其中，T 表示模型估计部分所用的样本量，n 表示样本外预测期数，$\hat{y}_t$ 表示预测值，y_t 为实际观测值。预测结果如表 2 所示。通过表 2 对比两组模型的 RMSE 和 MAPE，我们发现第 II 组模型的 RMSE 和 MAPE 都明显小于第 I 组模型的结果，表明加入互联网数据之后的模型有更好的预测效果。

表 2　样本外预测效果比较

模型	I.A	II.A	I.B	II.B	I.C	II.C	I.D	II.D
RMSE	34.91	30.03	23.20	21.64	37.00	29.48	21.45	21.10
MAPE	1096.30	863.44	834.60	671.84	963.58	815.29	792.76	646.63

图 4 以模型 I.B 与 II.B、I.D 与 II.D 为例，考察了包含互联网搜索信息前后模型的预测效果对比。从整体上看，第 II 组模型的样本外预测值与实际值拟合得更好。更重要的是，在很多销售量走势发生重大变化的时刻，如 2010 年 8 月、2011 年 3 月和 2011 年 11 月等关键点，传统的第 I 组模型几乎没有办法预测到销售量的趋势变化，但这种趋势性变化能够被我们包含搜索量信息的第 II 组模型比较好的预测到。这再次证实了我们创建的基于互联网搜索量信息的先行指数有很强的预测效果。

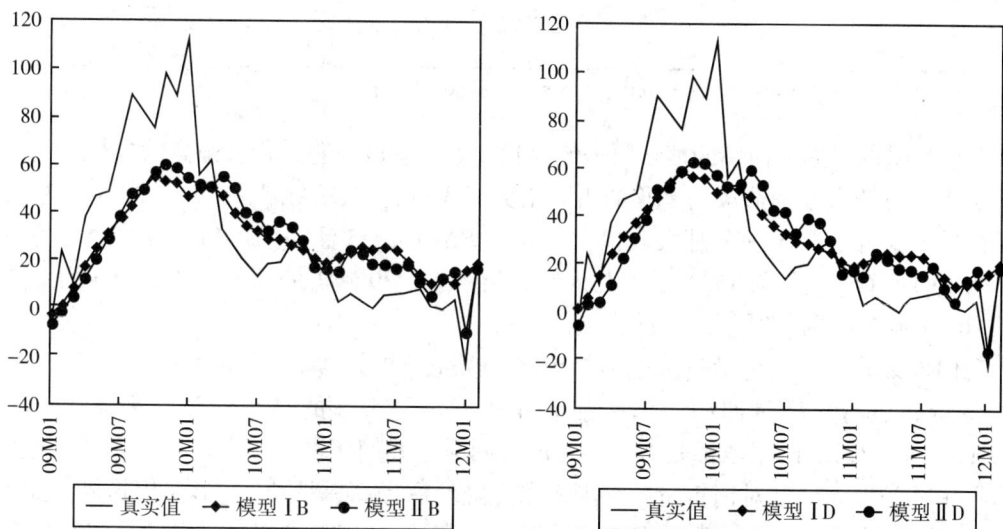

图 4　样本外预测

3　最优预测窗口及购前网上调研行为

3.1　最优预测窗口

以上的分析说明我们构造的中国汽车业先导景气指数确实能为市场需求预测提供额外信息，提高预测效率。那么，在进行预测时，最优的预测周期是多长？为了解决这个问题，我们分别以某月汽车销售量作为被解释变量，以先导指数 GCAI 及其滞后项作为被解释变量，考察这两者之间的相关关系，结果如表3所示。可以看出随着滞后期数的增加，系数的估计值减小，而且显著性水平也有所降低：当滞后期为1~4期时，先导指数的系数在1%的水平上显著，意味着其能对预测需求起到作用，在5期以后显著性下降；到7期以后，先导指数的系数不显著。

表3　GCAI滞后各期回归结果

变量	系数	Adjusted R^2
GCAI	0.70***	0.31
GCAI（-1）	0.61***	0.24
GCAI（-2）	0.59***	0.23
GCAI（-3）	0.54***	0.17
GCAI（-4）	0.38***	0.08
GCAI（-5）	0.30**	0.04
GCAI（-6）	0.26*	0.03
GCAI（-7）	0.20	0.01

注：*、** 和 *** 分别表示估计参数在0.10、0.05和0.01的水平上显著。

谷歌提供的以周为频率的搜索数据使得我们可以就该问题进行更细致的分析。我们按照上文中的方法重新构造按周平移的先导指数，表示为"GCAIn"，n = 1，2，…，9为先导的周数。这样，由于一个月大概包含4周，指数GCAI5涵盖的周与指数GCAIt的一阶滞后项GCAI（-1）涵盖的周是大致相同的，指数GCAI9涵盖的周与指数GCAIt的二阶滞后项GCAI（-2）涵盖的周是大致相同的。

我们以某月汽车销售量作为被解释变量，以先导指数GCAI，GCAI1，…，GCAI9为解释变量，进行单变量回归，结果如表4所示。与表3的结果一致，表4中GCAI，GCAI1，…，GCAI9的系数都是非常显著的。同时，我们还进一步发现：随着"n周先导指数"中n的增大，其对销售量的预测效果先降低后提高，呈"U"形变化趋势，如图5所示。当期和滞后一周的指数预测能力最强，其相关系数和R^2都是最大的，表明本周和前一周的网络搜索量对即将公布的本月销售量有最好的预测效果。随着滞后期的增加，预测能力开始下降，在3~6周时达到低谷，经调整的R^2在12%左右。之后预测力又开始上升，在8~9周时预测效果再次达到高潮，经调整的R^2达到了30%左右。说明本期的搜索量对大约两个月之后公布的汽车销售量也有很好的预测作用。

表4　最优预测窗口

变量	系数	Adjusted R^2
GCAI	0.70***	0.31
GCAI1	0.72***	0.36
GCAI2	0.63***	0.24
GCAI3	0.29***	0.11
GCAI4	0.30***	0.14

续表

变量	系数	Adjusted R²
GCAI5	0.30***	0.13
GCAI6	0.35***	0.12
GCAI7	0.44***	0.19
GCAI8	0.59***	0.27
GCAI9	0.58***	0.29

注：*、** 和 *** 分别表示估计参数在 0.10、0.05 和 0.01 的水平上显著。

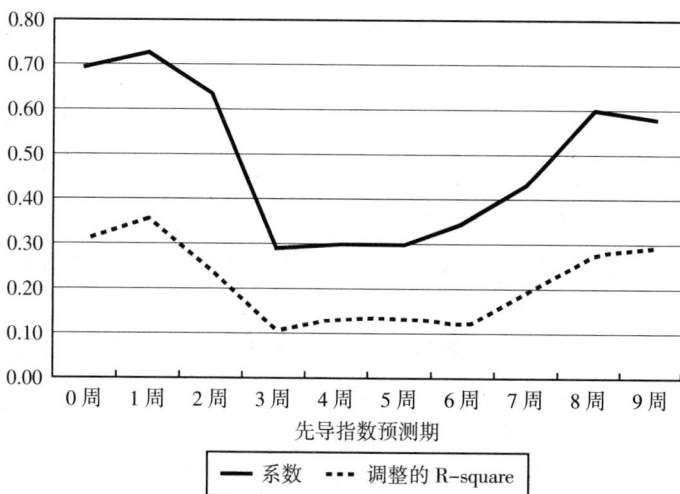

图5　最优预测窗口

3.2　消费者购前网上调研行为

互联网的普及使得消费者在购买之前一般会在网上进行市场调研，而由于诸如汽车之类的大件消费品对于普通家庭来讲属于重大消费活动，因而其调研行为是更复杂的，而且是多阶段的：第一，在最开始的阶段，消费者仅仅是有买车的初步意向，消费者会先在互联网上进行一些浅层次的信息搜索和市场调研，我们称之为"意向调研"。第二，在消费者进一步明确自己的需求后，开始进行更有针对性的网上调研，本文称之为"决策调研"。与最开始的阶段相比，这一阶段的网上调研行为更加具体，是针对某品牌、某型号车的调研和相互比较。图5中的"U"形现象证实了这两阶段调研行为的存在。具体而言，GCAI8—GCAI9 表征的是第一阶段的调研行为（意向调研），GCAI—GCAI2 表征的是第二阶段的调研行为（决策调研）。

根据商品类型、消费习惯的不同、互联网普及度的差异等，两阶段网上调研行为的时间点可能会有所不同。一般而言，越是重大的商品，两阶段调研行为之间的间隔时间就会越长，如汽车的间隔要大于笔记本电脑、笔记本电脑又会大于移动硬盘等。甚至我们可以猜测，一些小件电子产品的两阶段调研行为是合一的。另外，互联网越普及的市场，两阶段之间的间隔也会越小。表4显示，对于中国大陆市场上消费者购买汽车的调研行为，"意向调研"和"决策调研"之间大约有两个月的间隔。这两个月的时间可能是消费者在线下与经销商或有过使用经验的朋友进行沟通交流的时间，可能是融资所需的准备时间，也可能是家庭内部的讨论决策时间，等等。

两阶段购前调研行为的存在表现在预测模型中就是最优预测窗口的"U"形规律——提前约8周的搜索量反映了"意向调研"的结果，而提前约1周的搜索量反映了"决策调研"的结果，它们都可以提高对市场需求的预测能力。

3.3 搜索量对不同类型汽车的预测效果[①]

以上研究说明了互联网搜索量对汽车行业整体具有预测能力。那么由于不同层次消费者的购前调研行为很可能存在差别，互联网搜索量的预测效果对于不同类别的汽车品牌有差异吗？就此，我们补充收集了10个汽车品牌从2006年1月至2012年3月销售量的时间序列数据。同时，参考各汽车品牌旗下的主打车型市场售价[②]，我们将样本中的10个汽车品牌分为两类：中端品牌和低端品牌。其中，低端品牌包括比亚迪和奇瑞，其他8个为中端品牌。

为了对不同类型汽车品牌搜索量和销量之间的关系进行区别研究，我们分别以各汽车品牌销售量同比增长率为被解释变量、以该品牌关键词在互联网上搜索量的同比增长率为解释变量进行回归，结果如表5所示。可以看出：除了上海大众、北京现代和奇瑞三个品牌之外，其他7个品牌的搜索量都对实际销售量有显著的预测作用。其中，预测效果最强的是起亚和雪佛兰，其次是别克和比亚迪，最后是丰田、一汽大众和东风日产。我们希望在未来的研究中对这一部分进行拓展研究。

表5 搜索量对不同品牌汽车销量的预测效果

汽车品牌		Beta值	标准差
中端品牌	起亚	1.1708	0.2549***
	雪佛兰	1.1093	0.2760***
	别克	0.7894	0.1169***
	丰田	0.3415	0.1903*
	东风日产	0.2872	0.0861***
	一汽大众	0.2841	0.1138**

---

① 作者特别感谢专业主编和匿名审稿人的这一建议。
② 我们根据销量数据列出了样本期间各汽车品牌销量占前四位的车型（销量前四位的车型占品牌全部销量的比例最低为东风日产69.22%，最高为别克88.07%），然后参考这些车型的指导价格对汽车企业进行分类。其中，指导价格数据来源于"新浪汽车"2013年4月1日的指导价。

汽车品牌		Beta 值	标准差
中端品牌	北京现代	0.2044	0.7414
	上海大众	−0.1276	0.1454
低端品牌	比亚迪	0.7543	0.2150***
	奇瑞	0.0570	0.1312

注：*、** 和 *** 分别表示估计参数在 0.10、0.05 和 0.01 的水平上显著。

4 稳健性检验

中国是一个发展中国家，市场和制度都变化很快，但不论是对汽车销售市场而言还是从中国互联网的发展角度来看，2009 年都是一个重要的时间节点。首先，2008 年的全球金融危机造成了国内宏观经济的波动，给包括汽车行业的许多行业造成了结构性影响，从图 2 中可以明显看出，2008 年下半年之后汽车销售量的波动率迅速加剧。同时，出于扩大内需和节能减排的双重目的，中国政府在 2009 年 1 月开始实施汽车购置优惠政策，具体措施包括部分车型的购车补贴、小排量汽车减征车辆购置税等。这些政策短期内显著地刺激了汽车销售市场，同年 10 月，中国汽车销售量超过 1000 万辆，成为继美国和日本之后第三个汽车销量超过千万辆的国家。另外，2009 年也是中国互联网发展进程中重要的节点，2009 年网民数量增长了近 9000 万，首次有超过 1/4 的中国家庭开始使用互联网[1]。基于这些原因，我们以 2009 年 1 月作为断点，对其后的样本进行实证分析，对上文的主要结论进行稳健性检验。

对子样本估计得到的结果如表 6 所示。与之前的结论一致，第 Ⅱ 组模型与第 Ⅰ 组模型中相对应模型相比，调整后的 R^2 更大，且均方误差更小，都说明了第 Ⅱ 组模型的拟合效果要优于第 Ⅰ 组模型。另外，如图 6 所示，子样本的最优预测窗口分析也发现了类似的"U"形规律。

---

[1] 资料来源：《第 29 次中国互联网络发展状况统计报告》，中国互联网络信息中心（CNNIC），2012 年 1 月。

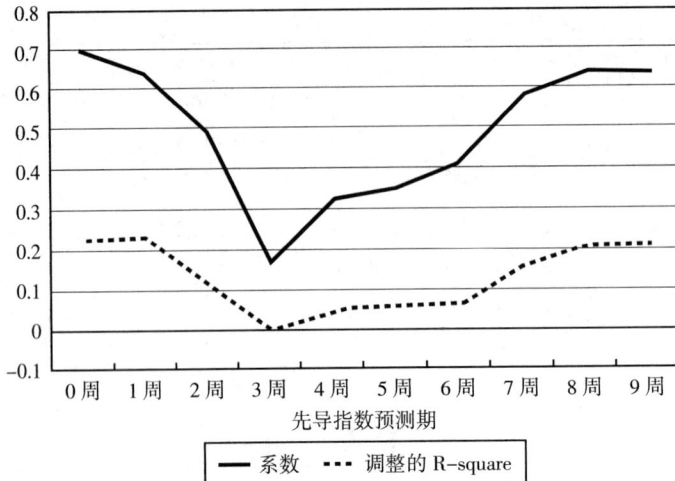

先导指数预测期

—— 系数   ┈┈ 调整的 R-square

图 6 稳健性检验—最优预测窗口与 "U" 形规律

表 6 稳健性检验—回归结果

模型	I.A	II.A	I.B	II.B	I.C	II.C	I.D	II.D
C	35.25** (16.87)	26.91** (12.32)	−994.58 (598.15)	−361.96 (655.83)	26.91** (12.32)	38.58** (17.83)	−1393.45* (657.82)	−916.39 (573.19)
Y			10.00* (5.84)	3.78 (6.37)			13.81** (6.52)	9.21 (5.56)
GCAI (−1)		0.30*** (0.08)		0.30*** (0.09)	0.30*** (0.08)			0.29*** (0.07)
AR (1)	0.63*** (0.17)	0.74*** (0.16)	0.38** (0.18)	0.64*** (0.18)	0.74*** (0.16)	−0.90*** (0.22)	0.44 (0.38)	−0.45** (0.21)
AR (2)	0.62*** (0.20)	0.48** (0.19)	0.56** (0.21)	0.47** (0.19)	0.48** (0.19)	0.63*** (0.16)	0.64* (0.37)	0.31 (0.23)
AR (3)	−0.41** (0.17)	−0.41** (0.16)	−0.17 (0.19)	−0.33* (0.17)	−0.41** (0.16)	0.65*** (0.21)	−0.23 (0.36)	0.44** (0.18)
MA (1)						1.56*** (0.22)	−0.30 (0.37)	1.32*** (0.27)
MA (2)						1.00*** (0.28)	−0.41 (0.34)	1.17*** (0.39)
MA (3)						0.44** (0.17)	−0.29 (0.39)	0.15 (0.23)
样本数	38	38	38	38	38	38	38	38
Adjusted R^2	0.77	0.83	0.77	0.82	0.76	0.82	0.79	0.88
Sum squared resid	8746.49	6332.42	8211.91	6305.16	8225.49	6065.39	6782.85	3919.99

注：（1）估计值下括号内的数为标准差；（2）*、** 和 *** 分别表示估计参数在 0.10、0.05 和 0.01 的水平上显著。

5 结 语

互联网的逐渐普及使得更多的消费者开始在网上进行购前调研行为，而搜索引擎使得捕捉和追踪网上购前调研行为成为可能。本文通过谷歌搜索引擎提供的数据，首次对中国汽车行业消费者的网上购前调研行为进行了研究。

我们首先通过搜索量频率数据设计和构造了中国汽车需求先导景气指数——"谷歌中国汽车指数 GCAI"，并通过样本内估计和样本外预测的方法证明该指数不仅能提高预测能力，为企业的预测和决策提供重要的额外信息；而且可以使企业更早地对未来需求做出预测，前移预测窗口。另外，通过对互联网搜索频率数据的研究显示，汽车行业消费者的购前网上调研行为是分阶段的，有明显的"U"形规律。

参考文献

［1］东北财经大学宏观经济分析与预测课题组. 构建多维框架景气指数系统的初步尝试 ［J］. 数量经济与技术经济研究，2006（7）：49-57.

［2］洪成一，朴宰秀，黄春华. 互联网信息搜索意图对消费者行为的影响分析 ［J］. 国际商务（对外经济贸易大学学报），2003（6）：57-61.

［3］梁志峰. 基于 Google 趋势分析的区域网络关注度研究——以湘潭为例［J］. 湖南科技大学学报（社会科学版），2010，13（5）：41-48.

［4］廖成林，史小娜. 搜索引擎对网络购买意愿的影响研究 ［J］. 江苏商论，2012（5）：47-49.

［5］刘小平. 中国汽车市场历年销量与主要宏观经济指标相关性分析［J］. 上海汽车，2012（5）：39-41.

［6］宋双杰，曹晖，杨坤. 投资者关注与 IPO 异象——来自网络搜索量的经验证据 ［J］. 经济研究，2011（1）：145-155.

［7］徐茵，王高，赵平. 顾客价值的生成与影响机制——对北京家用轿车市场的实证研究［J］. 营销科学学报，2010，6（1）：1-12.

［8］张崇，吕本富，彭赓等. 网络搜索数据与 CPI 的相关性研究 ［J］. 管理科学学报，2012，15（7）：50-59.

［9］张苙，陈毅文. 产品类别与网上购物决策过程的关系［J］. 心理科学进展，2006，14（3）：433-437.

［10］Askitas N.，Zimmermann K. F. Google econometrics and unemployment forecasting ［J］. Applied Economics Quarterly，2009，55（2）：107-120.

［11］Baker S.，Fradkin A. What drives job search? Evidence from google search data ［N］. SIEPR Discussion Paper，2011：10-20.

［12］Brownstein J. S.，Freifeld C. C.，Madoff LC. Digital disease detection—Harnessing the web for public health surveillance［J］. New England Journal of Medicine，2009，360（21）：2153-2157.

［13］Carrière-Swallow Y，Labbé F. Nowcasting with google trends in an emerging market ［J］. Journal of Forecasting，2013，32（4）：289-298.

［14］ Choi H., Varian H. Predicting the present with google trends ［J］. Economic Record, 2012, 88 (s1): 2–9.

［15］ Cooper C. P., Mallon K. P., Leadbetter S, et al. Cancer internet search activity on a major search engine, United States 2001–2003 ［J］. Journal of Medical Internet Research, 2005, 7 (3).

［16］ Corley C., Mikler A. R., Singh K. P., et al. Monitoring influenza trends through mining social media ［J］. Biocomp 2009, 340–346.

［17］ Da Zhi, Engelberg J., Gao P. In search of attention ［J］. Journal of Finance, 2011, 66 (5): 1461–1499.

［18］ D'Amuri F., Marcucci J. Google it! Forecasting the US unemployment rate with a google job search index ［EB/OL］ (No.2010, 31). Nota di lavoro//Fondazione Eni Enrico Mattei: Global challenges, 2010.

［19］ Ettredge M., Gerdes J., Karuga G. Using webbased search data to predict macroeconomic statistics ［J］. Communications of the ACM, 2005, 48 (11), 87–92.

［20］ Ginsberg J., Matthew M. H., Patel R. S., et al. Detecting influenza epidemics using search engine query data ［J］. Nature, 2008, 457 (7232): 1012–1014.

［21］ Guzman G. Internet search behavior as an economic forecasting tool: The case of inflation expectations ［J］. Journal of Economic and Social Measurement, 2011, 36 (3): 119–167.

［22］ Hulth A., Rydevik G., Linde A. Web queries as a source for syndromic surveillance ［J］. PLoS ONE, 2009, 4 (2), e4378.

［23］ Kahneman D. Attention and Effort ［M］. Englewood Cliffs. NJ: Prentice–Hall, 1973.

［24］ Lindberg F. Nowcasting Swedish Retail Sales with Google Search Query Data ［D］. Master's thesis, Stockholm University, 2011.

［25］ McLaren N., Shanbhoge R. Using internet search data as economic indicators ［J］. Bank of England Quarterly Bulletin, 2011 (Q2).

［26］ Pelat C., Turbelin C., Bar–Han A., et al. More diseases tracked by using google trends ［J］. Emerg Infectious Diseases, 2009, 15 (8): 1327–1328.

［27］ Penna N. D., Huang H. Constructing consumer sentiment index for U.S. using google searches ［R］. University of Alberta, Department of Economics Working Papers, 2010: 2009–2026.

［28］ Polgreen P. M., Chen Y., Pennock D. M., et al. Using internet searches for influenza surveillance ［J］. Clinical Infectious Diseases, 2008, 47 (11): 1443–1448.

［29］ Preis T., Reith D., Stanley H. E. Complex dynamics of our economic life on different scales: Insights from search engine query data ［J］. Philosophical Transactions of the Royal Society A: Mathematical, Physical and Engineering Sciences, 2010, 368 (1933): 5707–5719.

［30］ Suhoy T. Query Indices and a 2008 Downturn: Israeli Data, Technical report ［R］. Bank of Israel, 2009.

［31］ Valdivia A., Monge–Corella S. Diseases tracked by using Google trends ［J］. Spain Emerg Infect Dis, 2010, 16 (1): 168.

［32］ Vosen S., Schmidt T. Forecasting private consumption: Survey–based indicators vs. google trends ［J］. Journal of Forecasting, 2011, 30 (6): 565–578.

［33］ Wilson K., Brownstein J. S. Early detection of disease outbreaks using the Internet ［J］. Canadian Medical Association Journal, 2009, 180 (8): 829–831.

［34］ Wu L., Brynjolfsson E. The future of prediction: How google searches foreshadow housing prices and sales ［J］. Available at SSRN 2022293, 2009.

如何从中国情境中创新营销理论？*

——本土营销理论的建构路径、方法及其挑战

张　闯　庄贵军　周　南

【摘　要】中国营销学研究在经历了学习引进、消化吸收和模仿创新 3 个阶段以后，走到了致力于理论创新的路口。结合中国本土文化与制度建构本土营销理论正在成为越来越多中国学者的共识。本文结合本土心理学和管理学本土化研究文献对什么是营销学本土研究（中国营销学研究的类型和营销学本土研究的关键特征）、如何进行营销学的本土研究（如何提高本土研究的现实相关性和理论贡献），以及营销学本土研究面临的挑战及其解决等几个基本的理论问题进行了探讨。论文最后提出了几个本土营销理论未来研究的方向。

【关键词】营销研究；本土化研究；中国营销理论；中国文化；制度转型

一、引言

自改革开放以来，中国营销学的发展大体经历了学习引进、消化吸收和模仿创新 3 个阶段（李飞，2009），尤其近 10 年来，国内营销学研究发展更为迅速。在研究选题方面，国内学界在消费者行为、营销战略、营销职能等主要研究领域与国际学界已经没有显著差异；在研究方法方面，基本完成了从传统规范性研究向以定量实证研究为主的转型，调查法和实验法已经成为国内营销学研究的主流方法（李东进、任星耀、李研，2010）。这意味着国内营销学研究在选题的前沿性和方法的规范性方面已经逐步与国际接轨，进入尝试性理论创新的阶段。但是，在发展的过程中，中国营销学研究也出现了一些问题，可能成

* 基金项目：作者感谢国家自然科学基金重点项目（71132005）和面上项目（71202038）、教育部人文社会科学研究项目（10YJA630200）及中国博士后科学基金特别资助项目（201104626）的资助。

作者单位：张闯，东北财经大学工商管理学院；庄贵军，西安交通大学管理学院；周南，香港城市大学商学院、武汉大学经济管理学院。

为理论创新的阻碍。首先，在消化吸收西方营销理论、模仿和创新的过程中，国内学界在很短的时间内完成了研究方法的转型，但却出现了"轻视理论构建，崇拜工具和方法"（李东进等，2010）的误区。这种误区一方面表现为定量实证方法成为占据绝对优势地位的研究方法，定性研究方法则少有人问津；另一方面则表现为盲目地追求复杂、高级的数据分析方法，而对研究的理论贡献本身则有所忽视。其次，在研究选题方面，模仿、复制西方研究的选题较多，真正关注中国本土营销问题的研究较少。如 Ouyang、Zhou 和 Zhou（2000）在回顾了 1978~1998 年发表在 27 种主要英文期刊上涉及中国营销问题论文的基础上指出，中国本土元素的缺乏是这些研究的主要缺陷。然而，在近 10 年中，上述问题并没有明显的改善。李东进等（2010）对 2000~2008 年在国内外 39 种学术期刊（22 个英文期刊、17 个中文期刊）上发表的 1929 篇中英文论文分析的结果表明，模仿性研究、简单复制西方理论式的研究，以及检验西方理论模型在中国市场适用性的研究占比较高，真正的理论贡献不足。

鉴于中国与西方国家（尤其是美国）在文化传统、社会制度等方面的巨大差异，简单地复制和移植西方营销理论，不仅可能永远赶不上西方营销研究的步伐，更可能"水土不服"，既无法很好地解释中国本土的营销问题和现象，也难以有效地指导中国企业的营销实践（周南，2011）。针对上述问题，近年来一些学者提出根据中国独特的社会文化环境构建中国本土营销理论（杨志勇，2009；周南、曾聚宪，2012）。本土研究对于深刻理解本土现象是非常关键的，尤其是当本土现象非常独特，难以用西方理论进行有效解释的时候（Li，Leung，Chen & Luo，2012；Tsui，2004；Yang，2000）。本土研究不仅可以在实践层面上更有助于中国营销管理问题的解决，还可以通过丰富、拓展和补充既有理论，以及提出全新理论等方式对一般营销理论有所贡献（Leung，2009；Morris，Leung，Ames & Lickel，1999；Yang，2000）。从这个角度来看，推动中国营销研究的本土化具有理论与实践双重意义。

相较于心理学与管理学关于本土研究的丰富文献，营销学领域关于此话题的讨论似乎不多，少数文献集中在国际营销研究领域。如 Douglas 和 Craig（2006）认为，在国际营销研究中，普遍的做法是，将在一国（通常是美国）建立起来的理论框架直接应用于另一个国家，这样做最大的问题就是原始的理论框架在不同的文化情境中可能是不适用的，因而需要在理论、构念界定及其测量等方面进行调整。Cavusgil、Deligonul 和 Yaprak（2005）也强调了国际营销研究中转向的必要性，即从简单复制转向本土研究。国内学者周南和曾聚宪（2012）在系统比较中美文化差异的基础上较为深入地探讨了中国营销理论发展过程中的若干问题，提出了创建"营销的中国理论"（Chinese Theory of Marketing）的必要性，并勾勒了"古为今用"、"外为中用"、"中外结合"与"中为外用"的发展路径。鉴于国内学界关于营销本土研究的讨论尚没有一个基础性的参照框架，本文拟以心理学和管理学本土研究文献为参照，回答以下几个基本问题：第一，什么是营销学本土研究？对这一问题的回答涉及中国营销学研究的类型、营销学本土研究的关键特征两个问题。第二，如何进行营销学的本土研究？第三，营销学本土研究面临哪些挑战，以及该如何解决这些问题？

第四，我们尝试性地提出几个研究方向供学界参考。希望本文能够成为国内学界深入讨论营销学研究本土化的一个"靶子"或探路石。

二、中国营销研究的类型与理论创新的方向

在回答上述问题之前，我们先提出一个中国营销学研究的分类框架，并在此基础上指出营销学理论创新的几个可能的方向。通过这一部分的讨论，我们将指出复制与模仿西方理论的内在合理性以及这样做的问题所在。

（一）中国营销研究的类型

根据跨文化心理学的观点，就一个现象或研究问题而言，包括两个动态变化的方面：客位（Etic）要素或全球同一的（Common）方面与主位（Emic）要素或本地独特的（Local）方面（杨国枢，2008a）。前者是不受情境限制为所有类似现象所共有的方面；后者则是在特定情境中所独有的方面。因而，对于研究者而言，关键的问题是要关注现象的哪个方面，如果我们关注的是主位方面，那么为了更好地解释该现象，本土研究显然是十分必要的；而如果我们关注的是客位方面，则本土研究就不再十分必要。正是现象的上述两种构成要素，西方的理论必然可以解释中国现象的一部分，尤其是在考虑了情境因素对理论进行调适之后，这意味着去情境化（Context-Insensitive）研究和情境化（Contextual-ization）研究有其合法性。但是，就中国学者而言，从研究的现实相关性和理论贡献两个方面来看，我们更应该关注那些西方理论不能解释的部分，这显然更需要本土研究。图 1是我们站在中国学者的角度，根据一项研究的理论视角（西方 vs. 中国）和研究问题的构成元素（主位 vs. 客位）对中国营销学研究进行的分类框架。根据此分类框架，目前中国营销学者的研究可以分为图 1 中所示的四类。

	研究问题	
	客位要素	主位要素
理论视角 西方	西方式研究（构建通用的理论）	复制/验证式研究（验证西方理论）
理论视角 中国	比较/拓展式研究（拓展西方理论）	本土研究（构建本土的理论）

图 1　中国营销学研究分类

第一类是西方式研究。这类研究关注的问题是东西方相同的部分，在理论视角上也采用西方的模式，这通常表现为采用西方理论中的构念与测量量表，以西方理论为基础发展

研究假设，遵循西方主流研究方法实施实证研究。这类研究虽然在中国操作，但其研究设计中不包含任何中国的情境要素。这类研究的导向显然是客位的，是去情境化的，其研究的目的是构建超越任何情境的通用理论。如 Yang、Su 和 Fam（2012）关于国际渠道中制度距离与治理机制的研究，该研究虽然采用中国企业作为实证研究样本，但中国市场的情境要素并没有进入研究模型，研究模型中的变量，以及研究的理论基础均来自西方主流理论，论文致力于从制度理论的角度发展渠道治理理论。

第二类是复制/验证式研究。这类研究虽然关注的是中国情境中的独特现象或问题，但在研究中采用了西方的理论视角，其本质是验证西方理论在解释中国本土现象时的适用性。与第一类研究不同的是，由于此类研究关注的是中国情境中的独特现象或问题，因而在研究模型中通常会出现新的变量（如人情），但在实证研究中对该本土变量的测量却采用西方类似概念的量表（如互惠量表），以西方的理论（如社会交换理论）为基础发展研究假设。此类研究虽然表面上关注的是中国本土问题，但在实质上却并没有将中国独特的情境要素嵌入在研究设计中。从学术认同来说，这类研究容易得到西方学界的认同，因为，研究中不仅提供了让他们感觉新鲜的现象或变量，还验证了他们理论的解释力。但从中国本土学者的角度来看，这样的研究并没有触及中国问题的本质，只是"穿上了唐装的老外"。尽管如此，当西方的理论无法解释中国本土现象时，这类研究仍然可以启发真正的本土研究。

第三类是比较/拓展式研究。这类研究关注的是中国和西方都存在的现象和问题，但从中国本土的视角来展开研究。与第一类研究的区别是，虽然这类研究也采用来自西方的构念及其测量方式，但在理论解释机制上则区别于西方理论，从而发展与西方理论不同的研究假设。或者在研究模型中引入中国本土情境中的解释变量（自变量或调节变量），以使研究更具有本土相关性。这类研究的出发点仍然是西方主流理论，在研究设计中嵌入了中国情境则可以通过与西方情境中的研究相比较，从而拓展、补充或修正西方理论。如 Zhuang 和 Zhou（2004）关于渠道权力与依赖关系的研究，他们根据中国社会的特点提出了"找靠山"理论，即由于渠道成员 B 有权力，渠道成员 A 才会主动地依赖渠道成员 B；而不是西方主流理论所称的依赖决定权力。

第四类是本土研究。此类研究关注的是中国本土独特的现象和问题，采用本土的理论视角来寻求对现象的解释。从出发点上看，这类研究从本土独特的现象开始，但与第二类研究最大的差别在于，研究者不是从现有的西方理论中去寻求解释，而是着眼于中国本土的情境要素（如文化传统、社会制度等），通过建构新的理论来对本土现象进行解释（如用差序格局理论来解释圈子现象）。因此，本土的研究不接受西方理论的预设，通过将本土现象概念化、开发本土构念测量量表来实施实证研究。这类研究的目的是建构中国本土的营销理论，理论具有高度的本土相关性。

（二）中国营销学理论创新的方向

上述 4 种类型研究的结果体现了不同的理论建构方向（见表 1）：世界通用的营销理

论（Universal Theory of Marketing）、中国营销理论（Theory of Chinese Marketing）和营销的中国理论（Chinese Theory of Marketing）。

表1 3种营销理论比较

	世界通用的营销理论	中国营销理论	营销的中国理论
研究类型	西方式研究	复制/验证/比较/拓展研究	本土研究
研究导向	客位	客位为主、兼顾主位	主位
研究视角	外部/西方	外部/西方为主、兼顾中国	内部/中国
研究出发点	西方理论	西方理论	中国营销问题
研究方法	演绎或归纳法建构理论	演绎法检验、拓展理论	归纳法建构理论
本土相关性	低度	中等	高度

其中，世界通用的营销理论是去情境化的营销理论，其潜在认识论基础是普遍主义（Universalism）（Leung，2009），研究导向是完全客位的，在研究设计中不考虑情境因素。鉴于营销学主导理论是美国营销理论，因而这类研究的出发点也往往是西方理论，采用演绎或演绎与归纳并用的方法来对主流一般理论做出贡献。这种研究的本土相关性是很低的。中国营销理论主要建构于将西方的理论应用于中国营销问题的研究，这种研究通过复制、验证与比较的方式，一方面检验西方理论在中国情境中的适用性；另一方面则通过对中国情境的考虑对西方理论予以修正与拓展。由于研究设计中或多或少地考虑了中国情境，因而这类研究的本土相关性相对较高。但由于研究的出发点是西方理论，中国营销理论往往难以实质性地突破西方理论范式，最多是结合中国情境对西方理论进行拓展与补充。营销的中国理论认为，西方理论不能有效解释中国独特的营销问题，而只能通过本土研究来理解和解释中国营销问题。这类研究是完全主位导向的，并且研究的起点也不是先入为主的西方理论，而是基于对独特本土营销问题的识别，主要通过归纳的方法来建构一套能够解释本土营销问题的理论。这类研究的本土相关性显然是最高的。

从中国学者对营销理论的贡献来看，简单地证明了西方理论同样适用于中国，并不算是理论贡献（Whetten，1989）；表明西方理论需要调整才能适用于中国，是很好的理论贡献（中国营销理论）；表明本土理论比西方理论在解释中国问题时有更强的解释力，是更好的理论贡献（营销的中国理论）（Leung，2012）。为世界的营销理论做出贡献是中国学者的最高目标，而此目标的实现可以通过两个途径来实现，一种途径是直接从事西方式研究，另一种途径则是将本土理论发展成为通用的理论（Leung，2012；Li，2012）。前一种途径是直接的，但其最大的问题是完全忽视了中国情境，从而使得研究的本土相关性很低。后一种途径则是间接的，它需要学者们在本土研究的基础上，将营销的中国理论与世界的营销理论融合起来。从中国营销学研究的发展路径来看，周南（2012）认为，要经过从"外为中用"、"中外合璧"到"中为外用"几个阶段，这大体上显现了中国营销学研究从构建中国营销理论到构建营销的中国理论，再到融合了中国本土与西方理论的世界的营销理论这一发展路径。从目前中国营销学的现状来看，我们还停留在构建中国营销理论阶段，并且多数简单复制的研究对这种理论的贡献水平很低（李东进等，2010）。显然，中国的学者要同时兼顾研究的本土相关性与对世界营销理论的贡献，我们不仅需要加强中国营销理论的建构，更应当强化对营销的中国理论的研究，即更多地从事本土营销研究。

三、如何从中国本土情境中创新营销理论？

如果致力于构建营销的中国理论是中国营销研究的一个重要方向，那么我们该如何进行营销本土研究？本部分我们将在对本土研究进行简单界定的基础上，围绕研究问题的来源、研究的理论基础及研究方法等方面展开对如何从中国本土情境中创新营销理论的论述。

（一）界定本土研究

本土研究是从本土视角探索本土现象或本土现象的某个独特要素对于本土实践的相关性（Local Relevance），或可能的一般相关性（Global relevance）（Li，2012）。此定义中，本土视角是最为核心的要素，本土研究需要在对研究问题概念化、理论建构过程中采用本土视角（Leung，2012）。本土研究的目的不是验证或修正西方理论在中国情境中的适用性，而是根据中国本土社会文化特点建构能够对中国本土现象提供深刻解释的理论。因此，本土研究的出发点往往不是西方现有的理论和概念，而是基于对本土现象的观察，进而采用本土视角和思维，建构能够对本土现象进行深度解释的理论。但需要说明的一点是，本土研究虽然不是检验西方理论的本土适用性，但并不排斥西方理论，本土研究也可能开始于西方理论，但必须要超越西方理论，而将关注点投向本土。因此，本土研究的基本原则是让本土现象，而不是现有理论来引领研究（Tsui，2004）。与之相应，本土研究所建构的理论也并非要独立于西方理论而另起炉灶，而是强调从本土到全球的理论整合与贡献。

站在中国的立场上，本土研究是相对于西方式研究而言的，但本土研究与西方式研究并非非此即彼，它们只是纯西方式研究和纯本土研究连续分布带的两个端点（翟学伟，2005）。从本土的立场来看，这个连续带体现了从纯西方式研究向纯本土研究过渡的本土化（Indigenization）过程。从这个角度看，本土（Indigenous）研究与本土化（Indigenized）研究是有区别的，本土化研究是在纯西方式研究的基础上，融入本土情境的研究，其目的往往在于通过本土情境的引入对西方理论进行修正与拓展，使之能够更好地解释本土现象。很多时候，这种本土化研究也被称为情境化（Contextualization）、情境嵌入式（Context-embedded），或情境敏感型（Context-sensitive）研究（Cheng，1994；Tsui，2004）。

Li（2012）认为，本土研究应该包括4个主要的判别标准：研究对象的本土化，即选择独特的本土现象作为研究对象；研究理论基础的本土化，即从本土视角强调本土现象内生的、独特的性质；研究方法的本土化，采用针对本土情境的方法构建本土构念和理论；研究的贡献，理论贡献表现为本土理论替代西方理论对本土现象进行解释，或者整合现有理论构建文化整合性框架。其中，尤以本土研究视角最为关键。杨国枢（2008a）认为，本土研究应该遵循以下几个原则：第一，优先研究在文化上具有独特性的心理与行为现象及其特征；第二，同时探讨心理与行为现象的特殊内涵及历程；第三，研究任何心理与行为现象之前，须先充分浸润在现象的自然而具体的细节之中；第四，以自己社会文化中的思想传统作为心理与行为研究的基础。上述标准和原则体现了本土研究中的三个关键要素：研究问题的本土化、研究理论基础的本土化和研究方法的本土化，这三个要素显然完全适用于营销学本土研究。

（二）研究问题的来源（What/How）

从理论的构成要素来看，研究问题的本土化涉及本土的构念（What），以及构念之间的关系（How）（Whetten，1989）。在本土问题选择上，学者们可以从以下三个方面寻求本土构念：首先，从中国传统与现代哲学思想中寻找研究构念，前者如儒家和道家的传统哲学观念，后者如毛泽东和邓小平的战略思想。中国传统哲学是当代中国文化的根基，其中的诸多要素对中国人、中国企业的心理与行为发挥着根本性影响。如中国社会中的关系（Guanxi）、人情、面子、和谐、圈子、中庸、仁义、孝道等，如何将这些传统文化中的思想和概念在营销学的研究中概念化，进而探寻其对企业营销活动、消费者心理与行为的影响显然是本土营销学研究的重要主题。相较于对传统哲学观念的关注，营销学者对现代中国哲学观念的关注要少很多，虽然这一领域中也有很多值得关注的本土哲学思想，如毛泽东的"农村包围城市"战略思想就体现在很多本土企业的竞争战略中；邓小平的"摸着石头过河"思想对于企业的营销活动也颇具启发意义。

其次，从中国社会正在经历的制度转型中寻求研究问题。制度直接塑造了企业与个人的行为（Peng，2003）。改革开放以来，中国社会所经历的制度转型是全方位的，不仅体现在经济制度从计划经济向市场经济的转型，而且，政治、法律、社会、文化等方面都发生了重要变化。制度转型为企业和个人的行为创造了更多的不确定性，也塑造了企业在转型期的独特行为（Peng，Wang & Jiang，2008）。如制度转型如何塑造了不同类型企业（如国企、民企、外企）的营销战略？被视为一种非正式制度的关系（Guanxi）（Xin & Pearce，1996）在企业营销活动中的作用随着制度转型发生了怎样的变化？在现行农业制度下，如何有效提高农产品营销的效率和效果？对这些制度转型中出现的独特现象和问题进行研究具有极大的实践相关性和理论创新潜力。

本土问题的第三个来源是丰富的中国企业营销实践。中国企业在学习、吸收西方营销理论的过程中，针对中国独特的市场环境，探索并创造了很多具有中国特色的营销管理实践，也展现出很多值得学术界关注并给予回答的问题。如中国众多的老字号品牌在网络信息时代如何重新焕发生机？如何解释中国企业模仿创新中的"山寨"策略？中国企业如何有效走向国际市场？中国制造业成本优势正在消失，中国企业如何转型？这些都是值得研究的问题。

从理论贡献的角度来看，在本土文化情境中发展了新的构念，或者在本土文化情境中对原有的构念进行了新的界定（概念化）都是理论贡献（What 的贡献），尤其是新发展的构念改变了原有构念之间的关系，或者重构了对现象的解释机制，则贡献会更大（Whetten，1989）。就构念之间的关系（How）而言，改变了构念之间的关系（如显著 vs. 不显著；正向 vs. 负向；线性 vs. 曲线等），或者在新的构念之间发展新的关系也是理论贡献（Davis，1971；Whetten，1989；Jia，You & Du，2011）。构念之间关系的建立往往有赖于研究的理论基础，下面我们转入对理论解释机制的讨论。

（三）研究的理论基础（Why）

构念（What）及它们之间的关系（How）描述了研究的问题，而构念间关系的建立则需要解释机制（Why），即解释构念之间相互关系的逻辑与理论基础（Whetten，1989）。中国本土营销研究的合法性建立在中国文化与西方文化巨大差异的基础上（Leung，2009），因而从中国本土视角来解释中国的营销问题就意味着要从中国文化与制度中寻求解释机制。正如杨中芳（2009）所言，"通过文化，人的行为才有了意义。文化是人们相互沟通及理解的意义系统，也是研究者用来理解其研究对象的释义系统"。因此，对一个文化中心理与行为的研究，不仅需要将它们置于文化/社会/历史背景中来考察，还必须追溯它们的文化/社会/历史根源，才有可能理解本土现象的深层结构（杨中芳，2009）。

如何从中国文化中寻求现象的解释机制？我们认为可以从以下两个方面着手。首先，直接从中国文化的深层结构中寻求解释。文化是由价值观念、制度与风俗以及物质文化 3 个层面构成的（Craig & Douglas，2005；余英时，2006；赵志裕、康萤仪，2011），3 个层面的文化要素同时作用于文化中的个体心理与行为，但却有着不同程度的影响。就中国本土营销学研究而言，要从中国文化中直接寻求对研究现象与问题的解释机制，即需要研究者从文化的浅表层（物质文化）向文化的深层追溯，即从制度与价值观念中来寻求解释机制。在研究操作中，常见的形式是学者们从中国传统文化中寻找解释机制的源头，如运用儒家伦理（如五伦、"仁"、"义"）来建构解释机制，并提出研究假设。当然，学者们也可以不必追溯到传统价值观念的源头，而从社会制度层面寻求解释，如从中国转型经济与社会制度中来寻求解释。

除了直接从中国文化中寻求解释机制以外，营销学者还可以间接地从一些相关学科，如人类学、本土社会学、心理学及社会心理学的理论中寻求对所研究问题的解释机制。这些学科中关于中国人社会心理与社会文化的一些经典研究，如费孝通（1948/2008）的差序格局理论和 Hu（胡先缙，1944）对中国人脸面的研究等对中国人的社会心理进行了深刻的解读为营销学相关的本土研究提供了坚实的理论基础。与此同时，兴起于 20 世纪 70 年代的中国心理学本土化运动（杨国枢，2008a）在建构本土心理学、社会心理学及社会学理论方面已经取得了非常显著的成果，如对人情与面子（Ho，1974；Hwang，1987；翟学伟，2005）、华人社会取向（杨国枢，2008b）、家族主义（杨国枢、叶明华，2008）、中国人集体主义（杨中芳，2009）、中庸（杨中芳，2009）等问题的研究为解释中国人的心理与行为提供了丰富的文献基础。营销学者显然可以借鉴这些本土心理学理论，并以其作为理论基础来解释本土营销学现象。

（四）研究方法

本土营销学研究面临着对本土构念进行概念化和操作化测量的双重挑战，这种挑战尤其体现在本土研究与西方主流理论的对话方面。在本土构念的概念化方面，虽然本土营销研究强调研究问题的本土相关性，但还需要通过与现有文献的联系来加入主流的营销研究对话。如果太强调营销现象的中国独特性，那么由于西方学者对这类研究问题过于陌生，会导致中国本土营销学研究很难加入主流的学术讨论。为此，本土营销学研究需要通过将研究问题明确地概念化而将研究与现有的营销学知识基础联系起来。Whetten（2002，转引自 Tsui，2004）针对管理学研究提出的两种方法值得营销学研究借鉴：一种方法是赋予西方学者熟悉的概念以新奇的本土含义（Making the Familiar Appear Novel），另一种方法则是以西方学者熟悉的方式概念化本土新奇的概念（Making the Novel Appear Familiar）。前一种方法通常开始于一个现有的概念，但通过在本土情境中研究赋予该概念新的内涵。如基于关系营销概念（Relationship Marketing），学者们通过结合中国文化特点将其在中国概念化为中国本土关系营销（Guanxi Marketing）（Davies，Leung，Luk & Wong，1995；Wang，2007；庄贵军、席西民，2003），从而加入主流学术对话。后一种方法开始于在本土情境中发展的一个新概念，通过将该概念与现有文献联系起来，让西方学者们更好地理解这一概念。如 Su 等（2009）在渠道沟通中提出的私人关系影响战略（Interpersonal Influence Strategy），通过与渠道沟通理论中的影响战略（Influence Strategy）概念（Frazier & Summers，1986）相联系，加入渠道沟通理论的对话。

营销本土研究更大的挑战来自对构念的测量以及对理论的实证检验。这种挑战一方面来自中国传统文化中很多概念过于抽象（如面子、中庸、和谐等），并且内涵与外延极为丰富复杂，这对开发测量量表是极大的挑战。如对关系（Guanxi）的研究，研究关注的是关系状态、关系行为、关系规范，还是什么其他的要素（庄贵军，2007，2012）？很多研究并没有明确地界定和区分研究所关注和测量的是这个构念的哪个方面（Chen，Chen & Huang，2013）。另一方面来自构念的操作层面及其与实证研究设计的匹配。如关系在中国本土情境中指的是人际间关系，那么这一概念能否/如何在群体（Group）或者组织层面操作（Chen et al.，2013；Luo，Huang & Wang，2011）？如果在非个人层面操作这一构念，理论基础又是什么？这是一个研究的概念层面与操作层面衔接的问题。

与上述两个方面相关的另一个问题是由于中国文化与西方文化的巨大差异，我们在寻求对本土构念进行测量时，西方理论中类似构念的量表能否/如何借鉴？如果任何一个构念都有其客位与主位的构成部分，那么至少西方类似构念的量表可以测到中国本土构念的一部分（Farh，Cannella & Lee，2006）。因此，Douglas 和 Craig（2006）认为，在跨文化研究中应当采用主位与客位复合的量表来在新情境中测量类似的构念，即根据本土情境中构念的内涵与外延对西方量表进行相应的调整与修订。但是这种修订西方量表方法的出发点是客位导向的,即先入为主地关注本土构念中客位的部分,只不过融合了主位的方法对客位量表进行修订。正如前文所阐述的那样,本土研究的根本目的在于更加充分地解释本土现象,因而在发展本土构念测量量表时从西方现有量表开始工作可能就不是一个好的方向。我们有必要采用主位视角,开发真正能够测量本土构念,尤其是该构念中主位部分的量表(Farh et al., 2006)。

基于以上论述,我们认为,高质量的本土营销学研究可能需要中国营销学者更多地做一些基础性工作,如对本土现象的识别、概念化,进而开发测量量表。显然,这项工作需要更多的定性研究,像通过采用扎根理论、案例研究等定性方法可以更好地认识与理解本土现象,进而对其概念化、测量,并进行实证研究。此外,在本土研究操作中,研究者也应当注意在主位与客位导向之间平衡,相对于强调文化普遍性的客位导向而言,本土研究应当更强调主位导向,以提高研究的本土相关性。由于很多本土概念涉及很多不同的层面,因而本土营销学研究中也应当注重相同构念在不同层面上的概念化与测量,并将其与理论框架更好地衔接起来,以增强研究的严谨性(Rigor)。

四、本土营销研究的挑战

在本土营销研究过程中,营销学者们将不可避免地面临一些挑战,只有我们积极有效地应对这些挑战,才能真正推动本土营销研究。

(一)对中国传统文化的理解

"中国文化是中国人的命根子",要进行本土营销学研究,对中国的文化/社会/历史环境有一个全面、系统的认识是基础,也是前提(杨中芳,2009)。然而不幸的是,中国营销学的教育体系中似乎缺少了对中国传统文化的强调,在不断朝着国际化方向前进的过程中,我们的课程体系、研究方法的训练越来越与西方接轨,恰恰是本土传统文化的精髓却在教育体系中缺位了。接受本土教育和训练的学者尚缺乏对中国传统文化系统而深刻的理解,更不用说队伍越来越庞大的"海归"群体了,这显然构成了从事本土营销研究的一个巨大挑战。因此,要推动营销的中国理论建构,我们需要补上中国传统文化这一课,这有赖于教育主管部门、大学、营销学术共同体和学者自身多方共同努力。

(二)内部人盲区

即便是对中国文化和制度有了比较好的理解,中国营销学者在从事本土研究的过程中还可能面对"内部人盲区"(Insider's Blind Spot)这一挑战(Li, 2012)。由于中国学者身处中国社会之中,中国文化之于他们就像他们呼吸的空气一样(本尼迪克特,1990),

因而，中国文化对于他们至关重要，但是，他们却可能对一些文化现象视而不见。换言之，本土学者由于浸润于本土文化之中，他们可能缺乏对独特文化现象的敏感性。相对于研究方法、学术制度等方面的限制，这种内部人盲区构成了本土研究的基本阻碍。要克服这种盲区，除了学者自身要不断提高敏感性之外，组织跨文化的研究团队可能是最为有效的方式。在这样的团队中，本土营销学者可以提供他们对本土文化的更为深刻的洞见，而非本土学者则对本土的独特现象更加敏感，双方取长补短则可以提高本土研究的质量。

（三）理论与测量工具

如前文所述，能够有效解释本土现象、测量本土概念的理论与测量工具的缺乏是本土营销学研究的重要限制性因素。作为科学时代的"后来者"，我们在营销学的若干母学科（如经济学、社会学、心理学）中都大量引进、消化与吸收了西方理论，我们没有诸如社会交换理论、交易成本理论等这样的本土理论可借鉴用于展开本土营销学研究，这使得很多本土营销学研究在建构理论模型、发展研究假设、对构念进行测量时往往有"捉襟见肘"的感觉（有想法、没办法），从而迫使我们不得不向西方理论寻求支持。值得庆幸的是，我们看到了本土心理学、社会学、社会心理学和组织管理学在本土化的路途上已经起步，未来本土营销学研究当然可以从这些学科中借鉴理论和测量工具。当然，我们也可以在营销学本土化研究中采用跨学科研究方法，既从上述理论中借鉴，也在营销学本土研究中发展本土心理学、社会学或社会心理学理论，并将其反馈回这些"母学科"，从而形成多个学科互动的良性循环（Zahra & Newey，2009）。从这个角度来看，我们有必要在本土研究这个平台上打破学术社区的区隔，创造更多的机会让营销学者与其他相关学科的学者们对话与合作。

（四）国内学术制度的压力

本土营销学研究的挑战还来自国内的学术制度。首先是大学的学术评价制度。为了推动科研的国际化与精品化，更快与国际接轨，越来越多的高校出台了若干政策激励或迫使其研究人员更多向西方学术标准靠拢。一方面，为了鼓励教师在国际期刊，尤其是 SCI 和 SSCI 来源期刊发表论文，高校制定了诱人的激励政策，在上述两大检索收录的国际期刊上发表论文动辄奖励几万元或十几万元。另一方面，在科研考核和职称晋升评审方面，越来越向国际期刊倾斜，一些高校甚至规定在评职中国国内期刊发表论文都不算数，只算国际期刊论文。在这种"胡萝卜加大棒"的政策指引下，很少有学者愿意投入精力从事费时费力，并且可能难以被英文期刊接收的本土研究。

其次，挑战来自营销学术期刊及其评审制度。一方面，国内专业营销学术期刊数量非常少，这让营销学者的研究成果出口变得很少，营销学者不得不将论文投向一般管理类或经济类期刊；另一方面，在国际化的过程中，越来越多的期刊倾向于发表采用规范科学方法的实证型论文，甚至有些期刊明确提出不接受非实证研究论文的投稿，这使得从事本土营销研究的学者在成果发表方面更是举步维艰，因为处于本土化研究早期的研究很多都不具备进行规范实证研究的条件。国内期刊的这种导向让那些没有很强动力发表英文论文的研究者也不得不减少本土研究的投入。

除了上述两个主要方面外，压力还来自科学研究基金的评价导向，以及博士生培养中的评价制度与导向等。这些压力直接造成了从事本土研究的机会成本过高，从而使得从事本土营销学研究的学者数量非常稀少。Li 等（2012）认为，本土研究最基本的目标是本土相关性，应当把研究的国际合法性或国际认同作为第二位的目标。过度强调研究的国际合法性会阻碍本土研究的发展，尤其是在发展的早期阶段（Yang，2000；梁觉、李福荔，2010）。因此，国内学界确实应适当调整学术评价制度，至少在强调国际导向的同时，不要偏废本土研究，适当平衡本土化和国际化两个并不矛盾的导向。

（五）西方学术社区的偏好

我们认为，挑战还来自西方营销学界对本土研究可能存在的"偏见"。主流的营销学术社区是以欧美学者为主导的，他们是众多国际学术期刊的"守门人"（期刊的编审、论文的评阅人等），他们当然是遵循主流学术规范的学者，但也拥有他们自己的偏好。一方面，本土研究强调研究问题与现象的本土独特性，如果这些研究问题对于西方主流学界太过新奇或陌生，这样的研究就很难加入国际主流的学术对话（Farh et al.，2006）。另一方面，为迎合国际期刊编审和审稿人的偏好，一些本土研究可能需要对研究视角和研究方法做些调整，如用强加客位的研究导向取代主位导向，用西方理论替代本土理论作为解释机制，或在研究构念上给出一个新奇的概念，但在测量时则采用客位量表等。面对这样的国际学术社区的压力，加上国内在国际英文期刊发表论文的压力，越来越多的中国学者选择走向更加大众的路——建构中国营销理论，而很少有学者投入精力从事本土营销学研究——建构营销的中国理论。

五、几个未来研究的方向

为了让本土营销研究更能够"落地"，我们尝试性地提出几个研究问题供学界参考。由于营销学研究所涉及的领域非常庞杂（Leonard，2002），而每个学者都会受到其专业研究领域的限制，因而对下面几个方向我们主要从比较宏观的层面来阐述。

（一）深化对关系（Guanxi）的研究

对关系的研究可以说是中国学者对主流管理（包括营销）理论最重要的贡献（Jia et al.，2011；Chen et al.，2013），在近 20 年中，营销学领域已积累了较为丰富的研究文献，一些学者甚至将基于关系的营销称为关系营销的中国版本（Ambler，Styles & Wang，1999）。为了进一步提升围绕关系的营销研究的理论贡献，我们认为，以下几个问题值得深入研究。

第一，关系构念的进一步概念化。关系构念的内涵极为丰富，现有文献中关系概念化的方式呈现出高度多元化的特点，如企业的社会资本、建立关系、应用关系、关系基础、关系强度、关系行为等。与之相应，不同理论视角的研究往往认为关系包含不同的维度，如社会资本视角的研究认为，关系包括商业联系（Business Tie）和政治联系（Political Tie）两个维度；而本土社会心理学视角的研究则认为，关系包括人情、面子、感情和信任等维度；还有学者认为，关系包括状态、规范、行为等几个维度（庄贵军，2007，2012）。显然，未来的研究不应再模糊地使"关系"这个"伞概念"（Umbrella Term），而应具体地界定研究中关系构念的具体指向（Chen et al.，2013），这就需要对关系构念的概念化做更加深入的研究。从本土研究的角度来看，从社会资本或社会交换理论的角度来研究关系实际上是先入为主地用西方理论来解释中国本土现象的典型做法，仅把关系与社会资本理论联系在一起，却不涉及关系背后深刻的文化传统背景，并不能保证研究的科学性（Von Glinow，2009）。我们提倡从中国传统文化角度出发来对关系构念概念化，以保证研究不偏离本土文化与实践相关性。

第二，人际间关系与企业间关系的相互作用机制。中国社会中的关系本质上指的是人际间关系，当研究涉及企业层面时，就涉及了不同研究层面间相互影响的逻辑问题。如企业间边界人员之间的关系在企业间关系建立、维持与结束过程中发挥着重要影响（庄贵军、席酉民，2003），但人际间关系通过什么机制影响了企业层面的变量（如绩效）和企业间关系？虽然现有文献多有探讨边界人员间关系对诸如企业绩效等企业层面变量的影响，但这种影响机制仍然是一个有待打开的黑箱（Chen et al.，2013）。另外，企业间关系如何影响了跨组织边界人员间的关系？企业间关系和跨组织边界人员间关系如何相互作用影响了企业的行为与绩效？企业内部关系对跨组织边界人员间和企业间关系有什么影响？

与之相关的另一个问题是，企业边界人员与外部关键人员之间的私人关系既可以为企业服务，也可以用来谋取个人私利。企业营销经理离职带走了企业重要客户这样的问题在商业新闻中并不少见。因此企业该如何促进并保证关系更多地服务于"公利"，而抑制其员工利用关系谋取"私利"？与这一关键问题相关的是，企业员工利用关系谋取私利是否一定有害于企业的公利？在关系带来的公利与私利之间，是非此即彼还是一个平衡的问题？我们认为可以从中国传统文化的公私观念中寻求对上述问题的解释。

第三，关系对营销活动及其结果的负面影响机制。关系对企业营销活动及其结果的影响并不总是正面的，现有文献已经注意到关系可能存在负面影响（Li，Poppo & Zhou，2008），那么关系的负面作用是通过什么机制发生影响的？企业利用关系显然是出于关系的正面作用，那么在什么情况下关系的作用会由正面转换为负面？企业该如何纠正或避免关系的负面影响？因此，未来的研究更应该关注关系作为一柄"双刃剑"的作用，将中国传统伦理与相关理论结合起来对上述问题做出回答。

第四，对企业关系策略的研究。关系从来都不是免费的，关系的建立和维持是需要成本的，并且关系也并不总是会对企业的营销活动及其结果带来正面的影响。那么，什么因素驱动企业建立、维持，并利用关系展开营销活动？企业如何建立、维持，以及利用关系？在什么样的情况下，企业会优先考虑与哪些关键利益相关者（如政府部门 vs. 商业伙伴）建立关系？什么情况下企业不会利用关系或者主动避免关系？在强调和谐的传统文化中，企业如何处理必须要终止或结束的关系？丰富的企业实践可以为上述问题提供丰富多彩的研究素材。

第五，开发相关构念的测量量表。虽然在量表开发上，现有文献已经取得了一些令人瞩目的成果，如关系导向（Su et al.，2009）、人情、面子、感情（Lee & Dawes，2005）等，但这项工作依然任重道远。一方面，一些量表是在客位导向下开发的（如社会资本视角下的关系量表），即使这些量表得到了学界较多的认同，但却与关系在中国文化中的含义相去甚远。学界需要基于中国本土文化来开发关系量表，这显然需要先完成对关系构念的概念化。另一方面，现有关于人情、面子、感情等关系维度的量表多元化，且都没有得到学界一致性的认同。显然，这项工作需要更多学者投入更多的精力来实现。

（二）制度转型过程中企业营销行为研究

Jia 等（2011）的文献研究表明，过去 20 余年中，中国情境为主流管理理论主要贡献了 3 个重要概念，除了关系以外，另外两个是市场转型（Market Transition）和网络资本主义（Network Capitalism）。这表明中国文化和制度转型是中国情境中理论创新的主要来源。结合营销学领域的研究现状（Ouyang et al.，2000；李东进等，2010），我们认为，这一点完全适用于营销学研究。围绕着中国的制度转型，我们认为，以下问题值得未来研究。

首先，制度转型过程中企业如何处理与政府的关系？企业与政府的关系如何影响了企业的营销战略与绩效？转型经济中，各级政府部门对经济活动及企业经营行为的影响依然很强，这使得企业需要建立与政府部门之间的关系来获得政府的支持、降低不确定性。那么企业该如何建立并保持与政府的关系？哪些因素驱动企业建立与政府的关系？企业与政府的关系对企业营销战略与绩效产生了怎样的影响？不同类型的企业在处理与政府关系时有何差异？其差异的原因是什么？

其次，转型过程中非正式制度对企业营销战略产生了什么影响？这种影响在制度转型进程中呈现出怎样的演变趋势？制度转型的另一个关键特征是正式制度的不健全或运转效率较低，因而企业会转而依靠非正式制度来消除不确定性（Peng，2003；Xin & Pearce，1996）。如在中国法律制度尚不健全的情况下，企业间交易的治理机制可能并不是主要建立在法律制度基础上的正式契约，而更多地依靠人际关系网络。与之相关的问题是，诸如人际关系网络、文化传统与习俗等非正式制度对企业的营销战略，如企业间关系治理机制选择、合作关系的建立与维护、销售活动中的商业贿赂等，产生了什么影响？随着正式制度的不断完善，这些非正式制度的影响会逐渐变弱、增强，还是保持不变？正式制度和非正式制度如何交互作用于企业的营销行为？对上述问题的回答显然需要扎根于中国制度的转型进程中。

再次，制度转型过程中，中国企业社会责任弱化与非伦理营销行为（如制假售假、商业欺诈）研究。这是一个转型过程中的非常典型的现象，一味地追逐利润而置企业社会责任、消费者福利于不顾的企业"要钱不要命"行为产生的根源是什么？是由于经济体制转型中市场经济意识觉醒后相对计划经济体制的强烈反弹，还是由于正式制度的不健全或执行的弱化？问题的另一方面是中国文化传统中的义利观等价值观念为何对企业的非伦理行为没有任何约束力？这到底是制度的问题，还是文化融合与变迁过程中的价值观问题？在中国正崛起为世界经济强国的进程中，这个问题尤为关键，因为缺少社会责任和伦理道德的企业是难以支撑一个经济强国的崛起的。

最后，制度转型如何影响了企业内部营销制度的建立与调试？宏观的制度转型也会影响与塑造企业管理制度，进而影响企业的行为。如在制度转型过程中，企业如何对待销售活动中的商业贿赂？本土企业在原本管理制度不健全的基础上如何建立与完善相应的制度来规范其销售行为？而拥有十分健全制度的跨国公司进入中国市场后又该如何调试其制度以适应中国市场？在现实中我们不难观察到不做任何调试和调试过度的企业，而这种调试策略如何影响了企业的营销战略及其绩效？

（三）文化融合与变迁过程中消费者心理与行为研究

改革开放不仅是中国制度的转型的过程，也是打开国门接受外来文化影响的过程。在此过程中，变迁中的中国传统文化与外来文化不断碰撞与融合，传统文化中的某些成分在外来文化的影响下日益被"解构"，中国消费者的观念与行为随之在很多方面发生着变化。因而，在文化融合与变迁过程中，中国消费者独特的消费心理与行为构成了本土营销理论重要的研究方向。一方面，中国传统文化中的要素，如脸面观、审美观、勤俭观、礼尚往来与和谐观等如何塑造了中国消费者的消费心理与行为？伴随着中国的制度转型，这些传统观念发生了怎样的变化，以及这种变化如何影响了消费者的心理与行为？另一方面，中国消费者如何接受并将外来文化（如西方文化、日本和韩国的消费文化）与中国传统文化要素融合，进而对其消费心理与行为产生了怎样的影响？传统文化要素与外来文化要素的影响在不同类型消费者群体间是否存在差异？此外，一些独特的消费现象也值得深入研究。如如何解释中国消费者对奢侈品、假冒名牌产品和礼品的消费行为？在讲究人情、面子与和谐的传统观念下，中国消费者如何处理与企业的关系（如忠诚与冲突行为）？对这些问题的研究无论是对本土企业还是对进入中国的跨国公司而言，都具有重要意义。

（四）其他本土文化构念在营销学研究中的概念化与理论化研究

营销的本土研究需要从中国传统文化中汲取养分，因此我们认为未来的本土营销研究应当致力于将中国本土文化中的一些重要构念在营销学研究中加以概念化与理论化，这是本土营销研究的根本所在。一方面，来自传统文化中的一些重要观念，如中庸、和谐、情义、忠孝等，可以进一步在营销学研究中概念化，并用来解释中国企业和个人消费者的行为；另一方面，一些已经被本土社会学和社会心理学初步理论化的构念，如差序格局、集体主义、家族主义、华人社会取向等，则可以进一步在营销学研究中概念化与理论化，作为本土营销学研究的基础。当然，从构念的概念化到测量量表的开发需要一个艰苦的过程，我们倡议营销学者与其他学科和领域的学者加强合作，共同推进营销学的本土研究进程。

六、结语

经过了 30 多年的引进、消化与吸收，中国营销学研究也从简单地复制与模仿走到了致力于理论创新的路口。就未来的发展方向而言，中国营销学研究正处于一个抉择的路口：一条是很多人在走，通往"中国营销理论"的路，在这条路上学者们以西方理论为主导，融入中国本土情境，致力于验证与拓展西方营销理论；另一条是很少有人走，通往"营销的中国理论"的路，在这条路上学者们致力于建构本土理论以期对中国本土营销问题提供更具深度的解释，并将本土理论融入主流营销理论。相较于前一条路而言，虽然后一条路充满了艰辛与风险，但由于中国在文化传统、社会制度等方面与西方的巨大差异，越来越多的学者提倡走向建构营销的中国理论这条探索之路。鉴于国内营销学界尚没有系统地讨论营销学本土研究的路径与方法的文献，本文以本土心理学和管理学中相关文献为基础，对本土营销学研究所涉及的几个基本问题做了初步的讨论，以期达到抛砖引玉的效果。

"古为今用"为我们提供了历史基础；"洋为中用"为我们提供了发展镜鉴；"中外合璧"已经开始成为一种趋势；"中为外用"将成为一种重要的演化形式（周南，2012）。"千里之行，始于足下"，选择本土研究，建构营销的中国理论是中国营销学者必须面对的一个挑战。

参考文献

［1］Ambler, Tim, Chris Styles, Wang Xiucun. The Effect of Channel Relationships and Guanxi on the Performance of Inter-province Export Ventures in the People's Republic of China ［J］. International Journal of Research in Marketing, 1999 (16): 75-87.

［2］Cavusgil, S. Tamer, Seyda Deligonul, Attila Yaprak. International Marketing as a Field of Study: A Critical Assessment of Earlier Development and a Look Forward ［J］. Journal of International Marketing, 2005, 13 (4): 1-27.

［3］Chen, Chao C., Xiao-Ping Chen. Shengsheng Huang. Chinese Guanxi: An Integrative Review and New Directions for Future Research ［J］. Management and Organization Review, 2013, 9 (1): 167-207.

［4］Cheng, J. L. C.. On the Concept of Universal Knowledge in Organizational Science: Implications for Cross-national Research ［J］. Management Science, 1994, 40 (1): 162-168.

［5］Davies H., Leung T. K. P., Luk S. T. K., Wong Y. H.. The Benefits of Guanxi: The Value of Relationships in Developing the Chinese Market ［J］. Industrial Marketing anagement, 1995, 24 (2): 207-214.

［6］ Davis, Murray S. That's Interesting! Towards a Phenomenology of Sociology and a Sociology of Phenomenology ［J］. Philosophy of the Social Sciences, 1971, 1 (4): 309–344.

［7］ Douglas, Susan P., C. Samuel Craig. On Improving the Conceptual Foundations of International Marketing Research ［J］. Journal of International Marketing, 2006, 14 (1): 1–22.

［8］ Farh, Jiing-Lih, Albert A. Cannella, Jr, Cynthia Lee. Approaches to Scale Development in Chinese Management Research ［J］. Management and Organization Review, 2006, 2 (3): 301–318.

［9］ Frazier, Gary L., John O. Summers. Perceptions of Interfirm Power and its Use Within a Franchise Channel of Distribution ［J］. Journal of Marketing Research, 1986, 23 (5): 169–176.

［10］ Ho D. Y. F. On the Concept of Face ［J］. American Journal of Sociology, 1974 (81): 867–884.

［11］ Hu, Hsien Chin. The Concept of 'Face' ［J］. American Anthropologist, 1944 (46): 45–64.

［12］ Hwang, K. K. Face and Favor: The Chinese Power Game ［J］. American Journal of Sociology, 1987, 92 (1): 944–974.

［13］ Jia, Liangding, Shuyang You, Yunzhou Du. Chinese Context and Theoretical Contributions to Management and Organization Research: A Three-decade Review ［J］. Management and Organization Review, 2011, 8 (1): 173–209.

［14］ Lee, Don Y., Philip L. Dawes. Guanxi, Trust, and Long-term Orientation in Chinese Business Markets ［J］. Journal of International Marketing, 2005, 13 (2): 28–56.

［15］ Leonard, Myron. Marketing Literature Review ［J］. Journal of Marketing, 2002, 64(4): 142–155.

［16］ Leung, Kwok. Never the Twain Shall Meet? Integrating Chinese and Western Management Research ［J］. Management and Organization Review, 2009, 5 (1): 121–129.

［17］ Leung, Kwok. Indigenous Chinese Management Research: Like it or Not, We Need it ［J］. Management and Organization Review, 2012, 8 (1): 1–5.

［18］ Li, Julie Juan, Laura Poppo, Kevin Zheng Zhou. Do Managerial Ties in China Always Produce Value? Competition, Uncertainty, and Domestic vs. Foreign Firms ［J］. Strategic Management Journal, 2008, 29 (4): 383–400.

［19］ Li, Peter Ping. Toward an Intergrative Framework of Indigenous Research: The Geocentric Implications of YinYang Balance ［J］. Asia Pacific Journal of Management, 2012 (29): 849–872.

［20］ Li, Peter Ping, Leung, Kwok, Chen, Chao C., Luo, JarDer. Indigenous Research on Chinese Management: What and How ［J］. Management and Organization Review, 2012, 8 (1): 7–24.

［21］ Luo, Yadong, Ying Huang, Stephanie Lu Wang. Guanxi and Organizational Performance: A Meta-analysis ［J］. Management and Organization Review, 2011, 8 (1): 139–172.

［22］ Morris, M. W., K. Leung, D. Ames, B. Lickel. Views from Inside and Outside: Integrating Emic and Etic Insights about Culture and Justice Judgment ［J］. Academy of Management Review, 1999, 24 (4): 781–796.

［23］ Ouyang, Ming, Zhou Dongsheng, Zhou Nan. Twenty Years of Research on Marketing in China: A Review and Assessment of Journal Publications ［J］. Journal of Global Marketing, 2000, 14 (1/2): 187–201.

［24］ Peng, Mike W.. Institutional Transitions and Strategic Choices ［J］. Academy of Management Review, 2003, 28 (2): 275–296.

［25］ Peng, Mike W., Denis Y. L. Wang, Yi Jiang. An Institution-based View of International Business Strategy: A Focus on Emerging Economies ［J］. Journal of International Business Studies, 2008 (39): 920–936.

［26］ Su, Chenting, Zhilin Yang, Guijun Zhuang, Nan Zhou, Wenyu Dou. Interpersonal Influence as an Alternative Channel Communication Behavior in Emerging Markets: The Case of China ［J］. Journal of International Business Studies, 2009 (40): 668-689.

［27］ Tsui, Anne S.. Contributing to Global Management Knowledge: A Case for High Quality Indigenous Research ［J］. Asia Pacific Journal of Management, 2004 (21): 491-513.

［28］ Von Glinow, Mary Ann, Mary B. Teagarden. The Future of Chinese Management Research: Rigour and Relevance Redux ［J］. Management and Organization Review, 2009, 5 (1): 75-89.

［29］ Wang, Cheng Lu. Guanxi vs. Relationship Marketing: Exploring Underlying Differences ［J］. Industrial Marketing Management, 2007 (36): 81-86.

［30］ Whetten, David A.. What Constitutes a Theoretical Contribution? ［J］. Academy of Management Review, 1989, 14 (4): 490-495.

［31］ Whetten, David A.. An Examination of the Interface between Context and Theory Applied to the Study of Chinese Organizations ［J］. Management and Organization Review, 2009, 5 (1): 29-55.

［32］ Xin, Katherine R., Jone L. Pearce. Guanxi: Connections as Substitutes for Formal Institutional Support ［J］. Academy of Management Journal, 1996, 39 (6): 1641-1658.

［33］ Yang, K. S.. Monocultural and Cross -cultural Indigenous Approaches: The Royal Road to the Development of a Balanced Global Psychology ［J］. Asian Journal of Social Psychology, 2000, 3 (3): 241-263.

［34］ Yang, Zhilin, Chenting Su, Kim-Shyan Fam. Dealing with Institutional Distances in International Marketing Channels: Governance Strategies that Engender Legitimacy and Efficiency ［J］. Journal of Marketing, 2012, 76 (5): 41-55.

［35］ Zahra, Shaker A., Lance R. Newey. Maximizing the Impact of Organization Science: Theory-building at the Intersection of Disciplines and/or Fields ［J］. Journal of Management Studies, 2009, 46 (6): 1059-1075.

［36］ Zhuang, G., Zhou N.. The Relationship between Power and Dependence in Marketing Channels: A Chinese Perspective ［J］. European Journal of Marketing, 2004, 38 (5/6): 675-693.

［37］ 本尼迪克特, 鲁思. 菊与刀 ［M］. 吕万和、熊达云、王智新译. 北京: 商务印书馆, 1990.

［38］ 费孝通. 乡土中国 ［M］. 北京: 人民出版社, 2008.

［39］ 李东进, 任星耀, 李研. 中国营销研究的发展趋势——基于国内外主要期刊论文的内容分析, 2000~2008 ［J］. 营销科学学报, 2010 (1).

［40］ 李飞. 中国营销科学 30 年发展历史回顾 ［J］. 市场营销导刊, 2009 (2).

［41］ 梁觉, 李福荔. 中国本土管理研究的进路 ［J］. 管理学报, 2010 (5).

［42］ 杨国枢, 黄光国, 杨中芳. 华人本土心理学 ［M］. 重庆大学出版社, 2008.

［43］ 杨国枢, 叶明华. 家族主义与泛家族主义, 载杨国枢, 黄光国, 杨中芳. 华人本土心理学 (上册) ［M］. 重庆大学出版社, 2008.

［44］ 杨志勇. 国内营销研究 30 年: 焦点与趋势 ［M］. 经济管理, 2009 (9).

［45］ 杨中芳. 如何理解中国人 ［M］. 重庆大学出版社, 2009.

［46］ 余英时. 中国思想传统的现代诠释 ［M］. 江苏人民出版社, 2006.

［47］ 翟学伟. 人情、面子与权力的再生产 ［M］. 北京大学出版社, 2005.

［48］ 周南. 三十年营销学旅反思: "自胜者强, 知足者富"? ［J］. 营销科学学报, 2011 (3).

［49］ 周南. 要钱还是要命 ［M］. 北京大学出版社, 2012.

［50］周南，曾宪聚.“情理营销”、“法理营销”与：中国营销理论发展过程中若干问题思考［J］.管理学报，2012（4）.

［51］庄贵军.中国企业的营销渠道行为研究［M］.北京大学出版社，2007.

［52］庄贵军.关系在中国的文化内涵：管理学者的视角［J］.当代经济科学，2012（1）.

［53］庄贵军，席酉民.关系营销在中国的文化基础［J］.管理世界，2003（10）.

第二节

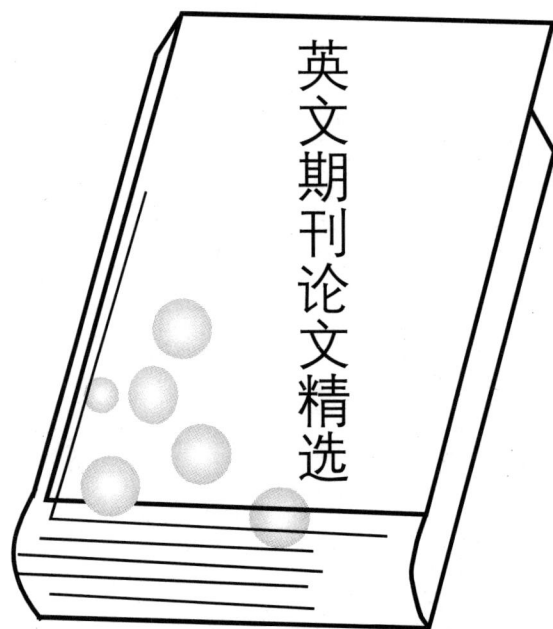

英文期刊论文精选

Article：Taste Regimes and Market-Mediated Practice

Author：Zeynep Arsel，Jonathan Bean

Source：Journal of Consumer Research，Feb. 2013

Key Words：Taste，preferences，daily practice

Abstract：Taste has been conceptualized as a boundary-making mechanism，yet there is limited theory on how it enters into daily practice. In this article，the authors develop a practice-based framework of taste through qualitative and quantitative analysis of a popular home design blog，interviews with blog participants，and participant observation. First，a taste regime is defined as a discursively constructed normative system that orchestrates practice in an aesthetically oriented culture of consumption. Taste regimes are perpetuated by marketplace institutions such as magazines，websites，and transmedia brands. Second，the authors show how a taste regime regulates practice through continuous engagement. By integrating three dispersed practices -problematization，ritualization，and instrumentalization -a taste regime shapes preferences for objects，the doings performed with objects，and what meanings are associated with objects. This study demonstrates how aesthetics is linked to practical knowledge and becomes materialized through everyday consumption.

标题：品味体系和以市场为中介的实践

作者：Zeynep Arsel，Jonathan Bean

来源：《消费者研究》，2013 年第 1 期

关键词：品味，偏好，日常实践

摘要：品味已经被概念化为一种分界机制，然而关于它如何进入日常实践中的理论仍然有限。在这篇文章中，作者对一个流行的家居设计博客定性和定量分析，访谈博客的参与者，以及参与观察，发展了基于实践的品味框架。首先，品味制度被定义为规范体系的实践消费的审美导向的文化。品味制度是由市场的机构保持延续，如杂志、网站和跨媒体品牌。其次，作者展示通过不断参与的品味制度如何规范实践。通过整合三个分散的实践，问题化，仪式化，工具化，品味制度决定了偏好，对对象的行为，对象的意义。这项研究表明，如何审美是与实用知识相联系，并通过日常的消费变得物化。

Article：Frustrated Fatshionistas：An Institutional Theory Perspective on Consumer Quests for Greater Choice in Mainstream Markets

Author：Daiane Scaraboto，Eileen Fischer

Source：Journal of Consumer Research，Apr. 2013

Key Words：mainstream markets，fashionmarketers

Abstract：Why and how do marginalized consumers mobilize to seek greater inclusion in and more choice from mainstream markets？ We develop answers to these questions drawing on institutional theory and a qualitative investigation of Fatshionistas，plus-sized consumers who want more options from mainstream fashionmarketers. Three triggers for mobilization are posited： development of a collective identity，identification of inspiring institutional entrepreneurs，and access to mobilizing institutional logics from adjacent fields. Several change strategies that reinforce institutional logics while unsettling specific institutionalized practices are identified. Our discussion highlights diverse market change dynamics that are likely when consumers are more versus less legitimate in the eyes of mainstream marketers and in instances where the changes consumers seek are more versus less consistent with prevailing institutions and logics.

标题：失意的时尚学家：从制度理论视角看主流市场上顾客的更多选择

作者：Daiane Scaraboto，Eileen Fischer

来源：《消费者研究》，2013 年第 2 期

关键词：主流市场，时尚市场

摘要：为什么以及如何边缘化消费者从主流市场寻求更大的纳入和更多的选择？通过制度理论和时尚人群的定性研究，再加上想要从主流时尚市场获得更多选择的消费者，我们得到了答案。三个触发点是：发展集体认同，鼓舞人心的企业家身份，并获得来自相邻领域的动力。我们的讨论突出了多样化的市场变化动力在于，消费者在主流营销人员的眼中是合理的，并且消费者追求的符合现行制度和逻辑。

Article：Are Close Friends the Enemy？ Online Social Networks，Self-Esteem，and Self-Control

Author：Wilcox，Keith，Stephen，Andrew T.

Source：Journal of Consumer Research，Jun. 2013

Key Words：social networks，self-esteem，self-control

Abstract：Online social networks are used by hundreds of millions of people every day，but little is known about their effect on behavior. In five experiments，the authors demonstrate that social network use enhances self-esteem in users who are focused on close friends（i.e.，strong ties）while browsing their social network. This momentary increase in self-esteem reduces self-control，leading those focused on strong ties to display less self-control after browsing a social network. Additionally，the authors present evidence suggesting that greater social network use is associated with a higher body mass index and higher levels of credit card debt for individuals with strong ties to their social network. This research extends previous findings by demonstrating that social networks primarily enhance self-esteem for those focused on strong ties during social network use. Additionally，this research has implications for policy makers because self-control is an important mechanism for maintaining social order and well-being.

标题：亲密的朋友是敌人吗？线上社交网络，与自尊和自控

作者：Wilcox，Keith，Stephen，Andrew T.

来源：《消费者研究》，2013 年第 3 期

关键词：社交网络，自我尊重，自我控制

摘要：在线社交网络所使用的每天数以百万计的人，但很少有人知道他们行为的影响。在五个实验中，作者证明了在亲密的朋友（即强关系）社交网络的使用增强了自尊。在自尊增加这个瞬间降低了自我控制能力，导致那些专注于强关系浏览社交网络后显示较少的自我控制能力。此外，作者提出的证据表明，更大的社会网络的使用，往往具有较高的身体质量指数和更高水平的信用卡债务。本研究通过证明社交网络对于那些专注于社交网络的使用过程中牢固的关系主要是增强自尊，扩展了以前的研究结果。此外，该研究对政策制定者的意义，因为自我控制是维护社会秩序和福祉的重要机制。

Article: Consumer Reaction to Unearned Preferential Treatment

Author: Lan Jiang, DarrenW. Dahl, JoAndrea Hoegg

Source: Journal of Consumer Research, Oct. 2013

Key Words: preferential treatment, satisfaction, shopping experience

Abstract: Prior research on consumer response to preferential treatment has focused on treatment that has been earned through loyalty or effort, and most of this work has reported positive outcomes for recipients. Unearned preferential treatment (e.g., receiving a surprise discount, getting a free upgrade), in contrast, has received little attention. The current research demonstrates that, although receiving unearned preferential treatment does generate positive reactions, it is not always an entirely pleasurable experience. Results from four experiments show that when unearned preferential treatment is received in front of others, the positive feelings of appreciation for the treatment can be accompanied by feelings of social discomfort stemming from concerns about being judged negatively by other customers. These feelings of discomfort can reduce satisfaction with a shopping experience and affect purchasing behaviors. The negative impact of unearned preferential treatment on satisfaction is moderated by the characteristics and reactions of those observers.

标题：消费者对于不劳而获的优惠待遇的反应

作者：Lan Jiang, DarrenW. Dahl, JoAndrea Hoegg

来源：《消费者研究》，2013 年第 5 期

关键词：满意度，购物体验，优惠对待

摘要：之前关于消费者对优惠对待的研究都集中在优惠对待是通过忠诚和努力赢得的，并且大部分的成果都表明这对接受者有积极意义。未预期到的优惠待遇（如接收惊喜折扣，获得免费升级），相较之下，很少受到关注。目前的研究表明，虽然接受不劳而获的优惠待遇并产生积极的反应，它并不总是完全愉快的经历。四个实验表明，当在别人面前接收不劳而获的优惠待遇，被优惠对待的正面情感可能会伴随着不适，担忧其他客户产生负面感情。不舒服的这些感觉可能降低满意购物体验，影响购买行为。不劳而获的优惠待遇对满意度的负面影响取决于观察者的特征和反映。

Article：The Effect of Product Size and Form Distortion on Consumer Recycling Behavior

Author：Eric J. Hamerman，Gita V. Johar

Source：Journal of Consumer Research，Dec. 2013

Key Words：recyclable products，distorts，consumption process

Abstract：The present research examines conditions under which consumers dispose of recyclable products in the garbage. Results from a field study and four laboratory studies demonstrate that a consumer's decision to recycle a product or throw it in the trash can be determined by the extent to which the product has been distorted during the consumption process. Specifically，if the consumption process distorts a product sufficiently from its original form（i.e.，changes in size or form），consumers perceive it as less useful and in turn are more likely to throw it in the garbage（as opposed to recycle it）. These findings point to important outcomes of the consumption process that have largely been ignored and provide initial insight into the psychological processes influencing recycling behavior.

标题：产品大小和形状扭曲对消费者回收行为的影响

作者：Eric J. Hamerman，Gita V. Johar

来源：《消费者研究》，2013 年第 6 期

关键词：可回收产品，变形，消费过程

摘要：本研究探讨什么条件下，消费者处置垃圾里的可回收产品。从实地研究和四个实验室的研究表明，消费者的决定回收产品或扔进垃圾桶，取决于该产品已在消费过程中被扭曲的程度来确定。具体地，如果消费过程，产品相对原始形式扭曲足够大（即变化了大小或形状），消费者认为其不再有用，进而更可能把它扔进垃圾箱（反之则会选择回收）。这些调查结果指明了之前在很大程度上被忽略的问题，并初步洞悉影响回收行为的心理过程。

Article: Why Do Customers Get More Than They Need? How Organizational Culture Shapes Product Capability Decisions

Author: Bryan A. Lukas, Gregory J. Whitwell, & Jan B. Heide

Source: Journal of marketing, Jan. 2013

Key Words: organizational culture, customer orientation, competing values framework, product capability provision, product decisions

Abstract: The capability level of a product that a firm provides to a customer is an important marketing decision. In the extant literature, the normative heuristic for this decision is one of matching—of providing product capability levels that meet customer needs. However, industry evidence suggests that supplier firms routinely make product decisions that lead to "overshot" customers, whereby customers receive products with capabilities that exceed their requirements. The authors demonstrate how a supplier firm's organizational culture can cause overshooting scenarios and how these effects can be attenuated to the extent that the focal firm's basic values also reflect a customer orientation.

标题：为什么顾客得到比实际需要得更多？组织文化如何影响产品质量决策

作者：Bryan A. Lukas, Gregory J. Whitwell, & Jan B. Heide

来源：《市场营销》，2013 年第 1 期

关键词：组织文化，客户导向，竞争价值框架，产品质量决策，产品决策

摘要：一家公司提供给客户的产品质量水平是重要市场决策。在现存的文献中，标准的解释是匹配提供符合客户需求的产品性能水平。不过，业内证据建议供应商提供超出客户需求的产品，即客户收到超越其需求能力的产品决策。作者演示了供应商企业的组织文化是如何造成超调的情况以及这些影响如何衰减到聚焦公司的基本价值同时也反映了客户导向。

Article：What Is Special About Marketing Organic Products? How Organic Assortment, Price, and Promotions Drive Retailer Performance

Author：Ram Bezawada, Koen Pauwels

Source：Journal of marketing, Jan. 2013

Key Words：organic products, food marketing, empirical generalizations, cross–category, marketing mix

Abstract：Higher sales and margins are key goals for retailers promoting emerging products, such as organics, but little is known about their marketing effectiveness and their cross–effects on conventional product sales. Extant research reports conflicting results about price and promotional sensitivity for organic products and does not address the impact of organic assortment. This article calculates long–term own–and cross–elasticities of organic and conventional product sales in response to changes in assortment, price, and promotions. Using a rich data set of 56 categories, the authors test hypotheses on how different costs and benefits of organic products affect these elasticities. They find that enduring actions, such as assortment and regular price changes, have a higher elasticity for organics than for conventional products. In contrast with common wisdom, even "core" organic consumers are sensitive to these actions. Increasing organic assortment and promotion breadth yields higher profits for the total category, as do more frequent promotions on conventional products. The category comparison yields specific advice with regard to where larger assortment and lower prices versus more and deeper promotions are most effective.

标题：市场有机产品的特殊之处：有机产品种类价格和促销如何影响零售表现

作者：Ram Bezawada, Koen Pauwels

来源：《市场营销》，2013 年第 1 期

关键词：有机产品，粮食市场，交叉种类，混合市场，实证总结

摘要：更高的销售额和利润是零售商推动新兴产品主要目标，如有机物，但很少有人知道他们的营销效果以及与常规产品销售的交叉影响。现存的研究报告关于有机物价格和促销敏感性相互矛盾，也没有解决有机品种的影响。本文计算不同的品种、价格和促销活动下，有机和常规产品长期自身和交叉弹性。用含有 56 大类丰富的数据集，作者检验了关于有机产品成本收益弹性的假设。他们发现，持久的行动，如分类和定期的价格变化，对有机物比传统产品更高的弹性。和普遍认识相反，即使"核心"有机消费者也对这些行动敏感。相对在传统产品做更频繁的促销活动，增加有机品种和促销广度将为总类创造更高的利润。类别比较得出的具体建议是，对于更多品种和更低价格，相对更多、更深的促销活动更加有效。

Article: The Impact of Product Recalls on Future Product Reliability and Future Accidents: Evidence from the Automobile Industry

Author: Kartik Kalaignanam, Tarun Kushwaha, Meike Eilert

Source: Journal of marketing, Mar. 2013

Key Words: product recalls, product reliability, accidents, shared product assets, prior brand quality

Abstract: Although the goal of a product recall program is to enhance safety, little is known about whether firms learn from product recalls. This study tests the direct effect of product recalls on future accidents and future recall frequency and their indirect effect through future product reliability in the automobile industry. The authors test the hypotheses on 459 make/year observations involving 27 automobile makers between 1995 and 2011. The findings suggest that increases in recall magnitude lead to decreases in future number of injuries and recalls. This effect, in turn, is partially mediated by future changes in product reliability. The results also suggest that the positive relationship between recall magnitude and future product reliability is ①stronger for firms with higher shared product assets and ②weaker for brands of higher prior quality. The findings are robust across alternate measures and alternate model specifications and offer valuable insights for managerial practice and public policy.

标题: 产品召回对未来产品信任和未来事故的影响: 汽车工业证据

作者: Kartik Kalaignanam, Tarun Kushwaha, Meike Eilert

来源: 《市场营销》, 2013 年第 2 期

关键词: 产品召回, 产品信任, 事故, 产品份额, 品牌初始质量

摘要: 虽然产品召回计划的目标是提高安全性, 很少知道公司是否从产品召回中学到了教训。这项研究测试在汽车行业中产品召回对未来的事故和将来的召回频率的直接影响, 以及对未来的产品可靠性的间接影响。笔者对 1995~2011 年包括 27 汽车制造商 459 个观察的假设检验, 结果表明增加召回导致减少未来故障数量和召回次数。这种效果部分由于产品可靠性的未来变化导致的。该结果还表明, 召回的幅度和未来产品可靠性之间的正关系是: ①拥有更多产品市场份额的公司更强; ②品牌质量更高的公司更弱。调查结果对不同的措施和替代型号都很强, 提供了管理实践和公共政策有价值的见解。

Article： The Network Value of Products

Author： Gal Oestreicher-Singer, Barak Libai, Lirón Sivan, Eyal Carmi, & Ohad Yassin

Source： Journal of marketing, May. 2013

Key Words： product value, cross-selling, electronic commerce, recommendation systems, social networks

Abstract： Traditionally, the value of a product has been assessed according to the direct revenues the product creates. However, products do not exist in isolation but rather influence one another's sales. Such influence is especially evident in e-commerce environments, in which products are often presented as a collection of web pages linked by recommendation hyperlinks, creating a large-scale product network. The authors present a systematic approach to estimate products'true value to a firm in such a product network. Their approach, which is in the spirit of the PageRank algorithm, uses available data from large-scale e-commerce sites and separates a product's value into its own intrinsic value, the value it receives from the network, and the value it contributes to the network. The authors demonstrate their approach using data collected from the product network of books on Amazon.com. Specifically, they show that the value of low sellers may be underestimated, whereas the value of best sellers may be overestimated. The authors explore the sources of this discrepancy and discuss the implications for managing products in the growing environment of product networks.

标题： 产品的网络价值

作者： Gal Oestreicher-Singer, Barak Libai, Lirón Sivan, Eyal Carmi, & Ohad Yassin

来源：《市场营销》，2013 年第 3 期

关键词： 产品价值，搭售，电子商务，推荐系统，社交网络

摘要： 传统上，产品的价值根据产品直接创造的价值评估。但是，产品是不孤立存在的，而是销售相互影响。这种影响尤其在电子商务环境中，通过推荐的超链接链接的网页的集合特别明显，创造了规模化的产品网络。作者提出一种估计产品网络价值的一种系统的方法。他们的方法，根植在 PageRank 算法的精神，从大规模的电子商务网站使用可用的数据，通过接收到和输出到网络的值，分离产物的值到它自己的内在价值。作者演示了使用来自 Amazon.com 上的书籍产品网络收集的数据的方法。结果表明销量低的书价值可能被低估，而畅销书的价值可能被高估。作者考察了这种差异的来源并且讨论了管理产品在不断增长的产品网络环境的影响。

Article：Targeting Revenue Leaders for a New Product

Author：Michael Haenlein & Barak Libai

Source：Journal of marketing，May. 2013

Key Words：word of mouth，opinion leaders，assortativity，customer lifetime value，agent-based models

Abstract：Historically，when targeting potential adopters of a new product，firms have tended to focus first on people with disproportional effect on others，often labeled "opinion leaders." The authors highlight the benefit of targeting customers with high lifetime value (CLV)，or "revenue leaders." The authors argue that targeting revenue leaders can create high value both by accelerating adoption among these customers and because of the higher-than-average value that revenue leaders generate by affecting other customers with similarly high CLV. The latter phenomenon is driven by network assortativity，whereby people's social networks tend to be composed of others who are similar to themselves. Analyzing an agent-based model of a seeding program for a new product，the authors contrast revenue leader seeding with opinion leader seeding and compare the factors that influence the effectiveness of each. They show that the distribution of CLV in the population and the seed size play a major role in determining which seeding approach is preferable，and they discuss the managerial implications of these findings.

标题：找到新产品的利润领袖

作者：Michael Haenlein & Barak Libai

来源：《市场营销》，2013 年第 3 期

关键词：口碑，意见领袖，种类，客户生命价值，代理基础模型

摘要：传统上，寻找新产品的潜在使用者时，企业往往首先关注与其他人不相称的影响的人，即"意见领袖"。作者强调了抓住高客户生命价值（CLV）的目标客户，或"利润领袖"的重要作用。作者认为，抓住利润领袖可以通过加速在这些客户中的采用，创造高价值，因为领袖较高于平均值的传播性影响其他客户提供同样高 CLV。后者的现象是由网络相配，即人的社会网络往往是类似自己的人。通过分析一个直播节目的基于代理的新产品模式，作者对比利润领袖与意见领袖相互影响的有效性的因素。结果显示，CLV 在人口分布和种子大小方面存在联系，寻找哪些种子发挥主要作用，最后他们讨论了这些发现的管理方法。

Article：Reexamining the Market Share—Customer Satisfaction Relationship

Author：Lopo L. Regó，Neil A. Morgan & Claes Fornell

Source：Journal of marketing，Sep. 2013

Key Words：customer satisfaction，market share，marketing performance，empirical generalizations，brand portfolio

Abstract：Market share and customer satisfaction are often used to assess marketing performance. Despite the widespread assumption of a positive relationship between these two variables，the limited extant empirical literature on the subject indicates either a negative or a nonsignificant relationship. The authors reexamine this relationship over a longer time period than has previously been possible in a representative sample of U.S. consumer markets and find a consistently significant negative market share –customer satisfaction relationship. This is because customer satisfaction is generally not predictive of firms'future market share，but market share is a strong negative predictor of firms'future customer satisfaction. In follow-up analyses，the authors find that a firm's customer satisfaction can predict its future market share when it is benchmarked against that of its nearest rival and customer switching costs are low. In examining why the market share–future customer satisfaction relationship is generally negative，they find strong support for preference heterogeneity as a key mediator in this relationship. They also show that marketing more brands moderates the negative effect of preference heterogeneity on future customer satisfaction. Thus，larger brand portfolios offer a strategy solution for the general market share–satisfaction trade-off.

标题：重新考察市场份额与消费者满意的关系

作者：Lopo L. Regó，Neil A. Morgan & Claes Fornell

来源：《市场营销》，2013 年第 5 期

关键词：顾客满意度，市场份额，市场表现，品牌组合

摘要：市场占有率和客户满意度经常用来评估营销效果。尽管这两个变量之间存在正相关关系的普遍假设，关于这一主题的有限的现存实证文献表明，往往是负面或不显著的关系。作者在一个较长的时间周期的美国消费市场的代表性样本中重新审视这种关系，找到了一贯显著负的市场占有率与客户满意度的关系。这是因为客户的满意度一般不会对公司预计未来的市场份额，但市场份额大的企业预计强烈的负面未来的客户满意度。在后续的分析中，笔者发现，当基准是其最接近的竞争对手，同时客户的转换成本较低时，企业的客户满意度可以预测其未来的市场份额。在研究为什么市场份额与未来的客户满意度的关系一般是负面的，他们发现了偏好的异质性在这个关系的关键。结果还显示，销售更多品牌有利于偏好异质性对未来的客户满意度的负面影响。因此，较大的品牌组合提供了广大的市场占有率和满意的折中策略的解决方案。

Article：Smart Shopping Carts：How Real–Time Feedback Influences Spending

Author：Koert van Ittersum，Brian Wansink，Joost M.E. Pennings & Daniel Sheehan

Source：Journal of marketing，Nov. 2013

Key Words：real–time spending feedback，grocery shopping behavior，smart shopping carts，budget shoppers，nonbudget shoppers

Abstract：Although interest in smart shopping carts is increasing，both retailers and consumer groups have concerns about how real–time spending feedback will influence shopping behavior. Building on budgeting and spending theories，the authors conduct three lab and grocery store experiments that robustly show that real–time spending feedback has a diverging impact on spending depending on whether a person is budget constrained（"budget" shoppers）or not（"nonbudget" shoppers）. Real–time spending feedback stimulates budget shoppers to spend more（by buying more national brands）. In contrast，this feedback leads nonbudget shoppers to spend less（by replacing national brands with store brands）. Furthermore，smart shopping carts increase repatronage intentions for budget shoppers while keeping them stable for nonbudget shoppers. These findings underscore fundamental unexplored differences between budget and nonbudget shoppers. Moreover，they have key implications for both brick–and–mortar and online retailers as well as app developers.

标题：小型购物车：实时反馈如何影响消费

作者：Koert van Ittersum，Brian Wansink，Joost M.E. Pennings & Daniel Sheehan

来源：《市场营销》，2013 年第 6 期

关键词：实时消费反馈，零售购物行为，小型购物车，有预算购物者，无预算购物者

摘要：虽然对小型购物车的兴趣正在增加，零售商和消费者团体还是想要理解实时消费反馈将如何影响消费行为。通过建立在预算编制和支出的理论，作者通过 3 个实验室和杂货店实验，有力证明实时消费反馈对支出取决于一个人是否是预算约束（"预算"购物者）还是不约束的影响（"无预算"购物者）。实时反馈支出预算刺激消费者花费更多的（通过购买更多的国内品牌）。与此相反，这种反馈导致无预算消费者花更少（通过品牌专卖店取代国内品牌）。此外，小型购物车增加对预算消费者的再次惠顾的打算，同时保持无预算购物者稳定。这些发现强调了预算和无预算消费者之间根本未发现的差异。这些研究为在线零售商以及应用程序开发人员提供了关键的指引。

Article: The Impact of Sampling and Network Topology on the Estimation of Social Intercorrelations

Author: Xinlei (Jack) Chen, Yuxin Chen and Ping Xiao

Source: Journal of marketing research, Feb. 2013

Key Words: social network, sampling, network topology, spatial model

Abstract: With the growing popularity of online social networks, it is becoming more important for marketing researchers to understand and measure social intercorrelations among consumers. The authors show that the estimation of consumers' social intercorrelations can be significantly affected by the sampling method used in the study and the topology of the social network. Through a series of simulation studies using a spatial model, the authors find that the magnitude of social intercorrelations in consumer networks tends to be underestimated if samples of the networks are used (rather than using the entire population of the network). The authors further demonstrate that sampling methods that better preserve the network structure perform best in recovering the social intercorrelations. However, this advantage decreases in networks characterized by the scale-free power-law distribution for the number of connections of each member. The authors discuss the insights they glean from these findings and propose a method to obtain unbiased estimation of the magnitude of social intercorrelations.

标题: 价格弹性随着经济周期如何变化: 一个交叉类别分析

作者: Xinlei (Jack) Chen, Yuxin Chen and Ping Xiao

来源:《市场营销》, 2013 年第 1 期

关键词: 社交网络, 抽样, 网络拓扑结构, 空间模型

摘要: 随着在线社交网络的日益普及, 了解和衡量消费者之间的社会交互关系对市场营销研究人员更重要。作者表明, 消费者的社会交互关系估计显著受采用的抽样方法社交网络的拓扑结构影响。通过一系列使用空间模型模拟的研究中, 作者发现, 如果使用网络的抽样 (而不是使用网络的全部人口), 社会交互关系的消费网络的幅度趋向被低估。作者进一步演示了更好地维护网络结构和社会交互关系的抽样方法。然而, 这个优点的网络特征在于每个部件的连接的数量的无尺度幂律分布减小。作者讨论了从这些发现中收集的深刻见解, 并提出了一个获得社会的交互关系幅度的无偏估计的方法。

Article：On Brands and Word of Mouth

Author：Mitchell J. Lovett，Renana Peres and Ron Shachar

Source：Journal of marketing research，Aug. 2013

Key Words：word of mouth，brands，complexity，differentiation，esteem，online，offline

Abstract：Brands and word of mouth（WOM）are cornerstones of the marketing field，and yet their relationship has received relatively little attention. This study aims to enhance understanding of brand characteristics as antecedents of WOM by executing a comprehensive empirical analysis. For this purpose，the authors constructed a unique data set on online and offline WOM and characteristics for more than 600 of the most talked-about U.S. brands. To guide this empirical analysis，they present a theoretical framework arguing that consumers spread WOM on brands as a result of social，emotional，and functional drivers. Using these drivers，the authors identify a set of 13 brand characteristics that stimulate WOM，including three（level of differentiation，excitement，and complexity）that have not been studied to date as WOM antecedents. The authors find that whereas the social and functional drivers are the most important for online WOM，the emotional driver is the most important for offline WOM. These results provide an insightful perspective on WOM and have meaningful managerial implications for brand management and investment in WOM campaigns.

标题：品牌和口碑

作者：Mitchell J. Lovett，Renana Peres and Ron Shachar

来源：《市场营销研究》，2013 年第 4 期

关键词：口碑，品牌，复杂性，差异化，自尊，线上，线下

摘要：品牌和口碑是营销领域的基石，但他们的关系已受到相对较少的关注。本研究旨在通过执行一个全面的实证分析，以提升品牌特征口碑的前因理解。为此，作者构建了一个独特的在线数据和离线口碑，包含超过 600 个谈论最多的美国品牌。为了指导这一实证分析，他们提出了一个理论框架，检验消费者口碑传播对品牌的社会，情感和功能驱动的结果。使用这些驱动程序，研究人员确定了一套品牌特色如何刺激口碑的系统，其中包括三个方面（分化，兴奋和复杂程度）还没有被研究作为最新的口碑影响原因。作者发现，社会和功能驱动程序对网上的口碑是最重要的，情感的驱动程序对离线的口碑是最重要的。这些结果提供了有关口碑有见地的观点，对品牌的管理和投资口碑宣传活动有重大意义。

Article: Advertising in a Competitive Market: The Role of Product Standards, Customer Learning, and Switching Costs

Author: Eric T. Anderson and Duncan Simester

Source: Journal of marketing research, Aug. 2013

Key Words: advertising, product standards, customer learning, switching costs

Abstract: Standard models of competition predict that firms will sell less when competitors target their customers with advertising. This is particularly true in mature markets with many competitors that sell relatively undifferentiated products. However, the authors present findings from a large-scale randomized field experiment that contrast sharply with this prediction. The field experiment measures the impact of competitors' advertising on sales at a private label apparel retailer. Surprisingly, for a substantial segment of customers, the competitors' advertisements increased sales at this retailer. This robust effect was obtained through experimental manipulation and by measuring actual purchases from large samples of randomly assigned customers. The effect size is also large, with customers ordering more than 4% more items in some categories in the treatment condition (vs. the control). The authors examine how these positive spillovers vary across product categories to illustrate the importance of product standards, customer learning, and switching costs. The findings have the potential to change our understanding of competition in mature markets.

标题：竞争激烈市场的广告：产品标准，客户学习，和转移成本的作用

作者：Eric T. Anderson and Duncan Simester

来源：《市场营销研究》，2013 年第 4 期

关键词：广告，产品标准，客户学习，转移成本

摘要：竞争的标准模型预测表明，当竞争对手针对其客户投放广告，公司将少卖产品。这是在成熟市场许多出售相对无差别的产品竞争时尤其如此。然而，作者目前的研究结果表明，从一个大规模随机现场实验是这一预测的对比鲜明。田间试验测量的竞争对手的广告销售对自有品牌服装零售商的影响。出人意料的是，竞争对手的广告销售增加在该零售商的客户。通过实验操作，并通过测量随机分配的客户大样本的实际购买获得这一效果。客户在订购某些类别的处理条件超过 4%以上的项目（与控制）。作者们考察了这些积极的溢出效应跨产品类别如何变化，说明产品标准、客户学习、转换成本的重要性。研究结果必将改变我们在成熟市场竞争的理解的潜力。

Article：Observer Effects of Punishment in a Distribution Network

Author：Wang，Danny T，Gu，Flora F

Source：Journal of marketing research，Oct. 2013

Key Words：marketing channels，observer effect，opportunism，punishment

Abstract：In a distribution network，a punishment event not only affects the disciplined distributor but also changes the attitudes and behaviors of others in the network（i.e.，observers）. By moving beyond a dyadic view of punishment，this article considers the effects of punishment on observers and integrates insights from social learning，fairness heuristic，and social network theories. The resulting framework of the observer effects of punishment in a distribution network，empirically tested with a survey in China，reveals two mechanisms through which punishment leads to reduced observer opportunism：①a direct deterrence effect and ②a trust-building process. Moreover，two information-related constructs moderate the observer effects differently. The disciplined distributor's relational embeddedness，which motivates greater information flow to observers，aggravates the problem of information asymmetry against the manufacturer，making punishment less deterrent for observers. In contrast，the manufacturer's monitoring capability，which reduces information asymmetry，strengthens observer effects. The authors discuss both theoretical and managerial implications of using punishment to achieve collaboration from a wide network of channel members.

标题：观测处罚机制对分销网络的效果

作者：Wang，Danny T，Gu，Flora F

来源：《市场营销研究》，2013 年第 5 期

关键词：营销渠道，旁观效果，机会主义，惩罚

摘要：在一个分销网络，处罚事件不仅影响了分销商，而且也改变了旁观者对别人的态度和行为。本文认为处罚对旁观者有影响，并集成了来自社会学习，启发式公平和社会网络理论的见解。由此产生的对处罚的分销网络，在中国的调查实证检验旁观效果，揭示了通过惩罚导致降低旁观者的机会主义的两种机制：①直接威慑作用；②一个建立信任的过程。此外，两个信息相关的结构适度的观测效果的方式不同。纪律分销商的关系包含进来，促使更多的信息流向旁观者，加重对制造商的信息不对称问题，使得处罚更小的威慑力为旁观者。与此相反，制造商的监控能力降低了信息不对称，增强旁观者的效果。作者讨论通过惩罚来实现从众多渠道成员的网络合作的理论和管理上的意义。

Article：The Benefit of Uniform Price for Branded Variants

Author：Yuxin Chen，Cui，Tony Haitao

Source：marketing science，Jan. 2013

Key Words：behavioral economics，peer-induced fairness，price fairness，pricing

Abstract：The extensive adoption of uniform pricing for branded variants is a puzzling phenomenon，considering that firms may improve profitability through price discrimination. In this paper，we incorporate consumers' concerns of peer-induced price fairness into a model of price competition and show that a uniform price for branded variants may emerge in equilibrium. Interestingly，we find that uniform pricing induced by consumers' concerns of fairness can actually help mitigate price competition and hence increase firms' profits if the demand of the product category is expandable. Furthermore，an individual firm may not have an incentive to unilaterally mitigate consumers' concerns of price fairness to its own branded variants，which suggests the long-run sustainability of the uniform pricing strategy. As a result，fairness concerns from consumers provide a natural mechanism for firms to commit to uniform pricing and enhance their profits.

标题：均衡价格政策对品牌变化的好处

作者：Yuxin Chen，Cui，Tony Haitao

来源：《市场营销科学》，2013 年第 1 期

关键词：行为经济学，公平性，价格公正，定价

摘要：广泛采用统一定价的品牌变化是一个令人费解的现象，考虑到企业可能通过价格歧视，提高盈利能力。在本文中，我们将引起价格公平性的消费者价格竞争的例子予以关注，并指出，一个统一的价格对品牌的变化可能出现平衡。有趣的是，我们发现，如果对产品类别的需求进行扩展，诱导消费者统一定价实际上可以帮助缓解价格竞争，从而增加企业的利润。此外，个别公司可能不会有动力单方面降低价格公平的消费者的关注，以自有品牌的变种，这表明统一定价策略的长期可持续性。这样一来，消费者给公平性的担忧提供了一个自然的机制，公司承诺统一定价，并提高他们的利润。

Article：Advertising and Consumers' Communications...

Author：Kuksov，Dmitri，Shachar，Ron，Kangkang Wang

Source：marketing science，Mar. 2013

Key Words：advertising，brand image，branding，communication，word of mouth

Abstract：Until recently，brand identities were built by firms via brand image advertising. However，the flourishing consumer communication weakened the firms' grip on their brands. The interaction between advertising and consumer communications and their joint impact on brand identity is the focal point of this paper. We present a model in which consumer preference for functional attributes may correlate with the identity they desire to project of themselves. This correlation is known to the firm but not to the consumers. Both the firm and the consumers can communicate their desired brand identity，although the actual brand identity is determined endogeneously by the composition of consumers who purchase it（i.e.，what types of people consume the brand）. We find that sometimes the firm can strengthen the identity of its brand by refraining from advertising. This result is based on the following intermediate finding：advertising can diminish the endogeneous informativeness of consumer communications by making it one-sided. Furthermore，it turns out that refraining from brand image advertising may be optimal for the firm when the product is especially well positioned to create a strong identity- i.e.，when consumer preferences for functional and self-expressive attributes are highly correlated.

标题：广告与消费者沟通

作者：Kuksov，Dmitri，Shachar，Ron，Kangkang Wang

来源：《市场营销科学》，2013 年第 2 期

关键词：广告，品牌形象，品牌推广，传播，口碑

摘要：直到最近，品牌标识是由企业通过品牌形象广告建立的。然而，繁荣的消费者沟通削弱了企业自己的品牌。广告和消费者沟通以及对品牌形象的联合影响之间的相互作用是本文的重点。我们提出一个模型，其中消费者偏爱功能属性可以与他们渴望自己的项目中的身份相关。这种相关性是已知的公司而不是消费者。无论是公司还是消费者可以传达自己想要的品牌标识，但实际的品牌标识是由谁购买它的消费者的构成内生决定的（也就是什么样的人消费的品牌）。我们发现，有时企业可以通过广告克制加强其品牌的身份。这个结果是基于以下的发现：广告可以减少消费者通信的内源信息量。此外，事实证明，从品牌形象广告的克制可能是最佳为公司产品时，尤其是很好地创造一个强大的身份，即当消费者的喜好进行功能和自我表达的属性是高度相关的。

Article：Media Multiplexing Behavior：Implications for Targeting and Media Planning

Author：Dmitri，Kangkang Wang

Source：marketing science，Mar. 2013

Key Words：integrated marketing communications（IMC），interactive media，Internet advertising，media planning，multichannel management，multimedia consumption，substitution and complementarities

Abstract：There is a growing trend among consumers to serially consume small，incomplete "chunks" of multiple media types–television，radio，Internet，and print–within a short time period. We refer to this behavior as media multiplexing and note that key challenges for integrated marketing communications media planners are ①predicting which media or combination of media their target audience is likely to consume at any given time and ②understanding potential substitutions and complementarities in their joint consumption. We propose a forecasting model that incorporates media –multiplexing behavior of both traditional and new media，their interdependencies，and consumer heterogeneity，and we calibrate the model using a rich database of individual–specific media activity diaries. The results suggest that accounting for media synergies within a single utility specification significantly improves model forecasts. We also introduce a utility function that directly models cross–channel media complementarities via interactive effects of the satiation parameters of own and joint consumption of various media types. Finally，our individual–level analyses generate unique insights on consumer–level media switching，multiplexing，and individual heterogeneity often ignored in aggregate data.

标题：整合营销传播：对定位和媒介策划的运用

作者：Dmitri，Kangkang Wang

来源：《市场营销科学》，2013 年第 2 期

关键词：整合营销传播，互动媒体，网络广告，媒体策划，多渠道管理，多媒体消费，替代和互补性

摘要：当前一个日益增长的营销趋势是，在很短的时间内串联多个媒体类型——电视、广播、互联网等不完整的"块"整合营销，我们把这种行为作为媒体复合作用。整合营销传播媒体策划的主要挑战是：①媒体或媒体组合以及它们的目标受众；②了解潜在的替代和互补性，预测顾客的共同消费。我们提出了一个预测模型是结合了传统媒体和新媒体，考察它们的相互依存关系，以及消费者的异质性介质复用的行为，我们校准使用了丰富的个体特异性的媒体活动日记的数据库模型。结果表明，占全国媒体的协同效应单一工具规范中显著提高模型的预测。我们还引入了一个实用功能，它通过自身和联合消费各种媒体类型的饱食参数的交互效果，直接模式的跨渠道媒体的互补性。我们的个人层面的分析产生于消费级媒体交换，复合作用和个人的异质性往往被忽视，而从汇总数据中可以得到独到的见解。

Article：Optimizing Retail Assortments

Author：Rooderkerk，Robert P，van Heerde，Harald，Bijmolt，Tammo H. A

Source：marketing science，Sep. 2013

Key Words：endogeneity，Gibbs sampling，heuristics，hierarchical Bayes，micromarketing，optimization，pricing，product attributes，retail assortments，similarity，substitution

Abstract：Retailers face the problem of finding the assortment that maximizes category profit. This is a challenging task because the number of potential assortments is very large when there are many stock‑keeping units（SKUs）to choose from. Moreover，SKU sales can be cannibalized by other SKUs in the assortment，and the more similar SKUs are，the more this happens. This paper develops an implementable and scalable assortment optimization method that allows for theory‑based substitution patterns and optimizes real‑life，large‑scale assortments at the store level. We achieve this by adopting an attribute‑based approach to capture preferences，substitution patterns，and cross‑marketing mix effects. To solve the optimization problem，we propose new very large neighborhood search heuristics. We apply our methodology to store‑level scanner data on liquid laundry detergent. The optimal assortments are expected to enhance retailer profit considerably（37.3%），and this profit increases even more （to 43.7%）when SKU prices are optimized simultaneously.

标题：最优零售商品分类

作者：Rooderkerk，Robert P，van Heerde，Harald，Bijmolt，Tammo H. A

来源：《市场营销科学》，2013 年第 5 期

关键词：内生性，Gibbs 抽样，启发式，层级贝叶斯，微观营销，优化，价格，产品属性，零售商品组合，相似性，替代

摘要：零售商面临着寻找最大化品类利润的分类问题。这是一项艰巨的任务，因为潜在的花色品种的数量非常大的时候，有很多库存单位（SKU）可供选择。此外，SKU 的销售可以用其他单品的分类拆解，当碰到更多的类似的 SKU 时更会出现这种情况。本文开发了一个可实现的和可扩展的分类优化方法，通过理论为基础的替代模式，优化了现实生活中，大规模的花色品种在存储中的应用。我们采用基于属性的方法来获取偏好，替代模式和交叉营销组合效应实现这一目标。为了解决优化问题，我们提出了新的非常大的邻域启发式搜索，应用我们的方法来扫描和存储洗衣液数据。最佳的花色品种，预计会提高零售商的利润（37.3%），而当 SKU 价格同时优化时，这个利润增加更大（43.7%）。

第三章 2013 年市场营销学学科出版图书精选

第一节

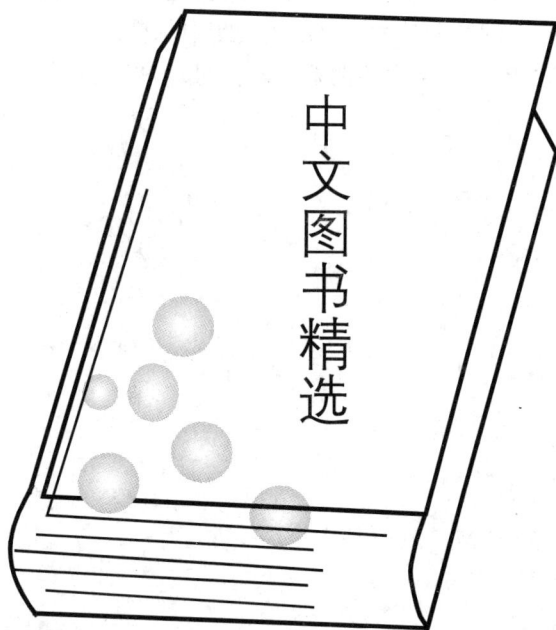

中文图书精选

【书名】 O2O：移动互联网时代的商业革命

【作者】 张波

【出版社】 机械工业出版社

【出版时间】 2013 年 2 月 5 日

【内容简介】 2012 年是 O2O 元年，无论是成熟的传统企业、如火如荼的电子商务企业，还是以电信、银行、娱乐等为代表的与民生相关的企业，都在探索和践行 O2O 模式，因为 O2O 中孕育着极富创新性的商业模式。《O2O：移动互联网时代的商业革命》是国内首部 O2O 方面的著作，不仅宏观上叙述了 O2O 的概念、在各行业的应用情况，以及未来的发展趋势，而且还系统阐述和解读了各行业如何借助 O2O 来顺利实现商业模式的转型和升级；不仅极富洞察力地分析了 O2O 在营销、支付和消费体验三大方面的巨大作用，而且还经验性地总结了 O2O 的产品设计、O2O 组织的构建与组织文化、O2O 的运营。理论上，《O2O：移动互联网时代的商业革命》饱含从实践中总结出来的真知灼见，宏观且有高度；实践上，《O2O：移动互联网时代的商业革命》呈现和分析了大量成功的 O2O 案例，具有较强的可操作性。

【书名】跟随大数据旅行

【作者】杨池然

【出版社】机械工业出版社

【出版时间】2013 年 11 月 15 日

【内容简介】这是一本短小而精悍的书，不需要花费太多时间就能够让读者弄清楚大数据到底是什么，还能帮助读者了解大数据的来龙去脉以及未来大数据对各行各业带来的影响与作用。大数据将带来新的科技革命浪潮并推动管理变革、IT 科技变革与业务变革、生态链变革以及分析变革。

【书名】 传统企业电商之道

【作者】 苏静、翟旭君

【出版社】 电子工业出版社

【出版时间】 2013 年 1 月 1 日

【内容简介】《传统企业电商之道》是作者 20 多年传统营销经验和多年电商实践经验的总结，旨在为传统企业展现一条清晰的电商发展思路，扫清发展上的障碍。全书从传统企业启动电子商务应从战略规划开始，以实战的角度，阐述如何定位，如何建立电商管理体系，如何做营销管理和分销等一系列内容。相信本书能成为传统企业开展电商业务的行动指南。

【**书名**】网站说服力：营销型网站策划

【**作者**】谢松杰

【**出版社**】电子工业出版社

【**出版时间**】2013 年 12 月 1 日

【**内容简介**】如今对于试图通过网络营销来开拓市场的企业来说，单纯的展示型网站已经不能满足企业网络营销的需求。以实现销售为目的的营销型网站变得越来越重要。对于营销型网站，转化率是一个非常重要的指标。本书系统地讨论了营销型网站策划的理论知识，并对优秀的营销型网站案例做了深入分析。

【书名】品牌传播战略：数字时代的整合传播计划

【作者】杨东念、梁雨晨

【出版社】2013 年 8 月 1 日

【出版时间】科学出版社

【内容简介】从 YouTube 到 Facebook 再到 iPad，今天的传播版图给精明的营销者们创造了前所未有的工具和平台。

过去 5 年里，来自媒体和营销行业的变化是迅速而显著的。互联网从根本上改变了人们购物和做出购买决策的方式。在大量增加的媒体选择不断稀释消费者注意力的同时，新兴技术大大提高了可测量和可说明性，同时也让消费者的个人体验得到了强化。

作者捕捉到了广告和媒体行业中的这些变化，用一本涵盖了最新信息的"剧本"向营销人员及其广告、营销服务机构展现：如何在这幅全新的、不断变化的媒介版图中营销他们的品牌。《品牌传播战略》中贯穿着大量的案例研究，对规划人和营销者来说，是一本帮助他们进行战略思考，从而驱动顶线销售增长的实用指南。

【书名】 点击为王：怎样让你的网络营销更有效

【出版社】 清华大学出版社

【作者】 兰晓华、杜锦

【出版日期】 2013 年 12 月 1 日

【内容简介】 兰晓华，国内顶尖品牌战略专家，现任香港商报首席品牌官、香港中文大学特约研究员、北京大学特邀讲师、清华大学特邀讲师、中国国土经济学会高级专家、中国连锁经营协会战略顾问、中国策划研究院首席顾问、中国电子商务协会首席顾问。擅长品牌与营销的交叉解决方案，对网络品牌有多年研究，结合网络营销与不同行业特点，独创"差异核武器"理论，帮助企业快速塑造品牌爆炸力，规避营销陷进，实现销售额快速增长。主要服务客户：万科、王老吉、梦芭莎、凡客、搜于特、1 号店、搜狐、华帝、文博会等。

杜锦，毕业于澳大利亚 Flinders 大学，经济学研究院，获经济学硕士学位。从事教育事业近 10 年，先后从教于四川广播电视大学直属学院、澳大利亚 Flinders 大学（担任教授助理）、成都信息工程学院管理学院、成都信息工程学院银杏酒店管理学院。主要教学研究和授课领域是 ESP 和管理类双语课程。

讲解了网络营销的应用领域和策划思路。针对具体的营销手段进行了讲解。涉及网络新闻、危机公关、微博影响、博客营销、论坛营销、视频营销、软文营销。针对每种营销方式，都给出了可行的操作方法。

【书名】大时代的融媒体营销

【作者】程宏、丁俊杰、何海明

【出版社】中国传媒大学出版社

【出版时间】2013 年 12 月

【内容简介】《大时代的融媒体营销》中，张树庭以"多屏时代"为背景重新思考电视广告，刘凤军从社会责任的角度探讨新媒体营销，都具有很强的实际指导意义。从企业领域来看，近年来中国居民消费形态的变迁特征告诉我们：消费者需求正在经历从"碎片化"到"重聚合"的变迁，企业营销活动成败的关键，在于如何科学观察、捕捉重聚后的消费者需求，并以此为依据，改进自身的生产，然后通过信息发布引起交易兴趣，完成交换过程。在这一过程中，媒体始终是营销的润滑剂，在市场经济结构中发挥着沟通社会信息、配置资源产品、引导资金流动的重要作用，是社会和谐、繁荣安定的表现和保障。由此可见，未来的营销活动中，企业与媒体的默契合作尤为重要。

【书名】安利：全方位揭秘直销帝国

【作者】沈芳敏、潘鹏飞

【主编】彭剑锋

【出版社】机械工业出版社

【出版时间】2013 年 8 月

【作者简介】彭剑锋：中国人民大学教授、博士生导师，华夏基石管理咨询集团董事长，中国企业联合会管理咨询委员会副主任，中国人力资源开发企业人力资源研究会会长，曾任中国人民大学劳动人事学院副院长。彭剑锋长期深入企业，为企业提供咨询服务，先后被深圳华为公司、山东六和集团、新奥集团等企业聘为高级管理顾问、专家组组长，在中国企业界和咨询界享有极高的声望，曾获第二届中国人力资源管理大奖"十佳人物"，被中国企业联合会管理咨询委员会评为"十大值得尊敬的管理咨询专家"。

内容简介：是什么激励模式让数十万销售人员将安利事业当作自己的事业？又是什么让安利五十多年屹立不倒？是什么样的领导人和管理模式带领这家企业乘风破浪？《安利：全方位揭秘直销帝国》将为您全方位破解安利密码，通过重现安利五十余年的发展历程与管理特点，揭晓一系列问题的答案。

【书名】APP 营销解密：移动互联网时代的营销革命

【作者】程成、曾永红、王宪伟、彭盾等

【出版社】机械工业出版社

【出版时间】2013 年 11 月

【内容简介】如何在移动互联网上推广和销售自己的产品？如何通过移动互联网为顾客提供服务？如何在移动互联网上树立和传播自己的品牌？这几乎是当下所有互联网企业和传统企业都在思考的问题，企业要想在移动互联网时代立于不败之地，就必须拥抱移动互联网，在移动互联网上建立自己的优势。本书尝试着为企业给出了这些问题的答案，它是目前 App 营销领域最具实践性和最接地气的一本书。理论上，它系统总结了 App 营销的常见原则、方法和技巧；实践上，它深度解密了来自家居、日用品、服装、餐饮、美妆、汽车、玩具、公益等近 20 个行业的 28 个国际知名品牌的 App 营销成功经验，极具实战指导意义。

【书名】微博营销：技巧·策略·案例

【作者】新奇 e 族

【出版社】化学工业出版社

【出版时间】2013 年 6 月

【内容简介】全书分别从微博营销的技巧、策略与案例着手，全面、细致、详细地剖析了微博营销的密码。面对日益壮大的微博使用群，本书不仅仅可作为企业专业营销人员的必备参考，更是任何想利用社会化媒体力量创造价值的小企业主或个人的指南。本书绝大多数内容是基于实际案例的分析和操作指导，让读者读起来简明轻松，极大地提高了读者的阅读体验。本书介绍并分析最具代表性的 200 个营销案例，细致详尽地剖析了营销本质，并从中教导读者如何去认识、理解并实际操作营销策略，让读者真正学到实用、好用的营销策略与技巧。

【书名】百度推广：搜索营销新规划

【作者】百度营销研究院

【出版社】电子工业出版社

【出版时间】2013 年 6 月

【内容简介】《百度推广：搜索营销新视角》由百度官方出品，由百度营销研究院专业专家团队完成。全书以实用为设计目标，包含了百度推广中主流的操作方式和优化分析方法，对每一个知识点都进行了深入详细的讲解，以大量的实战案例，系统地介绍了百度推广体系及其在实践中的应用。全书的撰写以实践经验为基础，不脱离实际，紧跟企业全新需求，从整体策略到细节执行，帮助读者快速解百度推广的核心内容。

【书名】二维码营销

【作者】张育绮

【出版社】中信出版社

【出版时间】2013 年 7 月

【内容简介】随着智能手机的发展，二维码技术被广泛应用于企业营销活动。广告牌、DM、产品包装、手机应用，二维码案例遍布街头巷尾……然而，二维码到底可以为企业带来什么？什么样的营销手法最有效？本书引用了丰富的案例，从商务营销到企业管理应用，给读者详细讲述了二维码的具体实操方法，并从中挖掘了二维码技术的真正潜能。

【书名】微信营销解密：移动互联网时代的营销革命

【作者】程小永、李国建

【出版社】机械工业出版社

【出版时间】2013 年 7 月 1 日

【内容简介】如果说微信对现有的大量互联网产品、服务及其商业模式有颠覆性作用，那么微信营销则是营销历史上的一次变革，它的营销本质和核心方法将与现存的所有媒介都不相同。《微信营销解密：移动互联网时代的营销革命》由资深微信营销专家、微信营销布道者、微信营销理论奠基人亲自撰写。根据机构、企业和个人做微信营销的需求，从理论层面对微信营销的本质、要义、核心价值进行了深入的探讨，系统地总结了微信营销的原则、方法、步骤、技巧，以及营销效果的量化与评估方法；从实操层面对 10 余个行业的微信营销前景进行了全面的解读并给出了解决方案，对 13 个成功的经典微信营销案例的实施过程进行了深度剖析，还对微信营销与其他营销媒介的整合进行了阐述，极具启发意义和可操作性。

【书名】 数据库营销

【作者】 罗茂初

【出版社】 经济管理出版社

【出版时间】 2013 年 8 月 1 日

【内容简介】《数据库营销》详细讨论了企业在导入数据库营销时，在基础环境、组织架构、业务流程和人员配备等各个方面会遇到的主要障碍，并提供了相应的对策建议。同时，就不同产业、不同商业模式和不同产品的企业运用数据库营销的水平划分为三个阶段，并刻画了每个阶段的特点。为了帮助读者正确看待数据库营销的效果和绩效，专门针对数据库营销宣传中常见的一些误区进行了深入分析。

【书名】阿里巴巴电子商务系列：网络整合营销

【作者】阿里学院

【出版社】电子工业出版社

【出版时间】2013 年 1 月 1 日

【内容简介】本书共分为 7 章，根据网络营销方法的不同进行分类，具体分为网络广告营销、搜索引擎营销、博客营销、微博营销、论坛营销、电子邮件营销、IM 营销、第三方平台营销。所有的章节遵循两个原则，第一个原则为概念的阐述从浅入深，让读者了解必须知道的基础内容；第二个原则为书中介绍的营销方法技巧都是结合目前实战中的各种经验总结而来的。

第二节

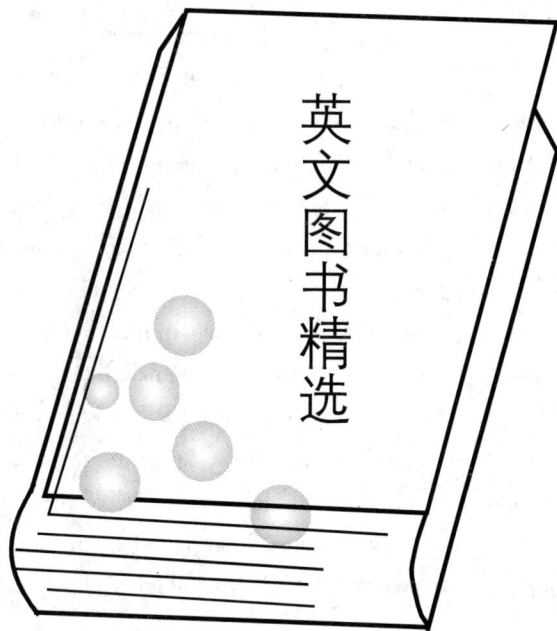

英文图书精选

【英文书名】Hooked：A Guide to Building Habit-Forming Products

【中文书名】上瘾：关于构建上瘾产品的指南

【作者】Nir Eyal

【出版社】CreateSpace Independent Publishing Platform

【出版时间】2013 年 12 月 26 日

【内容简介】Companies use to build customer habits. Through consecutive hook cycles, successful products reach their ultimate goal of bringing users back repeatedly—without depending on costly advertising or aggressive messaging. Hooked is a guide to building products people can't put down. Written for product managers, designers, marketers, startup founders, and people eager to learn more about the things that control our behaviors, this book gives readers：–Practical insights to create user habits that stick. –Actionable steps for building products people love. –Behavioral techniques used by Twitter, Instagram, Pinterest, and other habit-forming products. "Hooked gives you the blueprint for the next generation of products. Read Hooked or the company that replaces you will." –Matt Mullenweg, Founder of WordPress "Nir's work is an essential crib sheet for any startup looking to understand user psychology." –Dave McClure, Founder 500 Startups "When it comes to driving engagement and building habits, Hooked is an excellent guide into the mind of the user." –Andrew Chen, Technology Writer and Investor. "You'll read this. Then you'll hope your competition isn't reading this. It's that good." –Stephen P. Anderson, Author of "Seductive Interaction Design", "I've learned a great deal from Nir, and you will too. He'll help you design habits to benefit your users, and your company." –Dr. Stephen Wendel, author Designing for Behavior Change Nir Eyal distilled years of research, consulting and practical experience to write a manual for creating habit-forming products. Nir has taught at the Stanford Graduate School of Business and Hasso Plattner Institute of Design. His writing on technology, psychology and business appears in the Harvard Business Review, The Atlantic, TechCrunch, and Psychology Today.

【内容简介】为什么有些产品成功吸引我们的注意力，而其他产品则失败？是什么使我们不习惯某些产品？有没有一种基于如何勾住我们模式下的技术？这本书向读者介绍了"勾式模式"，四个步骤的过程中，企业用以建立客户的习惯。通过连续的钩循环，成功的产品达到了他们的最终目标：即让用户反复进行，而不依赖昂贵的广告或攻击性的消息。钩是一种建立人不能放下产品的引导。写给产品经理、设计师、营销人员、创业者和渴望学习更多关于控制我们行为的东西的人们，这本书为读者提供了一个实用的见解，创造用户习惯，建立人喜爱产品的可操作的步骤。通过推特，Instagram、Pinterest 的使用和其他形成习惯的产品。"钩"给你下一代产品的蓝图。读"钩"可能取代你的公司。"马特 Mullenweg，WordPress 的创始人"。"Nir 的工作是任何开始想要了解用户心理的必要量表"。"–戴夫 McClure，500 创业创始人"当谈到驾驶和建设的习惯，钩是一个优秀的进入的用户心理的引导。"安得烈陈，技术作家和投资者。"你会读到这些。"然后你会希望你的竞争对手没有读这些。这是很好的。"史蒂芬 P.安德森，"诱人的交互设计"的作者。"我从 Nir 学到了杰出的方法，你也会的。他会帮你设计有益于你的用户习惯模式和你的公司。"史蒂芬博士，作者 NIR Eyal 长年设计研究行为改变，咨询和实践的经验，为创建形成习惯的产品写的一个手册。NIR 教授营销学，在 Hasso Plattner 斯坦福大学商学院。他的心理学和营销学文章，发表在哈佛商业评论，大西洋，TechCrunch 和今日心理学等刊物上。

【英文书名】Go Pro：7 Steps to Becoming a Network Marketing Professional

【中文书名】出发：7 个步骤让你成为网络营销专家

【作者】Eric Worre

【出版社】Network Marketing Pro Inc

【出版时间】2013 年 1 月 5 日

【内容简介】Over twenty years ago at a company convention，Eric Worre had an aha moment that changed his life forever. At that event he made the decision to Go Pro and become a Network Marketing expert. Since that time，he has focused on developing the skills to do just that. In doing so，Eric has touched and been touched by hundreds of thousands of people around the world. Now he shares his wisdom in a guide that will ignite your passion for this profession and help you make the decision to Go Pro and create the life of your dreams. In this definitive guidebook，you will learn to：–Find prospects –Invite them to your product or opportunity–Present your product –Follow up with your prospects–Help them become customers or distributors –Help them get started right –Grow your team by promoting events –And much，much more. Eric's wish is for you to make the decision to become a Network Marketing Professional. For you to truly Go Pro. Because it is a stone-cold fact that Network Marketing is a better way. Now let's go tell the world.

【内容简介】在 20 年前，在一家公司会议上，埃里克 Worre 恍然大悟，这改变了他的一生。在那次活动中，他做出了决定，成为一个网络营销专家。从那时起，他就一直专注于发展这样的技能。在做的过程中，Eric 已经被世界上成千上万的人所感动。现在，他分享他的智慧，将点燃你的激情，这一行业，帮助你做出决定去亲和创造你梦想的生活。在这明确的指南下，你将学习到：找到前景——为你的产品邀请他们或找到机会展示你的产品，按照你的前景，帮助他们成为客户或经销商，帮助他们正确的开始，通过推销事业来壮大你的团队，等等。埃里克的愿望是让您做出决定成为一个网络营销专业者。这是被证实的，因为这是一个坚硬的事实，即网络营销是一个更好的营销方式。现在让我们去告诉世界。

【英文书名】Contagious：Why Things Catch On

【中文书名】传染性：为什么有些事物可以火来

【作者】Jonah Berger

【出版社】Simon & Schuster

【出版时间】2013 年 3 月 5 日

【内容简介】New York Times bestseller and named Best Marketing Book of 2014 by the American Marketing Association. What makes things popular? If you said advertising, think again. People don't listen to advertisements, they listen to their peers. But why do people talk about certain products and ideas more than others? Why are some stories and rumors more infectious? And what makes online content go viral? Wharton marketing professor Jonah Berger has spent the last decade answering these questions. He's studied why New York Times articles make the paper's own Most E-mailed List, why products get word of mouth, and how social influence shapes everything from the cars we buy to the clothes we wear to the names we give our children. In this book, Berger reveals the secret science behind word-of-mouth and social transmission. Discover how six basic principles drive all sorts of things to become contagious, from consumer products and policy initiatives to workplace rumors and YouTube videos. Contagious combines groundbreaking research with powerful stories. Learn how a luxury steakhouse found popularity through the lowly cheese-steak, why anti-drug commercials might have actually increased drug use, and why more than 200 million consumers shared a video about one of the seemingly most boring products there is: a blender. If you've wondered why certain stories get shared, e-mails get forwarded, or videos go viral, Contagious explains why, and shows how to leverage these concepts to craft contagious content. This book provides a set of specific, actionable techniques for helping information spread –for designing messages, advertisements, and information that people will share. Whether you're a manager at a big company, a small business owner trying to boost awareness, a politician running for office, or a health official trying to get the word out, Contagious will show you how to make your product or idea catch on.

【内容简介】纽约时报畅销书，由美国市场营销协会评为 2014 年最佳的营销书籍。是什么导致商品的流行？如果你说广告，再想想。人们不听广告，他们听他们的同龄人。但是为什么人们谈论某些产品和想法比别人多？为什么一些故事和谣言更具感染力？是什么使在线内容扩散？沃顿商学院市场营销学教授 Jonah 伯杰已经花了近 10 年的回答这些问题。他研究为什么纽约时报的文章让读者有自己的电子邮件列表，为什么有产品口碑，以及社会影响的形状，从我们购买的、我们穿的、我们给我们的孩子的衣服名字、汽车等一切。在这本书中，伯杰揭示了秘密背后的科学口碑和社会传播。发现有六个基本原则驱动各种各样的东西变得具有传染性，从消费产品和政策举措，工作场所的谣言和 YouTube 视频。传染性结合开创性与强大的案例研究。学习如何通过低价的奶酪牛排，建立一个发现的人气餐馆，为什么禁毒广告实际上可能增加药物的使用，以及为什么超过 200 百万消费者共享其中一个看似最无聊的产品的视频：搅拌机。如果你想知道为什么某些故事会被分享，邮件被转发，或者视频去扩散，会传染的解释，并且展示了如何利用这些概念来制作扩散的内容。这本书提供了一套具体的，可操作的技术，用于帮助信息传播设计人们将会分享的广告和信息。不管你是一家大公司的经理，一个小企业主试着提高认识，一个政客竞选办公室，或一个健康官员试图获得口碑，"传染性"会告诉你如何使你的产品或想法达成。

【英文书名】Insanely Simple：The Obsession That Drives Apple's Success

【中文书名】极致简捷：对于简捷的痴迷成就苹果

【作者】Ken Segall

【出版社】Portfolio

【出版时间】2013 年 4 月 30 日

【内容简介】Simplicity isn't just a design principle at Apple–it's a value that permeates every level of the organization. It's what helped Apple recover from near death in 1997 to become the most valuable company on earth in 2012. As ad agency creative director, Ken Segall played a key role in Apple's resurrection, helping to create such critical marketing campaigns as "Think Different" and naming the iMac.This book makes you a fly on the wall inside a conference room with Steve Jobs, and on the receiving end of his midnight phone calls. You'll understand how his obsession with Simplicity helped Apple perform better and faster, sometimes saving millions in the process. Szegall brings Apple's quest for Simplicity to life using fascinating (and previously untold) stories from behind the scenes. Through his insight and wit, you'll discover how companies that leverage this power can stand out from competitors–and individuals who master it can become critical assets to their organizations.

【内容简介】简捷不只是苹果的设计原理，它是一个渗透到每一个层次的组织的价值。这理念在 1997 年帮助苹果恢复濒死状况成为 2012 年世界上最有价值的公司。作为广告公司的创意总监，Ken Segall 在苹果的复活中关键作用，帮助建立的关键的营销活动即"不同凡想"命名的 iMac。这本书让你成为史提夫工作的会议室墙上的一只飞虫，并接收他的午夜电话。你会明白他如何痴迷简捷以帮助苹果做得更快更好，有时节省数以百万计的流程。西格尔带来迷人的（和以前不为人知的幕后故事）来说明苹果追求简捷生活。通过他的洞察力和智慧，你会发现公司如何利用这个力量可以从竞争对手和个人胜出，谁掌握它就可以成为关键资产的组织。

【英文书名】FREE GOOGLE：Free SEO，Social Media，and AdWords Resources from Google for Small Business Marketing

【中文书名】免费的谷歌：小公司如何利用谷歌进行免费的搜索引擎优化、社交媒体以及广告资源

【作者】Jason McDonald

【出版社】JM Internet Group

【出版时间】2013 年 2 月 3 日

【内容简介】Google is the world's largest search engine，and a critical place to be found by your customers and potential customers. Even better the search giant produces a wealth of FREE resources for small business，ranging from free websites to free email alerts to free learning resources. For example，Google produces a free guide to SEO（Search Engine Optimization），which is the art and science of getting your company to the top of Google's organic listings. But do you know where it is? Similarly，in Google's Webmaster Tools，the company provides a wealth of tools and resources for the small business Web marketer to optimize his or her website，but finding Webmaster Tools and then utilizing it effectively are not easy. Even more esoteric are learning resources for Google Analytics，free tools like Google PageSpeed，and other esoteric but helpful hidden gems from deep inside the Googleplex.This is your 'insider'，'ultimate' guide to everything by Google about Google for small business marketers！

【内容简介】谷歌是世界上最大的搜索引擎，一个可以找到你的客户和潜在客户的重要地方。更好的搜索巨头也会为小型企业产生大量的免费资源，从免费的网站到免费的电子邮件提醒，免费学习资源。例如，谷歌生产的免费指南搜索引擎优化（搜索引擎优化），这是一门艺术和科学，让您的公司的得到谷歌的顶层设计。但你知道它在哪里吗？同样，在谷歌的网站管理员工具中，该公司提供了丰富的工具和资源，为小企业网络营销优化自己的网站，但寻找网站管理员工具，然后利用它是不容易。更神秘的是谷歌分析学习资源，免费的工具，如谷歌 Pagespeed 和从更精深的更有价值的 Googleplex。这是你的"内幕"的终极指南，谷歌一切为了小企业营销人员准备的书！

【英文书名】The New Rules of Marketing & PR: How to Use Social Media, Online Video, Mobile Applications, Blogs, News Releases, and Viral Marketing to Reach Buyers Directly

【中文书名】营销和公关的新规则：如何使用社交媒体、在线视频、移动应用、博客、新闻发布和病毒营销，以直接接触买家

【作者】David Meerman Scott

【出版社】Wiley

【出版时间】2013 年 7 月

【内容简介】David Meerman Scott 的营销圣经已经成为现代商务中的经典。

创意广告复制品远远不够。市场营销和公关的新规则已经带动成千上万的营销人员加快速度地适应不断变化的需求，使产品或服务在新的数字时代迭代更新。这也可以被称为创业指南，对利用互联网的力量沟通的买家直接提供一步一步的行动计划，提高网店的知名度，并增加销售。书中包括：营销和公关的近期变化、移动营销的新篇章、实时营销与公关、如何衡量成功、如何使用社交媒体，在线电台、手机应用、博客等新案例的研究。

【英文书名】Your Brand, The Next Media Company: How a Social Business Strategy Enables Better Content, Smarter Marketing, and Deeper Customer Relationships

【中文书名】品牌，下一家媒体公司：如何设计更好的内容，更聪明的营销，和处理好客户关系

【作者】Michael Brito

【出版社】Que Publishing

【出版时间】2013 年 10 月

【内容简介】在内容为王的时代，如果你是一位品牌营销，要开始像一家媒体公司那样去思考。你的品牌，就是下一家媒体公司。汇集战略的见解，业务框架，以及把你的品牌变成一个非常成功的媒体公司。作者 Michael Brito 涵盖了每一个步骤，包括了解顾客的不可预测性和动态行为、部署社会商业战略，有助于从品牌到媒体公司的转变、构建内容组织，为转型设置阶段、创建一个实时的指挥中心，将有助于促进反应和内容主动营销、创建一个集中的编辑团队，将推动内容策略、管理和跨团队协作、构建内容供应链（内容构思、创建、审批、发行和整合）、让客户和员工（品牌记者）来主导内容引擎、发展你的内容策略，可以在支付、获得和拥有媒体内容的同时跨越执行、作者介绍了很多案例研究，从全球品牌领袖，包括红牛、奥利奥、Tesla Motors、巴宝莉和百事可乐——提供具体的、可操作的、有力的、可以采取行动的转变。

【**英文书名**】Principles of Marketing（15th Edition）

【**中文书名**】营销原理（第十五版）

【**作者**】Philip Kotler

【**出版社**】Prentice Hall

【**出版时间**】2013 年 1 月

【**内容简介**】本书主要包括两大板块：

（1）读者感兴趣的营销策略和技术的概述。

（2）学习如何创造价值和获得忠诚的客户。

第十五版已彻底修订，以反映在这个时代的客户价值和高科技客户关系，影响营销的主要趋势和力量。强调技术在当代营销中发挥的重要作用，它的包装与新的案例讲述公司如何利用技术来获得竞争优势，从传统的营销全明星，如宝洁和麦当劳，到新时代数字竞争对手，如苹果和谷歌。

【英文书名】 Loyalty 3.0: How to Revolutionize Customer and Employee Engagement with Big Data and Gamification

【中文书名】 忠诚 3.0：如何通过大数据彻底改变客户忠诚度和员工敬业度

【作者】 Rajat Paharia

【出版社】 McGraw-Hill Education

【出版时间】 2013 年 6 月

【内容简介】 如何用大数据和游戏化加大客户忠诚度和员工敬业度？

每年仍有数十亿美元的资金投入到注定要失败的项目上。一旦有了更好的交易，客户会很乐意地另觅栖处。你能责怪他们吗？

忠诚的概念——用它来驱动业务的利润和增长。不仅注重顾客忠诚，而且注重忠诚的员工和合作伙伴，Bunchball 结合行为经济学，大数据，社交媒体和游戏，激发忠诚度持续——让人人参与一个企业的成功。

现在，Bunchball 创始人拉雅 Paharia 揭示了如何可以使用相同的技术来为您的企业抢占竞争优势，也向读者展示了如何创建一个新的系统。

【英文书名】Content Marketing：Insider's Secret to Online Sales & Lead Generation

【中文书名】内容营销：在线销售和领先市场的秘密

【作者】Rick ramos

【出版社】CreateSpace Independent Publishing Plat

【出版时间】2013 年 7 月

【内容简介】互联网已经改变了市场营销。人们不再等待被告知买什么。相反，消费者主动做研究，最终做出购买决策。直达这个新时代的消费者的最佳途径是提供关键信息。

本书主要讲，内容营销：内幕的秘密，以在线销售进行循序渐进的指导，将教你如何以正确的方式开始运行内容营销。它会告诉你如何吸引新客户，并保持他们与你的品牌的关联度。

内容营销是成为一个真正的思想领袖的唯一途径。这本书提供了所有的基本知识，包括如何思考、生成、分发和测量的结果。

Rick ramos 已经创建了一个简捷的，一步一步地引导营销人员，解释了品牌创建和利用内容增加导致产生销售的过程。

【英文书名】The Curve: How Smart Companies Find High-Value Customers

【中文书名】曲线：智能企业如何寻找高价值客户

【作者】Nicholas Lovell

【出版社】Portfolio

【出版时间】2013 年 10 月

【内容简介】我们这个时代最根本的商业问题是：当顾客期望的产品是免费的，企业如何赚钱？

世界上有数以百万计的潜在客户。他们中的大多数人不会为你的产品支付任何费用。但有些人会付出几乎任何东西。面临的挑战是要找到后者，而不浪费时间和金钱在前者身上。

Nicholas Lovell 将从不同的行业讲述聪明的公司是如何解决这一难题的，以及从视频游戏到流行音乐到模型火车，互联网帮助企业打造的社区建设和提供定制的产品和经验，庞大的全球受众的直接关系。

在许多情况下，企业可以通过分享它们的产品，使其尽可能广泛地传播。最终，大量地免费传播消息具有超凡价值。随着三维印刷的出现，实体产品的定制更容易，更便宜，公司可以真正地为产品定制他们的客户。一家娃娃公司可以个性化从头发颜色到眼睛的形状，汽车制造商和技术人员可以创建激光扫描更换零件的经典汽车曲线，预示着一个新时代的创新和商业自由。

【英文书名】Audience：Marketing in the Age of Subscribers，Fans and Followers 1 edition

【中文书名】观众：订阅者、粉丝以及追随者年代的营销

【作者英文名】Jeffrey K. Rohrs

【出版社】Wiley

【出版时间】November 11，2013

【内容简介】Every company needs audiences to survive. They are where you find new customers and develop more profitable relationships. And yet，most companies today treat their email，mobile，and social media audiences like afterthoughts instead of the corporate assets they are.

With Audience，Jeff Rohrs seeks to change this dynamic through adoption of The Audience Imperative. This powerful mandate challenges all companies to use their paid，owned，and earned media to not only sell in the short-term but also increase the size，engagement，and value of their proprietary audiences over the long-term.

As content marketing professionals have discovered，the days of "build it and they will come" are long gone. If you're looking for a way to gain a lasting advantage over your competition，look no further and start building your email，Facebook，Google，Instagram，mobile app，SMS，Twitter，website，and YouTube audiences to last.

【内容简介】每家公司只有不断吸纳观众，才能更好地生存发展。其实公司可以挖掘这些旁观者来获取新的客户，发展更深层次的经济业务。然而，现在绝大多数公司只是将他们的电子邮箱、移动电话以及社交媒体的观众当作事后的想法，而不是公司重要的资产。

关于观众，作者试图寻找对于观众至关重要的东西，进而改变观众的旁观的状态。这项艰巨的任务要求公司在利用收费、自有、免费等媒体时不仅仅着眼于短期销售，而且还应该扩大他们长期客户的价值、规模以及能动性。

正如专业的营销认识讨论的，完成一件产品别人就会来买的日子早已过去。如果你寻找一种能够在竞争中持续保持优势的方法，并不用想多远，应该从现在开始持续不断地培养电子邮件、Facebook、谷歌广告、移动 App、SMS，Twitter、网站以及 Youtube 用户。

【英文书名】Big Data Marketing: Engage Your Customers More Effectively and Drive Value

【中文书名】大数据营销：如何更好地吸引你客户，创造更多价值

【作者英文名】Lisa Arthur

【出版社】Wiley

【出版时间】Oct 7, 2013

【内容简介】Leverage big data insights to improve customer experiences and insure business success Many of today's businesses find themselves caught in a snarl of internal data, paralyzed by internal silos, and executing antiquated marketing approaches. As a result, consumers are losing patience, shareholders are clamoring for growth and differentiation, and marketers are left struggling to untangle the massive mess. Big Data Marketing provides a strategic road map for executives who want to clear the chaos and start driving competitive advantage and top line growth. Using real-world examples, non-technical language, additional downloadable resources, and a healthy dose of humor, Big Data Marketing will help you discover the remedy offered by data-driven marketing.

Explains how marketers can use data to learn what they need to know

Details strategies to drive marketing relevance and Return On Marketing Investment (ROMI)

Provides a five-step approach in the journey to a more data-driven marketing organization

Big Data Marketing reveals patterns in your customers'behavior and proven ways to elevate customer experiences. Leverage these insights to insure your business's success.

【内容简介】深度利用大数据来提升消费者的体验能够为公司成功提供保障。

现在许多公司因混乱的内部数据而陷入瘫痪，并且经常执行已经过时的营销方案。结果就是消费者正在失去耐心，股东强烈迫切要求公司增长，营销人员大规模地陷入混乱。大数据营销能为公司高层呈现出一幅清晰的战略路线图，公司高层可以通过它驾驭公司的竞争优势以及帮助公司高数发展。

本书提供现实的案例，一些额外的下载资源，并使用幽默、非技术的文字帮你发现补救措施。

本书阐述了营销人员是如何利用数据去了解他们应该知道的东西；

本书具体阐述了关于保证营销相关性以及营销投资回报的战略；

本书提供了如何通过5步措施来更好的驾驭数据营销组织。

大数据营销帮助你了解客户的行为模式，并且帮助你寻找提升用户体验的方法。这些深度发现可以让你的企业走向成功。

【英文书名】Revenue and the CMO：How Marketing Will Impact Revenue Through Big Data & Social Selling

【中文书名】盈利与首席营销官：如何通过大数据和社交营销提高公司盈利

【作者英文名】Glenn Gow

【出版社】Crimson Marketing

【出版时间】2013 年 8 月 2 日

【内容简介】If you are a CMO，aspire to be one，or work with one，this book is for you. Today's CMO has an opportunity to play a more important role and make a real impact on revenue. A dramatically changing business and marketing landscape is creating unprecedented challenges to the traditional role of the CMO. CMOs have additional pressure to demonstrate a return on investment and drive pipeline and revenue growth. What can CMOs do to play a more important role and make a real impact on revenue? The answer lies in leveraging Big Data and Social Selling –from the marketing organization –to impact revenue. CMOs play an especially critical role given their access to crucial market and buyer information. Marketers can collect petabytes of data about buyers—who they are，what they know，how they behave and how they perceive a brand and its offerings. By collecting the information most valuable to sales，and by getting that information to them in an easily–digestible form，CMOs can bridge the gap between marketing and sales. Bridging the two ultimately leads to greater revenue –something sure to please any CEO. Revenue and the CMO describes how this happened at one company. It gives you an in–depth look into the model and presents a step–by–step blueprint for how you can apply it to your organization and business situation. Stepping up to this role can make the difference between success and failure for you and your company. Revenue and the CMO will show you how to make an impact on revenue—and your career.

【内容简介】如果你是或者渴望成为一名首席营销官，又或者你与一位首席营销官共事，那么这本书绝对是为你量身定做的。今天，首席营销官在公司收入影响方面扮演着从未有过的重要角色。不断变化商业、营销环境对传统的首席营销官带来了前所未有的挑战与额外的压力，答案就在于利用大数据和社会销售来帮助展开营销，进而提高销售收入。首席营销官能够了解关键的市场和购买方信息。营销人员可以收集海量的消费者的有关信息，比如他们是谁，他们知道什么，他们是如何行动的，他们如何看待一个品牌以及品牌的产品。通过收集对销售有价值的信息并且加工这种信息，首席营销官能够在市场和销售之间架起一座同行的桥梁，通过连接市场和销售，公司会获得更多的收入。本书将阐明首席营销官促进收入机制是如何在公司里发生的。本书可以让你更加深刻理解模型，并且通过分步蓝图，让你能够将理论模型运用到你的组织和企业中实际中去。能否认识到首席营销官这个角色重要作用关乎你和企业的成败。本书将会教会你促进公司收入，发展你的事业。

第四章 2013 年市场营销学 学科大事记

第一节 国内事件

1. 2013 年 JMS 中国营销科学学术年会

参考链接： http://www.docin.com/p-906590687.html

会议简介： "JMS 中国营销科学学术年会" 是由《营销科学学报》（Journal of Marketing Science，JMS）编委会主办、理事会成员单位承办的纯学术会议。该会议得到国家自然科学基金委员会管理科学学部、中国高校市场学研究会、中国管理现代化研究会营销专业委员会的支持。学术年会倡导营销学术研究的科学精神与方法，倡导营销教育、研究的较量与合作，年会旨在通过高水平的学术交流促进中国营销学科的发展。学术年会坚持学术性、规范性和开放性原则，年会上交流的论文力图反映中国营销领域的最新研究进展。

JMS 学术年会每年举办一次，由国内各著名高校轮流承办。每届年会邀请过内外知名的营销学者做主题报告，平行举办多个分领域论坛。年会期间还为全国各高校提供营销专业教师招聘服务，年会之前举办 "JMS 中国营销科学博士生论坛"。JMS 年会对促进海内外营销学者的学术交流、对推动我国营销学科的发展正在发挥越来越重要的作用。

召开时间及地点：2013 年 8 月 17~18 日；北京：清华大学

承办单位： 清华大学经济管理学院

支持单位： 台湾新竹清华大学科技管理学院、国家自然科学基金、美国市场营销学会

会议主题： 新兴市场的市场营销

会议概况： JMS 中国营销科学学术年会为增强学术氛围、交流学术思想、展示研究成果和提升研究实力提供一个高水平平台。

本次会议要求国内外营销学界及相关学科的知名学者与会，一起探讨当前市场营销学理论前沿，尤其是新兴市场营销和社会热点问题，交流各自在营销领域的最新研究成果，整合优秀的学术资源，解决现实问题。讨论主题包括营销战略、消费者心理与行为、营销模型、产品与品牌、服务营销与互联网营销、跨文化营销与国际营销、广告与传播、渠道管理、英文研讨论文、博士生学术论坛论文。

2. 2013 年国际营销科学与信息技术大会（MSIT2013）

参考链接： http://www.docin.com/p-659958420.html

会议简介： 本次会议主题是"大数据时代的信息技术与营销科学创新"（The Innovation of Marketing Science and Information Technology in Big Data Era）。

拟邀请的国际学者包括：

Prof. Zhou Nan	City University of Hong Kong
Prof. Haiyang Lee	Rice University
Prof. Lawrence F. Cunningham	University of Colorado
Prof. Axel Eggert	Anhalt University
Prof. Fanny Cheung	City University of Hong Kong

拟邀请的国内学者包括：

（1）国内知名院校的校长、副校长、院长、副院长等领导。

（2）国内知名的营销学教授。

召开时间及地点：2013 年 7 月 13~14 日，广西南宁

主办单位：

中国市场营销研究中心（Marketing Research Center of China）

广西财经学院（Guangxi University of Finance and Economics）

承办单位：《Journal of Chinese Marketing》杂志

支持单位： 广西财经学院工商管理学院（School of Management, Guangxi University of Finance and Economics）

会议主题： 大数据时代的信息技术与营销科学创新（The Innovation of Marketing Science and Information Technology in Big Data Era）

会议概况：

（1）会期第一天（2013 年 7 月 13 日）：国内外著名营销学者、企业家的主题演讲。MRCC 将邀请美国、英国、澳大利亚、新加坡、中国香港等国家和地区的著名营销学者参加此次峰会。参会的国内外学者将围绕峰会主题发表演讲、展示最新的研究成果、探讨学科最新发展。主题演讲结束后与会者可通过现场提问就一些理论及现实问题同演讲嘉宾进行互动交流。

（2）会期第二天（2013 年 7 月 14 日）：考察当地经济与社会发展，与会学者自由交流学术研究心得。

3. 2013 年中国创新营销峰会

参考链接： http://www.vmarketing.cn/fenghui2013/index.php

会议简介： "中国创新营销峰会"是《成功营销》杂志每年 11 月推出的年度营销盛会，每年峰会规模在 600 人左右，自 2004 年创办以来，至今已经成功举办过 9 届。

峰会将分析本年度最成功企业的营销策略及下一年企业营销的趋势和方向，同时评选出该年度各行业的最佳创新营销案例、产品、平台和公司。此会议结合成功营销特刊——

《年度创新 100 营销案例手册》是每年营销领域最具影响力的盛会与盛事之一，拥有极高的赞助价值和传播价值。

《成功营销》杂志隶属于香港上市公司财讯传媒集团（SEEC Media Group Limited），是一本以独特的前瞻性和全球视野关注企业品牌成长与营销创新的高端营销管理类期刊，是营销新平台、营销新案例、营销新趋势的"发现者"和"传播者"，是影响企业营销决策的知识读本。

召开时间及地点：2013 年 11 月 20 日；北京：北京 JW 万豪酒店

承办单位：财讯传媒集团（SEEC）、《成功营销》杂志社

支持单位：赢讯公关咨询有限公司

会议主题：数字生态下的营销新规则——重塑你的营销观

会议概况：11 月 20 日，《成功营销》"2013 年中国创新营销峰会暨成功营销领袖年会"在北京 JW 万豪酒店圆满落幕，峰会主题"数字生态下的营销新规则——重塑你的营销观"格外引人关注。

来自戴尔、AMD、英特尔、中国平安、联想、自然堂、鲁花等知名企业营销决策者，以及安吉斯媒体、阳狮、优酷土豆、凤凰网、爱奇艺等营销精英组成的 30 余位重量级嘉宾带来了 6 个主题演讲和 3 场互动论坛，进行了全天的深度分享与探讨。

"内容营销"、"跨屏互动"、"大数据"等都成为今年峰会大家讨论热烈的话题。正如安吉斯媒体集团中国区数字营销投资管理执行副总裁陈良怡所说，如今"所有的营销人员都在研究，怎样把跨屏整合得更好，而移动端势必会成为一个重要的战场"。在热播电视剧《龙门镖局》中有良好表现的中国平安也表示，"多屏互动最关键的是要有好的内容"。

会上，嘉宾们还对业界比较火热的"传统媒体与新媒体谁存谁亡"的问题进行了讨论。联想 LBG 创新媒体与数字营销总监陈慧菱表示，每个平台都有自己的优点，并不存在谁好谁衰的问题，关键在于实时地了解消费者，结合消费者需求，让不同平台的优势最大化。

事实上，无论是"内容营销"还是"跨屏互动"，再或者是"大数据"，对营销人来说都面临着很多挑战，这也正好切合了峰会的主题——数字生态下，营销人们需要重塑营销观，以全新的姿态投入这场变革浪潮中。

值得一提的是，2013 年炙手可热的"加多宝冠名《中国好声音》"、"三星 NOTEII 百人代言"、"腾讯互娱泛娱乐战略深化"三个案例，众望所归，夺得"2013 年度创新营销特别大奖"。此外，在现场颁发出的 5 类中国创新营销大奖中，还包括了 20 个创新营销案例，10 个创新营销产品以及 10 家创新营销平台/公司奖。

中国创新营销峰会重要产品，一本针对十大活跃行业的年度大礼《2013 年度创新 100 营销案例手册》在峰会现场如约首发。完整收录了 2013 年最具创新营销精神的 100 个案例、数十家公司、平台和产品，评估超过 1000 个报送案例，历时两个月的精选和编辑，《2013 年度创新 100 营销案例手册》也成为创新营销峰会送给业界的一份重磅大礼。

在线上，现场微信墙全天不间断滚动来自与会者的互动信息，微博全天候实时直播峰

会，新媒体采访区直播来自现场嘉宾的更多观点，峰会微信APP汇总峰会基本介绍、全天议程、嘉宾名单、奖项名单，零时差更新获奖名单。使无论是现场与会者还是在线上关注峰会的营销人，都能时刻掌握峰会最新动态，并畅所欲言，畅通分享。全天微信互动平台共接收到互动消息超过800条，成功营销官方微博当天总互动量80余次。

本届峰会参会人数超过600人，他们全部由企业、广告、营销、媒体、互联网圈内营销决策层组成，齐聚一堂共同鉴证2013年的创新营销风采。再一次证明了中国创新营销峰会是广告营销圈内广告主嘉宾出席数量最多、级别最高的营销峰会。

4. 2013年中国营销领袖年会

参考链接： http：//finance.sina.com.cn/hy/20131115/160517337596.shtml

会议简介：《新营销》杂志创刊于2003年，以"营销"未聚集核心，是一本面向职业营销经理人的高端商业杂志。《新营销》始终秉承"前瞻性、厚重感、穿透力"的办刊思路，立足中国，放眼全球，密切关注全球创新营销理论及其革命性的实践在新行业、新领域的应用，以及中国企业在营销理论与实践方面的大胆创新与尝试，运用分析比较手法，剖析企业成功的商业模式、营销实践，深度探索其背后的营销战略。经过六年精心打造，《新营销》杂志以多元的价值观，以深度宽度纵横相结合的深刻洞察力，无可争议地成为中国营销经理人首选期刊，荣登营销界权威杂志榜单。

新营销杂志社主办中国营销领袖年会暨"标杆20"中国营销大奖颁奖礼，作为中国营销留下人物的头脑风暴阵地和同行风云际会的高端平台，该年会已经成为中国营销领袖参会最多、规模最大、档次最高的顶级盛事，亦是营销人士一年一度最为期待的头脑峰会。年会致力于推进中国企业的市场竞争力，推动本土与全球营销智慧的融合。

召开时间及地点： 2013年12月19日；北京北大博雅国际酒店

承办单位： 新营销杂志社、科特勒咨询集团

支持单位： 中央电视台广告经营管理中心、思班光年文化传播有限公司

会议主题： 营销中国梦

会议概况："中国营销领袖年会"致力于推动中国企业与全球营销智慧融合，是中国营销领袖参会最多、规模最大、档次最高的顶级盛事，亦是营销人士一年一度最为期待的头脑峰会。

2013年，《新营销》杂志诞生十周年，中国营销领袖年会亦举办十周年。十年间，《新营销》见证了营销改变中国、中国营销影响世界的伟大历程。2013年，在这个具有纪念意义的"双十"之年，以中华民族的伟大复兴与中国营销人的快速崛起为背景，2013年中国营销领袖年会的主题为："营销中国梦"：未来十年的消费趋势和营销涅槃。

会议内容主要包含：致敬30年来中国营销界最有影响力的元勋盛典，发布"100位中国营销总裁的生活方式和消费品牌访谈白皮书"，4场业内最负盛名的专家演讲，3场代表中国营销界最高水准的对话，年度营销标志人物（10）、标杆企业（20）和营销创新案例（20）颁奖。

5. 2013 年中国网络营销大会

参考链接： http://www.bodao.org.cn/2013.html

会议简介： 中国互联网协会网络营销大会从 2008 年开始举办，立足于网络营销教育与普及，为培育中小企业的网络营销市场、促进区域中小企业的网络营销发展以及培养高校实战型的网络营销人才起到了积极的作用。并且成为每年全国大学经管和电子商务类专业的系主任及教导主任必须参与的年度盛会，每年近千名的网络营销企业负责人与高校老师参与大会，把一线的网络营销实战经验带入课堂。大会为校企合作搭建了桥梁。百度营销大学开设的实战实验室已经开始走入高校，开展校园搜索人才培养计划。该项目也将在大会亮相，共同推动高校教育与市场的无缝衔接，真正将企业实战回馈到教育。

召开时间及地点： 2013 年 7 月 22 ~23 日；北京

承办单位： 中国互联网协会、北京博导前程信息技术有限公司、中国互联网协会网络营销培训管理办公室

支持单位： 中国互联网协会、中国投资网

会议主题： 网络营销

会议概况： 2013 年，第六届中国网络营销大会将于 7 月在北京召开。时下网络营销行业竞争激烈，而普通网民由 "3·15" 以来引发的对行业关注也亟待行业向公众进行网络营销的基础知识普及。

大会议程为两天，将分别进行中国互联网职业能力培养与教育发展论坛与 2013 年中国网络营销大会两大会议议程。

大会特别活动 2013 年中国网络营销 "今典奖" 评选，从 2013 年 4 月开始拉开序幕。经过优秀案例的征集、网上投票、专家评分等环节，将在 2013 年中国网络营销大会现场进行颁奖典礼。评选立足于 2013 年中国互联网成功网络营销应用案例与网络营销创新产品，从案例、技术、品牌、代理、媒体、人物等多重维度，评选出 2013 年度最具创新、最具技术优势的奖项。

6. 2013 年中国高等院校市场学研究会年会

参考链接： http://www.daxuecn.com/news/201308/49552.html

会议简介： 中国高等院校市场学研究会是全国各高等院校从事市场营销学教学、研究的专家学者自愿组成的学术团体，为国内一级学会。该学会自成立以来，通过定期或不定期的形式，为全国高校从事市场营销学教学、研究的专家学者提供交流的机会，对我国市场营销学科的发展做出了重要的贡献，成为国内营销学领域最有影响力的学术团体。尤其是每年夏季定期举办的年会，已经成为中国高校市场营销专业探讨理论前沿、交流教学方法、共商学科发展的盛会。

召开时间及地点： 2013 年 7 月 12~14 日；渤海

承办单位： 中国高等院校市场学研究会

支持单位： 渤海大学管理学院

会议主题： 新机遇，新挑战，新营销

会议概况：7月12~14日，由中国高等院校市场学研究会主办、渤海大学管理学院承办的"中国高等院校市场学研究会2013年年会"在渤海大学学术报告厅召开。此次年会以"新机遇，新挑战，新营销"为主题，来自国内外100多所高校及相关机构的专家、学者共150多人参加了会议。此次年会共设六个分论坛，分别是：消费者行为研究、营销道德与绿色营销研究、营销教学研究、营销实践研究、品牌管理研究和营销战略研究，涵盖了营销教学与科研的多个领域和方向。在12日下午和13日上午的分论坛上，与会代表就营销学在新机遇、新挑战、新营销大背景下的科学研究、人才培养及理论与实践相结合等问题进行了广泛而深入的研究和探讨。在13日下午的大会专题演讲中，管理学院赵宏霞就"B2C网店形象、消费者感知与网络购物行为研究"做了主题演讲。经专家匿名评审，此次年会共评出6篇获奖论文，其中二等奖3篇，三等奖3篇，管理学院姜参、赵宏霞、孙晓红合作提交的论文获二等奖。此次年会，既是一次深入探讨市场营销教学与科研理论和方法的会议，也是一次继续探索在新机遇、新挑战、新营销大背景下营销及管理学科发展方向与使命、营销学如何更好地服务于中国经济和社会发展的会议。此次会议的成功召开，对提高我国市场营销学科的科学研究水平、促进市场营销理论与中国实践相结合、推动市场营销专业的人才培养将产生重要影响。

第二节　国际事件

1. MSI 2013：Social Media and Social Networks：What Are They Good For?

参考链接：http：//www.msi.org/conferences/past/P40/

https：//www.msi.org/conferences/socialmsi/

MSI协会简介：MSI协会全称是Marketing Science Institute，即营销科学研究所。

营销科学研究所成立于1961年，是一个学习型组织。致力于弥合营销学术研究和商业实践之间的差距。在学术研究和商业价值中架起一座桥梁。MSI是一个企业会员制的组织。但此外，世界各地大学中领袖研究院人员也被邀请参加到MSI的研究计划之中。

作为一个非营利机构，MSI从财务上支持对企业具有重要意义的营销研究课题，并通过一系列会议等方式，亲身传播具有领先发展优势的营销学术理念。MSI每年关注的重点问题是对现实企业经营业绩产生关键影响的因素，而这些因素的主题将作为MSI学术团体董事会的企业受托人。MSI一般会在一年中组织两次左右的受托人大会，这些会议内容仅对协会的会员公开。受托人的会议对于MSI协会来说是非常重要的环节，会议上聚集了协会的会员，就该年协会的关键问题予以商讨敲定。一旦确认了关键问题，MSI会通过其系列出版物、会议和研讨会方式来支持对这些问题感兴趣的学者进行研究和传播。按照协会要求，组织内的会员只能通过邀请加入。

召开时间及地点：2013年12月3~4日，波士顿朗廷酒店

承办单位： MSI 协会

支持单位： MSI 协会

会议主旨： 社交媒体和社交网络：它们将对谁有利？

会议概况： 社交媒体正在持续改变着我们对营销传播的观点。我们常常回想起市场管理者曾经经常通过调整媒体预算来表达对社交媒体的抱怨，但今天我们看到市场管理者持续地参与这个平台，通过这个平台与顾客一起进行互动和行动。

我们将审查市场营销者与顾客在社交网络中的表现，通过区分丰富的文本、声音和图片构成的大量数据。会议将同时讨论如何评价社交媒体的效果。如果社会影响不是持续地与我们在社交媒体上的投资关联，那我们怎么知道在社交媒体上的投入是对谁有利的？

本次会议对上述问题进行了深入讨论，来自加州大学伯克利分校、IBM 公司、尼尔森公司、Dell 公司、微软公司、通用磨坊食品公司、宾夕法尼亚大学、马里兰大学、乔治华盛顿大学、哈佛商学院的十余位学者和企业家围绕会议主题进行了精彩的演讲。

2. 2013 AMA Winter Marketing Educators Conference

参考链接： https：//www.ama.org/Pages/default.aspx

http：//www.proceedings.com/19018.html

http：//www.gbv.de/dms/zbw/770220363.pdf

http：//merage.uci.edu/Resources/Documents/2013SocialMedia.pdf

https：//www.ama.org/events‐training/Conferences/Pages/Winter% 20Marketing% 20Educat‐ors%202013.aspx

AMA 协会简介： AMA 协会全称 American Marketing Association，即美国营销协会。美国市场营销协会的历史可以追溯到 1900 年，当时，由市场营销人员和市场研究人员组成的美国广告教师协会和美国市场营销协会的两大协会合并，期望能够通过融合更广义领域上的市场人员来实现跨领域的营销合作，并以合作来激发彼此在市场中的智慧。

美国市场营销协会（AMA）是一个专业的协会，其致力于改善个人和组织的领导时间，推动营销在全球范围内的发展。按照 AMA 对自身的期望，其所承担的社会责任包括：①联通作用：AMA 作为一个渠道，以促进知识共享；②传播作用：AMA 提供营销资源，并提供营销教育、职业和专业发展的机会；③推动作用：AMA 促进/支持营销实践和市场领导思想。

正好相关信息，通过全面的教育和有针对性的网络，AMA 致力于帮助营销者提高他们的市场专业知识、拓宽他们的职业生涯，并使这样的营销人员在市场中取得更好的成绩。

召开时间及地点： 2013 年 2 月 15～17 日；美国：拉斯维加斯·凯撒宫殿

承办单位： 弗吉尼亚大学、伊利诺斯州大学

支持单位： 美国营销协会

会议主旨： Challenging the Bounds of Marketing Thought 挑战营销思想的边界

会议概况： AMA 冬季教育会议是一个重要的学者间进行研究沟通、交流的机会，会

议致力于营销知识的专业发展，旨在鼓励发展的营销知识，传播和利用的全球性会议，会议上，与会者也会来与来自实际各地的同事联网进行探讨。

2013 年会议主要讨论了社交媒介对于营销的影响，新兴数据收集和分析技术，创新，品牌形象的树立，新产品进入市场的策略，倡议企业社会责任和可持续发展管理。探讨现代服务理论、营销专业知识和市场营销高等教育。

3. The 42h EMAC Conference

参考链接： http：//www.monaco.edu/news-business-school/emac-2013-european-marke-ting-academy-conference/

EMAC 协会简介：EMAC 协会全称 The European Marketing Academy，即欧洲市场营销学会。EMAC 对于研究市场营销理论的学者来说是一个专业协会，协会的目的是促进营销领域的研究。EMAC 的核心活动是在市场营销研究方面的国际杂志上发表论文，并每年定期组织研究会议。EMAC 研究会议作为一个营销思路沟通的专业平台而备受关注。论坛中探讨的内容覆盖了全部主要的市场营销领域，其研究结果会在会后与相关人士进行共享。

召开时间及地点： 2013 年 6 月 4~7 日，土耳其，斯坦布尔。

承办单位： EMAC 协会

支持单位： 摩纳哥国际大学（nternational University of Monaco）

会议主旨： 迷失在转折中的内部营销 lost in translaotion：marketing in an intercor

会议概况： 论坛中，法国 EDHEC 高等商学院 Marie-Cécile Cervellon 教授指出，引用其在 2012 年发表在《the Journal of Advertising》的文章"Victoria's Dirty Secrets：Effectiveness of Green non-for-profit Messages Targeting Brands"，通过实验设计，消费者对非营利组织的品牌效应（PETA，GREENPEACE etc.），对于那些非生态友好的，并遵守非营利组织的要求。

本论文是在会议的会议上发表的，将在 2014 个科学杂志上发表，并在国际范围内发表。cervellon 博士的研究问题在行业地位和享乐的可持续消费相关。

4. MRA：2013 Corporate Researchers Conference（CRC）

参考链接： http：//www.marketingresearch.org/

http：//www.marketingresearch.org/article/corporate-researchers-conference-attendance-rises-27-percent

http：//www.websm.org/db/17/15587/Events/2013_Corporate_Researchers_Conference/

MRA 协会简介： MRA 协会全称为 The Marketing Research Association，即市场研究协会。市场研究协会（MRA），于 1957 年 6 月 13 日在纽约州注册成立，原名为市场研究行业协会，后于 1970 年正式更名。成立后的两年，该组织在纽约举行了第一次会议，并于 1978 年，MRA 成立后的一个 12 章节报告诞生。

现在的市场营销研究协会是一个由全职工作人员组成，总部设在华盛顿特区的专业协会。MRA 作为市场营销研究领域专业领先和最大的协会，主旨在于通过舆论来促进、统一和推进营销专业洞察力。MRA 推进工作的进展是依靠大力支持和倡导成员在营销专业知识、技能方面的成长，而 MRA 这些年的发展则在很大程度上是由于其持续提供了近百种营销产品和服务，包括协助前政府官员实现有效宣传等。

召开时间及地点： 2013 年 10 月 16~18 日，美国达拉斯市

承办单位： MRA 协会

支持单位： Quirk's 市场研究杂志、CEB 公司

会议主旨： 公司研究者会议

会议概况： CRC 会议是 MRA 举办的一个专门针对公司研究者的端对端的会议，它专注在你要做什么和怎么做更好。CRC 独特的文化和经验真诚地帮助了公司研究者并使他们成功。

作为第三个 CRC 年度会议，其人数据 MRA 统计比上年增长了近 27%。

"相比其他会议的过分宣传，CRC 会议更加的资源共享和受教育。"一位公司研究者在与达拉斯 CRC 会议的资深专家讨论后说道。三天的会议使得全国各个地方的公司研究者有机会去分享最好的实践、观点和案例，为研究者的专业提升提供了一个真正的独一无二的资源。

"MRA 专注于市场研究专业的成功，而且会投入所有的专门收入去达成这个目标。CRC 在很多方面都是一个卓越的成功，因为它为研究者带来一个巨大的机会，让他们分享他们的观点、经验并乐此不疲" MRA 董事会主席 Jill Donahue 说道。

今年会议开场是主要演讲者之一的 Eric Siegel 博士为超过 500 名 CRC 参会者做的预测式分析。数十个网络会议使得新参加者和老朋友都有了充分的交流。FedEx 的副总裁 Laurie A. Tucker 在周五下午结束了会议，他也是六个主要演讲者之一。CRC 极大增强了公司研究者提供给组织面对复杂商业决策的研究和价值的重要性。

会议的参展商也对 CRC 会议反应积极，并从与会者那里获取很多有价值的反馈。很多人反馈 CRC 是 MRA 举办的最好的会议，并将积极参加明年的会议。2014 年的会议将在芝加哥召开。

5. 2013 European Conference of the Association for Consumer Research

参考链接： http：//www.acrwebsite.org/

http：//www.acrwebsite.org/web/acr-content/947/2013-european-acr-conference.aspx

http：//www.acrweb.org/eacr/Public/index.aspx

ACR 协会简介： ACR 于 1969 年由一小群消费行为的研究人员创立，这群研究人员在俄亥俄州立大学中的一次非正式会议室提出了组织大型年会以进行消费者行为研究探讨的想法，而这种想法就演化成了今天的 ACR。第一次 ACR 的会议即在 1970 年于美国马萨诸塞大学召开，之后的每一年 ACR 都会举办一次年会，以汇集对于消费者行为感兴趣的研究人员、公共决策者以及营销实践人员。

消费者研究协会的使命是促进消费研究，并且为全球学术界、工业界及政府提供学术交流的平台。ACR 的核心功能之一是协助消费者研究领域成长与进步。为此，ACR 层主办或者支持一系列的学术会议，并就一些前沿问题发表学术评论，并出版研究型刊物。

ACR 的协会标志由三个牵手的小人组成，象征着与协会相关的三个利益团体，分别是学术界、产业界以及政府。这三个团体之间的学术交流与合作反映了 ACR 创立的实质。

ACR 一直以为都不断强调道德在学术信息交流中的重要性，并设计出了一系列行业标准以保证道德能知道研究行为的开展，协会内的准则如下：①诚实地设计、分析、报告并展示研究的成果；②尊重研究过程中所涉及的其他利益群体（如评论家、受访者和读者）。

ACR 目前有近 1700 名成员，成员跨越多个学科，包括心理学、社会学、人类学、经济学、语言学等多个领域。

召开时间及地点：2013 年 7 月 4~6 日；西班牙 IESE 商学院

承办单位：消费者研究协会、西班牙 IESE 商学院、巴塞罗那庞培法布拉大学

支持单位：消费者研究协会

会议主旨：Consumer Research in turbulent times：Managing a balancing act 动荡时期消费者研究：管理平衡角色

会议概况：近年来，经济和金融系统如何度过动荡时期主导着新闻报道。同时，企业期望通过提高消费者购买力使经济回暖，恢复繁荣。这种矛盾让消费者感到困惑。

作为消费者研究者，在此会议中提倡要做好准备面对艰难时期，讨论如何做变革的消费者研究，作为行业角色，作为消费者角色，如何平衡不同角色的利益。

6. INFORMS Annual Meeting 2013 Minneapolis

参考链接：https：//www.informs.org/Attend-a-Conference/Conference-Calendar/INFORMS-Annual-Meeting-2013-Minneapolis

http：//meetings2.informs.org/minneapolis2013/

informs 协会简介：INFORMS 是国际运筹学会联合会成员之一，是世界上运筹学、管理学和商业分析领域最大的专业学会。运筹学和管理学研究协会（INFORMS）通过出版大量的期刊、描述了运筹学和管理学（OR/MS）学科的最新方法以及应用软件，并组织了多次专业性会议，向 OR/MS 领域的调查人员、科学家、学生、教育者和管理人员们提供多种专业的服务。与此同时，INFORMS 协会也是 OR/MS 领域专业人员的聚集之地，为他们以及他们与其他专业社团和客户在理论研究和实践活动中的交流、沟通提供了广阔空间。

运筹学和管理学研究协会（INFORMS）聚集了大量运筹学和管理学（OR/MS）以及信息技术等相关领域的专业人才，其成员将科学的工具和方法付诸实践，提高系统和实际操作的时效，并做出更好的管理决策。OR/MS 是将工程学、数学、物理学、信息以及社会科学中的原则和方法拓展综合，融为一体的学科。

召开时间及地点：2013 年 10 月 6~9 日，美国明尼阿波利斯

承办单位：informs 协会

支持单位：informs 协会

会议主旨：系统科学对政策支持的好处

会议概况：INFORMS 年会会期 4 天，每天有超过 70 个 Session 从早 8：30 到晚 6：00

持续进行，中间还穿插多个主题演讲。此次大会共吸引了来自全球超过 5000 名专家学者参会，会议总计安排 4000 多场报告（oral presentation），分 1160 余个分会场（session）进行，内容涵盖生产运作、决策优化、计算科学、信息科学、医疗保健、行为运作、国防安全、能源经济、绿色供应链、营销科学、交通运输、电信系统、服务管理和可持续发展等众多相关领域。参会者主要来自欧美，亚洲以日本、韩国、中国台湾等地学者为主，中国大陆参会者以清华大学和上海交通大学为主。

第五章　2013年营销学学科
文献书籍索引

第一节　中文期刊索引

[1] 冯小亮，黄敏学，张音.矛盾消费者的态度更容易受外界影响吗——不同态度成分的变化差异性研究 [J].南开管理评论，2013（1）.

[2] 苏淞，孙川，陈荣.文化价值观、消费者感知价值和购买决策风格：基于中国城市化差异的比较研究 [J].南开管理评论，2013（1）.

[3] 卢长宝，秦琪霞，林颖莹.虚假促销中消费者购买决策的认知机制：基于时间压力和过度自信的实证研究 [J].南开管理评论，2013（2）.

[4] 张婧，邓卉.品牌价值共创的关键维度及其对顾客认知与品牌绩效的影响：产业服务情境的实证研究 [J].南开管理评论，2013（2）.

[5] 田虹，袁海霞.企业社会责任匹配性何时对消费者品牌态度更重要——影响消费者归因的边界条件研究 [J].南开管理评论，2013（3）.

[6] 洪志生，霍佳震，苏强.单次服务过程中新老顾客质量感知波动的差异分析 [J].南开管理评论，2013（3）.

[7] 劳可夫.消费者创新性对绿色消费行为的影响机制研究 [J].南开管理评论，2013（4）.

[8] 徐茵，王高，赵平.质量属性变化对满意与忠诚关系的调节作用 [J].南开管理评论，2013（4）.

[9] 李东进，吴波，李研.远程购物环境下退货对购后后悔影响研究 [J].南开管理评论，2013（5）.

[10] 董晓松，刘霞，姜旭平.空间溢出与文化距离——基于数字内容产品扩散的实证研究 [J].南开管理评论，2013（5）.

[11] 郭晓凌，王永贵.消费者的全球消费导向与全球品牌态度——主效应、调节效应及中美差异 [J].南开管理评论，2013（6）.

[12] 方正，杨洋，李蔚，蔡静.产品伤害危机溢出效应的发生条件和应对策略研

究——预判和应对其他品牌引发的产品伤害危机 [J]. 南开管理评论，2013（6）.

[13] 罗勇，周庭锐，唐春勇，鲁平俊. 情境性调节定向对新产品沟通效果的影响研究 [J]. 管理世界，2013（1）.

[14] 王丽娟，高玉平. 基于儒家价值观的顾客关系模型 [J]. 管理世界，2013（2）.

[15] 王朝辉，陈洁光，黄霆，程瑜. 企业创建自主品牌关键影响因素动态演化的实地研究——基于广州 12 家企业个案现场访谈数据的质性分析 [J]. 管理世界，2013（6）.

[16] 胡宇辰，郭宇. 基于沙漏模型的移动互联网用户行为分析 [J]. 管理世界，2013（7）.

[17] 蒋玉石. 网络广告切换速度及产品卷入度对消费者注意影响的眼动研究 [J]. 管理世界，2013（10）.

[18] 苏淞，黄劲松. 关于逆营销的效果研究：基于 CLT 理论的视角 [J]. 管理世界，2013（11）.

[19] 张闯，庄贵军，周南. 如何从中国情境中创新营销理论？——本土营销理论的建构路径、方法及其挑战 [J]. 管理世界，2013（12）.

[20] 郑冉冉，陆竞. 红消费者伦理：文献梳理与后续研究框架构建 [J]. 管理世界，2013（12）.

[21] 张跃先，马钦海，孙朝阳. 顾客欣喜研究回顾与展望 [J]. 管理评论，2013（1）.

[22] 汪兴东，景奉杰，涂铭. 产品伤害中不同忠诚度顾客情绪反应及行为意向的差异性研究 [J]. 管理评论，2013（1）.

[23] 施涛，陈娇. 基于服务重要性的网络零售渠道引入决策研究 [J]. 管理评论，2013（1）.

[24] 周茵，庄贵军，彭茜. 关系型治理何时能够抑制渠道投机行为？——企业间关系质量调节作用的实证检验 [J]. 管理评论，2013（1）.

[25] 苏淞，黄劲松. 品牌延伸还是子品牌？——基于品牌态度、广告说服和购买意愿的比较 [J]. 管理评论，2013（2）.

[26] 张红琪，鲁若愚，蒋洋. 服务创新过程中顾客知识管理测量工具研究：量表的开发及检验——以移动通信服务业为例 [J]. 管理评论，2013（2）.

[27] 任晓丽，刘鲁，吕成功. C2C 环境下卖家差异化策略对销量的影响——基于两阶段决策的买家购物决策分析 [J]. 管理评论，2013（2）.

[28] 王艳萍，程岩. 参考组与时间压力影响下在线消费者对主动式推荐的心理抗拒及接受意愿分析 [J]. 管理评论，2013（2）.

[29] 陶晓波，宋卓昭，张欣瑞，吕一林. 网络负面口碑对消费者态度影响的实证研究——兼论企业的应对策略 [J]. 管理评论，2013（3）.

[30] 王勇，庄贵军，周筱莲. 企业处理投诉的方式对顾客满意的影响及其后果 [J]. 管理评论，2013（4）.

[31] 王霞，牛海鹏. 企业微博营销中品牌曝光度对网络口碑的影响研究 [J]. 管理评

论，2013（5）.

[32] 卢长宝，秦琪霞，林颖莹. 奢侈品消费特性构成维度的理论模型 [J]. 管理评论，2013（5）.

[33] 杨爽. 信息质量和社区地位对用户创造产品评论的感知有用性影响机制——基于 Tobit 模型回归 [J]. 管理评论，2013（5）.

[34] 龚丽敏，魏江，董忆，江诗松，周江华，向永胜. 商业模式研究现状和流派识别：基于 1997~2010 年 SSCI 引用情况的分析 [J]. 管理评论，2013（6）.

[35] 张闯，关宇虹. 营销渠道网络结构对渠道权力应用结果的放大与缓冲作用：社会网络视角 [J]. 管理评论，2013（6）.

[36] 冯仁涛，张庆，余翔. 商标、广告对企业市场价值的贡献研究——基于医药行业的实证分析 [J]. 管理评论，2013（6）.

[37] 赵铭，李雪，李秀婷，吴迪. 基于聚类分析的商业银行基金客户的分类研究 [J]. 管理评论，2013（7）.

[38] 李研，李东进. 变异成语对消费者广告态度和企业感知的影响 [J]. 管理评论，2013（8）.

[39] 汪兴东，景奉杰，涂铭. 产品伤害事件中顾客反应的形成机制——基于门户网站帖子的扎根研究 [J]. 管理评论，2013（9）.

[40] 伍青生，李湛. 研发阶段新产品预告策略研究 [J]. 管理评论，2013（10）.

[41] 何云，吴水龙，张媛，陈增祥. 时间距离与解释水平对赞助评价的影响研究 [J]. 管理评论，2013（10）.

[42] 柴俊武，何伟，喻华君. 个人投资者的生活形态及相关因素差异性分析 [J]. 管理评论，2013（10）.

[43] 王焱，赵红，赵宇彤. 品牌重叠概念与机理研究 [J]. 管理评论，2013（11）.

[44] 王丹萍，庄贵军，周茵. 信息框架与产品风险的交互效应及影响条件 [J]. 管理评论，2013（12）.

[45] 金晓玲，汤振亚，周中允，燕京宏，熊励. 用户为什么在问答社区中持续贡献知识？积分等级的调节作用 [J]. 管理评论，2013（12）.

[46] 牛志勇，高维和，江若尘. 公平偏好下的渠道成员价格决策及其动态检验 [J]. 管理科学，2013（1）.

[47] 赵占波，孙鲁平，苏萌. C2C 中产品浏览量和销量影响因素的对比研究 [J]. 管理科学，2013（1）.

[48] 王丹萍，庄贵军，周茵. 集成调节匹配对广告态度的影响 [J]. 管理科学，2013（3）.

[49] 李随成，王玮，禹文钢. 供应商网络形态构念及实证研究 [J]. 管理科学，2013（3）.

[50] 刘洋，廖貅武. 基于在线评分和网络效应的应用软件定价策略 [J]. 管理科学，

2013（4）.

[51] 张钰，刘益，杨伟. 供应商影响战略与分销商机会主义——分销商关系承诺的调节作用研究 [J]. 管理科学，2013（5）.

[52] 李东进，李研，吴波. 脱销诱因与品牌概念对产品感知与购买的影响 [J]. 管理科学，2013（5）.

[53] 刘小峰，盛昭瀚，杜建国. 产品竞争与顾客选择下的清洁生产技术演化模型 [J]. 管理科学，2013（6）.

[54] 周静，李季，江明华. 产品退市决策研究：基于 Cox 生存模型的实证分析 [J]. 营销科学学报，2013（2）.

[55] 费显政，肖胜男. 同属顾客对顾客不当行为反应模式的探索性研究 [J]. 营销科学学报，2013（2）.

[56] 袁少锋，郑毓煌，李宝库. 我能买来爱吗——配偶吸引目标对女性炫耀性消费倾向的影响 [J]. 营销科学学报，2013（2）.

[57] 张如慧，张红霞，雷静. 锦上添花还是差强人意——从信息处理模式的视角探讨消费者对融合产品的评价 [J]. 营销科学学报，2013（2）.

[58] 张明玺，雷明，郑晓娜. 网络口碑传播对寡头卖家定价策略的影响 [J]. 营销科学学报，2013（2）.

[59] 田阳，黄韫慧，王海忠，何浏. 品牌丑闻负面溢出效应的跨文化差异研究——基于自我建构视角 [J]. 营销科学学报，2013（2）.

[60] 韩小芸，余策政. 顾客契合：个人心理影响因素及对顾客忠诚感的影响 [J]. 营销科学学报，2013（2）.

[61] 李雨洁，廖成林，李忆，伏红勇. 在线商品评论可信吗——在线商品评论的偏差分析及矫正策略 [J]. 营销科学学报，2013（2）.

[62] 翁智刚，龚武秀，宋利贞，张伊飞. 基于行为经济理论以旧换新消费行为实证研究 [J]. 营销科学学报，2013（2）.

[63] 王晓玉. 分销商基于产品危机的感知公平和满意度研究 [J]. 营销科学学报，2013（3）.

[64] 袁兵，黄静，曾一帆. 网络评论语言的抽象性对消费者品牌态度与购买意愿的影响—— 一项基于语言类别模型（LCM）的实证研究 [J]. 营销科学学报，2013（3）.

[65] 冯明，刘淳. 基于互联网搜索量的先导景气指数、需求预测及消费者购前调研行为——以汽车行业为例 [J]. 营销科学学报，2013（3）.

[66] 唐小飞，钟帅，贾建民. 服务补救：投其所好还需相机而动吗 [J]. 营销科学学报，2013（3）.

[67] 费显政，杨辉，游艳芬. 基于扎根理论的内疚诉求广告机理研究 [J]. 营销科学学报，2013（3）.

[68] 朱翊敏. 企业捐赠行为中消费者响应的研究——捐赠类型、捐赠事件和企业声誉

水平的影响 [J]. 营销科学学报, 2013 (3).

[69] 范孝雯, 史冰, 王海忠, 何浏, 柳武妹. 消费者敌意对青少年国产品牌购买意愿的影响机制 [J]. 营销科学学报, 2013 (3).

[70] 韦夏. 体验型服务的感知异质性对分割定价效果的影响研究 [J]. 营销科学学报, 2013 (3).

[71] 李辉, 李敬强, 齐齐. 归因视角下"失而复得"顾客保留意愿内在机制研究——来自宾馆服务业的实证 [J]. 营销科学学报, 2013 (3).

[72] 万映红, 岳英, 胡万平. 基于映像理论视角的顾客心理契约中商家"责任"认知机理研究 [J]. 管理学报, 2013 (1).

[73] 周志民, 吴群华. 在线品牌社群凝聚力的前因与后效研究 [J]. 管理学报, 2013 (1).

[74] 谢毅, 彭泗清. 公司顾客联想的前因后果: 一项探索性研究和综合模型 [J]. 管理学报, 2013 (1).

[75] 闫幸, 常亚平. 社交网站虚拟礼品购物价值对购买意愿的影响研究 [J]. 管理学报, 2013 (2).

[76] 王晶晶, 郭强. 景区与旅行社的合作广告协调契约研究 [J]. 管理学报, 2013 (2).

[77] 郑淞月, 刘益, 杨伟, 李瑶. 基于美团网的产品因素对网络团购影响因素实证研究 [J]. 管理学报, 2013 (3).

[78] 曹玉枝, 鲁耀斌, 杨水清. 影响用户从网下到网上转移使用意愿因素的研究 [J]. 管理学报, 2013 (3).

[79] 杨志勇, 王永贵. 关系利益对顾客长期关系导向影响的实证研究 [J]. 管理学报, 2013 (3).

[80] 严建援, 郭海玲, 戴妍. 具有纵向差异的软件提供商竞争性升级定价问题 [J]. 管理学报, 2013 (5).

[81] 孔鹏举, 周水银. 基于企业与顾客共同创造竞争优势的企业参与概念研究 [J]. 管理学报, 2013 (5).

[82] 许月恒, 张明立, 任淑霞. 物流服务业服务品牌对客户关系感知的影响研究 [J]. 管理学报, 2013 (5).

[83] 曹国昭, 齐二石. 替代品竞争环境下损失厌恶报童问题研究 [J]. 管理学报, 2013 (6).

[84] 邱琪, 王永贵. 象征价值研究回顾与核心概念辨析 [J]. 管理学报, 2013 (6).

[85] 费显政, 丁奕峰. 营销互动中的消费者内疚模型研究 [J]. 管理学报, 2013 (7).

[86] 张蒙萌, 李艳军, 王海军. 农资品牌连动力及成因探索 [J]. 管理学报, 2013 (7).

[87] 曾伏娥, 代婷婷, 朱妮亚. 网络社区成员回应社区广告的社会性影响因素研究

［J］. 管理学报，2013（8）.

[88] 许月恒，张明立，唐塞丽. 基于多维视角的工业服务市场服务质量对客户行为意向的影响研究［J］. 管理学报，2013（8）.

[89] 王永贵，马双. 虚拟品牌社区顾客互动的驱动因素及对顾客满意影响的实证研究［J］. 管理学报，2013（9）.

[90] 范广伟，刘汝萍，马钦海. 顾客对同属顾客不当行为反应类型及其差异研究［J］. 管理学报，2013（9）.

[91] 余伟萍，庄爱玲. 品牌负面曝光事件下焦点品牌和竞争品牌动态响应行为研究［J］. 管理学报，2013（9）.

[92] 阎俊，胡少龙，常亚平. 基于公平视角的网络环境下服务补救对顾客忠诚的作用机理研究［J］. 管理学报，2013（10）.

[93] 董维维，庄贵军. 中国营销渠道中关系营销导向对企业关系型治理的影响［J］. 管理学报，2013（10）.

[94] 赵晓煜，曹忠鹏，刘汝萍. 服务企业的顾客教育对顾客参与行为的影响研究［J］. 管理学报，2013（11）.

[95] 赵学锋，汤庆，刘芬. 基于电子口碑营销的移动优惠券转发模式研究［J］. 管理学报，2013（11）.

[96] 宋思根，宣宾. 基于内隐与外显测量双重视角的植入式广告态度及其启动效应研究［J］. 管理学报，2013（11）.

[97] 涂铭，景奉杰，汪兴东. 产品伤害危机中的负面情绪对消费者应对行为的影响研究［J］. 2013（12）.

[98] 尤薇佳，苗蕊，刘鲁. C2C 市场网商发展模式及其影响因素研究［J］. 管理学报，2013（12）.

[99] 陈志明，陈志祥. 多供应商的 OEM 供应链在供应与需求随机条件下的协调决策［J］. 管理学报，2013（12）.

[100] 王陆玲，王国锋，赖明勇，周杨. 基于分期付款的服务供应商合作意愿甄别研究［J］. 中国管理科学，2013（1）.

[101] 但斌，田丽娜，董绍辉. 考虑溢出效应的互补品企业间广告决策模型研究［J］. 中国管理科学，2013（2）.

[102] 梁昌勇，冷亚军，王勇胜，戚筱雯. 电子商务推荐系统中群体用户推荐问题研究［J］. 中国管理科学，2013（3）.

[103] 金磊，陈伯成，肖勇波. 双渠道下库存与定价策略的研究［J］. 中国管理科学，2013（3）.

[104] 周彦莉，赵炳新. 消费者决策关联关系及个体网络研究［J］. 中国管理科学，2013（4）.

[105] 丁雪峰，但斌，何伟军，郑浩昊. 考虑奢侈与环保偏好的再制造品最优定价策

略［J］.中国管理科学，2013（5）.

[106] 郑晓娜.竞争环境下客户服务投入对企业利润影响的均衡分析［J］.中国管理科学，2013（6）.

[107] 王文利，骆建文.零售商提前支付与贷款担保下的供应商融资策略［J］.管理工程学报，2013（1）.

[108] 赵金实，段永瑞，王世进，霍佳震.不同主导权位置情况下零售商双渠道策略的绩效对比研究［J］.管理工程学报，2013（1）.

[109] 范晓屏，韩洪叶，孙佳琦.网站生动性和互动性对消费者产品态度的影响——认知需求的调节效应研究［J］.管理工程学报，2013（3）.

[110] 陈明亮，李敏乐.消费者在线购物从众为何如此普及——从冲突视角的一个神经学研究［J］.管理工程学报，2013（3）.

[111] 王玉燕.直销型闭环供应链的广告协调机制研究［J］.管理工程学报，2013（4）.

[112] 胡知能，谢瑞坤，徐玖平.批量购买下免费商品赠送对新产品扩散的影响［J］.运筹与管理，2013（3）.

[113] 陈晓红，陈莎.考虑消费者从众特性的动态定价研究［J］.运筹与管理，2013（4）.

[114] 姚树俊，陈菊红，和征.产品服务能力与定价联合优化策略机制研究——基于动态性和非线性视角［J］.运筹与管理，2013（4）.

[115] 刘刚，熊立峰.消费者需求动态响应、企业边界选择与商业生态系统构建——基于苹果公司的案例研究［J］.中国工业经济，2013（5）.

[116] 乔均，彭纪生.品牌核心竞争力影响因子及评估模型研究——基于本土制造业的实证分析［J］.中国工业经济，2013（12）.

第二节　英文期刊索引

1. 2013 年度 Journal of Consumer Research 文献索引

标题：Journal of Consumer Research

ISSN：0093-5301

出版者：Oxford University Press / USA，Great Clarendon Street，Oxford OX2 6DP，United Kingdom of Great Britain & Northern Ireland

出版物类型：Academic Journal

科目：Marketing

说明：An interdisciplinary journal focusing on all aspects of consumer education

出版者 URL：http：//www.oxfordjournals.org/en/

［1］ Food Decision Making.By： Block， Lauren； Aydinog˘lu， Nılu¨ fer Z.； rishna， Aradhna； Van Ittersum， Koert； Wansink， Brian； Finkelstein， Stacey R.； Fishbach， Ayelet； Irmak， Caglar； Vallen， Beth； Rosen Robinson， Stefanie； McFerran， Brent； Dahl， Darren W.； Fitzsimons， Gavan J.； Morales， Andrea C. Journal of Consumer Research. Feb. 2013， Vol. 39， Issue 5， piv–vi.

［2］ Numerosity and Consumer Behavior. By： Adaval， Rashmi； Pandelaere， Mario； Briers， Barbara； Lembregts， Christophe； Xingbo Li； Monga， Ashwani； Bagchi， Rajesh； Charles Zhang， Y.； Schwarz， Norbert； Coulter， Keith S.； Coulter， Robin A. Journal of Consumer Research. Feb. 2013， Vol. 39， Issue 5， pxi–xiv.

［3］ Self–Identity and Consumer Behavior. By： Escalas， Jennifer； White， Katherine； Argo， Jennifer J.； Sengupta， Jaideep； Townsend， Claudia； Sood， Sanjay； Ward， Morgan K.； Broniarczyk， Susan M.； Chan， Cindy； Berger， Jonah； Van Boven， Leaf； Kettle， Keri L.； Häubl， Gerald； Mercurio， Kathryn R.； Forehand， Mark R. Journal of Consumer Research. Feb. 2013， Vol. 39， Issue 5， pxv–xviii.

［4］ Taste Regimes and Market–Mediated Practice. By： Arsel， Zeynep； Bean， Jonathan. Journal of Consumer Research. Feb. 2013， Vol. 39， Issue 5， pp.899–917.

［5］ Goal Reversion in Consumer Choice. By： Carlson， Kurt A.； Meloy， Margaret G.； Miller， Elizabeth G. Journal of Consumer Research. Feb. 2013， Vol. 39， Issue 5， pp.918–930.

［6］ The Influence of Base Rate and Case Information on Health–Risk Perceptions： A Unified Model of Self–Positivity and Self–Negativity. By： Dengfeng Yan； Sengupta， Jaideep. Journal of Consumer Research. Feb. 2013， Vol. 39， Issue 5， pp.931–946.

［7］ The Effect of Red Background Color on Willingness–to–Pay： The Moderating Role of Selling Mechanism. By： Bagchi， Rajesh； Cheema， Amar. Journal of Consumer Research. Feb. 2013， Vol. 39， Issue 5， pp.947–960.

［8］ More for the Many： The Influence of Entitativity on Charitable Giving. By： Smith， Robert W.； Faro， David； Burson， Katherine A. Journal of Consumer Research. Feb. 2013， Vol. 39， Issue 5， pp.961–976.

［9］ Confidence and Construal Framing： When Confidence Increases versus Decreases Information Processing. By： Echo Wen Wan； Rucker， Derek D. Journal of Consumer Research. Feb. 2013， Vol. 39， Issue 5， pp.977–992.

［10］ Slow Down. Insensitivity to Rate of Consumption Leads to Avoidable Satiation. By： Galak， Jeff； Kruger， Justin； Loewenstein， George. Journal of Consumer Research. Feb. 2013， Vol. 39， Issue 5， pp.993–1009.

［11］ Introduction： What Are Research Curations? By： Peracchio， Laura； McGill， Ann； Frances Luce， Mary. Journal of Consumer Research. Feb. 2013， Vol. 39， Issue 5， pp.iii–iii.

［12］ Financial Insecurity and Deprivation. By: Fischer, Eileen; Martin, Kelly D.; Paul Hill, Ronald; Kamakura, Wagner A.; Rex Yuxing Du; Peñaloza, Lisa; Barnhart, Michelle; Sharma, Eesha; Alter, Adam L.; üstüner, Tuba; Thompson, Craig J. Journal of Consumer Research. Feb. 2013, Vol. 39, Issue 5, pp.vii–x.

［13］ When Differences Unite: Resource Dependence in Heterogeneous Consumption Communities. By: Chalmers Thomas, Tandy; Price, Linda L.; Jensen Schau, Hope. Journal of Consumer Research. Feb. 2013, Vol. 39, Issue 5, pp.1010–1033.

［14］ Explaining the Endowment Effect through Ownership: The Role of Identity, Gender, and Self–Threat. By: Loughran Dommer, Sara; Swaminathan, Vanitha. Journal of Consumer Research. Feb. 2013, Vol. 39, Issue 5, pp.1034–1050.

［15］ Purifying Practices: How Consumers Assemble Romantic Experiences of Nature. By: Canniford, Robin; Shankar, Avi. Journal of Consumer Research. Feb. 2013, Vol. 39, Issue 5, pp.1051–1069.

［16］ Commitment and Behavior Change: Evidence from the Field. By: Baca–Motes, Katie; Brown, Amber; Gneezy, Ayelet; Keenan, Elizabeth A.; Nelson, Leif D. Journal of Consumer Research. Feb. 2013, Vol. 39, Issue 5, pp.1070–1084.

［17］ Goal Pursuit, Now and Later: Temporal Compatibility of Different versus Similar Means. By: Etkin, Jordan; Ratner, Rebecca K. Journal of Consumer Research. Feb. 2013, Vol. 39, Issue 5, pp.1085–1099.

［18］ Healthy Satiation: The Role of Decreasing Desire in Effective Self–Control. By: Redden, Joseph P.; Haws, Kklly L. Journal of Consumer Research. Feb. 2013, Vol. 39, Issue 5, pp.1100–1114.

［19］ Explanation Fiends and Foes: How Mechanistic Detail Determines Understanding and Preference. By: Fernbach, Philip M.; Sloman, Steven A.; Louis, Robert ST.; Shube, Julia N. Journal of Consumer Research. Feb. 2013, Vol. 39, Issue 5, pp.1115–1131.

［20］ Who Are You Calling Old? Negotiating Old Age Identity in the Elderly Consumption Ensemble. By: Barnhart, Michelle; Pealoza, Lisa. Journal of Consumer Research. Apr. 2013, Vol. 39, Issue 6, pp.1133–1153.

［21］ Money and Thinking: Reminders of Money Trigger Abstract Construal and Shape Consumer Judgments. By: Hansen, Jochim; Kutzner, Florian; Wänke, Michaela. Journal of Consumer Research. Apr. 2013, Vol. 39, Issue 6, pp.1154–1166.

［22］ Tip of the Hat, Wag of the Finger: How Moral Decoupling Enables Consumers to Admire and Admonish. By: Bhattacharjee, Amit; Berman, Jonathan Z.; Reed II, Americus. Journal of Consumer Research. Apr. 2013, Vol. 39, Issue 6, pp.1167–1184.

［23］ How Naive Theories Drive Opposing Inferences from the Same Information. By: Deval, Hélène; Mantel, Susan P.; Kardes, Frank R.; Posavac, Steven S. Journal of Consumer

Research. Apr. 2013, Vol. 39, Issue 6, pp.1185–1201.

[24] What the Blind Eye Sees: Incidental Change Detection as a Source of Perceptual Fluency. By: Shapiro, Stewart A.; Nielsen, Jesper H. Journal of Consumer Research. Apr. 2013, Vol. 39, Issue 6, pp.1202–1218.

[25] The Countability Effect: Comparative versus Experiential Reactions to Reward Distributions. By: Jingjing Ma; Roese, Neal J. Journal of Consumer Research. Apr. 2013, Vol. 39, Issue 6, pp.1219–1233.

[26] Frustrated Fatshionistas: An Institutional Theory Perspective on Consumer Quests for Greater Choice in Mainstream Markets. By: Scaraboto, Daiane; Fischer, Eileen. Journal of Consumer Research. Apr. 2013, Vol. 39, Issue 6, pp.1234–1257.

[27] The Influence of Selective Attention and Inattention to Products on Subsequent Choice. By: Janiszewski, Chris; Kuo, Andrew; Tavassoli, Nader T. Journal of Consumer Research. Apr. 2013, Vol. 39, Issue 6, pp.1258–1274.

[28] Are All Units Created Equal? The Effect of Default Units on Product Evaluations. By: Lembregts, Christophe; Pandelaere, Mario. Journal of Consumer Research. Apr. 2013, Vol. 39, Issue 6, pp.1275–1289.

[29] Brands as Product Coordinators: Matching Brands Make Joint Consumption Experiences More Enjoyable. By: Rahinel, Ryan; Redden, Joseph P. Journal of Consumer Research. Apr. 2013, Vol. 39, Issue 6, pp.1290–1299.

[30] Eternal Quest for the Best: Sequential (vs. Simultaneous) Option Presentation Undermines Choice Commitment. By: Mogilner, Cassie; Shiv, Baba; Iyengar, Sheena S. Journal of Consumer Research. Apr. 2013, Vol. 39, Issue 6, pp.1300–1312.

[31] The Desire for Consumption Knowledge. By: Clarkson, Joshua J.; Jani–Szewski, Chris; Cinelli, Melissa D. Journal of Consumer Research. Apr. 2013, Vol. 39, Issue 6, pp. 1313–1329.

[32] Money Isn't Everything, but It Helps If It Doesn't Look Used: How the Physical Appearance of Money Influences Spending. By: Di Muro, Fabrizio; Noseworthy, Theodore J. Journal of Consumer Research. Apr. 2013, Vol. 39, Issue 6, pp.1330–1342.

[33] Price Inferences for Sacred versus Secular Goods: Changing the Price of Medicine Influences Perceived Health Risk. By: Samper, Adriana; Schwartz, Janet A. Journal of Consumer Research. Apr. 2013, Vol. 39, Issue 6, pp.1343–1358.

[34] When Wanting Is Better than Having: Materialism, Transformation Expectations, and Product–Evoked Emotions in the Purchase Process. By: Richins, Marsha L. Journal of Consumer Research. Jun. 2013, Vol. 40, Issue 1, pp.1–18.

[35] The Status Costs of Subordinate Cultural Capital: At–Home Fathers'Collective Pursuit of Cultural Legitimacy through Capitalizing Consumption Practices. By: Coskuner–Balli,

Gokcen; Thompson, Craig J. Journal of Consumer Research. Jun. 2013, Vol. 40, Issue 1, pp.19–41.

[36] Affect as a Decision-Making System of the Present. By: Chang, Hannah H.; Tuan Pham, Michel. Journal of Consumer Research. Jun. 2013, Vol. 40, Issue 1, pp.42–63.

[37] Do the Crime, Always Do the Time? Insights into Consumer-to-Consumer Punishment Decisions. By: Lin, Lily; Dahl, Darren W.; Argo, Jennifer J. Journal of Consumer Research. Jun. 2013, Vol. 40, Issue 1, pp.64–77.

[38] Mispredicting Others' Valuations: Self-Other Difference in the Context of Endowment. By: Kurt, Didem; Inman, J. Jeffrey. Journal of Consumer Research. Jun. 2013, Vol. 40, Issue 1, pp.78–89.

[39] Are Close Friends the Enemy? Online Social Networks, Self-Esteem, and Self-Control. By: Wilcox, Keith; Stephen, Andrew T. Journal of Consumer Research. Jun. 2013, Vol. 40, Issue 1, pp.90–103.

[40] Everyday Advertising Context: An Ethnography of Advertising Response in the Family Living Room. By: Jayasinghe, Laknath; Ritson, Mark. Journal of Consumer Research. Jun. 2013, Vol. 40, Issue 1, pp.104–121.

[41] Show Me the Honey! Effects of Social Exclusion on Financial Risk-Taking. By: Duclos, Rod; Wen Wan, Echo; Yuwei Jiang. Journal of Consumer Research. Jun. 2013, Vol. 40, Issue 1, pp.122–135.

[42] The Megaphone Effect: Taste and Audience in Fashion Blogging. By: Mcqu-Arrie, Edward F.; Miller, Jessica; Phillips, Barbara J. Journal of Consumer Research. Jun. 2013, Vol. 40, Issue 1, pp.136–158.

[43] Looking into the Future: A Match between Self-View and Temporal Distance. By: Spassova, Gerri; Lee, Angela Y. Journal of Consumer Research. Jun. 2013, Vol. 40, Issue 1, pp.159–171.

[44] Magnitude, Time, and Risk Differ Similarly between Joint and Single Evaluations. By: Hsee, Christopher K.; Jiao Zhang; Liang Yan Wang; Zhang, Shirley. Journal of Consumer Research. Jun. 2013, Vol. 40, Issue 1, pp.172–184.

[45] Egocentric Categorization and Product Judgment: Seeing Your Traits in What You Own (and Their Opposite in What You Don't). By: Weiss, Liad; Johar, Gita V. Journal of Consumer Research. Jun. 2013, Vol. 40, Issue 1, pp.185–201.

[46] Guiltless Gluttony: The Asymmetric Effect of Size Labels on Size Perceptions and Consumption. By: Aydinoğlu, Nilüfer Z.; Krishna, Aradhna. Journal of Consumer Research. Jun. 2013, Supplement, pp.S2–S19.

[47] Plate Size and Color Suggestibility: The Delboeuf Illusion's Bias on Serving and Eating Behavior. By: Van Ittersum, Koert; Wansink, Brian. Journal of Consumer Research.

Jun. 2013, Supplement, pp.S20–S33.

[48] When Healthy Food Makes You Hungry. By: Finkelstein, Stacey R.; Fish–Bach, Ayelet. Journal of Consumer Research. Jun. 2013, Supplement, pp.S34–S44.

[49] The Impact of Product Name on Dieters' and Nondieters' Food Evaluations and Consumption. By: Irmak, Caglar; Vallen, Beth; Rosen Robinson, Stefanie. Journal of Consumer Research. Jun. 2013, Supplement, pp.S45–S60.

[50] I'll Have What She's Having: Effects of Social Influence and Body Type on the Food Choices of Others. By: Mcferran, Brent; Dahl, Darren W.; Fitzsimons, Gavan J.; Morales, Andrea C. Journal of Consumer Research. Jun. 2013, Supplement, pp.S61–S75.

[51] Financial Insecurity and Deprivation. By: Fischer, Eileen. Journal of Consumer Research. Jun. 2013, Supplement, pp.S76–S77.

[52] Life Satisfaction, Self–Determination, and Consumption Adequacy at the Bottom of the Pyramid. By: Martin, Kelly D.; Hill, Ronald Paul. Journal of Consumer Research. Jun. 2013, Supplement, pp.S78–S91.

[53] How Economic Contractions and Expansions Affect Expenditure Patterns. By: Kama-kura, Wagner A.; Yuxing Du, Rex. Journal of Consumer Research. Jun. 2013, Supplement, pp.S92–S110.

[54] Living U.S. Capitalism: The Normalization of Credit/Debt. By: Peñaloza, Lisa; Barnhart, Michelle. Journal of Consumer Research. Jun. 2013, Supplement, pp.S111–S130.

[55] Financial Deprivation Prompts Consumers to Seek Scarce Goods. By: Sharma, Eesha; Alter, Adam L. Journal of Consumer Research. Jun. 2013, Supplement, pp.S131–S146.

[56] How Marketplace Performances Produce Interdependent Status Games and Contested Forms of Symbolic Capital. By: üstüner, Tuba; Thompson, Craig J. Journal of Consumer Research. Jun. 2013, Supplement, pp.S147–S166.

[57] Numerosity and Consumer Behavior. By: Adaval, Rashmi. Journal of Consumer Research. Jun. 2013, Supplement, pp.S167–S168.

[58] How to Make a 29% Increase Look Bigger: The Unit Effect in Option Comparisons. By: Pandelaere, Mario; Briers, Barbara; Lembregts, Christophe. Journal of Consumer Research. Jun. 2013, Supplement, pp.S169–S183.

[59] Illusionary Progress in Loyalty Programs: Magnitudes, Reward Distances, and Step–Size Ambiguity. By: Bagchi, Rajesh; Xingbo Li. Journal of Consumer Research. Jun. 2013, Supplement, pp.S184–S197.

[60] Years, Months, and Days versus 1, 12, and 365: The Influence of Units versus Numbers. By: Monga, Ashwani; Bagchi, Rajesh. Journal of Consumer Research. Jun. 2013, Supplement, pp.S198–S211.

[61] How and Why 1 Year Differs from 365 Days: A Conversational Logic Analysis of

Inferences from the Granularity of Quantitative Expressions.By: Zhang, Y. Charles; Schwarz, Norbert. Journal of Consumer Research. Jun. 2013, Supplement, pp.S212–S223.

［62］ Small Sounds, Big Deals: Phonetic Symbolism Effects in Pricing. By: Coulter, Keith S.; Coulter, Robin A. Journal of Consumer Research. Jun. 2013, Supplement, pp. S224–S237.

［63］ Self–Identity and Consumer Behavior. By: Escalas, Jennifer. Journal of Consumer Research. Jun. 2013, Supplement, pp.S238–S239.

［64］ Dissociative versus Associative Responses to Social Identity Threat: The Role of Consumer Self –Construal. By: White, Katherine; Argo, Jennifer J.; Sengupta, Jaideep. Journal of Consumer Research. Jun. 2013, Supplement, pp.S240–S255.

［65］ Self–Affirmation through the Choice of Highly Aesthetic Products. By: Townsend, Claudia; Sood, Sanjay. Journal of Consumer Research. Jun. 2013, Supplement, pp.S256–S269.

［66］ It's Not Me, It's You: How Gift Giving Creates Giver Identity Threat as a Function of Social Closeness. By: Ward, Morgan K.; Broniarczyk, Susan M. Journal of Consumer Research. Jun. 2013, Supplement, pp.S270–S287.

［67］ Identifiable but Not Identical: Combining Social Identity and Uniqueness Motives in Choice. By: Chan, Cindy; Berger, Jonah; Van Boven, Leaf. Journal of Consumer Research. Jun. 2013, Supplement, pp.S288–S300.

［68］ The Signature Effect: Signing Influences Consumption–Related Behavior by Priming Self–Identity. By: Kettle, Keri L.; Häubl, Gerald. Journal of Consumer Research. Jun. 2013, Supplement, pp.S301–S316.

［69］ An Interpretive Frame Model of Identity–Dependent Learning: The Moderating Role of Content –State Association. By: Mercurio, Kathryn R.; Forehand, Mark R. Journal of Consumer Research. Jun. 2013, Supplement, pp.S317–S339.

［70］ Feeling Like My Self: Emotion Profiles and Social Identity. By: Coleman, Nicole Verrochi; Williams, Patti. Journal of Consumer Research. Aug. 2013, Vol. 40, Issue 2, pp. 203–222.

［71］ The Future Looks "Right": Effects of the Horizontal Location of Advertising Images on Product Attitude. By: Chae, Boyoun (Grace); Hoegg, Joandrea. Journal of Consumer Research. Aug. 2013, Vol. 40, Issue 2, pp.223–238.

［72］ The Devil You (Don't) Know: Interpersonal Ambiguity and Inference Making in Competitive Contexts. By: Norton, David A.; Lamberton, Cait Poynor; Naylor, Rebecca Walker. Journal of Consumer Research. Aug. 2013, Vol. 40, Issue 2, pp.239–254. You Get What You Pay For? Self–Construal Influences Price–Quality Judgments. By: Lalwani, Ashok K.; Shavitt, Sharon. Journal of Consumer Research. Aug. 2013, Vol. 40, Issue 2, pp.255–267.

[73] Turning the Page: The Impact of Choice Closure on Satisfaction. By: Yangjie Gu; Botti, Simona; Faro, David. Journal of Consumer Research. Aug. 2013, Vol. 40, Issue 2, pp.268-283.

[74] Selling the Forest, Buying the Trees: The Effect of Construal Level on Seller-Buyer Price Discrepancy. By: Irmak, Caglar; Wakslak, Cheryl J.; Trope, Yaacov. Journal of Consumer Research. Aug. 2013, Vol. 40, Issue 2, pp.284-297.

[75] Productive Consumption in the Class-Mediated Construction of Domestic Masc-ulinity: Do-It-Yourself (DIY) Home Improvement in Men's Identity Work. By: Moisio, Risto; Arnould, Eric J.; Gentry, James W. Journal of Consumer Research. Aug. 2013, Vol. 40, Issue 2, pp.298-316.

[76] Judging Product Effectiveness from Perceived Spatial Proximity. By: Chae, Boyoun (GRACE); Xiuping LI; Zhu, Rui (Juliet). Journal of Consumer Research. Aug. 2013, Vol. 40, Issue 2, pp.317-335.

[77] Exploring the Impact of Various Shaped Seating Arrangements on Persuasion. By: Rui Zhu; Argo, Jennifer J. Journal of Consumer Research. Aug. 2013, Vol. 40, Issue 2, pp. 336-349.

[78] Getting Liberals and Conservatives to Go Green: Political Ideology and Congruent Appeals. By: Kidwell, Blair; Farmer, Adam; Hardesty, David M. Journal of Consumer Research. Aug. 2013, Vol. 40, Issue 2, pp.350-367.

[79] The Effect of Familiarity with the Response Category Labels on Item Response to Likert Scales. By: Weijters, Bert; Geuens, Maggie; Baumgartner, Hans. Journal of Consumer Research. Aug. 2013, Vol. 40, Issue 2, pp.368-381.

[80] Interpersonal Relationships and Preferences for Mood-Congruency in Aesthetic Experiences. By: Lee, Chan Jean; Andrade, Eduardo B.; Palmer, Stephen E. Journal of Consumer Research. Aug. 2013, Vol. 40, Issue 2, pp.382-391.

[81] Retail Choice Architecture: The Effects of Benefit-and Attribute-Based Assortment Organization on Consumer Perceptions and Choice. By: Poynor Lamberton, Cait; Diehl, Kristin. Journal of Consumer Research. Oct. 2013, Vol. 40, Issue 3, pp.393-411.

[82] Consumer Reaction to Unearned Preferential Treatment. By: Lan Jiang; Hoegg, Joandrea; Dahl, Darren W. Journal of Consumer Research. Oct. 2013, Vol. 40, Issue 3, pp. 412-427.

[83] Conditioned Superstition: Desire for Control and Consumer Brand Preferences. By: Hamerman, Eeic J.; Johar, Gita V. Journal of Consumer Research. Oct. 2013, Vol. 40, Issue 3, pp.428-443.

[84] The Effect of Goal Specificity on Consumer Goal Reengagement. By: Scott, Maura L.; Nowlis, Stephen M. Journal of Consumer Research. Oct. 2013, Vol. 40, Issue 3, pp.444-459.

［85］ The Endowment Effect as Self –Enhancement in Response to Threat. By： Cha –Tterjee, Promothesh; Irmak, Caglar; Rose, Randall L. Journal of Consumer Research. Oct. 2013, Vol. 40, Issue 3, pp.460–476.

［86］ Extended Self in a Digital World. By： Belk, Russell W. Journal of Consumer Research. Oct. 2013, Vol. 40, Issue 3, pp.477–500.

［87］ The Social Context of Temporal Sequences：Why First Impressions Shape Shared Experiences. By： Bhargave, Rajesh; Votolato Montgomery, Nicole. Journal of Consumer Research. Oct. 2013, Vol. 40, Issue 3, pp.501–517.

［88］ Harmonization Processes and Relational Meanings in Constructing Asian Weddings. By： Thuc–Doan T. Nguyen; Belk, Russell W. Journal of Consumer Research. Oct. 2013, Vol. 40, Issue 3, pp.518–538.

［89］ The Dual Role of Power in Resisting Social Influence. By： Mourali, Mehdi; Zhiyong Yang. Journal of Consumer Research. Oct. 2013, Vol. 40, Issue 3, pp.539–554.

［90］ Single–Option Aversion. By： Mochon, Daniel. Journal of Consumer Research. Oct. 2013, Vol. 40, Issue 3, pp.555–566.

[91] Communication Channels and Word of Mouth：How the Medium Shapes the Message. By： Berger, Jonah; Iyengar, Raghuram. Journal of Consumer Research. Oct. 2013, Vol. 40, Issue 3, pp.567–579.

[92] When, Why, and How Controversy Causes Conversation. By： Chen, Zoey; Berger, Jonah. Journal of Consumer Research. Oct. 2013, Vol. 40, Issue 3, pp.580–593.

[93] Titanic：Consuming the Myths and Meanings of an Ambiguous Brand. By： Brown, Stephen; Mcdonagh, Pierre; Shultzii, Clifford J. Journal of Consumer Research. Dec. 2013, Vol. 40, Issue 4, pp.595–614.

[94] Bidirectional Dynamics of Materialism and Loneliness：Not Just a Vicious Cycle. By： Pieters, Rik. Journal of Consumer Research. Dec. 2013, Vol. 40, Issue 4, pp.615–631.

[95] The Effect of Product Size and Form Distortion on Consumer Recycling Behavior. By： Trudel, Remi; Argo, Jennifer J. Journal of Consumer Research. Dec. 2013, Vol. 40, Issue 4, pp.632–643.

[96] Free Offer # Cheap Product：A Selective Accessibility Account on the Valuation of Free Offers. By： Palmeira, Mauricio M.; Srivastava, Joydeep. Journal of Consumer Research. Dec. 2013, Vol. 40, Issue 4, pp.644–656.

[97] Using Differentiated Brands to Deflect Exclusion and Protect Inclusion：The Moderating Role of Self –Esteem on Attachment to Differentiated Brands. By： Dommer, Sara Loughran; Swaminathan, Vanitha; Ahluwalia, Rohini. Journal of Consumer Research. Dec. 2013, Vol. 40, Issue 4, pp.657–675.

[98] Balancing the Basket：The Role of Shopping Basket Composition in Embarrassment.

By: Blair, Sean; Roese, Neal J. Journal of Consumer Research. Dec. 2013, Vol. 40, Issue 4, pp.676-691.

[99] Moral Habitus and Status Negotiation in a Marginalized Working-Class Neighborhood. By: Saatcioglu, Bige; Ozanne, Julie L. Journal of Consumer Research. Dec. 2013, Vol. 40, Issue 4, pp.692-710.

[100] The Unexpected Positive Impact of Fixed Structures on Goal Completion. By: Liyin Jin; Szu-Chi Huang; Ying Zhang. Journal of Consumer Research. Dec. 2013, Vol. 40, Issue 4, pp.711-725.

[101] "Wii Will Rock You!" The Use and Effect of Figurative Language in Consumer Reviews of Hedonic and Utilitarian Consumption. By: Kronrod, Ann; Danziger, Shai. Journal of Consumer Research. Dec. 2013, Vol. 40, Issue 4, pp.726-739.

[102] Observing Flattery: A Social Comparison Perspective. By: Chan, Elaine; Sengupta, Jaideep. Journal of Consumer Research. Dec. 2013, Vol. 40, Issue 4, pp.740-758.

[103] Situational Materialism: How Entering Lotteries May Undermine Self-Control. By: Kim, Hyeongmin (Christian). Journal of Consumer Research. Dec. 2013, Vol. 40, Issue 4, pp.759-772.

[104] Framing the Game: Assessing the Impact of Cultural Representations on Consumer Perceptions of Legitimacy. By: Humphreys, Ashlee; Latour, Kathryn A. Journal of Consumer Research. Dec. 2013, Vol. 40, Issue 4, pp.773-795.

2. 2013 年度 Journal of Marketing 文献索引

标题: Journal of Marketing

ISSN: 0022-2429

出版者: American Marketing Association, 130 E. Randolph St., 22nd Floor, Chicago IL 60601-5014, United States of America.

出版物类型: Academic Journal

科目: Marketing

说明: Publishes articles selected by blind review judged on their contributions to the advancement of the science and/or practice of marketing that provide new insights, new ideas or new empirical results.

出版者 **URL**: http: //www.ama.org/

[1] Why Do Customers Get More Than They Need? How Organizational Culture Shapes Product Capability Decisions. By: Lukas, Bryan A.; Whitwell, Gregory J.; Heide, Jan B. Journal of Marketing. Jan. 2013, Vol. 77, Issue 1, pp.1-12.

[2] Relationship Velocity: Toward A Theory of Relationship Dynamics. By: Palmatier,

Robert W.; Houston, Mark B.; Dant, Rajiv P.; Grewal, Dhruv. Journal of Marketing. Jan. 2013, Vol. 77, Issue 1, pp.13-30.

[3] What Is Special About Marketing Organic Products? How Organic Assortment, Price, and Promotions Drive Retailer Performance. By: Bezawada, Ram; Pauwels, Koen. Journal of Marketing. Jan. 2013, Vol. 77, Issue 1, pp.31-51.

[4] The Sales Lead Black Hole: On Sales Reps' Follow-Up of Marketing Leads. By: Sabnis, Gaurav; Chatterjee, Sharmila C.; Grewal, Rajdeep; Lilien, Gary L. Journal of Marketing. Jan. 2013, Vol. 77, Issue 1, pp.52-67.

[5] Defining, Measuring, and Managing Business Reference Value. By: Kumar, V.; Petersen, J. Andrew; Leone, Robert P. Journal of Marketing. Jan. 2013, Vol. 77, Issue 1, pp.68-86.

[6] More Than Words: The Influence of Affective Content and Linguistic Style Matches in Online Reviews on Conversion Rates. By: Ludwig, Stephan; de Ruyter, Ko; Friedman, Mike; Brüggen, Elisabeth C.; Wetzels, Martin; Pfann, Gerard. Journal of Marketing. Jan. 2013, Vol. 77, Issue 1, pp.87-103.

[7] Good and Guilt-Free: The Role of Self-Accountability in Influencing Preferences for Products with Ethical Attributes. By: Peloza, John; White, Katherine; Jingzhi Shang. Journal of Marketing. Jan. 2013, Vol. 77, Issue 1, pp.104-119.

[8] The Innovator's License: A Latitude to Deviate from Category Norms. By: Barone, Michael J.; Jewell, Robert D. Journal of Marketing. Jan. 2013, Vol. 77, Issue 1, pp.120-134.

[9] The Effect of In-Store Travel Distance on Unplanned Spending: Applications to Mobile Promotion Strategies. By: Hui, Sam K.; Inman, J. Jeffrey; Yanliu Huang; Suher, Jacob. Journal of Marketing. Mar. 2013, Vol. 77, Issue 2, pp.1-16.

[10] What Drives Managerial Use of Marketing and Financial Metrics and Does Metric Use Affect Performance of Marketing-Mix Activities? By: Mintz, Ofer; Currim, Imran S. Journal of Marketing. Mar. 2013, Vol. 77, Issue 2, pp.17-40.

[11] The Impact of Product Recalls on Future Product Reliability and Future Accidents: Evidence from the Automobile Industry. By: Kalaignanam, Kartik; Kushwaha, Tarun; Eilert, Meike. Journal of Marketing. Mar. 2013, Vol. 77, Issue 2, pp.41-57.

[12] Rising from the Ashes: How Brands and Categories Can Overcome Product-Harm Crises.By: Cleeren, Kathleen; van Heerde, Harald J.; Dekimpe, Marnik G. Journal of Marketing. Mar. 2013, Vol. 77, Issue 2, pp.58-77.

[13] When Do (and Don't) Normative Appeals Influence Sustainable Consumer Behaviors? By: White, Katherine; Simpson, Bonnie. Journal of Marketing. Mar. 2013, Vol. 77, Issue 2, pp.78-95.

[14] Can Brands Move In from the Outside? How Moral Identity Enhances Out-Group Brand Attitudes. By: Woo Jin Choi; Winterich, Karen Page. Journal of Marketing. Mar. 2013, Vol. 77, Issue 2, pp.96-111.

[15] An Investigation of the Effectiveness of Uncertainty in Marketing Promotions Involving Free Gifts. By: Laran, Juliano; Tsiros, Michael. Journal of Marketing. Mar. 2013, Vol. 77, Issue 2, pp.112-123.

[16] To Buy or Not to Buy: Consumers' Demand Response Patterns for Healthy Versus Unhealthy Food. By: Talukdar, Debabrata; Lindsey, Charles. Journal of Marketing. Mar. 2013, Vol. 77, Issue 2, pp.124-138.

[17] The Network Value of Products. By: Oestreicher-Singer, Gal; Libai, Barak; Sivan, Liron; Carmi, Eyal; Yassin, Chad. Journal of Marketing. May. 2013, Vol. 77, Issue 3, pp.1-14.

[18] Portfolio Dynamics and Alliance Termination: The Contingent Role of Resource Dissimilarity. By: Cui, Anna S. Journal of Marketing. May. 2013, Vol. 77, Issue 3, pp.15-32.

[19] Consumer-Generated Ads: Does Awareness of Advertising Co-Creation Help or Hurt Persuasion? By: Thompson, Debora V.; Malaviya, Prashant. Journal of Marketing. May. 2013, Vol. 77, Issue 3, pp.33-47.

[20] When Value Trumps Health in a Supersized World. By: Haws, Kelly L.; Winterich, Karen Page. Journal of Marketing. May. 2013, Vol. 77, Issue 3, pp.48-64.

[21] Targeting Revenue Leaders for a New Product. By: Haenlein, Michael; Libai, Barak. Journal of Marketing. May. 2013, Vol. 77, Issue 3, pp.65-80.

[22] When Humanizing Brands Goes Wrong: The Detrimental Effect of Brand Anthropomorphization Amid Product Wrongdoings. By: Puzakova, Marina; Hyokjin Kwak; Rocereto, Joseph F. Journal of Marketing. May. 2013, Vol. 77, Issue 3, pp.81-100.

[23] Soda Versus Cereal and Sugar Versus Fat: Drivers of Healthful Food Intake and the Impact of Diabetes Diagnosis. By: Yu Ma; Ailawadi, Kusum L.; Grewal, Dhruv. Journal of Marketing. May. 2013, Vol. 77, Issue 3, pp.101-120.

[24] When Does Recognition Increase Charitable Behavior? Toward a Moral Identity-Based Model. By: Winterich, Karen Page; Mittal, Vikas; Aquino, Karl. Journal of Marketing. May. 2013, Vol. 77, Issue 3, pp.121-134.

[25] Ethnographic Stories for Market Learning. By: Cayla, Julien; Arnould, Eric. Journal of Marketing. Jul. 2013, Vol. 77, Issue 4, pp.1-16.

[26] Growing Existing Customers' Revenue Streams Through Customer Referral Programs. By: Garnefeld, Ina; Eggert, Andreas; Helm, Sabrina V.; Tax, Stephen S. Journal of Marketing. Jul. 2013, Vol. 77, Issue 4, pp.17-32.

［27］Retailers' Use of Partially Comparative Pricing: From Across-Category to Within-Category Effects. By: Miniard, Paul W.; Mohammed, Shazad Mustapha; Barone, Michael J.; Alvarez, Cecilia M. O. Journal of Marketing. Jul. 2013, Vol. 77, Issue 4, pp.33-48.

［28］Consumer Evaluations of Sale Prices: Role of the Subtraction Principle. By: Biswas, Abhijit; Bhowmick, Sandeep; Guha, Abhijit; Grewal, Dhruv. Journal of Marketing. Jul. 2013, Vol. 77, Issue 4, pp.49-66.

［29］Are Multichannel Customers Really More Valuable? The Moderating Role of Product Category Characteristics. By: Kushwaha, Tarun; Shankar, Venkatesh. Journal of Marketing. Jul. 2013, Vol. 77, Issue 4, pp.67-85.

［30］Retailer Private-Label Margins: The Role of Supplier and Quality-Tier Differentiation. By: ter Braak, Anne; Dekimpe, Marnik G.; Geyskens, Inge. Journal of Marketing. Jul. 2013, Vol. 77, Issue 4, pp.86-103.

［31］When Do Transparent Packages Increase (or Decrease) Food Consumption? By: Xiaoyan Deng; Srinivasan, Raji. Journal of Marketing. Jul. 2013, Vol. 77, Issue 4, pp.104-117.

［32］The Influence of Disorganized Shelf Displays and Limited Product Quantity on Consumer Purchase. By: Castro, Iana A.; Morales, Andrea C.; Nowlis, Stephen M. Journal of Marketing. Jul. 2013, Vol. 77, Issue 4, pp.118-133.

［33］Reexamining the Market Share -- Customer Satisfaction Relationship. By: Rego, Lopo L.; Morgan, Neil A.; Fornell, Claes. Journal of Marketing. Sep. 2013, Vol. 77, Issue 5, pp.1-20.

［34］Not All Repeat Customers Are the Same: Designing Effective Cross-Selling Promotion on the Basis of Attitudinal Loyalty and Habit. By: Liu-Thompkins, Yuping; Tam, Leona. Journal of Marketing. Sep. 2013, Vol. 77, Issue 5, pp.21-36.

［35］Intrafunctional Competitive Intelligence and Sales Performance: A Social Network Perspective. By: Ahearne, Michael; Lam, Son K.; Hayati, Babak; Kraus, Florian. Journal of Marketing. Sep. 2013, Vol. 77, Issue 5, pp.37-56.

［36］Aggressive Marketing Strategy Following Equity Offerings and Firm Value: The Role of Relative Strategic Flexibility. By: Kurt, Didem; Hulland, John. Journal of Marketing. Sep. 2013, Vol. 77, Issue 5, pp.57-74.

［37］All That Is Users Might Not Be Gold: How Labeling Products as User Designed Backfires in the Context of Luxury Fashion Brands. By: Fuchs, Christoph; Prandelli, Emanuela; Schreier, Martin; Dahl, Darren W. Journal of Marketing. Sep. 2013, Vol. 77, Issue 5, pp.75-91.

［38］Product Design for the Long Run: Consumer Responses to Typical and Atypical Designs at Different Stages of Exposure. By: Landwehr, Jan R.; Wentzel, Daniel; Herrmann,

Andreas. Journal of Marketing. Sep. 2013, Vol. 77, Issue 5, pp.92–107.

[39] Brand Licensing: What Drives Royalty Rates? By: Jayachandran, Satish; Kaufman, Peter; Kumar, V.; Hewett, Kelly. Journal of Marketing. Sep. 2013, Vol. 77, Issue 5, pp. 108–122.

[40] Predicting and Managing Consumers' Package Size Impressions. By: Ordabayeva, Nailya; Chandon, Pierre. Journal of Marketing. Sep. 2013, Vol. 77, Issue 5, pp.123–137.

[41] Low Prices Are Just the Beginning: Price Image in Retail Management. By: Hamilton, Ryan; Chernev, Alexander. Journal of Marketing. Nov. 2013, Vol. 77, Issue 6, pp.1–20.

[42] Smart Shopping Carts: How Real–Time Feedback Influences Spending. By: van Ittersum, Koert; Wansink, Brian; Pennings, Joost M. E.; Sheehan, Daniel. Journal of Marketing. Nov. 2013, Vol. 77, Issue 6, pp.21–36.

[43] The Effects of Positive and Negative Online Customer Reviews: Do Brand Strength and Category Maturity Matter? By: Nga N. Ho–Dac; Carson, Stephen J.; Moore, William L. Journal of Marketing. Nov. 2013, Vol. 77, Issue 6, pp.37–53.

[44] Corporate Social Responsibility in Business –to –Business Markets: How Organi-zational Customers Account for Supplier Corporate Social Responsibility Engagement. By: Homburg, Christian; Stierl, Marcel; Bornemann, Torsten. Journal of Marketing. Nov. 2013, Vol. 77, Issue 6, pp.54–72.

[45] Passive and Active Opportunism in Interorganizational Exchange. By: Seggie, Steven H.; Griffith, David A.; Jap, Sandy D. Journal of Marketing. Nov. 2013, Vol. 77, Issue 6, pp.73–90.

[46] Does Knowledge Base Compatibility Help or Hurt Knowledge Sharing Between Suppliers in Competition? The Role of Customer Participation. By: Ho, Hillbun (Dixon); Ganesan, Shankar. Journal of Marketing. Nov. 2013, Vol. 77, Issue 6, pp.91–107.

[47] Branded Service Encounters: Strategically Aligning Employee Behavior with the Brand Positioning. By: Sirianni, Nancy J.; Bitner, Mary Jo; Brown, Stephen W.; Mandel, Naomi. Journal of Marketing. Nov. 2013, Vol. 77, Issue 6, pp.108–123.

[48] How Images of Other Consumers Influence Subsequent Taste Perceptions. By: Poor, Morgan; Duhachek, Adam; Krishnan, H. Shanker. Journal of Marketing. Nov. 2013, Vol. 77, Issue 6, pp.124–139.

3. 2013 年度 Journal of Marketing Research 文献索引

标题: Journal of Marketing Research

ISSN: 0022-2437

出版者: American Marketing Association, 130 E. Randolph St., 22nd Floor, Chicago IL

60601-5014, United States of America

出版物类型: Academic Journal

科目: Marketing

说明: Written for technically oriented professional market researchers and academicians. Articles cover concepts, methods, & applications of marketing research, as well as reviews and comments relating to the research industry and its practices.

出版者 URL: http://www.ama.org/

[1] Does Price Elasticity Vary with Economic Growth? A Cross-Category Analysis. By: Gordon, Brett R.; Goldfarb, Avi; Yang Li. Journal of Marketing Research (JMR). Feb. 2013, Vol. 50, Issue 1, pp.4-23.

[2] Why We Do What We Do: A Model of Activity Consumption. By: Lan Luo; Ratchfor, Brian T.; Botao Yan. Journal of Marketing Research (JMR). Feb. 2013, Vol. 50, Issue 1, pp.24-43.

[3] Having Versus Consuming: Failure to Estimate Usage Frequency Makes Consumers Prefer Multifeature Products. By: Goodman, Joseph K.; Irmak, Caglar. Journal of Marketing Research (JMR). Feb. 2013, Vol. 50, Issue 1, pp.44-54.

[4] (De) marketing to Manage Consumer Quality Inferences. By: MIKLóS-THAL, Jeanine; Zhang, Juan Juan. Journal of Marketing Research (JMR). Feb. 2013, Vol. 50, Issue 1, pp.55-69.

[5] Estimating Causal Installed-Base Effects: A Bias-Correction Approach. By: Narayanan, Sridhar; Nair, Harikesh S. Journal of Marketing Research (JMR). Feb. 2013, Vol. 50, Issue 1, pp.70-94.

[6] The Impact of Sampling and Network Topology on the Estimation of Social Intercorrelations. By: Xinlei (Jack) Chen; Yuxin Chen; Ping Xiao. Journal of Marketing Research (JMR). Feb. 2013, Vol. 50, Issue 1, pp.95-110.

[7] Conditional Projection: How Own Evaluations Influence Beliefs About Others Whose Choices Are Known. By: Orhun, A. Yeim; Urminsky, Oleg. Journal of Marketing Research (JMR). Feb. 2013, Vol. 50, Issue 1, pp.111-124.

[8] Decoding Customer-Firm Relationships: How Attachment Styles Help Explain Customers' Preferences for Closeness, Repurchase Intentions, and Changes in Relationship Breadth. By: Mende, Martin; Bolton, Ruth N.; Bitner, Mary Jo. Journal of Marketing Research (JMR). Feb. 2013, Vol. 50, Issue 1, pp.125-142.

[9] Recovering Hidden Buyer-Seller Relationship States to Measure the Return on Marketing Investment in Business-to-Business Markets. By: Luo, Anita; Kumar, V. Journal of Marketing Research (JMR). Feb. 2013, Vol. 50, Issue 1, pp.143-160.

［10］ Decomposing the Value of Word-of-Mouth Seeding Programs: Acceleration Versus Expansion. By: Libal, Barak; Muller, Eitan; Peres, Renana. Journal of Marketing Research (JMR). Apr. 2013, Vol. 50, Issue 2, pp.161-176.

［11］ Price and Advertising Effectiveness over the Business Cycle. By: Van Heerde, Harald J.; Gijsenberg, Maarten J.; Dekimpe, Marnik G.; Steenkamp, Jan-Benedict E. M. Journal of Marketing Research (JMR). Apr. 2013, Vol. 50, Issue 2, pp.177-193.

［12］ Personal Relevance and Mental Simulation Amplify the Duration Framing Effect. By: Ülkümen, Gülden; Thomas, Manoj. Journal of Marketing Research (JMR). Apr. 2013, Vol. 50, Issue 2, pp.194-206.

［13］ Wish Versus Worry: Ownership Effects on Motivated Judgment. By: Xianchi Dai; Hsee, Christopher K. Journal of Marketing Research (JMR). Apr. 2013, Vol. 50, Issue 2, pp.207-215.

［14］ Low-Stakes Opportunism. By: JAP, SANDY D.; Robertson, Diana C.; Rindfleisch, Aric; Hamilton, Ryan. Journal of Marketing Research (JMR). Apr. 2013, Vol. 50, Issue 2, pp.216-227.

［15］ When Disfluency Signals Competence: The Effect of Processing Difficulty on Perceptions of Service Agents. By: Thompson, Debora V.; Ince, Elise Chandon. Journal of Marketing Research (JMR). Apr. 2013, Vol. 50, Issue 2, pp.228-240.

［16］ Differentiated Bidders and Bidding Behavior in Procurement Auctions. By: Haruvy, Ernan; Jap, Sandy D. Journal of Marketing Research (JMR). Apr. 2013, Vol. 50, Issue 2, pp.241-258.

［17］ Service Innovativeness and Firm Value. By: Dotzel, Thomas; Shankar, Venkatesh; Berry, Leonard L. Journal of Marketing Research (JMR). Apr. 2013, Vol. 50, Issue 2, pp. 259-276.

［18］ Spotlights, Floodlights, and the Magic Number Zero: Simple Effects Tests in Moderated Regression. By: Spiller, Stephen A.; Fitzsimons, Gavan J.; Lynch JR., John G.; Mcclelland, Gary H. Journal of Marketing Research (JMR). Apr. 2013, Vol. 50, Issue 2, pp.277-288.

［19］ Creating Truth-Telling Incentives with the Bayesian Truth Serum. By: Weaver, Ray; Prelec, Drazen. Journal of Marketing Research (JMR). Jun. 2013, Vol. 50, Issue 3, pp.289-302.

［20］ Subjective Knowledge in Consumer Financial Decisions. By: Hadar, Liat; Sood, Sanjay; Fox, Craig R. Journal of Marketing Research (JMR). Jun. 2013, Vol. 50, Issue 3, pp.303-316.

［21］ Bonuses Versus Commissions: A Field Study. By: Kishore, Sunil; Rao, Raghunath Singh; Narasimhan, Om; John, George. Journal of Marketing Research (JMR). Jun. 2013,

Vol. 50, Issue 3, pp.317-333.

[22] Judging the Book by Its Cover? How Consumers Decode Conspicuous Consumption Cues in Buyer-Seller Relationships. By: Scott, Maura L; Mende, Martin; Bolton, Lisa E. Journal of Marketing Research (JMR). Jun. 2013, Vol. 50, Issue 3, pp.334-347.

[23] Fusing Aggregate and Disaggregate Data with an Application to Multiplatform Media Consumption. By: Feit, Eleanor Mcdonnell; Wang, Pengyuan; Bradlow, Eric T; Fader, Peter S. Journal of Marketing Research (JMR). Jun. 2013, Vol. 50, Issue 3, pp.348-364.

[24] Putting Brands in Their Place: How a Lack of Control Keeps Brands Contained. By: Cutright, Keisha M; Bettman, James R; Fitzsimons, Gavan J. Journal of Marketing Research (JMR). Jun. 2013, Vol. 50, Issue 3, pp.365-377.

[25] Marketing Channels in Foreign Markets: Control Mechanisms and the Moderating Role of Multinational Corporation Headquarters -Subsidiary Relationship. By: Grewal, Rajdeep; Kumar, Alok; Mallapragada, Girish; Saini, Amit. Journal of Marketing Research (JMR). Jun. 2013, Vol. 50, Issue 3, pp.378-398.

[26] The Impact of Brand Rating Dispersion on Firm Value. By: Luo, Xueming; Raithel, Sascha; Wiles, Michael A. Journal of Marketing Research (JMR). Jun. 2013, Vol. 50, Issue 3, pp.399-415.

[27] How Variety -Seeking Versus Inertial Tendency Influences the Effectiveness of Immediate Versus Delayed Promotions.By: Kim, Hyeongmin (Christian). Journal of Marketing Research (JMR). Jun. 2013, Vol. 50, Issue 3, pp.416-426.

[28] On Brands and Word of Mouth. By: Lovett, Mitchell J.; Peres, Renana; Shachar, RON. Journal of Marketing Research (JMR). Aug. 2013, Vol. 50, Issue 4, pp.427-444.

[29] Deconstructing the "First Moment of Truth": Understanding Unplanned Conside-ration and Purchase Conversion Using In-Store Video Tracking. By: Hui, Sam K.; Yanliu Huang; Suher, Jacob; Inman, J. Jeffrey. Journal of Marketing Research (JMR). Aug. 2013, Vol. 50, Issue 4, pp.445-462.

[30] Temporal Contiguity and Negativity Bias in the Impact of Online Word of Mouth. By: Chen, Zoey; Lurie, Nicholas H. Journal of Marketing Research (JMR). Aug. 2013, Vol. 50, Issue 4, pp.463-476.

[31] Look at Me! Look at Me! Conspicuous Brand Usage, Self-Brand Connection, and Dilution. By: Ferraro, Rosellina; Kirmani, Amna; Matherly, Ted. Journal of Marketing Research (JMR). Aug. 2013, Vol. 50, Issue 4, pp.477-488.

[32] Advertising in a Competitive Market: The Role of Product Standards, Customer Learning, and Switching Costs. By: Anderson, Eric T.; Simester, Duncan. Journal of Marketing Research (JMR). Aug. 2013, Vol. 50, Issue 4, pp.489-504.

[33] Comparing Apples to Apples or Apples to Oranges: The Role of Mental Representation

in Choice Difficulty. By: Kim Cho, Eunice; Khan, Uzma; Dhar, Ravi. Journal of Marketing Research (JMR). Aug. 2013, Vol. 50, Issue 4, pp.505-516.

[34] Comparing the Relative Effectiveness of Advertising Channels: A Case Study of a Multimedia Blitz Campaign. By: Danaher, Peter J.; Dagger, Tracey S. Journal of Marketing Research (JMR). Aug. 2013, Vol. 50, Issue 4, pp.517-534.

[35] Consumer Behavior in "Equilibrium": How Experiencing Physical Balance Increases Compromise Choice. By: Larson, Jeffrey S.; Billetera, Darron M. Journal of Marketing Research (JMR). Aug. 2013, Vol. 50, Issue 4, pp.535-547.

[36] Mental Representation and Perceived Similarity: How Abstract Mindset Aids Choice from Large Assortments. By: Jing Xu; Zixi Jiang; Dhar, Ravi. Journal of Marketing Research (JMR). Aug. 2013, Vol. 50, Issue 4, pp.548-559.

[37] When Does Retargeting Work? Information Specificity in Online Advertising. By: Lambrecht, Anja; Tucker, Catherine. Journal of Marketing Research (JMR). Oct. 2013, Vol. 50, Issue 5, pp.561-576.

[38] Conflict Management and Outcomes in Franchise Relationships: The Role of Regulation. By: Antia, Kersi D.; Xu (Vivian) Zheng; Frazier, Gary L. Journal of Marketing Research (JMR). Oct. 2013, Vol. 50, Issue 5, pp.577-589.

[39] How-time Horizon Perceptions and Relationship Deficits Affect Impulsive Consumption. By: Jayati Sinha; Jing Wang. Journal of Marketing Research (JMR). Oct. 2013, Vol. 50, Issue 5, pp.590-605.

[40] Close Encounter with the Hard Discounter: A Multiple-Store Shopping Perspective on the Impact of Local Hard-Discounter Entry. By: Vroegrijk, Mark; Gijsbrechts, Els; Campo, Katia. Journal of Marketing Research (JMR). Oct. 2013, Vol. 50, Issue 5, pp.606-626.

[41] Observer Effects of Punishment in a Distribution Network. By: Wang, Danny T.; Gu, Flora F.; Dong, Maggie Chuoyan. Journal of Marketing Research (JMR). Oct. 2013, Vol. 50, Issue 5, pp.627-643.

[42] The Hesitant Hai Gui: Return-Migration Preferences of U.S.-Educated Chinese Scientists and Engineers. By: Zeithammer, Robert; Kellogg, Ryan P. Journal of Marketing Research (JMR). Oct. 2013, Vol. 50, Issue 5, pp.644-663.

[43] Implementing Managerial Constraints in Model-Based Segmentation: Extensions of Kim, Fong, and DeSarbo (2012) with an Application to Heterogeneous Perceptions of Service Quality. By: Sunghoon Kim; Blanchard, Simon J.; Desarbo, Wayne S.; Fong, Duncan K. H. Journal of Marketing Research (JMR). Oct. 2013, Vol. 50, Issue 5, pp.664-673.

[44] Improving Prelaunch Diffusion Forecasts: Using Synthetic Networks as Simulated Priors. By: Trusov, Michael; Rand, William; Joshi, Yogesh V. Journal of Marketing Research

（JMR）. Dec. 2013，Vol. 50，Issue 6，pp.675–690.

［45］Beating the Market：The Allure of Unintended Value. By：Sela，Aner；Simonson，Itamar；Kivetz，Ran. Journal of Marketing Research（JMR）. Dec. 2013，Vol. 50，Issue 6，pp.691–705.

［46］Asymmetric Roles of Advertising and Marketing Capability in Financial Returns to News：Turning Bad into Good and Good into Great. By：Guiyang Xiong；Sundar Bharadwaj. Journal of Marketing Research（JMR）. Dec. 2013，Vol. 50，Issue 6，pp.706–724.

［47］Framing Influences Willingness to Pay but Not Willingness to Accept. By：Yang Yang；Vosgerau，Joachim；Loewenstein，George. Journal of Marketing Rese–arch（JMR）. Dec. 2013，Vol. 50，Issue 6，pp.725–738.

［48］Conservative When Crowded：Social Crowding and Consumer Choice. By：Maeng，Ahreum；Tanner，Robin J.；Soman，Dilip. Journal of Marketing Research（JMR）. Dec. 2013，Vol. 50，Issue 6，pp.739–752.

［49］Prominence Versus Dominance：How Relationships Between Alternatives Drive Decision Strategy and Choice. By：Evangelidis，Ioannis；Levav，Jonathan. Journal of Marketing Research（JMR）. Dec. 2013，Vol. 50，Issue 6，pp.753–766.

［50］A Wallet Full of Calories：The Effect of Financial Dissatisfaction on the Desire for Food Energy. By：Briers，Barbara；Laporte，Sandra. Journal of Marketing Research（JMR）. Dec. 2013，Vol. 50，Issue 6，pp.767–781.

4. 2013 年度 Marketing Science 文献索引

标题：Marketing Science

ISSN：0732–2399

出版者：INFORMS：Institute for Operations Research，7240 Parkway Drive，Suite 300，Hanover MD 21076，United States of America

出版物类型：Academic Journal

科目：Marketing

说明：Research articles involving the confluence of the organization，customers and the marketplace.

出版者 **URL**：http：//mktsci.journal.informs.org/

［1］Advertising Effects in Presidential Elections. By：Gordon，Brett R.；Hartmann，Wesley R. Marketing Science. Jan/Feb. 2013，Vol. 32，Issue 1，pp.19–35.

［2］The Benefit of Uniform Price for Branded Variants. By：Yuxin Chen；Cui，Tony Haitao. Marketing Science. Jan/Feb. 2013，Vol. 32，Issue 1，pp.36–50.

［3］A Model of the "It" Products in Fashion. By：Kuksov，Dmitri；Kangkang Wang.

Marketing Science. Jan/Feb. 2013, Vol. 32, Issue 1, pp.51-69.

[4] Stock Market Reactions to Customer and Competitor Orientations: The Case of Initial Public Offerings. By: Saboo, Alok R.; Grewal, Rajdeep. Marketing Science. Jan/Feb. 2013, Vol. 32, Issue 1, pp.70-88.

[5] The Relationship Between DTCA, Drug Requests, and Prescriptions: Uncovering Variation in Specialty and Space. By: Stremersch, Stefan; Landsman, Vardit; Venkataraman, Sriram. Marketing Science. Jan/Feb. 2013, Vol. 32, Issue 1, pp.89-110.

[6] How to Price Discriminate When Tariff Size Matters. By: Bagh, Adib; Bhargava, Hemant K. Marketing Science. Jan/Feb. 2013, Vol. 32, Issue 1, pp.111-126.

[7] Moderating Factors of Immediate, Gross, and Net Cross-Brand Effects of Price Promotions.By: Horváth, Csilla; Fok, Dennis. Marketing Science. Jan/Feb. 2013, Vol. 32, Issue 1, pp.127-152.

[8] Modeling Consumer Learning from Online Product Reviews. By: Yi Zhao; Sha Yang; Narayan, Vishal; Ying Zhao. Marketing Science. Jan/Feb. 2013, Vol. 32, Issue 1, pp.153-169.

[9] Successive Sample Selection and Its Relevance for Management Decisions. By: Wachtel, Stephan; Otter, Thomas. Marketing Science. Jan/Feb. 2013, Vol. 32, Issue 1, pp.170-185.

[10] Creating a Measurable Social Media Marketing Strategy: Increasing the Value and ROI of Intangibles and Tangibles for Hokey Pokey. By: Kumar, V.; Bhaskaran, Vikram; Mirchandani, Rohan; Shah, Milap. Marketing Science. Mar/Apr. 2013, Vol. 32, Issue 2, pp.194-212.

[11] PROSAD: A Bidding Decision Support System for Profit Optimizing Search Engine Advertising. By: Skiera, Bernd; Nabout, Nadia Abou. Marketing Science. Mar/Apr. 2013, Vol. 32, Issue 2, pp.213-220.

[12] Category Optimizer: A Dynamic-Assortment, New-Product-Introduction, Mix-Optimization, and Demand-Planning System. By: Sinha, Ashish; Sahgal, Anna; Mathur, Sharat K. Marketing Science. Mar/Apr. 2013, Vol. 32, Issue 2, pp.221-228.

[13] Effective Marketing Science Applications: Insights from the ISMS-MSI Practice Prize Finalist Papers and Projects. By: Lilien, Gary L.; Roberts, John H.; Shankar, Venkatesh. Marketing Science. Mar/Apr. 2013, Vol. 32, Issue 2, pp.229-245.

[14] Exclusive Handset Arrangements in the Wireless Industry: A Competitive Analysi. By: Subramanian, Upender; Raju, Jagmohan S.; Zhang, Z. John. Marketing Science. Mar/Apr. 2013, Vol. 32, Issue 2, pp.246-270.

[15] Economic Value of Celebrity Endorsements: Tiger Woods' Impact on Sales of Nike Golf Balls. By: Chung, Kevin Y. C.; Derdenger, Timothy P.; Srinivasan, Kannan. Marketing

Science. Mar/Apr. 2013, Vol. 32, Issue 2, pp.271-293.

[16] Advertising and Consumers' Communications. By: Kuksov, Dmitri; Shachar, Ron; Kangkang Wang. Marketing Science. Mar/Apr. 2013, Vol. 32, Issue 2, pp.294-309.

[17] Media Multiplexing Behavior: Implications for Targeting and Media Planning. By: Chen Lin; Venkataraman, Sriram; Jap, Sandy D. Marketing Science. Mar/Apr. 2013, Vol. 32, Issue 2, pp.310-324.

[18] Expected Firm Altruism, Quality Provision, and Brand Extensions. By: Rotemberg, Julio J. Marketing Science. Mar/Apr. 2013, Vol. 32, Issue 2, pp.325-341.

[19] Vaporware, Suddenware, and Trueware: New Product Preannouncements Under Market Uncertainty. By: Ofek, Elie; Turut, Özge. Marketing Science. Mar/Apr. 2013, Vol. 32, Issue 2, pp.342-355.

[20] Ic vs. Image-Related Utility in Social Media: Why Do People Contribute Content to Twitter? By: Toubia, Olivier; Stephen, Andrew T. Marketing Science. May/Jun. 2013, Vol. 32, Issue 3, pp.368-392.

[21] Differentiate or Imitate? The Role of Context-Dependent Preferences.By: Narasimhan, Chakravarthi; Turut, Özge. Marketing Science. May/Jun. 2013, Vol. 32, Issue 3, pp. 393-410.

[22] Multilateral Bargaining and Downstream Competition. By: Liang Guo; Iyer, Ganesh. Marketing Science. May/Jun. 2013, Vol. 32, Issue 3, pp.411-430.

[23] When Do Markets Tip? A Cognitive Hierarchy Approach. By: Hossain, Tanjim; Morgan, John. Marketing Science. May/Jun. 2013, Vol. 32, Issue 3, pp.431-453.

[24] A Direct Utility Model for Asymmetric Complements. By: Sanghak Lee; Jaehwan Kim; Allenby, Greg M. Marketing Science. May/Jun. 2013, Vol. 32, Issue 3, pp.454-470.

[25] Incorporating Direct Marketing Activity into Latent Attrition Models. By: Schweidel, David A.; Knox, George. Marketing Science. May/Jun. 2013, Vol. 32, Issue 3, pp.471-487.

[26] Category Positioning and Store Choice: The Role of Destination Categories. By: Briesch, Richard A.; Dillon, William R.; Fox, Edward J. Marketing Science. May/Jun. 2013, Vol. 32, Issue 3, pp.488-509.

[27] Can Commonality Relieve Cannibalization in Product Line Design? By: Kilsun Kim; Chhajed, Dilip; Yunchuan Liu. Marketing Science. May/Jun. 2013, Vol. 32, Issue 3, pp. 510-521.

[28] Offering Pharmaceutical Samples: The Role of Physician Learning and Patient Payment Ability. By: Bala, Ram; Bhardwaj, Pradeep; Yuxin Chen. Marketing Science. May/Jun. 2013, Vol. 32, Issue 3, pp.522-527.

[29] The Dimensionality of Customer Satisfaction Survey Responses and Implications for Driver Analysis. By: Büschken, Joachim; Otter, Thomas; Allenby, Greg M. Marketing

Science. Jul/Aug. 2013, Vol. 32, Issue 4, pp.533–553.

[30] Complementary Goods: Creating, Capturing, and Competing for Value. By: Yalcin, Taylan; Ofek, Elie; Koenigsberg, Oded; Biyalogorsky, Eyal. Marketing Science. Jul/Aug. 2013, Vol. 32, Issue 4, pp.554–569.

[31] A Joint Model of Usage and Churn in Contractual Settings. By: Ascarza, Eva; Hardie, Bruce G. S. Marketing Science. Jul/Aug. 2013, Vol. 32, Issue 4, pp.570–590.

[32] National Brand's Response to Store Brands: Throw In the Towel or Fight Back? By: Nasser, Sherif; Turcic, Danko; Narasimhan, Chakravarthi. Marketing Science. Jul/Aug. 2013, Vol. 32, Issue 4, pp.591–608.

[33] Cheap–Talk Advertising and Misrepresentation in Vertically Differentiated Markets. By: Gardete, Pedro M. Marketing Science. Jul/Aug. 2013, Vol. 32, Issue 4, pp.609–621.

[34] Returns Policies Between Channel Partners for Durable Products. By: Gümüş, Mehmet; Ray, Saibal; Shuya Yin. Marketing Science. Jul/Aug. 2013, Vol. 32, Issue 4, pp.622–643.

[35] The Role of Search Engine Optimization in Search Marketing. By: Berman, Ron; Katona, Zsolt. Marketing Science. Jul/Aug. 2013, Vol. 32, Issue 4, pp.644–651.

[36] Consumer Fit Search, Retailer Shelf Layout, and Channel Interaction. By: Gu, Zheyin (Jane); Yunchuan Liu. Marketing Science. Jul/Aug. 2013, Vol. 32, Issue 4, pp.652–668.

[37] Product Differentiation and Collusion Sustainability When Collusion Is Costly. By: Colombo, Stefano. Marketing Science. Jul/Aug. 2013, Vol. 32, Issue 4, pp.669–674.

[38] The Dynamic Advertising Effect of Collegiate Athletics. By: Doug J. Chung. Marketing Science. Sep/Oct. 2013, Vol. 32, Issue 5, pp.679–698.

[39] Optimizing Retail Assortments. By: Rooderkerk, Robert P.; van Heerde, Harald J.; Bijmolt, Tammo H. A. Marketing Science. Sep/Oct. 2013, Vol. 32, Issue 5, pp.699–715.

[40] Information Processing Pattern and Propensity to Buy: An Investigation of Online Point–of–Purchase Behavior. By: Mintz, Ofer; Imran S. Currim; Jeliazkov, Ivan. Marketing Science. Sep/Oct. 2013, Vol. 32, Issue 5, pp.716–732.

[41] Pricing Prototypical Products. By: Amaldoss, Wilfred; Chuan He. Marketing Science. Sep/Oct. 2013, Vol. 32, Issue 5, pp.733–752.

[42] Online Display Advertising: Modeling the Effects of Multiple Creatives and Individual Impression Histories. By: Braun, Michael; Moe, Wendy W. Marketing Science. Sep/Oct. 2013, Vol. 32, Issue 5, pp.753–767.

[43] Favoring the Winner or Loser in Repeated Contests. By: Ridlon, Robert; Jiwoong Shin. Marketing Science. Sep/Oct. 2013, Vol. 32, Issue 5, pp.768–785.

[44] Conspicuous Consumption and Dynamic Pricing. By: Raghunath Singh Rao; Schaefer, Richard. Marketing Science. Sep/Oct. 2013, Vol. 32, Issue 5, pp.786–804.

［45］ Co‑Creation with Production Externalities. By：Niladri B. Syam；Amit Pazgal. Marketing Science. Sep/Oct. 2013，Vol. 32，Issue 5，pp.805‑820.

［46］ The Dynamic Effects of Bundling as a Product Strategy. By：Derdenger，Timothy；Kumar，Vineet. Marketing Science. Nov/Dec. 2013，Vol. 32，Issue 6，pp.827‑859.

［47］ The Value of Reputation in an Online Freelance Marketplace.By：Yoganarasimhan，Hema. Marketing Science. Nov/Dec. 2013，Vol. 32，Issue 6，pp.860‑891.

［48］ Correcting Audience Externalities in Television Advertising. By：Wilbur，Kenneth C.；Linli Xu；Kempe，David. Marketing Science. Nov/Dec. 2013，Vol. 32，Issue 6，pp.892‑912.

［49］ Learning Models：An Assessment of Progress，Challenges，and New Developments. By：Ching，Andrew T.；Erdem，Tülin；Keane，Michael P. Marketing Science. Nov/Dec. 2013，Vol. 32，Issue 6，pp.913‑938.

［50］ Wedded Bliss or Tainted Love? Stock Market Reactions to the Introduction of Cobranded Products. By：Zixia Cao；Sorescu，Alina. Marketing Science. Nov/Dec. 2013，Vol. 32，Issue 6，pp.939‑959.

［51］ Neighborhood Social Capital and Social Learning for Experience Attributes of Products. By：Lee，Jae Young；Bell，David R. Marketing Science. Nov/Dec. 2013，Vol. 32，Issue 6，pp.960‑976.

［52］ Modeling Choice Interdependence in a Social Network. By：Jing Wang；Aribarg，Anocha；Atchadé，Yves F. Marketing Science. Nov/Dec. 2013，Vol. 32，Issue 6，pp.977‑997.

［53］ Profit‑Increasing Consumer Exit. By：Pazgal，Amit；Soberman，David；Thomadsen，Raphael. Marketing Science. Nov/Dec. 2013，Vol. 32，Issue 6，pp.998‑1008.

第三节　中文图书索引

［1］张波. O2O：移动互联网时代的商业革命 ［M］.北京：机械工业出版社，2013.

［2］杨池然. 跟随大数据旅行 ［M］.北京：机械工业出版社，2013.

［3］苏静，翟旭君. 传统企业电商之道 ［M］.北京：电子工业出版社，2013.

［4］谢松杰. 网站说服力：营销型网站策划 ［M］.北京：电子工业出版社，2013.

［5］杨东念，梁雨晨.品牌传播战略：数字时代的整合传播计划 ［M］.北京：科学出版社，2013.

［6］乐庆辉. 切割式营销 ［M］.中国财富出版社，2013.

［7］吴昊. 娱乐营销：同质化产品的低成本快销之道 ［M］.北京：中国经济出版社，

2013.

    [8] 徐茂权. 软文营销 [M]. 北京：电子工业出版社，2013.

    [9] 温韬. 自动营销：让你的产品自己卖自己 [M]. 上海：上海财经大学出版社，2013.

    [10] 史玉柱. 史玉柱自述：我的营销心得 [M]. 北京：同心出版社，2013.

    [11] 赵黎. 玩转微信实用攻略 [M]. 北京：石油工业出版社，2013.

    [12] 兰晓华，杜锦. 点击为王：怎样让你的网络营销更有效 [M]. 北京：清华大学出版社，2013.

    [13] 程宏，丁俊杰，何海明. 大时代的融媒体营销 [M]. 北京：中国传媒大学出版社，2013.

    [14] 王伟. 玩法变了——淘宝SEO：网店流量疯涨的秘密 [M]. 北京：电子工业出版社，2013.

    [15] 肖震. 掘金微时代：移动互联下的生存与制胜指南 [M]. 北京：科学出版社，2013.

    [16] 戴高诺. 茶叶应该这样卖 [M]. 北京：中国经济出版社，2013.

    [17] 安贺新，是凯. 商业银行私人银行业务营销 [M]. 北京：清华大学出版社，2013.

    [18] 沈芳敏，潘鹏飞. 安利：全方位揭秘直销帝国 [M]. 北京：机械工业出版社，2013.

    [19] 吴中宝，李桂玲. 指尖上的微博：企业营销微时代 [M]. 北京：中国经济出版社，2013.

    [20]《中国网络营销年鉴：案例卷（2011~2012）》编委会. 中国网络营销年鉴：案例卷（2011~1012）[M]. 沈阳：辽宁科学技术出版社，2013.

    [21] 陈玮. 上火的凉茶：解密加多宝和王老吉的营销之战 [M]. 杭州：浙江大学出版社，2013.

    [22] 石泽杰. 营销战略升级与模式创新：开创企业价值营销新时代 [M]. 北京：中国经济出版社，2013.

    [23] 程成，曾永红，王宪伟，彭盾. APP营销解密：移动互联网时代的营销革命 [M]. 北京：机械工业出版社，2013.

    [24] 新奇e族. 微博营销：技巧·策略·案例 [M]. 北京：化学工业出版社，2013.

    [25] 张波，郑楠楠. O2O实战：二维码全渠道营销 [M]. 北京：机械工业出版社，2013.

    [26] 百度营销研究院. 百度推广：搜索营销新规划 [M]. 北京：电子工业出版社，2013.

    [27] 张育绮. 二维码营销 [M]. 北京：中信出版社，2013.

    [28] 程小永，李国建. 微信营销解密：移动互联网时代的营销革命 [M]. 北京：机

械工业出版社，2013.

[29] 罗茂初. 数据库营销 [M]. 北京：经济管理出版社，2013.

[30] 阿里学院. 阿里巴巴电子商务系列：网络整合营销 [M]. 北京：电子工业出版社，2013.

第四节　外文图书索引

[1] Nir Eyal, Hooked：A Guide to Building Habit-Forming Products

[2] Eric Worre, Go Pro：7 Steps to Becoming a Network Marketing Professional

[3] Brad Stone, The Everything Store：Jeff Bezos and the Age of Amazon

[4] Jonah Berger, Contagious：Why Things Catch On

[5] Sarah Robbins, Rock Your Network Marketing Business：How to Become a Network Marketing Rock Star

[6] Weber, Steve&Jackson, Laurie, Plug Your Book！：Online Book Marketing for Authors

[7] Ken Segall, Insanely Simple：The Obsession That Drives Apple's Success

[8] Jay Baer, Youtility：Why Smart Marketing Is about Help Not Hype

[9] Jason McDonald, Free Google：Free SEO, Social Media, and AdWords Reso-urces from Google for Small Business Marketing

[10] Ian Brodie, Email Persuasion：Captivate and Engage Your Audience, Build Authority and Generate More Sales With Email Marketing

[11] David Meerman Scott, The New Rules of Marketing & PR：How to Use Social Media, Online Video, Mobile Applications, Blogs, News Releases, and Viral Marketing to Reach Buyers Directly

[12] James A. Mourey, Urge：Why You Really Want What You Want（And How To Make Everyone Want What You've Got）

[13] Michael Brito, Your Brand, The Next Media Company：How a Social Business Strategy Enables Better Content, Smarter Marketing, and Deeper Customer Relationships

[14] Philip Kotler, Principles of Marketing（15th Edition）

[15] Rajat Paharia, Loyalty 3.0：How to Revolutionize Customer and Employee Engagement with Big Data and Gamification

[16] Rick ramos, Content Marketing：Insider's Secret to Online Sales & Lead Generation

[17] Nicholas Lovell, The Curve：How Smart Companies Find High-Value Customers

[18] Edgar papke, True Alignment：Linking Company Culture with Customer Needs for

Extraordinary Results

[19] Roger Best, Market-Based Management

[20] Michael R. Solomon, Consumer Behavior 10th edition

[21] Jeffrey K. Rohrs, Audience: Marketing in the Age of Subscribers, Fans and Followers 1 edition

[22] Lisa Arthur, Big Data Marketing: Engage Your Customers More Effectively and Drive Value

[23] Andrew McDermot, Hook: Why Websites Fail to Make Money

[24] Glenn Gow, Revenue and the CMO: How Marketing Will Impact Revenue Through Big Data & Social Selling

[25] Chuck Hemann, Ken Burbary, Digital Marketing Analytics: Making Sense of Consumer Data in a Digital World

[26] Danny Brown, Sam Fiorella, Influence Marketing: How to Create, Manage, and Measure Brand Influencers in Social Media Marketing

[27] Jimmy Nicholas, Small Business Marketing -Your Ultimate Guide: A Complete Guide to Construct and Implement a Marketing Plan that Integrates Both Traditional... Marketing Methods for Your Small Business

[28] Chuck Martin, Mobile Influence: The New Power of the Consumer

[29] Marshall Sponder, Social Media Analytics: Effective Tools for Building, Interpreting, and Using Metrics (1 Edition)

后　记

　　一部著作的完成需要许多人的默默贡献，闪耀着的是集体的智慧，其中铭刻着许多艰辛的付出，凝结着许多辛勤的劳动和汗水。

　　本书在编写过程中，借鉴和参考了大量的文献和作品，从中得到了不少启悟，也汲取了其中的智慧菁华，谨向各位专家、学者表示崇高的敬意——因为有了大家的努力，才有了本书的诞生。凡被本书选用的材料，我们都将按相关规定向原作者支付稿费，但因为有的作者通信地址不详或者变更，尚未取得联系。敬请您见到本书后及时函告您的详细信息，我们会尽快办理相关事宜。

　　由于编写时间仓促以及编者水平有限，书中不足之处在所难免，诚请广大读者指正，特驰惠意。